REVUE DU M|A|U|S|S
SEMESTRIELLE
N° 31 PREMIER SEMESTRE 2008

L'homme est-il un animal sympathique ?

Le contr'Hobbes

REVUE DU M|A|U|S|S

SEMESTRIELLE

Mouvement anti-utilitariste dans les sciences sociales

Indépendante de toute chapelle comme de tout pouvoir financier, bureaucratique ou idéologique, *La Revue du MAUSS*, revue de recherche et de débat, œuvre au développement d'une science sociale respectueuse de la pluralité de ses entrées (par l'anthropologie, l'économie, la philosophie, la sociologie, l'histoire, etc.) et soucieuse, notamment dans le sillage de Marcel Mauss, d'assumer tous ses enjeux éthiques et politiques.

Les manuscrits sont à adresser à : MAUSS, 3 avenue du Maine, 75015 Paris.

Revue à comité de lecture international,
publiée avec le concours du Centre national du Livre.

ISBN : 978-2-7071-5491-0
ISSN : 1247-4819

REVUE DU M|A|U|S|S
SEMESTRIELLE

N°31 PREMIER SEMESTRE 2008

L'homme est-il un animal sympathique ? Le contr'Hobbes

1. Les textes marqués d'un @ ne sont accessibles qu'en version électronique. Pour plus d'informations, voir la note 5 de la « Présentation », p. 11.

B. Au-delà de la sympathie ? Antipathie, générosité et liberté

II. Libre revue

Présentation

Philippe Chanial et Alain Caillé

L'affaire semble entendue. Nous savons depuis Hobbes que l'homme est un loup pour l'homme. Qu'à défaut d'un pouvoir souverain et despotique qui les tienne tous en respect, les hommes « sont dans cette condition qui se nomme guerre (*Warre*), et cette guerre est guerre de tous contre tous » [Hobbes, 1971, p. 124]. Chacun étant « présumé faire toute chose en vue de son propre avantage » [*ibid.*, p. 155], il s'ensuit que « l'inclination générale de toute l'humanité [est] un désir perpétuel et sans trêve d'acquérir pouvoir après pouvoir, désir qui ne cesse qu'à la mort » [*ibid.*, p. 96].

L'axiomatique de l'intérêt

Depuis Hobbes ? Ce savoir des choses à peine et mal cachées depuis le début du monde est en fait bien plus ancien. Un siècle et demi avant lui, Machiavel écrivait : « Quiconque veut fonder un État et lui donner des lois doit supposer d'avance les hommes méchants et toujours prêts à montrer leur méchanceté dès qu'ils en trouveront l'occasion [...] les hommes ne font le bien que forcément : mais dès qu'ils ont le choix et la liberté de commettre le mal avec impunité, ils ne manquent de porter partout la turbulence et le désordre » [Machiavel, 1966, p. 388-389]. Mais Platon laissait-il entendre autre chose dans le livre II de *La République*, quand il racontait la parabole de ce berger, ancêtre de Gygès le Lydien, qui, trouvant un anneau d'or doté du pouvoir de le rendre invisible, en profita pour aller au palais, séduire la reine, comploter avec elle la mort du roi, le tuer et obtenir ainsi tout le pouvoir [Platon, 1966, 358e-360b] ? Supposons qu'il existe deux anneaux de la sorte, qu'en feraient respectivement l'homme juste et l'homme injuste ? L'opinion courante, presque évidente, poursuit Platon, est que l'homme qui désire seulement paraître juste voudra se comporter exactement comme l'autre, « prendre sans crainte ce qu'il veut sur l'agora, s'introduire dans les maisons pour s'unir à qui lui plaira, tuer les uns, briser les fers des autres, et faire tout à son gré pour devenir l'égal des dieux ». C'est que « tout homme, en effet, pense que l'injustice est individuellement plus profitable que la justice ». Et, certes, Platon aspire à l'apparition d'un sage et d'un juste véritable, qui désire être réellement bon et non seulement le paraître, d'un roi-philosophe, mais on sait combien cette occurrence lui semble difficile et rare.

Un peu moins loin dans le temps, au IIIe siècle avant Jésus-Christ, mais nettement plus loin dans l'espace, en Chine, Han Fei Tse, un des fondateurs de l'école des légistes, anticipant tout aussi bien Machiavel que Hobbes ou Bentham expliquait déjà : « Un prince entretient ses subordonnés par calcul, comme ceux-ci le servent par calcul. Aussi la base commune de leur relation est-elle le calcul [...] seul trait d'union entre prince et sujet » [Han Fei Tse, 1999, p. 181]. Et il est bon qu'il en soit ainsi car « l'altruisme excite la haine ; l'intérêt personnel assure l'harmonie » [*ibid.*, p. 22].

Mais revenons en Europe et à des temps plus proches de nous. Il ne fait guère de doute que c'est à Hobbes qu'il revient d'y avoir formulé avec le plus de puissance et d'ampleur la thématique politique centrale de toute la modernité occidentale, celle par rapport à laquelle toutes les doctrines morales et politiques sont obligées de se situer. L'idée que chacun cherche toujours et nécessairement son propre avantage s'y décline selon deux variantes principales. *Tragique* : puisque tout homme est toujours assez fort pour en tuer un autre, puisque la peur générale est l'état qui résulte nécessairement de la guerre de tous contre tous, il faut, pour la contenir, imaginer des lois qui valent « même pour un peuple de démons » dira Kant[1]. *Paisible* : une fois cette paix première assurée par la loi,

1. Dans sa *Théorie de la justice*, John Rawls suggère dans le même sens que les principes retenus dans sa fameuse position originelle sont ceux que choisirait une

il est alors loisible à chacun de substituer aux passions guerrières le « doux commerce », le travail et la passion de l'enrichissement. La dimension tragique et la dimension paisible s'uniront peu à peu au fil de l'histoire de la pensée occidentale sous la figure de l'intérêt, dont il est entendu par à peu près tous que c'est lui qui mène le monde et les États. Les vices privés, soutiendra Mandeville, le troisième scandaleux après Machiavel et Hobbes, font plus pour le bien public que la bienveillance ou la vertu.

Commune aux doctrines les plus diverses et opposées, et les sous-tendant, on voit ainsi dominer dans toute la pensée occidentale moderne ce qu'il est permis d'appeler une axiomatique de l'intérêt. L'utilitarisme sous toutes ses formes tentera de définir une société reposant sur la seule rationalité, c'est-à-dire sur le postulat que les hommes, ne cherchant qu'à éprouver le plus de plaisir et le moins de douleur possible, sont nécessairement et exclusivement intéressés (*self-regarding*) ou au minimum indifférents aux autres. Le postulat de base du matérialisme historique sera que le cours de l'histoire s'explique par le seul jeu des intérêts économiques. La psychanalyse, dans le sillage de Nietzsche et de Schopenhauer, renouera avec l'inspiration tragique de Hobbes en liant *libido* et pulsion de mort, mais sans jamais renoncer, en définitive et malgré nombre de tentations et de tentatives, à la certitude qu'on n'échappe pas à la loi de l'intérêt et du calcul inconscients. Bref, par quelque bout qu'on prenne les choses, tout nous ramène à la conviction que dans les rapports entre les hommes, l'intérêt est souverain.

Doutes sur l'axiomatique de l'intérêt. L'invention de la sympathie

Est-ce bien ainsi pourtant que les hommes vivent en réalité ? et qu'ils doivent vivre ? Ce qui est certain, c'est que l'humanité n'a jamais pu s'y résoudre ni se résigner à un tel état. Il est permis de discuter à l'infini des ressorts du don archaïque, exhumé par Marcel Mauss sous le registre de ce qu'il a appelé la triple obligation de donner, recevoir et rendre. Mais il est peu douteux

personne pour planifier une société dans laquelle son « pire ennemi » lui assignerait sa place [Rawls, 1987, notamment p. 185].

que ce don cérémoniel n'ait eu pour visée d'affirmer qu'il est à la fois possible et infiniment souhaitable de substituer l'alliance et l'amitié au conflit et, pour cela, de subordonner les considérations d'utilité à l'obligation d'afficher de la générosité. Il n'est guère plus douteux que les religions aient poursuivi le même objectif : limiter la force de l'intérêt souverain en le faisant plier et en rabattre face à une forme ou une autre de transcendance. Mais nous ne sommes plus ni archaïques ni religieux, dira-t-on. En tout cas pas en matière d'organisation générale du rapport social. Devons-nous donc renoncer, pour être modernes, résolument modernes, et pour cesser de nous bercer d'illusions, à tout espoir de desserrer l'emprise de l'intérêt ? Ce n'est pas, on le sait, ce qu'ont cru les divers progressismes modernes, et notamment socialistes. Tout autant passionnément anti-utilitariste que radicalement utilitariste, le marxisme a cru qu'une fois sortie des eaux glacées du calcul égoïste, l'humanité allait pouvoir renouer avec sa socialité profonde (son *Gattungswesen*) et avec le vivre avec et pour autrui (*Gemeinwesen*). Plus modestement, les doctrines socialistes, sans rompre avec le motif de la force de l'intérêt utilitaire et égoïste, y ont ajouté ou superposé celui de l'altruisme.

Idéal naïf et introuvable ? Et si c'était le contraire qui était vrai, si la naïveté consistait à croire que les hommes peuvent coexister, vivre ensemble et faire société par la seule force des contrats passés entre sujets intéressés – contrats individuels ou contrat social d'ensemble – en ne s'en remettant qu'à la force des procédures marchandes, administratives et juridiques ? Car qui ne voit que si le seul fondement des contrats est la recherche de l'avantage propre, alors personne ne peut être tenu de les respecter dès lors que les violer rapporterait plus que de les observer. Plus, ou pire encore, personne ne peut donc croire que les autres les respecteront. Dès lors, on retombe en plein cœur du problème que Hobbes avait cru résoudre. Pour sortir du règne de la terreur inhérent à la lutte de tous contre tous, il faut que les hommes passent un contrat général qui précède et garantisse tous leurs contrats individuels ; mais si la seule substance de ces contrats est l'avantage de chacun, alors aucun contrat ne peut tenir, sauf par la terreur inspirée à tous par le souverain. La terreur chassée par la porte rentre par la fenêtre. C'est ce qu'avaient bien compris les théoriciens du droit naturel, Grotius, Pufendorf, etc., en suggérant que le pacte social ne peut pas tenir par la seule force de la raison, *i.e.* de l'intérêt, mais qu'il faut aussi prendre en compte une dimension de sociabilité naturelle propre à l'humanité. Mais force est de reconnaître que cette référence à la sociabilité naturelle apparaissait chez eux largement comme une clause de style, nécessaire à la cohérence de l'ensemble théorique mais pas vraiment prise au sérieux ni réfléchie en tant que telle.

C'est avec la lignée des penseurs des Lumières écossaises, tous animés, de Shaftesbury à Smith en passant par Hutcheson et Hume, par le souci de réfuter et de dépasser Hobbes, de produire un « contr'Hobbes », qu'on va voir apparaître une véritable et profonde tentative d'élaborer une vision de l'homme moins sombre et moins autoréfutante que celle léguée par Hobbes. Comme le rappelle Laurent Jaffro [2000, p. 13], il faut en effet souligner le caractère essentiellement réactif de l'invention de la notion de sens moral et, dans son prolongement, de celle de sympathie. Les Lumières écossaises sont bel et bien parties en guerre[2]. En guerre contre la guerre de tous contre tous. En guerre contre cette conception pessimiste, hyper-augustinienne, des inclinations humaines, contre ce pur règne du désir *de facto*. En guerre contre cet épicurisme moderne, niant toute naturalité de la vertu, réduite soit à un intérêt égoïste déguisé soit à une simple convention sociale. Non, affirment ces héritiers du stoïcisme et du jusnaturalisme hollandais, le désintéressement et la vertu ne sont pas les simples masques de l'égoïsme. Non, proclament les croisés du sens moral, il y a bien, au cœur de la nature humaine, « un désir désintéressé du bonheur d'autrui » (Hutcheson) qui prend sa source dans une autre « affection naturelle » que l'amour-propre ou le désir d'un avantage privé. Et ce sont ces affections bienveillantes qui, pour Shaftesbury, tiennent ensemble les sociétés, tant elles font partie des dons innés de chaque individu, comme son sens du bien et du mal[3].

---

2. Il s'agit en effet, et très explicitement, pour Shaftesbury de réfuter tant Hobbes que La Rochefoucauld. Et pour son disciple Hutcheson, Mandeville, celui qui avait tant critiqué son maître. Hayek rappelait ainsi, pour mieux railler cette obsession, que celui-ci « ne pouvait pas donner une conférence sans attaquer la *Fable des abeilles* » [cité *in* Waszek, 2003, p. 43].

3. Ce sens qui n'a justement pas de sens pour les défenseurs de la « théorie extrinsèque de la morale » [Taylor, 2003, chap. 15], Hobbes puis Locke. « L'objet, quel qu'il soit, de l'appétit ou du désir d'un homme, est ce que pour sa part celui-ci appelle bon », affirmait Hobbes [1971, p. 48]. Quant à Locke, Shaftesbury résume en ces termes son argument : « Toutes les actions sont naturellement indifférentes ;

Le concept de sympathie, dans lequel avec Hume, puis Smith, va se résorber celui de sens moral, pousse à son plus haut degré d'élaboration ce contr'Hobbes. On redécouvre peu à peu depuis une trentaine d'années l'autre Adam Smith, non plus le fondateur canonique de l'économie politique dite scientifique, le théoricien de *La Richesse des nations*, le père putatif de la figure de l'*Homo œconomicus* – l'homme qui n'attend rien de la bienveillance des autres, mais tout de l'amour qu'ils se portent à eux-mêmes[4] –, mais le penseur, plus important peut-être, de la sympathie. Lisons les premières lignes de sa *Théorie des sentiments moraux,* écrite dix-sept ans avant *La Richesse des nations* et rééditée par lui encore après : « Quelque degré d'amour de soi qu'on puisse supposer à l'homme, il y a évidemment dans sa nature un principe d'intérêt pour ce qui arrive aux autres, qui lui rend leur bonheur nécessaire, lors même qu'il n'en retire que le plaisir d'en être témoin » [Smith, 1860, p. 1]. Cet intérêt pour les autres, Smith à la suite de Hume le désigne sous le nom de sympathie, par quoi il entend « la faculté de partager les passions des autres quelles qu'elles soient » [*ibid.*, p. 4]. « Quelquefois, précise-t-il, la sympathie naît immédiatement à la simple vue de certaines émotions dans les autres. Souvent les passions semblent se transmettre instantanément d'un individu à l'autre, et sans aucune connaissance antécédente de ce qui les a fait naître dans la personne qui en est agitée » [*ibid.*]. S'agit-il de sympathie, ou plutôt d'empathie, et quels rapports l'une et l'autre entretiennent-elles avec l'imitation ? Il existe sur ces points, on le verra, ample matière à discussion. Mais le point important, décisif

---

elles ne possèdent en elles-mêmes aucun trait ou caractère de bien et de mal ; elles se distinguent simplement par la mode, la loi ou le décret arbitraire » [cité *in* Taylor, 2003, p. 326].

4. La phrase toujours citée de *La Richesse des nations* est la suivante : « Ce n'est pas de la bienveillance du boucher, du marchand de bière et du boulanger que nous attendons notre dîner, mais bien du soin qu'ils apportent à leurs intérêts. Nous ne nous adressons pas à leur humanité mais à leur égoïsme ; et ce n'est jamais de nos besoins que nous leur parlons, c'est toujours de leur avantage » [1991, t. I, p. 82]. Smith avait été précédé plus de vingt siècles auparavant par Han Fei Tse qui écrivait : « Si un médecin suce les furoncles [...] de ses patients, sans avoir aucun lien de parenté avec eux, c'est que l'intérêt le pousse à agir de la sorte. Et c'est le même mobile qui fait qu'un charron fabrique ses carrosses en espérant que l'empire soit prospère, tandis qu'un fabricant de cercueils souhaitera qu'il y ait beaucoup de décès. [...] Le menuisier ne déteste pas ses semblables, il a seulement intérêt à ce qu'ils meurent » [1999, p. 22].

même, est que, sous ce vocable de sympathie, on voit apparaître un rapport de soi à autrui qui ne procède en rien de l'intérêt ou de l'amour-propre. Un intérêt pour autrui irréductible à l'intérêt pour soi et tout aussi primaire que lui.

En prenant pour titre « L'homme est-il un animal sympathique ? Le contr'Hobbbes », ce numéro de *La Revue du MAUSS* se propose de retracer le débat entre propositions de type hobbesien et utilitariste, et tout ce qui s'est cherché pour s'y opposer, dans la tradition philosophique et sociologique. La question de départ est simple : à travers le concept de sympathie, ou en s'appuyant sur un concept équivalent, trouve-t-on des ressources théoriques suffisantes pour rompre avec l'axiomatique de l'intérêt et l'utilitarisme, ou bien cette sympathie à travers laquelle se manifeste un intérêt pour autrui n'est-elle pas, en dernière instance, qu'une simple modalité de l'intérêt pour soi ? Débat évidemment crucial pour l'anti-utilitarisme. S'opposer au règne exclusif de l'axiomatique de l'intérêt n'implique-t-il pas – comme le MAUSS en est systématiquement et fallacieusement taxé – de faire l'hypothèse que c'est l'altruisme qui mène le monde ? et de supposer que, loin d'être des loups les uns pour les autres, les hommes seraient des agneaux ? Le MAUSS n'a bien évidemment jamais rien dit de tel. Le don n'a rien d'angélique, bien au contraire. Reste qu'il n'obéit pas au seul motif de l'intérêt égoïste. Mais à quoi d'autre alors ? Et en quoi consiste le reste, la part de l'action humaine irréductible à l'intérêt ?

La métaphore animale est ici éclairante. Il est intéressant de remarquer en effet que l'axiomatique de l'intérêt ne prend toute sa force qu'en assimilant les humains, réduits au rôle de proies de l'intérêt, à des animaux ou à des non-humains : des loups chez Hobbes, des lions ou des renards chez Machiavel, des démons chez Kant[5]. Or ce que nous révèle l'éthologie contemporaine, et

5. On lira dans la version électronique de ce numéro le très intéressant passage en revue des métaphores animales dans la tradition philosophique présenté par *Alain Tonnet*. Rappelons ici au lecteur que, depuis son n° 29 (juin 2007), *La Revue du MAUSS semestrielle* est devenue une revue électronique dont est tirée une version papier (le présent volume). Les paragraphes introduits par @>>> correspondent aux articles qui sont seulement accessibles *on line*. La version intégrale numérique est téléchargeable (accès conditionnel) sur le portail de revues de sciences humaines CAIRN [www.cairn.info] et sur le site de la revue [www.revuedumauss.com]. Naturellement, tous les abonnés ont accès à la version intégrale numérique et reçoivent par courrier la version papier. Les lecteurs du présent numéro qui souhaiteraient s'abonner à la

notamment celle d'un Frans de Waal, c'est que si les hommes sont sympathiques, ce n'est pas parce qu'ils ajouteraient de la sympathie à leur part d'animalité. C'est aussi en tant qu'il participe de l'animal que l'homme sympathise avec ses semblables ou avec les autres espèces. Car, à tout le moins, le loup n'est pas un loup pour le loup. Et même pas toujours un loup pour l'homme, comme en témoigne la légende de la louve allaitant Rémus et Romulus. La sympathie smithienne, l'empathie, la compassion sont bien présentes dans le règne animal.

Doutes sur la sympathie

Que les hommes soient (aussi) sympathiques, est-ce suffisant cependant pour les affranchir du règne exclusif de l'intérêt ? Est-ce là le fin mot de l'histoire ? Et est-ce vraiment une bonne nouvelle ? Voilà certaines des questions cruciales que ce numéro soulève et commence à résoudre. Comprenons bien toutefois qu'elles ne prennent sens et ne sont même formulables qu'une fois dûment et définitivement établie l'irréductibilité de l'intérêt pour autrui – ou si l'on préfère de la sympathie ou de l'empathie – à l'intérêt pour soi. C'est cette irréductibilité foncière qu'établissent les textes réunis dans la première partie intitulée « Au-delà de l'intérêt ? Sympathie, confiance et réciprocité ». Est-ce une bonne nouvelle ? Oui et non. Oui, puisque la sympathie est ce qui permet d'échapper au règne exclusif de l'intérêt pour soi, de coopérer et de progresser ensemble. Non, parce que cette domination des passions sur les intérêts rendue possible par le rapport de sympathie peut aussi bien se traduire en haine et en désir de meurtre qu'en amour et en volonté de paix. L'intérêt règne au royaume de l'indifférence mutuelle. Sympathie et antipathie se partagent le trône des passions. Voilà une première complication des débats classiques en science sociale, qui fait émerger toute une série de questions dénuées de sens dans le cadre de l'axiomatique de l'intérêt et pourtant vitales (ou mortifères). Qu'on

---

revue recevront par courriel cette version intégrale à condition d'utiliser *l'original* du formulaire d'abonnement qui se trouve à la fin de ce volume. Pour toute demande d'information complémentaire, outre les sites indiqués, vous pouvez adresser un mail à Mauss1981gestion@aol.com

songe, par exemple, aux réflexions d'un Jean-Pierre Dupuy dans son *Avions-nous oublié le mal ?* [2002] ou d'un Michel Terestchenko dans *Un si fragile vernis d'humanité. Banalité du mal, banalité du bien* [2005]. Deux livres qui montrent combien il est dérisoire de prétendre rendre compte du cours tragique de l'histoire en ne prêtant aux hommes que des motivations d'intérêt.

Mais s'il convient de s'affranchir du cadre trop étroit de l'axiomatique de l'intérêt, on verra, dans la deuxième partie, qu'il ne suffit pas de la tempérer et de la contrebalancer par une axiomatique de la sympathie, même dûment complétée de son inversion en antipathie. Ou encore : c'est l'éternel jeu de bascule entre égoïsme et altruisme qu'il nous faut dépasser une bonne fois. Car l'action sociale – et même l'action sociale des animaux – ne se déploie pas seulement dans le cadre d'une interaction entre soi et les autres, elle est aussi commandée par une dialectique plus générale de l'obligation (du déterminisme) et de la liberté (de la créativité). Ce n'est qu'en faisant pleinement droit à ces diverses dimensions de l'action qu'il est possible de s'affranchir pour de bon de l'axiomatique de l'intérêt souverain et de donner toute sa force à l'anti-utilitarisme.

Entrons maintenant un peu plus dans le détail.

Prologue. Égoïste ? Altruiste ?
De Hobbes au contr'Hobbes

Avant d'esquisser des voies de dépassement de ce jeu de bascule entre égoïsme et altruisme, encore faut-il en préciser les enjeux et rappeler les stratégies et les coups déployés dans cette joute philosophique opposant les héritiers de Hobbes à ses adversaires sympathiques. Tel est l'objet du prologue qui ouvre ce numéro. Sans viser une plus qu'improbable exhaustivité, il propose de faire revivre à ses lecteurs cette *disputatio* au moment où elle battait son plein, soit au XVIIe et au XVIIIe siècle. Puis d'en présenter les prolongements au siècle suivant, lorsque le contr'Hobbes se rejoue dans une confrontation, ambivalente, du socialisme avec l'utilitarisme.

Dans sa courte anthologie philosophique consacrée à cette première période, *Christian Lazzeri* remet en scène les principaux protagonistes de la querelle originelle de l'intérêt et de la sympathie. De La Rochefoucauld à Bentham, en passant notamment par Nicole, Mandeville, Helvétius, d'Holbach, il montre combien ceux-ci étaient convaincus d'avoir effectué une découverte capitale, faisant de chacun d'eux en quelque sorte autant de Newton du monde moral. Que l'on s'en réjouisse ou qu'on le déplore, ce qui met l'homme en mouvement n'est autre que cette motivation naturelle à satisfaire son intérêt individuel égoïste. Ou, épousant les notions de la théologie médiévale, son *amour-propre*[6]. Dès lors, comme l'affirmait déjà Hobbes, si « toutes les sociétés sont contractées par l'amour-propre plutôt que par une forte inclination que nous ayons pour nos semblables » [1982, p. 92], si, contrairement à ce que croyaient les Anciens, l'homme n'est pas né avec une « disposition naturelle à la société », l'ordre social ne saurait résulter d'une « réciproque bienveillance que les hommes se portent » [*ibid.*, p. 92-93]. Il ne peut désormais que reposer soit, selon le modèle hobbesien que prolongera Bentham, sur une harmonisation artificielle des intérêts par la contrainte extérieure de l'État ou du pouvoir, soit, de Locke à Mandeville ou au Smith de *La Richesse des nations*, sur ce pari d'une harmonisation naturelle cette fois, dont le modèle n'est autre que celui du marché et de l'échange économique. À moins, proposeront certains, que l'affrontement violent des intérêts puisse être sublimé – ou symbolisé – par une rivalité de générosité et de civilité, permettant à chacun – en trompant l'autre, voire en se trompant soi-même – de toucher les dividendes du désintéressement[7]. Si la générosité n'est que le masque de l'égoïsme, l'homme n'est alors un animal sympathique que par son habilité à jouer la comédie de la vertu.

Comme le montre cette anthologie, la riposte des Lumières écossaises ne consiste pas à opposer une chimère moraliste – le sens moral ou la sympathie – au prétendument réaliste principe de l'intérêt. Au contraire, pour ces auteurs, il n'est en rien naïf de prétendre que la vie sociale se déroule autrement que sur fond d'une guerre, ouverte ou larvée, de tous contre tous, ou, au mieux, dans l'indifférence mutuelle et le chacun pour soi. Ainsi, comme le rappelle Christian Lazzeri, le recours au *moral sense* chez Shaftesbury

6. Que ces héritiers de Hobbes distingueront avec plus ou moins de force du simple *amour de soi*. Le prochain numéro de *La Revue du MAUSS*, « Amour de soi, amour d'autrui », reviendra sur ces notions.

7. Jacques Esprit ne suggérait-il pas, dès 1710, que « le désintéressement est la voie la plus honnête que les hommes peuvent prendre pour ménager leurs intérêts » ?

et Hutcheson ne conduit pas à abandonner le principe de l'intérêt, mais à modérer un investissement trop intense des affections sur soi-même, voire à lui offrir une extension plus large que ce à quoi le réduit l'égoïsme[8]. De même, le concept de sympathie, dans lequel avec Hume, puis Smith, va se résorber celui de sens moral, ne vise pas à fonder un quelconque altruisme hyperbolique. La sympathie n'est pour eux ni un sentiment, ni une passion bienveillante, ni même un « instinct originel ». Elle est d'abord un opérateur qui permet la communication ou le transfert des affects[9]. En ce sens, elle est moralement neutre. Mais en permettant à chacun de neutraliser le caractère égoïste de ses impulsions – de « sortir de soi » (Mauss) – ou, du moins, de réduire l'intensité de son intérêt, cette forme anthropologique constitue bien la source des sentiments moraux. Cette capacité d'identification, cette contagion affective, ce réseau des sympathies[10] qui sympathisent indéfiniment les unes avec les autres, explique ainsi que puisse exister parmi les hommes « un chaleureux souci des intérêts de notre espèce » (Hume). Comme ne cesse de le rappeler Smith, pour mieux s'opposer à la « doctrine

8. Comme le montreront ces héritiers des Lumières écossaises que furent les pragmatistes américains, le type d'individualité qui se constitue à travers des formes d'action sensibles aux besoins d'autrui est un soi plus large et plus accompli que celui qui se construit dans l'isolement ou dans l'opposition à ces besoins [Dewey, 1983, p. 299]. G. H. Mead soulignera lui aussi, dans ses *Fragments on Ethics*, que « l'égoïsme consiste à préférer un soi borné à un soi épanoui » [Mead, 1962, p. 388]. Tel est également le cœur de la critique que Jean-Marie Guyau adressait à l'utilitarisme et le fondement de sa morale sans obligation ni sanction, nous y reviendrons. Par ailleurs, Durkheim [1963] ne disait pas autre chose lorsqu'il soulignait que la société est une chose bonne pour l'individu dans la mesure où non seulement il ne peut vivre en dehors d'elle, mais surtout parce qu'en niant la société (en ne jouant pas le « jeu » des solidarités sociales), il renonce à la « meilleure partie » de lui-même ; pire encore, il se nie lui-même et fait violence à sa nature d'individu.

9. « Nulle qualité, écrit Hume, n'est plus remarquable dans la nature humaine [...] que notre propension à sympathiser avec les autres et à recevoir par communication leurs inclinations et sentiments, fussent-ils différents des nôtres, voire contraires aux nôtres » [1991, p. 155-156].

10. Et d'ailleurs, comme le montre Frédéric Brahami [2003, p. 179-180], pour Hume la société – tout comme l'individu – n'est autre que ce réseau de sympathies, ce « tissu de représentations plurielles, forgées par la sympathie ». La sociologie de Tarde prolongera cette analyse du social en clé de sympathie : « Une société stable n'est pas seulement un tissu d'intérêts où les intérêts solidaires l'emportent en nombre et en force sur les intérêts opposés ; elle n'est pas seulement un faisceau de croyances d'accord entre elles en grande majorité ; elle est, avant tout, un entrelacement de sentiments sympathiques » [1999, p. 406].

si odieuse » de Hobbes [2003, p. 425], « la sympathie ne peut être en aucune manière regardée comme un principe égoïste » [*ibid.*, p. 423]. D'où son exemple fameux de l'homme qui sympathise avec une femme « en travail d'enfant » ou de l'expression des condoléances – où « ma peine se réfère entièrement à votre point de vue [celui du père qui vient de perdre son fils] et pas du tout au mien » –, voire de notre capacité à sympathiser avec les morts [*ibid.*, p. 30]. En ce sens, pour les Lumières écossaises, l'homme est bel et bien un « animal sympathique » au sens où, doué de cette capacité d'être affecté par autrui et par là de « civiliser » son intérêt, il peut se révéler bienveillant et généreux, donc d'un commerce agréable.

Pour autant, la sympathie des Écossais est-elle résolument l'antonyme de l'intérêt individuel ? N'est-elle pas aussi, voire avant tout, source de plaisir[11] ? N'était-elle pas fondamentalement indissociable de la visée d'un bonheur calculé et calculable ? Alors que l'on pouvait la croire réglée, l'affaire se complique. D'où cet étrange paradoxe : ces croisés du contr'Hobbes n'ont-ils pas été les précurseurs de l'utilitarisme de Bentham – ce fossoyeur de la théorie des sentiments moraux ? Shaftesbury [1998] n'invitait-il pas à diriger nos impulsions naturelles selon le calcul rationnel d'une « arithmétique morale » ? Hutcheson [1991, p. 179] n'est-il pas l'inventeur de la fameuse formule benthamienne du « plus grand bonheur du plus grand nombre » ? Et Hume [1990, p. 141], celui qui a consacré le principe d'utilité comme le fondement du jugement moral des vertus sociales ? Quant à Adam Smith, l'apôtre de la sympathie, n'est-il pas aussi, nous l'avons rappelé, l'avocat de l'égoïsme du boucher ou du marchand de bière ? Stuart Mill héritera de ces contradictions et tentera, avec et contre Bentham et son père James Mill, de (re)fonder la morale utilitaire sur les « sentiments moraux de l'humanité » ou sur ce qu'il nomme le « sentiment social, qui est naturel à l'homme » [1988, p. 89, 93]. On le voit déjà, cette querelle originelle de l'intérêt et de la sympathie est bien plus ambivalente qu'il n'y paraît et ouvre, sans le fermer, un espace argumentatif et polémique promis à une longue postérité.

---

11. « Quand une qualité ou un caractère tendent au bien de l'humanité, ils nous plaisent et nous les approuvons parce qu'ils nous offrent l'idée vive de plaisir, idée qui nous touche par la sympathie » [Hume, 1993, p. 202].

@ >>> Au sein de cet espace polémique, l'interprétation proposée par *Jean-Pierre Dupuy* du fameux *Adam Smith Problem* a légitimement fait date. Il la reprend ici sous sa forme la plus systématisée. Non, la sympathie smithienne n'est pas la bienveillance. Rompant avec la « révolution sentimentale » des Lumières écossaises, il (ré)affirme combien, de toutes les passions morales, la plus puissante est le *self-love*. Pour autant, la sympathie ne procède pas de l'égoïsme. Elle s'apparente davantage à un principe de contagion ou d'imitation. À tel point que pour Smith – ce qui nous met en garde contre tout irénisme – la sympathie et l'envie ne font qu'un.
@ >>> En amont de la discussion de Jean-Pierre Dupuy, on trouve la lecture proposée dès 1972 par *Ralph Anspach*[12], qui attirait l'attention des économistes sur l'importance de la *Théorie des sentiments moraux* pour la bonne compréhension de l'économie politique de Smith. C'est que, montrait-il, Smith distinguait en fait trois formes de plaisir, dont seule la première, purement individuelle, lui semblait relever de l'égoïsme (celle qui a trait aux besoins premiers), tandis que les deux autres, interpersonnelles, procèdent de la sympathie, soit immédiatement, soit à travers le mécanisme compliqué qui met en relation le soi, l'autre, le bénéficiaire de l'action de l'autre et le spectateur impartial. Nous reproduisons ici la première partie de cet article fondateur qui reste essentiel à une discussion précise et attentive de l'œuvre d'Adam Smith et qui constitue encore à ce jour l'introduction la plus claire et la plus pédagogique aux problèmes qu'elle soulève[13].

Mais peut-être un autre regard, plus sociologique, peut-il contribuer à nous offrir une autre intelligence de l'apport des Lumières écossaises. C'est le sens de la démarche adoptée par Joan Tronto dans son ouvrage *Les Frontières morales*. Ce texte est devenu l'une

---

12. Ralph Anspach, « The implications of the *Theory of Moral Sentiments* for Adam Smith's economic thought » [1972] (Duke University Press, tous droits réservés). Nous remercions les Presses de Duke University de nous avoir autorisés à reproduire ici la première partie de cet article. Précision : Ralph Anspach, économiste, inventeur du jeu du Contre-Monopoly, est le père de notre ami et collaborateur Mark Anspach.

13. Et l'on remerciera Mark Anspach d'avoir accepté de traduire cet article en un temps record. Bel exemple de sympathie filiale.

des références essentielles des théories (féministes) du *care* et des débats contemporains sur l'éthique de la sollicitude. Nous devions en publier quelques bonnes pages. Mais suite à un conflit (pas sympathique !) de dernière minute, cela ne nous a pas été possible. C'est pourtant une pensée importante pour notre objet. L'auteur y montrait combien les différentes théories écossaises seraient symptomatiques d'une époque de transition entre un monde hiérarchique, où la vie sociale s'inscrivait dans des relations de proximité, des communautés organiques fortement structurées et le nouveau monde démocratique où les contacts humains sont à la fois plus égalitaires et plus problématiques dans la mesure où s'approfondit la « distance sociale » entre les hommes. Comment alors, et tel serait le sens de leurs notions de sens moral et de sympathie, entrer en relation avec des autres toujours plus distants lorsque la vie morale ne peut plus trouver sa source dans une communauté politique vertueuse et lorsqu'elle est menacée de corruption à mesure que croît la puissance de l'intérêt promu par le développement du commerce ?

Pour autant, doit-on se résigner, comme le suggère Joan Tronto, à constater que « les Lumières écossaises représentent le côté perdant de la pensée morale au XVIIIe siècle » ? *Homo œconomicus* semble bel et bien avoir vaincu, en lien, plus largement, avec cette confiance, radicalisée par Kant, dans l'universalité de la raison humaine comme unique substitut aux valeurs morales particularistes[14]. Or, ce qui a été ainsi également refoulé – et que l'éthique du *care* se propose d'actualiser –, c'est bien cette question fondamentale pour notre forme de vie contemporaine : comment développer des formes de sympathie au-delà de nos groupes d'appartenance et ainsi donner une signification sensible et concrète à la légitime préoccupation des droits universels et de l'égalité ? Avec un siècle d'avance, l'œuvre de *Jean-Marie Guyau* – si admirée tant par Nietzsche que par Durkheim – pourrait bien être lue comme celle d'un précurseur de l'éthique contemporaine de la sollicitude. Dans l'extrait de sa *Morale anglaise contemporaine* que nous publions ici, il mobilise en effet lui aussi le concept de sympathie pour questionner « la doctrine de l'amour de l'huma-

14. Cette victoire conduisant alors à reléguer l'autre de la raison, le sentiment, dans la sphère privée. Où furent confinées celles qui paraissaient incarner cette « nature sentimentale », les femmes.

nité » dans la morale utilitaire, de Bentham à son contemporain Herbert Spencer. Critiquant cette philanthropie utilitariste qui ne serait en fait qu'« un commerce où rien ne se donne pour rien », il montre combien cet amour pour l'humanité se réduit à un mensonge mutuel. Renouant avec Shaftesbury, il suggère de fonder sa morale de la sympathie sur cette tendance fondamentale immanente à l'être même, cette tendance à la liberté, à l'élargissement continu de soi, à la générosité même de la vie. Suggérant de « retourner » La Rochefoucauld, Jean-Marie Guyau souligne ainsi que l'amour de soi ne s'oppose pas à l'amour d'autrui, mais s'y ressource sans cesse, au point où l'opposition entre égoïsme et altruisme n'a pour lui plus guère de sens.

@ >>> *Marie-Laure Leroy* propose quant à elle une interprétation plus charitable de la sympathie benthamienne. Tout en rappelant combien Bentham participe effectivement d'une « stratégie de dégradation de la sympathie » en faisant systématiquement appel à l'intérêt personnel pour susciter le désintéressement et en élargir le champ, elle pointe toute la tension qui habite la morale utilitaire entre l'« enfermement dans l'amour-propre » et « l'acheminement vers la reconnaissance de l'autre ».

Ce prologue s'achève sur deux contributions consacrées à la querelle de l'intérêt et de la sympathie telle qu'elle se (re)joue au sein de la pensée socialiste au XIXe siècle. Dans le rôle des socialistes sympathiques, deux grandes figures oubliées du mouvement ouvrier français, Eugène Fournière et Benoît Malon. Deux voix, toutes deux marquées par la pensée de J.-M. Guyau, qui tentent, lorsque s'annonce en France la victoire doctrinale du marxisme, de rappeler que le socialisme est incomplet lorsqu'il ne compte que sur les intérêts des masses ouvrières, en négligeant de faire appel aux sentiments altruistes de tous. Ce socialisme moral, voire sentimental, est néanmoins bien singulier, tant il se réclame de cette « morale d'épicier », selon la formule fameuse de Marx, l'utilitarisme[15]. Cette étrange énigme dans l'histoire des idées est démêlée tout d'abord par *Eugène Fournière* lui-même. Il propose de montrer

15. Et si le matérialisme de Marx est dénoncé, c'est parce qu'il aurait régressé au niveau de l'« utilitarisme le plus plat », commencé au XVIIe siècle avec Hobbes et Mandeville, bien en deçà de la morale utilitaire du « bon et génial Jérémie Bentham » (Malon).

que, si le motif utilitaire traverse à l'évidence les œuvres de Saint-Simon, de Fourier et de leurs disciples comme celle de Proudhon, la valorisation du pôle de l'intérêt comme fondement de la morale, indissociable de leurs critiques, distinctes, de l'ordre théologique, est toujours complétée par la valorisation parallèle du dévouement, de l'amour pour autrui et de la sympathie. Mais en valorisant ainsi le pôle de l'altruisme, la morale socialiste, d'une façon générale, ne vise pas à résorber l'intérêt dans la sympathie, mais à articuler dans une synthèse nouvelle amour de soi et amour des autres, égoïsme et altruisme, liberté personnelle et solidarité sociale.

@ >>> Cette synthèse nouvelle, son maître, Benoît Malon, va, comme le montre *Philippe Chanial*, la chercher lui aussi dans une interprétation sympathique de l'utilitarisme de Bentham, mais également de l'évolutionnisme de Spencer et de Darwin. Dans une perspective proche de celle de Kropotkine, il montre que l'évolution qui a conduit progressivement à l'homme doit être conçue comme un processus de perfectionnement et d'élargissement des formes de l'association humaine et, à travers lui, des sentiments de sympathie que l'homme porte à ses semblables. Bref, que l'homme doit son humanité à ces liens que les hommes ont noués pour s'entraider et coopérer dans la lutte pour la vie. Et c'est cette nécessité qui « amènera forcément une prédominance croissante des sentiments altruistes sur les sentiments égoïstes, et par suite une forme socialiste ou solidariste des groupements humains ».

Au-delà de l'intérêt ? Sympathie, confiance et réciprocité

Si ce prologue laisse entrevoir toute la richesse mais aussi déjà les ambivalences de ce pan totalement négligé de l'histoire de la pensée occidentale que nous avons placé sous l'étiquette du contr'Hobbes, nous permet-il de nous délivrer du carcan étroit de cette tradition théorique érigeant l'intérêt et le pouvoir en mobiles exclusifs de l'action humaine ? Comment ce contr'Hobbes peut-il être aujourd'hui actualisé ?

Néanmoins, suggère *Alain Caillé*, avant même de pouvoir répondre à de telles questions, ne faut-il pas se demander tout d'abord au nom de quoi il faudrait rompre avec le discours de l'intérêt ?

Après tout, s'il n'y a pas d'action sans mobile, toute action est donc nécessairement « intéressée », et ces « intérêts » peuvent être les plus divers, égoïstes comme altruistes, matériels ou symboliques, libres ou contraints (« tu as intérêt à obéir ! »), rationnels ou passionnels, etc. Mais justement, s'il y a de bonnes raisons de se déprendre du discours de l'intérêt, c'est d'abord en raison de sa capacité à absorber tout discours alternatif en le retraduisant dans son langage. Ce qui conduit presque inéluctablement à rabattre tous les registres et motivations de l'action sur le modèle de l'intérêt pour soi, instrumental et égoïste. Il faut donc rompre radicalement avec cette rhétorique de « l'intérêt souverain », même sophistiqué, même pluralisé, pour faire droit justement à cette pluralité des ressorts de l'action humaine. Cette pluralité, l'auteur propose de la reconstruire à partir des quatre pôles cardinaux du don, dégagés par Marcel Mauss – l'intérêt (pour soi), l'aimance, l'obligation et la liberté –, tout en soulignant que cette théorie tétradimensionnelle de l'action ne peut être féconde que si l'on est sensible à la fois à l'irréductibilité de ces pôles, mais aussi à leur enchevêtrement et à leur réversibilité. Dans un court texte très stimulant, *Jacques T. Godbout* défend lui aussi, à partir du paradigme du don, cette même nécessité d'une perspective résolument pluraliste. Pointant les fausses évidences de l'axiomatique de l'intérêt pour exposer le large spectre de ses alternatives contemporaines, il scrute les airs de famille entre la figure de l'*Homo donator* et celle de l'individu sympathique d'Adam Smith et des théories contemporaines de l'altruisme qui s'en inspirent aujourd'hui en neuro-économie. Cette recherche en paternité le conduit à suggérer que la sympathie bien comprise n'est pas le don, mais l'un de ses opérateurs. Comme elle peut l'être également de l'intérêt et de l'amour de soi. Étrange ménage à trois, nous y reviendrons.

Samuel Bowles et Herbert Gintis, les *radical economists* américains bien connus, à partir d'un questionnement sur l'avenir des politiques égalitaires soulignent, dans une perspective complémentaire, cette même nécessité d'en finir avec le modèle exclusif de l'*Homo œconomicus*. À l'évidence, « les hommes sont nettement plus généreux que ce que les manuels d'économie les autorisent à être ». Pour autant, il ne s'agit pas de substituer à cet « égoïste impénitent aux tendances asociales » qui hante depuis Hobbes jusqu'à aujourd'hui tous les débats politiques un « altruiste tout aussi unidimensionnel ». Face au discrédit contemporain de l'État-providence et au pessimisme ambiant à gauche, ces deux économistes hétérodoxes suggèrent, à travers la figure de l'*Homo reciprocans*, qu'il existe un fondement solide à la coopération et au partage. Celui-ci, comme le montre un impressionnant corpus de données empiriques tirées à la fois de l'économie expérimentale (théorie des jeux), de l'anthropologie, de l'histoire et des théories contemporaines de l'évolution, résiderait dans deux motivations humaines essentielles : la « réciprocité forte », couplée à la « générosité face aux besoins fondamentaux ». Économie politique radicale américaine et anti-utilitarisme maussien, même combat, on le voit.

@ >>> À travers un exposé didactique des fondements utilitaristes et anti-utilitaristes de la coopération en biologie, *Bruno Kestemont* prolonge ce questionnement. Si les sciences naturelles ont semblé donner raison à l'utilitarisme pendant plus d'un demi-siècle, prétendant, par une lecture très partiale de Darwin, que l'altruisme était impossible en terme évolutif, cette hypothèse n'est aujourd'hui plus tenable : la coopération est inscrite dès les origines et pourrait être, avec la survie du plus apte, un des moteurs essentiels de l'évolution.

Si, toutes disciplines confondues, le contr'Hobbes marque aujourd'hui des points, ce n'est pas sans résistance. Ainsi du brillant néohobbesien contemporain, David Gautier. Celui-ci, comme le montre *Philippe Chanial*, retraduit systématiquement le contractualisme de Hobbes dans les catégories de la théorie du choix rationnel pour mieux démontrer qu'il est rationnel pour un agent qui cherche à maximiser son utilité d'accepter les restrictions de la morale. Bref, qu'il est rationnel d'être juste, de jouer le jeu de la coopération et de la confiance. Et que, ainsi, la rationalité économique bien comprise nous inviterait, avec et contre Hobbes, à faire l'économie de la « main visible » du Léviathan. Pour autant, cette démonstration, étayée tout à la fois sur le fameux dilemme du prisonnier et sur une lecture originale de *La République* et de l'œuvre de Nietzsche, ne conduit-elle pas en fait à montrer comment l'intérêt peut se sublimer en sympathie ? Et que la confiance résulte moins d'un calcul que d'un pari, sur le modèle du pari du don ?

@ >>> Pour autant, nous n'avons pas fini avec Hobbes. N'assistons-nous pas, à l'âge du global qui est désormais le nôtre, comme le suggère la philosophe *Elena Pulcini*, à la renaissance, voire à l'exaspération, des passions hobbesiennes et destructives de la première modernité, au retour de la peur ? Si tel est le cas, peut-on présumer l'existence de *passions sympathiques* qui puissent « contrebalancer » les passions égoïstes et voir ainsi affleurer une anthropologie différente, où le désir de partage et d'actions solidaires, la volonté de dialoguer avec l'autre et le désir réciproque de reconnaissance l'emportent sur le besoin d'ordre provoqué par les passions individualistes et utilitaristes propres à la modernité ?

Au-delà de la sympathie ? Antipathie, générosité et liberté

Si nous avons de bonnes raisons de rompre avec le discours et le paradigme de l'intérêt souverain, faut-il pour autant épouser, en secondes noces, celui de la sympathie ? Ne risque-t-on pas alors de sombrer dans l'antinomie ruineuse de l'égoïsme et de l'altruisme ? Cette seconde partie suggère un autre mouvement, un mouvement enveloppant, sensible aux ambivalences, voire aux apories, de la sympathie, mais aussi propre à ouvrir celle-ci à la question plus large de la générosité et de la liberté.

Cette antinomie, *François Flahault* l'aborde de front en se demandant pourquoi il nous est si difficile de penser ensemble que l'être humain est bel et bien et tout à la fois « égoïste, bon et méchant ». Ne sommes-nous pas prisonniers, dans un jeu de bascule incessant, de deux traditions anthropologiques antagonistes ? La première, de source augustinienne (qui est notamment celle de La Rochefoucauld et de Hobbes), décrit inlassablement un homme déchu, en proie à la passion de l'amour-propre et fondamentalement méchant. Sauvé par la seule grâce – mais elle est rare –, ou dompté par l'intérêt et les douces vertus du commerce. La seconde, issue des Lumières, pose au contraire que l'homme ne naît pas méchant, mais le devient, dès lors qu'il est dénaturé et corrompu par la société. Mais, alors que la première tradition est bien incapable de penser ensemble l'altruisme et l'intérêt – l'ange et la bête –, la seconde y voit une si heureuse harmonie que c'est la méchanceté qui est pour elle impensable. D'où la nécessité d'expliciter un tiers paradigme, celui de l'individu relationnel. Or, si « l'autre existe avant moi », la nécessité d'en passer par l'autre pour être soi ne nourrit-elle pas nos amours comme nos haines ? Et n'est-ce pas paradoxalement notre interdépendance fondamentale – les cadres mêmes de notre coexistence avec autrui – qui garantit notre indépendance et nos calculs rationnels ?

@ >>> Tout cela pourrait sembler passablement abstrait. Il suffit de lire la contribution de *Sandrine Chastang* pour se persuader du contraire[16]. S'il est un domaine où l'enfer est souvent pavé des meilleures intentions sympathiques du monde et où la question du mal peine à se faire entendre, c'est bien celui de l'action humanitaire. Que faire face à l'autre qui souffre loin de nous ? Comment être solidaire sans nuire, sans que le remède soit pire que le mal ? Peut-être d'abord en listant toutes les manières de rater un don humanitaire !

Mais la sympathie n'est pas seulement ambivalente. Comme le montre *Mark Anspach* dans son étude d'un conte bouddhique, inspirée de la théorie des désirs mimétiques de René Girard, elle aussi est fondamentalement réversible. Dans l'histoire du prince Dighavu, le fait d'éprouver les mêmes sentiments, ou de participer aux mêmes souffrances que l'autre, ne commande-t-il pas tout autant le meurtre, le désir de vengeance et le pardon ? Il faut alors en conclure que non seulement la sympathie n'est pas la bienveillance, mais qu'elle existe déjà au cœur de l'hostilité. Et plus généralement que toute action, parce qu'elle se pose comme modèle pour autrui, tend à se propager aux autres par une sorte de « contagion sympathique ». Pour le meilleur et pour le pire.

@ >>> Continuons, à l'invitation de *Dominique Bourgeon,* de traverser les zones de turbulence de la sympathie. Si ses effets sont tortueux, ses sources semblent bien impénétrables. C'est ce que révèle la fameuse affaire Anna O., ici revue et corrigée. Chacun connaît le rôle inaugural qu'a joué ce cas d'hystérie dans la naissance de la psychanalyse freudienne et dans la justification des bienfaits de la cure analytique. Or ni Freud, ni Breuer, ni

16. Cet article résulte d'un compactage de la très utile brochure publiée par l'association Ritimo, *Le Don, une solution ?*, qui donne toute une série d'indications pratiques très concrètes que nous n'avons pu retenir ici. Cette version compactée est également accessible sur le site interactif de *La Revue du MAUSS permanente* (que nous invitons ceux de nos lecteurs qui ne le connaissent pas à découvrir) : www.journaldumauss.net

la psychanalyse ne semblent avoir guéri celle qui devint une bienfaitrice militante, l'une des fondatrices du travail social en Allemagne. Laissée en suspens par la cure, cette guérison ne s'est-elle pas davantage opérée par l'engagement et la relation d'aide ? Ce qui tendrait à montrer que la sympathie « contient », au double sens du terme, la souffrance, tant la sienne propre que celle des autres. Que le don de soi peut puiser sa source dans la souffrance qu'il guérit[17].

Les paradoxes de la sympathie, ses jeux de miroir, ses cercles vicieux ou vertueux, ne sauraient pour autant nous désespérer d'une théorie générale de l'action et de la relation humaines. D'ailleurs, n'avons-nous pas déjà, en creux, pointé la fausseté des théories individualistes et utilitaristes qui entendent faire dériver l'action des calculs d'un individu clos sur lui-même, ne cherchant qu'à maximiser son avantage personnel ? La notion de sympathie ne permet-elle pas d'attester cette « réalité d'une ouverture originelle à l'altérité qui place les êtres vivants dans une sorte de communication et résonance constante les uns avec les autres » ? C'est sur cet acquis anthropologique fondamental, confronté aux plus récents travaux de l'éthologie animale, qu'*Alain Caillé* prolonge sa première contribution. Si cette ouverture à l'autre – qu'il propose de désigner sous le terme d'empathie – définit tant l'homme que l'animal, ce « vecteur de la communicabilité-réversibilité entre moi et autrui » peut se modaliser sous un registre soit affectif (imitation), soit cognitif et réfléchi (réciprocité), et se décliner tant sous des formes bienveillantes (sympathie) que malveillantes (antipathie). De ce point de vue, non seulement la vieille querelle de l'égoïsme et de l'altruisme peut être profondément redéfinie, certaines espèces s'avérant plus empathiques et sympathiques que d'autres, mais c'est aussi, au-delà de la sympathie, la question même de la liberté, de la créativité qui apparaît. Peut-être même la générosité propre au vivant. On ne sort de l'antinomie de l'égoïsme et de l'altruisme qu'en resituant leur opposition dans le cadre plus vaste et général de l'opposition entre l'obligation et la liberté, qui n'est autre que la réfraction de l'opposition complémentaire de la vie et de la mort.

---

17. Article également consultable sur le site de *La Revue du MAUSS permanente*.

@ >>> Ce qu'Alain Caillé énonce ici en clé de don pourrait aisément être retraduit dans le langage de la psychologie cognitive. Afin de repenser la question d'une « morale animale », *Vanessa Nurock* défend ainsi l'hypothèse d'une « morale naïve », constituée de différents « noyaux de base » (notamment ce sens du bien et du mal, du juste et de l'injuste) communs à l'homme et à l'animal. Sous ce regard cognitif, la question n'est plus, comme elle l'était encore pour Bentham, de savoir si les animaux sont capables de souffrir afin de leur garantir droits et protection, mais s'ils peuvent former des intuitions morales, constituer des agents – et pas seulement des patients – moraux. Dès lors, il n'est pas illégitime de se demander, sans pour autant sombrer dans un anthropomorphisme facile, si « les animaux sont des êtres humains sympathiques ».

Mais ce détour anthropologique et éthologique ne doit-il pas nous inciter à franchir un pas de plus ? La sympathie, comme l'a esquissé Alain Caillé, n'ouvre-t-elle pas fondamentalement à une tout autre appréhension du vivant lui-même ? Car qu'est-ce que la guerre hobbesienne de tous contre tous, ou le fameux *struggle for life*, son prolongement biologique ? Une lutte pour la conservation de soi (ou de l'espèce, ou de ses gènes) et rien d'autre[18]. Or ce que cette « ontologie bourgeoise », selon le terme de Robert Spaemann, manque, n'est-ce pas cette générosité même du vivant ? Se conserver ou se donner ? *Self-regarding* ou *other-regarding* ? *Jacques Dewitte* nous invite à redécouvrir toute une tradition de pensée qui, avec et au-delà de la sympathie, a su critiquer cette identification de la vie et de la nature à l'utilité et à la fonctionnalité. Et nous faire prendre la mesure du renoncement moderne à tout questionnement sur la finalité même du vivant, comme si les êtres vivants n'étaient là qu'à seule fin de pratiquer l'interminable cycle vital du métabolisme et de la reproduction. N'est-ce pas l'inverse qui est vrai ? Que fonctions, utilités et intérêts ne sont là – comme le montre le biologiste préféré d'Hannah Arendt, Adolf Portmann – que pour garantir au vivant la possibilité de se manifester librement et d'apparaître dans

18. Et que supposent l'arithmétique utilitariste et les sophistications des théories contemporaines de l'intérêt souverain ? Que l'homme est voué à l'utile, à la fonctionnalité, à l'instrumentalité. Et que tout ce qui ne peut pas être expliqué comme pouvant servir, directement ou indirectement, à l'amour-propre du sujet, à son autoconservation, relève de l'aberration.

sa singularité. Et dans sa gratuité. C'est vers cette part gratuite, cette générosité de ce qui est, cette spontanéité de ce qui se donne que le poète et philosophe *Henri Raynal* nous invite, en conclusion de cette partie thématique, à cheminer. À rebours de l'étroite rhétorique du soupçon caractéristique du regard scientiste et du dogmatisme utilitariste qui en barre la voie. Vers cet « applaudissement au jeu du monde » qui seul ouvre à l'intelligence authentique de la surprise, de l'admiration, de l'attention gracieuse ou de ce « dévouement à l'impersonnel », tel qu'il se manifeste notamment dans l'élan même de la parole qui ne vise rien d'autre qu'à exposer et donner en partage le trésor de ce qui est.

Libre revue

Pour finir, on trouvera dans la partie hors dossier trois textes en harmonie par leurs résonances politiques (au sens large) et qui, comme souvent, pourraient tout autant trouver leur place dans la partie dossier tant ils lui font écho. C'est le cas bien sûr du texte[19] de *Jean-Claude Michéa*, qui prolonge les belles analyses de *L'Empire du moindre mal* [2007] où il montrait de manière très convaincante comment le libéralisme s'est bâti sur la base d'une anthropologie foncièrement pessimiste, hobbesienne, en tentant non seulement de faire tendanciellement l'économie de la morale et de la vertu, bref de tout ce qui a trait à la sympathie, mais de les éradiquer – car c'est d'elles qu'est censé venir tout le mal. L'objectif devient alors de définir des procédures neutres et objectives – dont le marché et le droit sont les principales incarnations – qui permettent de faire fonctionner la société toute seule, indépendamment des motivations bonnes ou mauvaises des hommes. Cette société totalement procédurale, intégralement « rationalisée » aurait dit Max Weber, qui se

19. D'abord publié dans le n° 20 de la revue *Réfraction*, mai 2008, que nous remercions vivement de nous avoir autorisé cette reprise. Ce texte reprend une conférence donnée au centre Ascaso-Durruti en novembre 2007. Il sera également repris dans un recueil d'interventions et d'entretiens de Jean-Claude Michéa à paraître en novembre 2008 dans la collection Champs-Flammarion. L'auteur a présenté à peu près le même propos lors d'une réunion publique du MAUSS le 16 février 2008. On peut lire le compte rendu (rédigé par Sylvain Dzimira) de cette rencontre et des discussions qui s'y sont déroulées sur www.journaldumauss.net

cherche depuis des siècles, est désormais en passe d'être réalisée. Qu'elle soit parfaitement sinistre, il n'est pour s'en convaincre que de lire les pages dans lesquelles *Christian Laval* retrace son itinéraire intellectuel. Ces pages, qui peuvent aussi servir de célébration du quarantième anniversaire de Mai 68, rappellent un temps, pas encore totalement procéduralisé, où la pensée était libre et où l'on pouvait passer allègrement de l'histoire à l'économie, puis à la psychanalyse, et de la philosophie à la sociologie, et mêler allègrement engagement politique et passion intellectuelle. Autres temps, qu'on verra ici revivre avec nostalgie, tant ils sont révolus et tant l'Université, qui sert ici d'illustration à ce mouvement général, s'est détournée de son idéal de pensée pour se stériliser en s'asservissant à tout un ensemble de procédures formelles d'évaluation du savoir qui en tuent l'esprit même[20]. C'est à cet académisme stérilisateur qu'un André Gorz a su résister toute sa vie avec une constance et une droiture admirables auxquelles sa disciple *Françoise Gollain* rend ici l'hommage qui leur est dû. Osera-t-on dire que si le MAUSS a un sens, c'est de résister de toutes ses forces à la décérébration et à l'asservissement procéduraux ?

@ >>> Et cela, dans le sillage, bien sûr, de Marcel Mauss mais aussi de tous ceux qui l'ont inspiré. Et notamment les historiens du droit allemands. *Eliana Magnani*, dans un article aussi passionnant qu'érudit, retrace leur découverte du don-échange (*Gebentausch*, *Geschenktausch*) et rappelle les débats des historiens sur sa place au Moyen Âge. Une contribution essentielle aux études maussiennes[21].

Bibliographie

Anspach Ralph, 1972, « The implications of the *Theory of Moral Sentiments* for Adams Smith's economic thought », *History of Political Economy*, vol. 4, n° 1, printemps (Duke University Press, tous droits réservés).

---

20. Comme en atteste le malheureusement très éloquent livre de Linday Waters [2008], directrice des Presses universitaires de Harvard, qui ne peut que se désoler de la timidité et de la pusillanimité des manuscrits qui lui sont soumis. Tout le monde a désormais peur de sortir des clous de l'évaluation académique.

21. Cet article a d'abord été publié dans le recueil *Don et sciences sociales. Théories et pratiques croisées* [2007]. Il est également consultable sur www.journaldumauss.net

BRAHAMI Frédéric, 2003, *Introduction au* Traité de la nature humaine *de Hume*, PUF, « Quadrige », Paris.

DEWEY John, 1983, « Ethics », *in John Dewey. The Later Works*, vol. 7, Southern Illinois University Press, Carbonale.

DUPUY Jean-Pierre, 2002, *Avions-nous oublié le mal* ?, Bayard, Paris.

DURKHEIM Émile, 1963, « Détermination du fait moral », *Sociologie et philosophie*, PUF, Paris.

HAN Fei Tse, 1999, *Le Tao du prince*, présenté et traduit par Jean Levi, Le Seuil, « Points Sagesses », Paris.

HOBBES Thomas, 1971, *Léviathan*, Sirey, Paris.

– 1982, *Le Citoyen*, Flammarion, « GF », Paris.

HUME David, 1990, *Enquête sur les principes de la morale*, Flammarion, « GF », Paris.

– 1991, *Traité de la nature humaine*, tome II, Flammarion, « GF », Paris.

– 1993, *Traité de la nature humaine*, tome III, Flammarion, « GF », Paris.

HUTCHESON Francis, 1991, *Recherches sur l'origine de nos idées de la beauté et de la vertu*, Vrin, Paris.

JAFFRO Laurent (sous la dir. de), 2000, *Le Sens moral*, PUF, Paris.

MACHIAVEL Nicolas, 1966, « Discours sur la première décade de Tite-Live », *Œuvres*, Gallimard, « Bibliothèque de la Pléiade », Paris.

MAGNANI Eliana (sous la dir. de), 2007, *Don et sciences sociales. Théories et pratiques croisées*, Éditions universitaires de Dijon.

MEAD George H., 1962, *Mind, Self and Society*, The University of Chicago Press (traduction française : *L'Esprit, le soi et la société*, PUF, Paris, 2006).

MICHÉA Jean-Claude, 2007, *L'Empire du moindre mal*, Climats, Paris.

Platon, 1966, *La République*, Garnier-Flammarion, Paris.

RAWLS John, 1987, *Théorie de la justice*, Le Seuil, Paris.

SHAFTESBURY Anthony A. C., 1998, *Essai sur le mérite et la vertu* (traduction de Diderot), Éditions Alive, Paris.

SMITH Adam, 1860, *La Théorie des sentiments moraux* (traduction de S. de Grouchy et Melle de Condorcet), Guillaumin, Paris.

– 1991, *Recherches sur la nature et les causes de la richesse des nations*, tome I, Flammarion, Paris.

– 2003, *Théorie des sentiments moraux*, PUF, Paris.

MILL John Stuart, 1988, *L'Utilitarisme*, Flammarion, « Champs », Paris.

TARDE Gabriel, 1999, *La Logique sociale*, Les Empêcheurs de penser en rond, Paris.

TAYLOR Charles, 2003, *Les Sources du moi*, Boréal, Montréal, Qc.

TERESTCHENKO Michel, 2005, *Un si fragile vernis d'humanité. Banalité du mal, banalité du bien*, La Découverte/MAUSS, Paris.

WASZEK Norbert, 2003, *L'Écosse des Lumières*, PUF, Paris.

WATERS Linday, 2008, *L'Éclipse du savoir*, Allia, Paris.

I.

L'homme est-il un animal sympathique ?

Le contr'Hobbes

La querelle de l'intérêt et de la sympathie. Petite anthologie philosophique des XVIIe et XVIIIe siècles

Christian Lazzeri

Introduction

Dans son *Essai sur l'amour-propre envisagé comme principe de morale* [1700, p. 110], Frédéric II écrivait qu'il « paraît évident qu'il faudrait employer un principe plus général et plus simple pour rendre les hommes vertueux. Ceux qui se sont appliqués à la connaissance du cœur humain auront sans doute découvert le ressort qu'il faudrait mettre en jeu. Ce ressort si puissant, c'est l'amour-propre, ce gardien de notre conversation, cet artisan de notre bonheur, cette source intarissable de nos vices et de nos vertus, ce principe caché de toutes les actions des hommes. Il se trouve en un degré éminent dans l'homme d'esprit, et il éclaire le plus stupide sur ses intérêts. Qu'y a-t-il de plus beau et de plus admirable que de tirer, même d'un principe qui peut mener aux vices, la source du bien, du bonheur et de la félicité publique ? ». Frédéric II semblait manifestement ignorer qu'il n'était sans doute pas le premier à avoir tenté de fonder aussi bien le bonheur que la morale et les rapports sociaux sur le principe de l'intérêt individuel égoïste et que, depuis au moins deux siècles et demi, une telle tentative était au cœur des débats de la philosophie pratique pour savoir de quelle manière on pouvait prendre appui sur le concept d'intérêt pour y parvenir et surtout quelle définition qu'on pouvait en fournir. Mais l'évidence avec laquelle il présente sa position montre qu'il ignorait plus encore que ce fondement du lien social avait été contesté et qu'il existait plusieurs tentatives pour soustraire la morale et une large partie des rapports sociaux à leur fondement exclusif dans l'intérêt individuel égoïste, que l'on ait eu affaire au « dualisme des affections » défendu par Pufendorf, Cumberland ou Shaftesbury (des affections telles que la bienveillance compensent l'égoïsme), que l'on ait eu affaire au sens moral, lorsqu'il approuve de façon désintéressée la bienveillance comme chez Hutcheson, que l'on ait eu affaire enfin à la sympathie qui se substitue au sens moral chez Hume ou Smith et rend compte des vertus morales. Un tel débat, amorcé depuis le début du XVIe siècle sur les motivations qui rendent compte de la production et de la reproduction du lien social, ou qui accompagnent simplement celles-ci, est loin d'être achevé dans la philosophie contemporaine. Pour en fixer les termes et en comprendre les enjeux, encore faut-il restituer tout à la fois les prédicats du concept d'intérêt et en exposer succinctement les difficultés d'utilisation.

Dès que l'utilisation du concept d'intérêt commence à se généraliser au début de la période moderne, on peut dire qu'il en vient à être crédité assez rapidement de trois propriétés. La première est que, contrairement à la thèse défendue par Albert Hirschman dans *Les Passions et les intérêts*[1], l'intérêt n'a pas acquis un sens dominant résidant dans l'acquisition des richesses. Il est aussi soumis à un mouvement de « dématérialisation » qui fait qu'au XVIIe siècle, un auteur comme Jean de Silhon parlera « d'intérêt de conscience », alors que le moraliste Saint-Évremond emploiera l'expression « d'intérêt de réputation » et que Balthazar Gracian expliquera qu'il existe des « intérêts d'honneur ». Dans sa « Lettre à Monsieur d'Offreville », Rousseau distinguera deux formes d'intérêt. Le premier est « un intérêt sensuel ou palpable qui se rapporte uniquement à notre bien-être matériel, à la fortune, à la considération des biens physiques », le second, à l'inverse, « n'est relatif qu'à nous-mêmes, au bien de notre âme, à notre bien-être absolu », que Rousseau nommera « un intérêt spirituel ou moral ». Dans *Le Système social* [1773], d'Holbach définira lui aussi plusieurs sortes d'intérêt (intérêt d'amour, d'estime, d'ambition...) à côté de l'intérêt pour les richesses. La notion d'intérêt s'est donc bien dématérialisée dès la fin du XVIe siècle, et on trouve des traces de celle-ci jusque dans

1. *Cf.* Albert O. Hirschman, *Les Passions et les intérêts. Une apologie du capitalisme avant son triomphe*, PUF, Paris, 1981.

les textes du XVIIIe siècle. C'est dans le mouvement même de cette dématérialisation que l'intérêt rencontre les notions théologiques médiévales d'amour de soi (*amor sui*) et d'amour-propre (*amor proprius*) avec lesquelles il va rapidement fusionner (voir le texte 1 de notre *Anthologie*).

La deuxième propriété du concept est qu'il va épouser cette double signification de la notion d'amour qui peut être formulée de la manière suivante : l'*amour de soi* (ou « intérêt nôtre ») témoigne fondamentalement du désir de l'agent centré sur lui-même et sur les avantages qu'il cherche à obtenir pour soi, mais sans que cela se traduise par une attention *exclusive* accordée à ceux-ci. Autrement dit, on ne se situe pas ici dans une attitude comparative de supériorité qui rend impossible toute attention à l'intérêt d'autrui. Cela signifie que l'amour de soi conduit certainement à ne pas sacrifier ses propres intérêts à ceux d'autrui – car ils possèdent un caractère indépassable –, mais que cela ne conduit pas non plus à une ignorance ou à un désintérêt pour ceux d'autrui, pas plus qu'ils ne conduisent à une rivalité permanente. Il peut donc exister un rapport de *composition* entre les intérêts selon des modalités variables qui peuvent engendrer des rapports de coopération. L'*amour-propre* (ou « intérêt propre »), à l'inverse, témoigne d'une attention exclusivement consacrée à ses propres intérêts considérés comme incommensurables au regard de ceux des autres, lesquels sont systématiquement négligés ou niés (voir le texte 7 de notre *Anthologie*) de telle sorte que la coopération, lorsqu'elle existe, se trouve en permanence menacée de défection lorsque celle-ci ne possède pas un coût dissuasif. Cette distinction ne crée cependant pas des barrières insurmontables entre les deux types d'intérêt dans la mesure où, comme le font valoir les moralistes et les théologiens classiques, ainsi que de Mandeville et Rousseau après eux, l'amour de soi, sous certaines conditions, peut *dériver* vers l'amour-propre et radicaliser ainsi la notion d'intérêt en un égoïsme insurmontable.

La troisième propriété de ce concept est qu'il peut être combiné avec la rationalité pour rendre compte de la production du lien social, bien que, chez certains auteurs, on ait pu opposer le premier à la seconde. Pour aller à l'essentiel, on peut distinguer trois modèles de formation du lien social sur ce fondement : le premier d'entre eux se caractérise par le fait que les intérêts individuels peuvent s'organiser de plusieurs manières pour former un intérêt public ou commun, mais que la raison joue un rôle dans ce processus selon deux variantes. Soit elle constitue le principe même de la définition de l'intérêt (Descartes, Spinoza, Leibniz) et elle valorise dans ce cas l'amour de soi. Soit elle constitue seulement l'instrument de réalisation d'un intérêt prédonné confondu avec l'amour-propre (Hobbes, Nicole). Dans le cadre de ce premier modèle, le contrat social peut apparaître comme l'un des facteurs de la formation du lien social *via* la constitution de la communauté politique, à condition que les individus ne soient pas affectés de « myopie rationnelle » et confèrent rationnellement la primauté aux intérêts de long terme sur les intérêts de court terme (voir les textes 3 et 4 de notre *Anthologie*). Le deuxième modèle admet, lui aussi, la liaison de l'intérêt et de l'amour-propre, mais il refuse l'idée que la raison individuelle puisse constituer, de quelque manière, un opérateur d'organisation des intérêts individuels : les passions suffisent à elles seules à rendre compte de la formation de la société (Pascal, La Rochefoucauld, de Mandeville). Le troisième modèle emprunte à la fois au premier et au deuxième sans se réduire à aucun des deux : il admet lui aussi le lien entre l'amour-propre et l'intérêt, soutient que la raison individuelle n'intervient pas dans l'organisation des intérêts et lui substitue une rationalité collective impersonnelle qui coordonne les égoïsmes pour les faire servir à la production de l'intérêt commun. C'est le premier grand modèle du marché développé par Boisguilbert et repris par ses successeurs.

Dans le cas de la formation de la société à partir de l'intérêt égoïste, on peut parvenir à établir une forme de coopération sociale fondée sur le commandement étatique ou sur l'intervention d'un mécanisme économique contraignant, mais les contemporains mentionnent deux inconvénients relatifs à cette double construction. Le premier est qu'elle assure seulement le cadre extérieur de la coopération, mais rend celle-ci problématique dans les échanges sociaux fondés sur la « civilité ». De façon générale, les individus ne peuvent agir ouvertement en promouvant des intérêts égoïstes sous peine de désapprobation publique. La meilleure solution, dans ce cas, consiste alors à agir comme si la motivation même de l'action était la vertu, et même à agir comme si l'on visait l'excellence de la conduite vertueuse en pratiquant l'échange réciproque des signes de civilité. De ce point de vue, le conflit que l'on place généralement à l'origine de la communauté politique, inversant la logique de l'affrontement violent, revêt alors une forme pacifique, et le vainqueur en civilité est celui qui refuse ostentatoirement de vaincre. Dans ce cas, on a affaire à la substitution de la coopération symbolique à la violence et d'un gain attaché à cette substitution, c'est-à-dire d'un intérêt caché satisfait au moyen d'une pratique publique du désintéressement. « Il est aisé de faire voir, écrit Nicole, que l'amour-propre imite les principales actions de la charité » (voir le texte 6) ou, comme le note J. Esprit, que « le désintéressement est la voie la plus honnête qu'ils [les hommes] peuvent prendre pour ménager leurs intérêts » (voir aussi le texte 2). Une telle coopération présente cependant l'inconvénient de se révéler relativement instable, comme l'ont montré Pascal et de Mandeville, dès lors qu'elle entremêle un principe de concurrence à la supériorité réelle et un principe d'humilité apparente. Le second inconvénient est que la théorie de la dissimulation, voire de l'autotromperie, débouche immanquablement sur une critique des vertus morales présentées comme autant de « masques » de l'égoïsme (La Rochefoucauld, Nicole, Pascal), ce que beaucoup de penseurs des XVIIe et XVIIIe siècles refusaient d'admettre.

Une telle problématisation du lien social s'est trouvée soumise à trois types de critique : la première a consisté à refuser la thèse de la motivation dominante et sans partage de l'égoïsme en la compensant par un principe de bienveillance à titre de motivation individuelle considérée comme tout aussi « innée » que la première par certains philosophes. Elle sera défendue par Cumberland dans son *Traité des lois naturelles*, ainsi que par Pufendorf (voir le texte 5 de notre *Anthologie*), Shaftesbury et Hutcheson. C'est ainsi que Shaftesbury, dans son *Essai sur le mérite et la vertu*, admettra que les affections humaines sont originellement adressées à chaque être individuel en vue de sa conservation et de son épanouissement, mais que, dans la continuité de cet intérêt, ces affections se portent aussi vers la satisfaction des communautés d'appartenance, des plus restreintes aux plus vastes : « Être bien disposé envers l'intérêt public et envers son propre intérêt n'est pas seulement compatible, c'est indissociable. » C'est par le jeu des passions désintéressées, c'est-à-dire des passions qui ont pour objet le bien public, que l'individu éprouve du plaisir lorsqu'il agit en procurant du plaisir aux membres de son espèce ; et ce plaisir, explique l'*Essai*, est éprouvé au moyen de l'opérateur de sympathie qui permet la communication des sentiments entre individus. Bien que le concept de sympathie ne soit pas construit de façon aussi systématique par Shaftesbury qu'il le sera chez ses successeurs, il permet de montrer l'existence d'un lien de continuité naturel entre les affections privées et les affections publiques. Dans ce cadre, l'égoïsme, loin de constituer une motivation naturelle dont on doit partir comme d'une prémisse ainsi que le font Hobbes ou les jansénistes, apparaît plutôt comme un dérèglement de l'amour de soi sous la forme d'un investissement trop intense des affections sur soi-même qui risque de priver l'individu des plaisirs altruistes et l'expose à des rétorsions de la part des autres[2].

La deuxième critique est de nature morale et prend appui sur les relations qui existent entre les affections naturelles et le principe de la morale. Pour aller à l'essentiel : c'est au sens moral, en tant qu'affection réflexive ou disposition rationnelle, qu'il appartient d'évaluer les affections et qu'il revient de formuler des obligations de conduite qui consistent, de façon générale, à renforcer les passions bonnes ; c'est là le principe de la vertu qui relie l'amour de soi à celui de la communauté humaine. Le recours à la sympathie ne conduit donc pas à abandonner le principe de l'intérêt, mais lui offre plutôt, en conservant sa modération, une extension plus vaste que ce à quoi le réduisait l'égoïsme (voir la critique du baron d'Holbach, texte 15 de notre *Anthologie*). En ce sens, Bentham pourra soutenir qu'il n'existe pas d'action désintéressée (voir le texte 16).

Tout en se présentant comme le défenseur de Shaftesbury, Hutcheson déplacera, en fait, sa problématique du sens moral en la simplifiant par certains côtés. Tout en admettant, comme Shaftesbury, qu'il existe des actions désintéressées dont les motivations sont l'amour, l'estime et la bienveillance, Hutcheson transforme le sens moral non en principe de sélection et de réorientation des affections, mais en une sorte de miroir des qualités approuvées dans la conduite d'un agent : l'approbation que donne le sens moral ne dépend pas de l'intérêt que prend le spectateur à l'action qu'il juge (car on peut approuver ou désapprouver la conduite d'agents

2. *Cf.* Michaël Biziou, *Shaftesbury. Le sens moral*, PUF, 2005, p. 21 *sq.*

avec lesquels il n'existe aucun rapport d'intérêt), mais réside dans le principe de reduplication des qualités mêmes de l'action de l'agent évalué. Le sens moral apparaît ainsi comme un principe d'approbation désintéressé d'une action désintéressée dont la qualité de bienveillance donne au principe d'approbation la même propriété. Dans ce cas, comment expliquer que le sens moral ait pour principe ce contenu redupliqué de l'action ? La réponse de Hutcheson dans *La Recherche sur l'origine de nos idées de la beauté et de la vertu* semble reposer sur le principe selon lequel « il y a dans la nature humaine un désir ultime désintéressé du bonheur d'autrui, et notre sens moral nous détermine à approuver comme vertueuses les seules actions qui procèdent au moins partiellement de ce désir » (voir le texte 9 ainsi que la critique du baron d'Holbach, texte 15).

La troisième critique se constitue à partir de la systématisation du concept de sympathie chez Hume et Smith dans lequel se résorbe la notion de sens moral. Il n'existe pas pour Hume « d'instinct originel » qui constituerait un principe d'approbation ou de condamnation des conduites : ce principe n'existe qu'à titre de construction sociale élaborée à partir de l'opérateur de sympathie. La sympathie découle selon lui de l'imagination qui fait qu'un agent éprouve, par imitation, les affects éprouvés par les agents à partir d'un principe de similitude : il se réjouit de leur bonheur et s'afflige de leur souffrance à partir de l'ensemble des signes corporels qui constituent comme des indices de l'émotion. Celle-ci se présente d'abord à l'agent sous la forme d'une idée, mais à celle-ci se trouve liée une émotion qui devient *ipso facto* celle de l'agent. C'est aussi au moyen d'un tel opérateur que l'approbation ou la désapprobation des autres se trouve redirigée vers l'agent qui en est l'objet et qui est ainsi conduit à se considérer lui-même de façon positive ou négative, ce qui engendre ou amplifie des passions comme l'orgueil, l'humilité, l'estime, l'amour ou la haine. Or, dans la mesure où, pour Hume, la raison est incapable de fonder les jugements moraux, c'est au sentiment et à lui seul qu'il revient de fonder le jugement moral, ou, plus exactement, les deux se confondent : « Tant que l'on admet que la raison n'a pas d'influence sur nos passions et nos actions, il est vain de prétendre que la moralité n'est comprise que par une déduction rationnelle. » Ainsi, l'approbation morale et le blâme « ne sont rien d'autre qu'un amour ou une haine plus faibles et plus imperceptibles ». De ce fait, c'est bien la sympathie qui constitue la source du sentiment moral. Cela étant, dans la mesure où la sympathie constitue à la fois une théorie des relations sociales et le fondement du jugement moral, elle doit conduire à contester la thèse relative à la formation du lien social sur la base d'un intérêt égoïste et à contester celle qui transforme les vertus morales en autant de masques de l'intérêt. En tant que théorie des relations sociales, la thèse humienne de la sympathie ne consiste pas à faire l'économie du concept d'intérêt, mais, en fait, à repenser le problème de la composition des intérêts en proposant une alternative à l'approche défendue par Hobbes, les jansénistes et Mandeville. Le phénomène de l'imitation sympathique réside dans une identification à l'égard des sentiments d'autrui, lesquels, au-delà de l'imitation sympathique qui les engendre, reposent aussi sur la manière dont ses intérêts sont affectés. Cette identification fait, comme le note l'*Enquête sur les principes de la morale*, qu'il existe de façon générale un « chaleureux souci des intérêts de notre espèce » de telle sorte que personne ne peut être « indifférent à l'intérêt de ses congénères » (voir le texte 10). Hume peut alors faire valoir deux critiques à l'égard de la thèse de l'intérêt égoïste. La première est que celui-ci, loin d'apparaître comme un donné naturel qui devrait être considéré comme un principe *per se* de construction du lien social (textes 13 et 14), doit plutôt être compris comme une construction sociale (et non une simple affection individuelle comme chez Shaftesbury) fondée sur le principe de sympathie ainsi que l'établit le livre II (I, 5) du *Traité de la nature humaine*. La seconde critique est que non seulement cet intérêt égoïste apparaît comme second au regard du principe de sympathie, mais que cette caractéristique se manifeste sous la forme d'une perturbation de l'opérateur de la sympathie dans la mesure où l'égoïsme peut empêcher, par la « froide insensibilité » qu'il engendre, l'identification à l'égard des intérêts d'autrui (ce qui paraît d'ailleurs assez peu probable à Hume). En ce sens, d'ailleurs, c'est indirectement l'opérateur de sympathie qui retentit négativement sur lui-même par la médiation de ce type d'intérêt qu'il engendre. Cependant – distinction subtile – cette identification peut être aussi perturbée lorsque, abstraction faite de la « froide insensibilité », il existe simplement une contradiction entre les intérêts des individus qui se considèrent réciproquement.

Concernant le statut de la vertu, Hume soutient évidemment que l'absence de sympathie provoquée par l'égoïsme sera équivalente à une indifférence à l'égard du vice et de la vertu, provoquant ainsi une sorte de paralysie morale. En ce sens, les vertus morales ne constituent nullement des masques de l'intérêt égoïste puisqu'elles n'existent qu'à proportion de l'absence de celui-ci. Enfin, le jugement moral ne saurait être directement réductible à l'expression de l'intérêt de celui qui le porte : « Il est vrai, écrit Hume, que les sentiments issus de l'intérêt et ceux qui proviennent de la morale sont susceptibles d'être confondus et se mêlent naturellement les uns aux autres. Il est rare que nous pensions qu'un ennemi n'est pas vicieux et que nous puissions faire le partage entre sa position contraire à notre intérêt et sa bassesse ou sa vilenie réelle. Mais cela n'empêche pas que les sentiments soient en eux-mêmes distincts ; un homme de sens et maître de soi peut se préserver de telles illusions » (*Traité*, III, I, 2).

Sur ce point, Smith poursuivra et approfondira la critique humienne de l'intérêt en rapport avec la sympathie, mais en y ajoutant au plan social et moral la référence à un « spectateur impartial », compris comme le jugement d'approbation ou de blâme porté par un individu imaginaire cristallisant les valeurs d'une opinion collective émergente que chacun peut connaître sur la base du mécanisme de la sympathie et que chacun intériorise. La thèse défendue par Smith est que, même si l'on admettait le primat naturel de l'intérêt égoïste, l'intervention de la sympathie déciderait de l'intensité de celui-ci car l'approbation du spectateur impartial que chacun recherche à propos de sa propre conduite se révèle supérieure à la réalisation de l'intérêt qu'il avait au départ. En imitant le sentiment du spectateur, l'agent prend en compte son point de vue et celui-ci est que l'intérêt de l'agent n'a pas plus de valeur *a priori* que celui de n'importe qui : « Quoique son bonheur puisse être d'une plus grande importance pour lui que celui du monde entier pour tout autre que lui, ce bonheur n'est pas de plus de conséquence que celui de quiconque » (texte 12). En conséquence, il imite le point de vue du spectateur sur son propre intérêt et celui-ci diminue d'importance à ses propres yeux jusqu'à lui faire apparaître sa propre conduite comme condamnable puisqu'il a commencé par donner à son intérêt un poids démesuré par rapport à celui d'autrui qu'il peut léser. Il peut alors sympathiser pleinement avec le ressentiment d'autrui à son propre égard, *via* celui du spectateur impartial, et se condamner ainsi lui-même lorsqu'il a porté atteinte à l'intérêt d'autrui. Ce qui signifie que l'intérêt de l'agent *n'est pas plus important* – voire l'est moins – que son désir de sympathiser avec le spectateur et que c'est *pour pouvoir sympathiser* qu'il réduit l'intensité de son intérêt, du moins dans ses conséquences. On ne peut donc pas supposer que l'intérêt égoïste d'un agent apparaisse comme un principe intangible dont l'importance demeurerait intacte malgré la pression de l'opinion collective. Si celle-ci peut modifier l'intensité des intérêts au moyen de l'opérateur de sympathie, elle peut alors le « civiliser » sans avoir besoin de recourir à la thèse de la dissimulation constante.

* *
*

I

« L'amour-propre est l'amour de soi-même, et de toutes choses pour soi ; il rend les hommes idolâtres d'eux-mêmes, et les rendrait les tyrans des autres si la fortune leur en donnait les moyens ; il ne se repose jamais hors de soi, et ne s'arrête dans les sujets étrangers que comme les abeilles sur les fleurs, pour en tirer ce qui lui est propre. Rien n'est si impétueux que ses désirs, rien de si caché que ses desseins, rien de si habile que ses conduites ; ses souplesses ne se peuvent représenter, ses transformations passent celles des métamorphoses, et ses raffinements ceux de la chimie. On ne peut sonder la profondeur, ni percer les ténèbres de ses abîmes. Là il est à couvert des yeux les plus pénétrants ; il y fait mille insensibles tours et retours. Là il est souvent invisible à lui-même, il y conçoit, il y nourrit, et il y élève, sans le savoir, un grand nombre d'affections et de haines ; il en forme de si monstrueuses que, lorsqu'il les a mises au jour, il les méconnaît, ou il ne peut se résoudre à les avouer. De cette nuit qui le couvre naissent les ridicules persuasions qu'il a de lui-même ; de là viennent ses erreurs, ses ignorances, ses grossièretés et ses niaiseries sur son sujet ; de là vient qu'il croit que ses sentiments sont morts lorsqu'ils ne sont qu'endormis, qu'il s'imagine n'avoir plus envie de courir dès qu'il se repose, et qu'il pense avoir perdu tous les goûts qu'il a rassasiés. Mais cette obscurité épaisse, qui le cache à lui-même, n'empêche pas qu'il ne voie parfaitement ce qui est hors de lui, en quoi il est semblable à nos yeux, qui découvrent tout, et sont aveugles seulement pour eux-mêmes. En effet, dans ses plus grands intérêts, et dans ses plus importantes affaires, où la violence de ses souhaits appelle toute son attention, il voit, il sent, il entend, il imagine, il soupçonne, il pénètre, il devine tout ; de sorte qu'on est tenté de croire que chacune de ses passions a une espèce de magie qui lui est propre. Rien n'est si intime et si fort que ses attachements, qu'il essaye de rompre inutilement à la vue des malheurs extrêmes qui le menacent. Cependant il fait quelquefois en peu de temps, et sans aucun effort, ce qu'il n'a pu faire avec tous ceux dont il est capable dans le cours de plusieurs années ; d'où l'on pourrait conclure assez vraisemblablement que c'est par lui-même que ses désirs sont allumés, plutôt que par la beauté et par le mérite de ses objets ; que son goût est le prix qui les relève, et le fard qui les embellit ; que c'est après lui-même qu'il court, et qu'il suit son gré, lorsqu'il suit les choses qui sont à son gré. Il est tous les contraires : il est impérieux et obéissant, sincère et dissimulé, miséricordieux et cruel, timide et audacieux. Il a de différentes inclinations selon la diversité des tempéraments qui le tournent, et le dévouent tantôt à la gloire, tantôt aux richesses, et tantôt aux plaisirs ; il en change selon le changement de nos âges, de nos fortunes et de nos expériences, mais il lui est indifférent d'en avoir plusieurs ou de n'en avoir qu'une, parce qu'il se partage en plusieurs et se ramasse en une quand il le faut, et comme il lui plaît. Il est inconstant, et outre les changements qui viennent des causes étrangères, il y en a une infinité qui naissent de lui, et de son propre fonds ; il est inconstant d'inconstance, de légèreté, d'amour, de nouveauté, de lassitude et de dégoût ; il est capricieux, et on le voit quelquefois travailler avec le dernier empressement, et avec des travaux incroyables, à obtenir des choses qui ne lui sont point avantageuses, et qui même lui sont nuisibles, mais qu'il poursuit parce qu'il les veut. Il est bizarre, et met souvent toute son application dans les emplois les plus frivoles ; il trouve tout son plaisir dans les plus fades, et conserve toute sa fierté dans les plus méprisables. Il est dans tous les états de la vie, et dans toutes les conditions ; il vit partout, et il vit de tout, il vit de rien ; il s'accommode des choses, et de leur privation ; il passe même dans le parti des gens qui lui font la guerre, il entre dans leurs desseins ; et ce qui est admirable, il se hait lui-même avec eux, il conjure sa perte, il travaille même à sa ruine. Enfin il ne se soucie que d'être, et pourvu qu'il soit, il veut bien être son ennemi. Il ne faut donc pas s'étonner s'il se joint quelquefois à la plus rude austérité, et s'il entre si hardiment en société avec elle pour se détruire, parce que, dans le même temps qu'il se ruine en un endroit, il se rétablit en un autre ; quand on pense qu'il quitte son plaisir, il ne fait que le suspendre, ou le changer, et lors même qu'il est vaincu et qu'on croit en être défait, on le retrouve qui triomphe dans sa propre défaite. Voilà la peinture de l'amour-propre, dont toute la vie n'est qu'une grande et longue agitation ; la mer en est une image sensible, et l'amour-propre trouve dans le flux et le reflux de ses vagues continuelles une fidèle expression de la succession turbulente de ses pensées, et de ses éternels mouvements. »

La Rochefoucauld[3]

---

3. La Rochefoucauld, *Maximes*, Paris, 1664, Maximes retranchées après la première édition, Maxime 1 (édition J. Truchet, Garnier-Flammarion, 1965).

II

« Il n'en est pas des princes qui doivent un jour monter sur le trône comme du reste des hommes : ceux-ci n'étant chargés que de leur conduite particulière, ils sont seulement obligés de suivre l'avis des sages qui leur ordonne de se connaître ; au lieu que cette étude ne suffit pas aux princes que Dieu fait naître pour gouverner les peuples : ils ont encore une indispensable obligation d'étudier et de connaître les autres. Cette connaissance, Monseigneur, n'eût pas été difficile si l'homme fût demeuré dans l'état de son innocence ; car ses paroles auraient toujours été l'image de ses pensées, et ses actions celle de ses désirs et de ses intentions. Mais depuis qu'il s'est mis en la place de Dieu, qui devait être l'objet unique de son amour, et qu'il est devenu amoureux et adorateur de lui-même ; depuis que son intérêt est la règle de ses actions et le maître de sa conduite ; son cœur qui se laissait voir, se cache dans sa profondeur et apprend à l'homme à y cacher ses desseins. De sorte que l'homme s'étant instruit et perfectionné depuis tant de siècles, en l'art de dissimuler et de feindre, ce long usage de feintes et d'artifices lui a donné une pente presque invincible à se déguiser. Il a été forcé en quelque manière de se servir de ruses et de finesses, parce que son amour-propre, qui lui est si cher, est si odieux aux autres qu'il n'ose se montrer tel qu'il est, de peur de trahir ses propres desseins ; il est même obligé, pour les faire réussir, de se présenter aux autres sous plusieurs figures différentes qu'il sait leur être agréables, et de donner la gêne à son esprit pour imaginer celles qui sont les plus propres à le faire paraître entièrement dévoué à leurs intérêts. De là vient que tous les hommes sont autant d'énigmes qu'il est si malaisé d'expliquer, et que ce qui paraît de l'homme est si différent de l'homme. De là vient que jugeant de lui par ce qu'on fait ordinairement, on se trompe dans la plupart des jugements qu'on en fait, et que ceux qui lui sont les plus favorables sont presque toujours les plus légers et les plus injustes. De là vient enfin que Dieu condamne le cœur de la plupart de ceux dont tout le monde admire les actions, et que n'ayant égard qu'à nos dispositions intérieures et à nos véritables intentions, il voit comme de fausses vertus les vertus qui brillent le plus, et qui passent pour les plus excellentes. Mais encore qu'il soit difficile de connaître l'homme, on ne doit pas néanmoins se persuader que cela soit impossible, pourvu qu'on ait observé les inclinations de l'amour-propre. Car comme c'est lui qui est l'inventeur de tous les stratagèmes que l'homme met en usage, et la cause de la fausseté de toutes ses vertus ; et que l'homme est si fort possédé qu'il n'a point d'autres mouvements que les siens, ni d'autre conduite que celle qu'il lui inspire, l'on ne saurait représenter l'un qu'on ne fasse en même temps le portrait de l'autre. »

Jacques Esprit[4]

III

« En effet, ces gens-là pour en faire accroire aux ignorants, se sont servis de l'ambiguïté du terme *d'utilité*, qui se prend en deux significations différentes, selon qu'on juge par divers principes de l'avantage que les choses sont capables de procurer. Car il y a une utilité qui ne paraît telle qu'au jugement corrompu des passions déréglées, lesquelles, sans s'embarrasser de l'avenir, s'attachent uniquement aux avantages présents et passagers. Mais il y a une autre utilité fondée sur les lumières de la droite raison qui ne considère pas seulement ce qu'on a devant les yeux, mais qui en examine les suites. Ainsi cette raison éclairée ne juge véritablement utile que ce qui est tel toujours et à tous égards, comme aussi pour tout le monde : elle condamne au contraire absolument ces désirs aveugles qui nous font soupirer après quelque avantage passager, d'où il naîtra une foule de maux ; comme quand un malade, dans le chaud de la fièvre, avale de grands verres d'eau froide qui lui causeront ensuite de violentes douleurs. Je dis donc 1° que les actions conformes à la loi naturelle sont non seulement honnêtes, c'est-à-dire propres à conserver et à augmenter l'honneur, l'estime et la dignité de l'homme, mais encore véritablement utiles, c'est-à-dire capables de lui procurer quelque solide avantage et de contribuer à sa félicité. Et cette dernière qualité, bien loin de diminuer l'excellence de la vertu, lui convient si naturellement que les écrivains sacrés mêmes nous disent que “la piété sert en toutes choses, ayant les promesses de la vie présente et de celle qui est

4. Jacques Esprit, *La Fausseté des vertus humaines*, P. Mortier, Amsterdam, 1710, p. v-vi.

à venir". Au lieu que les actions contraires à la loi naturelle sont toujours et déshonnêtes et désavantageuses. Car si elles causent souvent quelque plaisir, et si même quelquefois elles semblent procurer quelque avantage, outre que ces plaisirs et ces avantages ne sont pas de longue durée, ils entraînent après eux un grand nombre de maux infiniment plus sensibles. […] 2° De plus, on ne saurait raisonnablement se figurer aucune utilité tellement particulière à quelqu'un qu'elle ne puisse convenir à tout autre. Car la nature n'ayant donné à personne le privilège de s'attribuer sur les autres un droit dont ils ne puissent user à leur tour par rapport à lui, en vain se flatterait-on de trouver quelque avantage à enlever aux autres ou par ruse ou par force ce qu'ils ont acquis par leur industrie puisqu'ils sont en droit de se défendre et de se prévaloir contre nous de la même licence. […] De sorte que, si cette fausse utilité est la règle de toute notre conduite, l'homme le plus puissant courra grand risque de la vie toutes les fois qu'il y aura une seule personne qui croira avoir intérêt de le faire périr et cette personne ensuite apprendra aux autres par son propre exemple à entreprendre contre elle la même chose. Ce n'est donc pas la justice, mais plutôt l'injustice qui doit passer pour une souveraine extravagance puisqu'elle n'est ni généralement avantageuse, ni d'une utilité solide et durable, quelques bons succès que les entreprises injustes semblent avoir pour un temps, outre qu'elle tend à détruire la société d'où dépend la conservation des hommes. »

Samuel Pufendorf[5]

IV

« On a objecté à Monsieur Pascal, qui s'est attaché à donner du jour à cette pensée, qu'on ne se persuade pas toujours ce qu'on désire, ou que si l'on en vient là, on doit se défier d'une opinion qui naît de nos désirs ; et qu'ainsi il faut nous prouver l'existence de Dieu, et non pas nous faire voir qu'il est de notre intérêt de la croire. Ceux qui raisonnent ainsi ne connaissent pas le véritable usage de cette pensée, qui est non de convaincre l'esprit,

5. Samuel Pufendorf, *Le Droit de la nature et des gens*, Bâle, 1732, tome I, chapitre III, § 10.

mais d'ôter au cœur l'éloignement qu'il a pour cette vérité, et de répondre à ces objections secrètes de l'amour-propre : mais si la religion n'était point véritable ? Mais s'il n'y avait point de Dieu ? Et il ne faut point craindre que cet intérêt délicat que nous trouvons à croire l'existence de Dieu, nous fasse illusion. Nous avons deux intérêts fort différents, dont l'un nous trompe toujours, et l'autre ne nous trompe jamais, qui sont l'intérêt de l'homme ou de la créature raisonnable, et l'intérêt de la cupidité et des passions. Celui-ci trompe la raison, parce qu'il précède toutes les réflexions de l'esprit : mais il est impossible que l'autre trompe la raison, puisque c'est des plus pures lumières de la raison qu'il tire sa naissance. Ainsi un honnête homme trouve son intérêt à être tempérant, juste, charitable ; intérêt raisonnable qui ne trompa jamais personne, et dont aussi l'on n'a pas accoutumé de se défier. Un vicieux au contraire trouve de l'intérêt à se venger, à se plonger dans la débauche, à se satisfaire par toutes sortes de voies : mais c'est un intérêt de cupidité, qui est en possession de tromper les hommes, et dont ils savent qu'il faut se donner de garde. Comme donc il est évident que toutes nos passions ont un intérêt commun à combattre l'existence de Dieu, et qu'au contraire c'est l'intérêt de notre raison et de tout ce qu'il y a d'opposé aux passions au-dedans de nous, de recevoir cette vérité ; il s'ensuit qu'il y aurait de la folie à balancer un moment dans le choix de ces deux sentiments. Cette vérité paraîtra beaucoup mieux, si l'on considère en troisième lieu les effroyables inconvénients qui suivent l'athéisme. Si le sentiment des athées a lieu, la vertu n'est qu'une chimère, qu'un arrangement d'atomes, qu'un nom ; la probité qu'un vain scrupule ; la bonne foi qu'une simplicité, ou une hypocrisie ; toute confiance cesse entre les hommes. Car qui se fierait à des hommes qui, ne connaissant point de dieu, ne reconnaissent point aussi de loi plus sacrée que celle de leur intérêt ? Si ce sentiment a lieu, la conscience n'est qu'un préjugé, la loi naturelle qu'une illusion, le droit qu'une erreur ; la bienveillance que les hommes ont les uns pour les autres n'a plus de fondement ; les liens de la société se détachent ; la fidélité est ôtée ; l'ami est tout prêt à trahir son ami, le citoyen à livrer sa patrie, et le fils à assassiner son père pour jouir de sa succession, dès qu'il en trouvera l'occasion, et que l'autorité ou le silence le mettront à couvert du bras séculier, qui seul est à craindre ; les droits les plus inviolables et les lois les plus sacrées ne doivent plus être regardés que comme des songes et des visions. »

Jacques Abbadie[6]

V

« Cette bienveillance universelle ne suppose d'autre fondement ni d'autre motif que la conformité d'une même nature, ou l'humanité. Car la nature pour les raisons que nous avons alléguées ci-dessus, a certainement établi entre tous les hommes une amitié générale dont personne ne doit être exclu à moins qu'il ne s'en soit rendu indigne par quelque crime énorme. Et quoique par un effet admirable de la sagesse du créateur les lois naturelles se trouvent tellement proportionnées à la nature humaine que leur observation est toujours avantageuse et par conséquent qu'il revient à chacun un très grand bien de cette amitié générale : cependant, quand il s'agit d'en établir le fondement, il ne faut pas le chercher dans l'utilité qu'on en retire ; mais dans la conformité d'une même nature. Par exemple, si l'on veut rendre raison pourquoi un homme ne doit pas faire du mal à un autre, on ne dit pas que c'est parce que cela lui est avantageux, quoique dans le fond il le soit beaucoup ; mais parce que cette autre personne est un homme, c'est-à-dire un animal qui lui est naturellement semblable et à qui par conséquent il ne peut sans crime causer aucun préjudice. Mais à cette amitié générale se joignent ensuite plusieurs choses particulières qui font qu'on aime une personne plus que l'autre. Il y a, par exemple, entre quelques-uns une plus grande conformité de sentiments et d'inclinations : l'un est plus propre ou mieux disposé que l'autre à avancer nos intérêts : l'un nous est plus proche parent que l'autre. Et la raison pourquoi l'on fréquente plus volontiers ceux dont la société de qui l'on trouve une préférence d'honneur ou d'intérêt, c'est que naturellement chacun ne peut qu'aimer son propre avantage, lorsqu'il le connaît. Mais cet amour-propre ne

6. Jacques Abbadie, *Traité de la vérité de la religion chrétienne*, R. Leers, Rotterdam, 1684, volume I, section I, chapitre XVII, p. 139 -141.

répugne nullement à la sociabilité de notre nature, pourvu que par là on ne trouble point l'ordre et l'harmonie de la société humaine en général. Car la nature en nous ordonnant d'être sociables, ne prétend pas que nous nous oubliions nous-mêmes. Le but de la sociabilité est, au contraire, que par un commerce de secours et de services chacun puisse mieux pourvoir à ses propres intérêts. Cependant, quoiqu'en entrant dans une société particulière on ait en vue premièrement son propre intérêt et qu'on se propose ensuite l'avantage de ceux avec qui l'on s'unit parce qu'autrement on ne pourrait pas procurer le sien : on ne laisse pas pour cela d'être obligé, en travaillant à son propre intérêt, de ne point blesser celui de la société, de ne faire de tort à aucun des membres qui la composent et de préférer même quelquefois à son avantage particulier l'avantage du public. »

Samuel Pufendorf[7]

VI

« *Comment l'amour-propre a pu unir les hommes dans une même société. Description de ces sociétés formées par l'amour-propre.*

On ne comprend pas d'abord comment il s'est pu former des sociétés, des républiques et des royaumes de cette multitude de gens pleins de passions si contraires à l'union, et qui ne tendent qu'à se détruire les uns les autres ; mais l'amour-propre qui est la cause de cette guerre saura bien le moyen de les faire vivre en paix. Il aime la domination, il aime à s'assujettir tout le monde, mais il aime encore plus la vie et les commodités, et les aises de la vie, que la domination ; et il voit clairement que les autres ne sont nullement disposés à se laisser dominer, et sont plutôt prêts de lui ôter les biens qu'il aime le mieux. Chacun se voit donc dans l'impuissance de réussir par la force dans les desseins que son ambition lui suggère, et appréhende même justement de perdre par la violence des autres les biens essentiels qu'il possède. C'est ce qui oblige d'abord à se réduire au soin de sa propre conservation,

7. Samuel Pufendorf, *Le Droit de la nature et des gens*, Bâle, 1732, tome I, livre II, chapitre III, § 18.

et l'on ne trouve point d'autre moyen pour cela que de s'unir avec d'autres hommes pour repousser par la force ceux qui entreprendraient de nous ravir la vie ou les biens. Et pour affermir cette union on fait des lois, et on ordonne des châtiments contre ceux qui les violent. Ainsi par le moyen des roues et des gibets qu'on établit en commun, on réprime les pensées et les desseins tyranniques de l'amour-propre de chaque particulier. La crainte de la mort est donc le premier lien de la société civile, et le premier frein de l'amour-propre. C'est ce qui réduit les hommes, malgré qu'ils en aient, à obéir aux lois, et qui leur fait tellement oublier ces vastes pensées de domination, qu'elles ne s'élèvent presque plus dans la plupart d'eux, tant ils voient d'impossibilité à y réussir. Ainsi se voyant exclus de la violence ouverte, ils sont réduits à chercher d'autres voies, et à substituer l'artifice à la force, et ils n'en trouvent point d'autre que de tâcher de contenter l'amour-propre de ceux dont ils ont besoin, au lieu de le tyranniser.

Les uns tâchent de se rendre utiles à ses intérêts, les autres emploient la flatterie pour le gagner. On donne pour obtenir. C'est la source et le fondement de tout le commerce qui se pratique entre les hommes, et qui se diversifie en mille manières. Car on ne fait pas seulement trafic de marchandises qu'on donne pour d'autres marchandises, ou pour de l'argent, mais on fait aussi trafic de travaux, de services, d'assiduités, de civilités ; et on échange tout cela, ou contre des choses de même nature, ou contre des biens plus réels, comme quand par de vaines complaisances on obtient des commodités effectives. C'est ainsi que par le moyen de ce commerce tous les besoins de la vie sont en quelque sorte remplis, sans que la charité s'en mêle. De sorte que dans les états où elle n'a point d'entrée, parce que la vraie religion en est bannie, on ne laisse pas de vivre avec autant de paix, de sûreté, et de commodité, que si l'on était dans une république de saints.

Ce n'est pas que cette inclination tyrannique qui porte à vouloir dominer par la force sur les autres ne soit toujours vivante dans le cœur des hommes ; mais comme ils se voient dans l'impuissance d'y réussir, ils sont contraints de la dissimuler, jusqu'à ce qu'ils se soient fortifiés, en gagnant d'autres hommes par des voies de douceur, pour avoir ensuite le moyen d'en assujettir d'autres par la force. Chacun songe donc d'abord à occuper les premières places de la société où il est ; et si l'on s'en voit exclu, on pense à celles qui suivent. En un mot, on s'élève le plus qu'on peut, et on ne se rabaisse que par contrainte. Dans tout état, et dans toute condition, on tâche toujours de s'acquérir quelque sorte de prééminence, d'autorité, d'indépendance, de considération, de juridiction, et d'étendre son pouvoir autant que l'on peut. Les princes font la guerre à leurs voisins pour étendre les limites de leurs États. Les officiers de divers corps d'un même État entreprennent les uns sur les autres. On tâche de se supplanter et de se rabaisser l'un l'autre dans tous les emplois et dans tous les ministères ; et si les guerres que l'on s'y fait ne sont pas si sanglantes que celles que se font les princes, ce n'est pas que les passions n'y soient aussi vives et aussi aigres, mais c'est pour l'ordinaire que l'on craint les peines dont les lois menacent ceux qui ont recours à des moyens violents. Rien n'est plus propre pour représenter ce monde spirituel formé par la concupiscence, que le monde matériel formé par la nature, c'est-à-dire cet assemblage de corps qui composent l'univers. Car l'on y voit de même que chaque partie de la matière tend naturellement à se mouvoir, à s'étendre, et à sortir de sa place ; mais qu'étant pressée par les autres corps, elle est réduite à une espèce de prison, dont elle s'échappe sitôt qu'elle se trouve avoir plus de force que la matière qui l'environne. C'est l'image de la contrainte où l'amour-propre de chaque particulier est réduit par celui des autres, qui ne lui permet pas de se mettre au large autant qu'il voudrait. Et l'on va voir tous ses autres mouvements représentés dans la suite de cette comparaison. Car comme ces petits corps emprisonnés venant à unir leurs forces et leurs mouvements forment de grands amas de matière que l'on appelle des tourbillons, qui sont comme les États et les royaumes : et que ces tourbillons étant eux-mêmes pressés et emprisonnés par d'autres tourbillons, comme par des royaumes voisins, il se forme de petits tourbillons dans chaque grand tourbillon, qui suivant le mouvement général du grand corps qui les entraîne, ne laissent pas d'avoir un mouvement particulier, et de forcer encore d'autres petits corps de tourner autour d'eux : de même les grands d'un État suivent tellement le mouvement, qu'ils ont leurs intérêts particuliers, et sont comme le centre de quantité de gens qui s'attachent à leur fortune. Enfin, comme tous ces petits corps entraînés par les tourbillons tournent encore autant qu'ils peuvent autour de leur centre, de même les petits qui suivent la fortune des grands et celle de l'État, ne laissent pas dans tous les devoirs et les services qu'ils rendent aux autres de se regarder eux-mêmes, et d'avoir toujours en vue leur propre intérêt. »

Pierre Nicole[8]

VII

« Cléomène. – Que l'amour de soi ait été donné à tous les animaux, du moins aux plus parfaits, pour qu'ils assurent leur préservation, cela n'est disputé par personne ; mais comme aucune créature ne peut aimer ce qui lui déplaît, il est en outre nécessaire que chacune ait une véritable affection pour son propre être, supérieure à celle qu'elle a pour aucun autre. Je suis d'opinion, en demandant pardon pour ce que cette opinion a de nouveau, que si cette affection n'était pas permanente, l'amour que toutes les créatures se portent à elles-mêmes ne pourrait pas être aussi inaltérable que nous le voyons être.

Horace. – Quelle raison avez-vous de supposer que cette affection que les créatures ont pour elles-mêmes est distincte de l'amour de soi, puisque l'une comprend évidemment l'autre ?

Cléomène. – Je vais essayer de mieux m'expliquer. J'imagine que, pour accroître le soin que prennent les créatures de se préserver elles-mêmes, la nature leur a donné un instinct, par lequel tout individu s'estime au-dessus de sa valeur réelle ; cet instinct en nous, je veux dire en l'homme, semble s'accompagner d'une défiance de soi, qui vient de la conscience, ou du moins de la crainte que nous avons que peut-être nous nous estimons excessivement. C'est ceci qui nous fait tant aimer l'approbation, l'affection et l'assentiment des autres, parce que cela nous renforce et nous confirme dans la bonne opinion que nous avons de nous-mêmes. Les raisons qui font que cette affection de soi (*self-liking*), cet amour-propre, si vous me permettez de l'appeler ainsi, ne se remarque pas aussi visiblement dans tous les animaux du même degré de perfection,

---

8. Pierre Nicole, *Essais de morale, contenus en divers traités sur plusieurs devoirs importants* (1675), G. Desprez, Paris, 1701, volume III, p. 151-156.

sont nombreuses. […] L'homme lui-même à l'état sauvage, se nourrissant de noix et de glands, et dénué de tout ornement extérieur, aurait infiniment moins la tentation aussi bien que l'occasion de faire montre de cet amour-propre que lorsqu'il est civilisé ; et pourtant si cent hommes, mâles, des premiers, tous également libres, étaient réunis, en moins d'une demi-heure on verrait cet amour-propre dont il est question, quoiqu'ils eussent le ventre plein, paraître dans le désir de primer qui se ferait jour parmi eux ; et le plus vigoureux, en force ou en intelligence ou les deux, serait le premier à le manifester. Si, comme on le suppose, ils étaient tous sans instruction, ceci engendrerait démêlé, et il y aurait certainement guerre avant qu'ils puissent s'accorder, à moins qu'un seul d'entre eux n'ait une ou plusieurs excellences visiblement supérieures aux autres. Je dis des hommes mâles, et le ventre plein ; parce que s'il y avait des femmes avec eux, ou s'ils manquaient de nourriture, leur querelle pourrait commencer pour une autre raison. »

Bernard de Mandeville[9]

VIII

« Nous avons déterminé ce que c'est que la vertu morale et quelle est la créature qu'on peut appeler moralement vertueuse. Il nous reste à chercher quelle obligation nous avons à être vertueux et pourquoi nous devrions l'être. Nous avons découvert que celui-là seul mérite le nom de bon ou de vertueux, dont toutes les affections, tous les penchants, en un mot toutes les dispositions d'esprit et de cœur, sont conformes au bien général de son espèce, c'est-à-dire du système de créatures dans lequel la nature l'a placé et dont il fait partie. Que cette économie des affections, ce juste tempérament entre les passions, cette conformité des penchants au bien général et particulier constituaient la droiture, l'intégrité, la justice et la bonté naturelle. Et que la corruption, le vice et la dépravation naissaient du désordre des affections et consistaient dans un état précisément contraire au précédent. Nous avons démontré que les passions

9. Bernard de Mandeville, *La Fable des abeilles* (1729), 2e partie, 3e dialogue, traduit par L. et P. Carrive, Vrin, Paris, 1991, p. 113-114.

et les affections d'une créature quelconque avaient un rapport constant et déterminé avec l'intérêt général ou la nature commune de son espèce. C'est une vérité que nous avons fait toucher du doigt quant aux affections naturelles telles que la tendresse paternelle, le penchant à la propagation, l'éducation des enfants, l'amour de la compagnie, la reconnaissance, la compassion, la conspiration naturelle dans les dangers, et leurs semblables. De sorte qu'il faut convenir qu'il est aussi naturel à la créature de travailler au bien général de son espèce qu'à une plante de porter son fruit, et à un organe ou quelque autre partie de notre corps, de prendre l'étendue et la conformation qui conviennent à la machine entière ; et qu'il n'est pas plus naturel à l'estomac de digérer, aux poumons de respirer, aux glandes de filtrer et aux autres viscères de remplir leurs fonctions quoique toutes ces parties puissent être troublées dans leurs opérations par des obstructions et d'autres accidents. Mais en distribuant les affections de la créature en inclinations favorables au bien général de son espèce et en penchants dirigés à ces intérêts particuliers, on en conclura que souvent elle se trouvera dans le cas de croiser et de contredire les unes pour favoriser et suivre les autres ; et l'on conclura juste : car comment, sans cela, l'espèce pourrait-elle se perpétuer ? Que signifierait cette affection naturelle qui la précipite à travers les dangers, pour la défense et la conservation de ces êtres qui lui doivent déjà la naissance et dont l'éducation lui coûtera tant de soins ? »

Comte de Shaftesbury[10]

IX

« III. Mais l'on doit observer ici que, puisque tous les hommes ont de l'amour-propre et de la bienveillance, ces deux principes peuvent conjointement pousser un homme à la même action, et il faut alors les considérer comme deux forces imprimant un mouvement au même corps. Tantôt elles conspirent, tantôt elles sont indifférentes l'une à l'autre, et tantôt elles sont en quelque façon

---

10. Comte de Shaftesbury, *Enquête concernant la vertu ou le mérite* (1711), livre II, 1re partie, section I, traduction de Denis Diderot, Édition Alive, 1998, p. 86-88.

opposées. Si donc un homme a une bienveillance si forte qu'elle puisse produire une action sans aucune perspective d'intérêt personnel, le fait que cet homme ait aussi son avantage particulier en vue, en même temps que le bien public, comme effet de son action, ne diminue en aucune manière la bienveillance de celle-ci. Par contre, si l'on suppose qu'il n'aurait pas produit autant de bien public si son intérêt personnel ne l'y avait engagé, alors l'effet de l'amour-propre doit en être déduit, et sa bienveillance est proportionnelle à ce qui reste de bien et que la bienveillance pure aurait produit. Lorsque la bienveillance d'un homme lui est préjudiciable, l'amour-propre s'y oppose alors, et la bienveillance est proportionnelle à la somme de bien produit à laquelle s'ajoute la résistance de l'amour-propre qu'elle a surmontée. Dans la plupart des cas, les hommes n'ont pas la possibilité de savoir jusqu'à quel point leurs semblables sont influencés par l'un ou l'autre de ces principes ; il n'en est pas moins suffisamment certain que c'est là la vraie manière de calculer la bienveillance des actions. [...]

VI. Si quelqu'un demande : "À quoi sert notre sens moral, le sentiment de plaisir que nous éprouvons au bonheur d'autrui, puisque aucun des motifs d'intérêt personnel n'excite notre bienveillance et que le bien d'autrui est notre seule intention dans les actions vertueuses ? À quoi sert la sage ordonnance de la nature par laquelle la vertu est généralement rendue avantageuse en cette vie ? À quelle fin des récompenses éternelles sont-elles fixées et révélées ?" La réponse à ces questions a déjà été partiellement donnée : tous ces motifs peuvent nous faire désirer avoir des affections bienveillantes, et par conséquent attirer notre attention sur les qualités qui les excitent dans les objets ; ils peuvent contrebalancer tous les motifs apparemment contraires et toutes les tentations de vice. Mais en outre, j'espère qu'on pensera que c'est une fin digne de la Divinité que de rendre les personnes vertueuses par une sage constitution de la nature, qu'elles cherchent ou non à obtenir ce bonheur par chacune de leurs actions. Les actions bienveillantes tendent au bien public, il est donc bon et généreux de leur donner tous les motifs supplémentaires et d'exciter plus vigoureusement les hommes qui ont seulement un faible degré de bonnes affections à promouvoir le bien public par des motifs d'intérêt personnel ; ou même d'exciter ceux qui n'ont aucune vertu à des actes extérieurs de bienfaisance et à les éloigner du vice. Il ressort de tout ce qu'on vient de dire qu'il y a dans la nature humaine un désir ultime désintéressé du bonheur d'autrui, et que notre sens moral nous détermine à approuver comme vertueuses les seules actions qui procèdent au moins partiellement de ce désir. »

Francis Hutcheson[11]

X

« Si quelqu'un, en raison d'une froide insensibilité ou de l'égoïsme étroit de son tempérament, n'est pas affecté par les images du bonheur ou du malheur des hommes, il doit être également indifférent aux images du vice et de la vertu. À l'inverse, on constate toujours qu'un chaleureux souci des intérêts de notre espèce s'accompagne d'un sens délicat de toutes les distinctions morales, d'un fort ressentiment des torts causés aux hommes, d'une vive approbation de leur bien-être. Dans ce domaine, bien qu'on puisse observer une grande supériorité d'un homme sur un autre, aucun, cependant, n'est si complètement indifférent à l'intérêt de ses congénères qu'il ne perçoive pas de distinctions morales de bien et de mal en conséquence des différentes tendances des actions et des principes. Comment, en vérité, peut-on supposer possible que quiconque, doté d'un cœur humain, si l'on soumet à son jugement un caractère ou un système de conduite bénéfique et un autre pernicieux pour son espèce ou sa communauté, n'accordera même pas une froide préférence au premier, ou ne lui attribuera pas le moindre mérite ou la moindre considération ? Imaginons un tel personnage du plus grand égoïsme, supposons que son intérêt privé ait pris possession de toute son attention : pourtant, dans des occasions où cet intérêt n'est pas en jeu, il faut inévitablement qu'il ressente quelque propension au bien de l'humanité et qu'il en fasse l'objet de son choix, toutes choses étant égales par ailleurs. Un homme qui se promène marcherait-il aussi volontiers sur les pieds d'un

---

11. Francis Hutcheson, *Recherche sur l'origine de nos idées de la beauté et de la vertu* (1725), section II, § 3-6. Traduction française de A. D. Balmès, Vrin, Paris, 1991, repris dans *Anthologie historique et critique de l'utilitarisme*, éditée par C. Audard, PUF, 1999, vol. I, p. 84-85.

goutteux avec lequel il n'a pas de querelle que sur les durs pavés de la chaussée ? On fait certainement une différence en l'espèce. Nous prenons, sans nul doute, en considération le bonheur et le malheur des autres lorsque nous pesons les différents motifs d'action, et nous inclinons vers le premier lorsque nulle considération privée ne nous pousse à rechercher notre propre intérêt et notre avantage personnel en causant du tort à nos congénères. Et si les principes d'humanité sont susceptibles, dans de nombreux cas, d'influencer nos actions, il faut qu'ils aient toujours *quelque* autorité sur nos sentiments et qu'ils nous inspirent une approbation générale de ce qui est utile à la société, ainsi qu'un blâme de ce qui est dangereux et pernicieux. Les degrés de ces sentiments peuvent être sujets à controverse, mais on peut penser que la réalité de leur existence doit être admise en toute théorie ou en chaque système. Une créature absolument maligne et malveillante, s'il en existe dans la nature, doit être pire qu'indifférente aux images du vice et de la vertu. Tous ses sentiments doivent être inversés et directement opposés à ceux qui prévalent dans l'espèce humaine. »

David Hume[12]

XI

« L'amour de soi est, dans la nature humaine, un principe d'une énergie si considérable, et l'intérêt de chaque individu est, en général, tellement lié à celui de la communauté, qu'ils sont excusables, ces philosophes qui imaginaient que notre souci de ce qui est public peut être tout entier ramené à un souci de notre propre bonheur et de la préservation de notre personne. Ils voyaient à tout moment des exemples d'approbation ou de blâme, de satisfaction ou de déplaisir, envers des caractères et des actions. Ils nommaient les objets de ces sentiments *vertus* ou *vices* ; ils observaient que les premières avaient tendance à augmenter le bonheur, et les seconds, le malheur de l'humanité ; ils demandaient s'il nous était possible

12. David Hume, *Enquête sur les principes de la morale* (1751). Traduction française de Philippe Baranger et Philippe Saltel, Garnier-Flammarion, 1991, p. 135-136.

d'éprouver un intérêt général pour la société, ou de ressentir d'une manière désintéressée le bien-être ou les souffrances des autres : ils trouvaient plus simple de considérer tous ces sentiments comme des modifications de l'amour de soi, et découvraient au moins un semblant de cette unité de principe dans cette étroite union d'intérêts qui est si manifeste, la communauté et chaque individu.

Mais, en dépit de cette fréquente confusion des intérêts, il est aisé d'atteindre ce qu'en philosophie naturelle, après Lord Bacon, on s'est plu à appeler l'*experimentum crucis*, c'est-à-dire cette expérience qui indique la bonne voie en cas de doute ou d'ambiguïté. Nous avons trouvé des cas dans lesquels l'intérêt privé était séparé de l'intérêt public, dans lesquels même il lui était contraire, et cependant nous constatons que le sentiment moral persiste, malgré la séparation des intérêts. Et partout où ces intérêts distincts se rejoignaient de manière appréciable, nous avons toujours constaté un accroissement notable du sentiment, une affection plus chaleureuse pour la vertu, ainsi qu'un plus violent rejet du vice, c'est-à-dire ce que l'on appelle proprement la *gratitude* et le *ressentiment*. Contraints par ces exemples, nous devons renoncer à la théorie qui explique tout sentiment moral par le principe de l'amour de soi. Il nous faut reconnaître l'existence d'une inclination plus sociale, et admettre que les intérêts de la société ne nous sont pas, même simplement en tant que tels, entièrement indifférents. L'utilité consiste seulement en une tendance vers une certaine fin, et c'est une contradiction dans les termes que de dire qu'une chose nous plaît comme moyen de parvenir à une fin, alors que la fin elle-même ne nous affecte en rien. Si, par conséquent, l'utilité est une source du sentiment moral et si l'on ne considère pas toujours cette utilité par rapport à soi, il s'ensuit que toute chose qui contribue au bonheur de la société se recommande directement à notre approbation et à notre bienveillance. Voici un principe qui explique en grande partie l'origine de la moralité : qu'est-il besoin d'aller chercher des systèmes abstrus et lointains, alors qu'il s'en présente un si évident et si naturel ? »

David Hume[13]

---

13. David Hume, *Enquête sur les principes de la morale, op. cit.*, section V, 2e partie, p. 127-128.

XII

« Il ne peut y avoir de motif convenable pour nuire à notre prochain, il ne peut y avoir d'incitation à faire du mal à autrui que le genre humain puisse partager, sinon la juste indignation pour le mal qu'autrui nous a fait. Troubler le bonheur d'autrui uniquement parce qu'il est un obstacle au nôtre, prendre ce qui lui est réellement utile simplement parce que cela pourrait nous être également ou plus utile, ou se laisser aller ainsi à la préférence naturelle que chacun a pour son propre bonheur au détriment des autres, voilà ce qu'un spectateur impartial ne saurait partager. Sans aucun doute chaque homme est porté par nature à n'avoir d'abord et principalement soin que de lui-même et comme il est plus à même de prendre soin de lui que d'aucune autre personne, il est approprié et bon qu'il doive en être ainsi. Donc, chaque homme est bien plus profondément intéressé à tout ce qui le concerne immédiatement qu'à ce qui concerne un autre homme. […] Mais, quoique la ruine de notre prochain puisse nous affecter bien moins qu'une de nos petites infortunes, nous ne devons pas la provoquer pour nous garder de ces infortunes, et pas même pour éviter notre propre ruine. Nous devons ici, comme dans tous les autres cas, nous regarder non pas tant du point de vue où nous pouvons naturellement nous apparaître, mais du point de vue où nous apparaissons naturellement aux autres. Quoique, selon le proverbe, chaque homme soit pour lui-même le monde entier, il n'est pour le reste du genre humain qu'une de ses parties les plus insignifiantes. Quoique son bonheur puisse être d'une plus grande importance pour lui que celui du monde entier, pour tout autre que lui ce bonheur n'est pas de plus de conséquences que celui de quiconque. Quoiqu'il puisse être vrai que tout individu, en son cœur, se préfère naturellement à tout le genre humain, il n'ose pas cependant regarder les hommes en face et avouer qu'il agit selon ce principe. Il sent bien que dans cette préférence les autres ne peuvent jamais l'accompagner et que, pour autant qu'elle lui paraisse naturelle, elle doit toujours sembler excessive et extravagante aux autres. Quand il se regarde lui-même de ce point de vue d'où il a conscience qu'il sera observé par les autres, alors il voit qu'à leurs yeux il n'est qu'un parmi la multitude, sans raison d'être préféré. S'il veut agir de sorte que le spectateur impartial puisse entrer dans les principes de sa conduite, ce qu'il désire plus que tout autre chose, il doit, comme dans toutes les autres occasions, contenir l'arrogance de son amour de soi et l'abaisser jusqu'au point où les autres peuvent l'accompagner. Ils iront jusqu'à l'autoriser à être plus inquiet de son bonheur que de celui d'autrui et à le rechercher avec plus de sérieux et de constance. Jusqu'à ce point, toutes les fois qu'ils se mettront à sa place, ils l'accompagneront aisément. Dans la course aux richesses, aux honneurs et aux faveurs, il peut courir aussi vite qu'il lui est possible, et tendre chaque muscle et chaque nerf pour dépasser tous ses concurrents. Mais s'il devait bousculer ou jeter à terre quelqu'un d'entre eux, l'indulgence des spectateurs prendrait immédiatement fin. »

Adam Smith[14]

XIII

« Une fois parvenu à cette vérité, je découvre facilement la source des vertus humaines ; je vois que, sans la sensibilité à la douleur et au plaisir physique, les hommes, sans désirs, sans passions, également indifférents à tout, n'eussent point connu d'intérêt personnel ; que, sans intérêt personnel, ils ne se fussent rassemblés en société, n'eussent point fait entre eux de conventions ; qu'il n'y eût point eu d'intérêt général, par conséquent point d'actions justes ou injustes ; et qu'ainsi la sensibilité physique et l'intérêt personnel ont été les auteurs de toute justice.

Cette vérité, appuyée sur cet axiome de jurisprudence : *l'intérêt est la mesure des actions des hommes*, et confirmée d'ailleurs par mille faits, me prouve que, vertueux ou vicieux, selon que nos passions ou nos goûts particuliers sont conformes ou contraires à l'intérêt général, nous tendons si nécessairement à notre bien particulier que le législateur divin lui-même a cru, pour engager les hommes à la pratique de la vertu, devoir leur promettre un bonheur éternel, en échange des plaisirs temporels qu'ils sont quelquefois obligés d'y sacrifier. Ce principe établi, mon esprit en tire les conséquences et j'aperçois que toute convention où l'intérêt particulier se trouve en opposition avec l'intérêt général eût toujours été violée si les

14. Adam Smith, *La Théorie des sentiments moraux* (1759). Traduction française de M. Biziou, Cl. Gautier et J.-F. Pradeau, PUF, 1998, p. 135-136.

législateurs n'eussent toujours proposé de grandes récompenses à la vertu ; et qu'au penchant naturel qui porte tous les hommes à l'usurpation, ils n'eussent sans cesse opposé la digue du déshonneur et du supplice : je vois donc que la peine et la récompense sont les deux seuls liens par lesquels ils ont pu tenir l'intérêt particulier uni à l'intérêt général, et j'en conclus que les lois, faites pour le bonheur de tous, ne seraient observées par aucun si les magistrats n'étaient armés de la puissance nécessaire pour en assurer l'exécution. »

Helvétius[15]

XIV

« La société ne peut être avantageuse pour l'homme, qu'en le faisant jouir des biens que la nature lui fait désirer. Plus la société lui assurera ces biens, plus elle sera parfaite, plus elle lui sera chère, plus elle lui deviendra nécessaire. En aimant ses associés, ce n'est que lui-même qu'il aime ; en les secourant, c'est lui-même qu'il secourt ; en leur faisant des sacrifices, c'est à son propre bonheur qu'il sacrifie. En un mot, l'intérêt, ou l'amour éclairé de soi est le fondement des vertus sociales ; c'est le véritable motif de tout ce que l'homme fait pour le service de ses semblables. La vertu n'est que l'utilité des hommes vivant en société. Être vertueux, c'est être sociable, c'est contribuer au bonheur de tous ceux avec lesquels notre destin nous lie, afin de les exciter à contribuer à notre propre félicité. Si la société ou ceux qui dirigent ces mouvements, loin de procurer à ses membres la jouissance des avantages de leur nature, cherchent à les en priver ; s'ils les forcent à des sacrifices inutiles, douloureux et gratuits, s'ils mettent des entraves à leur travail ou à leur industrie ; s'ils ne lui procurent ni bonheur ni sûreté ; dès lors l'homme ne trouve plus d'avantage dans l'association, il s'en sépare, autant qu'il est en lui, sa tendresse pour elle s'affaiblit ; il ne peut aimer la société qu'autant qu'elle est l'instrument de son bonheur. »

Baron d'Holbach[16]

---

15. Helvétius, *De l'esprit* (1758), Gérard et Cie, Paris, 1973, p. 225-226.
16. Baron d'Holbach, *La Politique naturelle* (1773), Fayard, Paris, 1998, p. 51.

XV

« Quelques philosophes modernes ont cru nous donner des principes plus sûrs ou plus propres à fixer nos idées sur la morale ; mais faute d'avoir suffisamment étudié l'homme, ils ne l'ont pas vu tel qu'il est, ou n'ont pas connu le vrai mobile de ses actions. Ils donnent pour base à la science des mœurs un prétendu *sens moral*, un *instinct* inexplicable, une *bienveillance innée*, un amour parfaitement *désintéressé* de la vertu, qui fait que sans retour sur nous-mêmes nous l'approuvons dans les autres.

Si nous examinons ces idées, nous les trouverons absolument chimériques. [...] Nos jugements ou sentiments moraux ne peuvent jamais être désintéressés ; nous ne pouvons aimer que ce qui nous plaît, ce qui nous est utile, ce qui nous est agréable, ce qui nous procure un plaisir, soit durable, soit momentané. Ce ne peut être qu'en nous-mêmes que nous trouvions les motifs de notre affection, de notre bienveillance pour les hommes ou pour les choses. Comment des auteurs sensés ont-ils pu croire que l'homme apportait en venant au monde des idées du bien et du mal moral, du juste et de l'injuste, de l'ordre et du désordre, du beau et du difforme ? Nous ferons voir qu'ils ont pris des dispositions acquises et cultivées pour des idées innées. Tout homme apporte en naissant le besoin de se nourrir, ou, si l'on veut, un *instinct* qui le porte à manger ; mais ce n'est que l'expérience qui lui apprend à distinguer les aliments agréables de ceux qui sont désagréables ou dangereux ; l'exercice et l'habitude lui donnent la facilité de juger avec promptitude, ou comme par instinct, de ce qui est fait pour lui plaire ou lui déplaire, de ce qui lui est avantageux ou nuisible. »

Baron d'Holbach[17]

XVI

« L'objet du déontologiste est d'enseigner à l'homme de diriger ses affections, en sorte qu'elles soient le plus possible subordonnées à son bien-être. Chaque homme a ses peines et ses plaisirs qui lui sont propres, et avec lesquels le reste des hommes n'a aucun rapport ; il

17. Baron d'Holbach, *Système social* (1773), Fayard, Paris, 1994, p. 64-65.

a aussi des plaisirs et des peines qui dépendent de ses relations avec les autres hommes, et les enseignements du déontologiste ont pour but de lui apprendre, dans l'un comme dans l'autre cas, à donner au plaisir une direction telle qu'il soit productif d'autres plaisirs ; et une telle direction à la peine qu'elle devienne, s'il est possible, une source de plaisir, ou du moins qu'elle soit rendue aussi légère, aussi supportable, et aussi transitoire que possible.

Abstractivement parlant, tout peut se réduire à une seule question. Au prix de quelle peine future, de quel sacrifice de plaisir à venir, le plaisir actuel est-il acheté ? Par quel plaisir futur peut-on espérer que la peine actuelle sera récompensée ? La moralité doit sortir de cet examen. La tentation est le plaisir actuel ; le châtiment est la peine future ; le sacrifice est la peine actuelle ; la jouissance est la récompense future. Les questions de vice et de vertu se bornent pour la plupart à peser ce qui *est* contre ce qui *sera*.

L'homme vertueux amasse dans l'avenir un trésor de félicité ; l'homme vicieux est un prodigue qui dépense sans calcul son revenu de bonheur. Aujourd'hui l'homme vicieux semble avoir une balance de plaisir en sa faveur ; le lendemain le niveau sera rétabli, et le jour suivant, on verra que la balance est en faveur de l'homme vertueux. Le vice est un insensé prodiguant ce qui vaut beaucoup mieux que la richesse, la santé, la jeunesse et la beauté, c'est-à-dire le bonheur ; car tous ces biens sans le bonheur n'ont aucun prix. La vertu est un économe prudent, qui rentre dans ses avances et cumule les intérêts. »

Jeremy Bentham[18]

XVII

« S'il en est bien ainsi, si la teneur générale de la conception que l'on donne ici des causes de l'action humaine est conforme à la vérité des choses, divers phénomènes de l'esprit humain, qui jusqu'à présent n'avaient pas été perçus ou ne l'avaient été qu'indistinctement – quoiqu'ils fussent d'une importance indiscutable

---

18. Jeremy Bentham, *Déontologie* (il s'agit de fragments posthumes réunis et publiés par John Bowring, et traduits par Benjamin Laroche, Paris, Charpentier éditeur, 1834). Publié dans *La Revue du MAUSS (trimestrielle)*, n° 5, 1989, p. 76-97.

du point de vue de la pratique –, deviendront désormais, pour la première fois, visibles distinctement.

1° Du point de vue de l'intérêt, il n'y a jamais eu et il ne peut jamais y avoir d'actions humaines désintéressées, en prenant le terme "désintéressé" dans son sens le plus large, qui est le sens originaire et le seul qui lui convienne exactement. Car il n'existe pas d'action volontaire qui ne soit le résultat de l'action de quelque motif ou de quelques motifs ; ni de motifs qui ne s'accompagnent d'un intérêt correspondant, réel ou imaginaire.

2° C'est seulement lorsqu'on prend le terme dans un sens plus restreint que celui que suggère et tolère proprement l'étymologie que l'on peut véritablement attribuer le désintéressement à l'action humaine ; dans ce sens, le terme de "désintéressement" doit être compris comme désignant non pas l'absence de tout intérêt – état de chose impossible à concilier avec l'action volontaire –, mais seulement l'absence de toute espèce d'intérêt tourné vers le moi. On ne laisse toutefois pas de l'attribuer très souvent aux actions humaines dans des cas où plusieurs intérêts, dont aucun ne peut séparément échapper à la classe de ceux qui nous tournent vers nous-mêmes, ont exercé leur influence : en particulier dans le cas [...] de la crainte de Dieu ou de l'espérance que l'on fonde en lui et dans celui [...] de la crainte de la mauvaise réputation ou de l'espoir d'en avoir une bonne.

3° Si le discours précédent est correct, l'homme le plus désintéressé n'est pas moins sous la domination de l'intérêt que le plus intéressé. La seule cause qui nous fasse dire qu'il est désintéressé, c'est qu'on n'a pas remarqué que l'espèce de motif qui agit (par exemple sa sympathie pour un individu ou pour un groupe d'individus) trouve aussi véritablement son correspondant dans un intérêt qui lui appartient que n'importe quelle autre espèce de motifs. La cause de cette contradiction entre la vérité du fait et le discours que l'on utilise pour en parler tient à ce que, dans un tel cas, les hommes n'ont pas pris l'habitude de faire du mot intérêt, comme ils le devraient s'ils voulaient être conséquents, l'usage qu'ils ont l'habitude de faire dans tel autre.

4° Toutefois, pour être essentiellement, entièrement et indiscutablement le produit de l'intérêt comme n'importe quelle autre action l'est toujours ou peut l'être, l'action à laquelle on appliquerait, selon la façon relâchée et ordinaire de parler, l'épithète de désintéressée ne voit pas son mérite, quel qu'il soit, abaissé du plus petit degré. Ce n'est pas que, dans le cas où la sympathie est le motif, se fait moins sentir le besoin, voire l'exigence, d'un mot comme celui d'intérêt, que dans le cas où le motif et l'intérêt sont de l'espèce où ils sont tournés vers le soi. Non plus que, même dans le cas de la sympathie, on use des dérivés du terme intérêt, voire du terme lui-même. En témoignent ces expressions prises parmi tant d'autres : je me sens fortement intéressé par le comportement de cet homme ; un homme dont le destin – ou dont les chagrins – me procure un vif intérêt, etc. »

Jeremy Bentham[19]

19. Jeremy Bentham, *Table des sources de l'action* (1815), repris dans *Anthologie historique et critique de l'utilitarisme, op. cit.,* vol. I, p. 192-194.

L'amour de l'humanité dans la morale utilitaire*

Jean-Marie Guyau

« On n'aime que pour soi », dit Helvetius ; l'amitié entre les hommes est un besoin réciproque. Tout gravite sur soi, répète d'Holbach ; la vie entière n'est qu'une gravitation de soi sur soi[1]. L'école anglaise semble avoir accepté, elle aussi, l'égoïsme comme l'explication suprême et dernière de tous les phénomènes mentaux. « L'amour de soi est le pourquoi de toutes les passions[2] », dit M. Bain, et M. Spencer ne le désavouerait pas. Seulement, cet égoïsme, les philosophes anglais l'ont pour ainsi dire relégué dans la sphère de l'inconscient et ils en ont fait sortir, par une évolution inattendue, l'altruisme conscient. Nous nous aimons nous-mêmes, voilà le principe, puis nous nous attachons dans les autres à ce qui nous ressemble, et nous nous cherchons nous-mêmes dans autrui : alors naît, selon M. Bain, une sorte d'amour qui se ramène à une ressemblance mutuelle, à une analogie mutuelle ; ce qui se passe dans l'un se communique à l'autre par des raisons toutes physiques, et à vrai dire l'amour d'autrui est un phénomène de contagion nerveuse. C'est cette contagion bienfaisante que les utilitaires veulent étendre à l'humanité pour y faire régner la philanthropie. Dans les autres, vous n'aimez que vous, disent-ils aux hommes ; cependant,

---

* Extraits de *La Morale anglaise contemporaine. Morale de l'utilité et de l'évolution*, Librairie Gerner Baillière et Cie, Paris, 1879.

1. Voir notre *Morale d'Épicure et ses doctrines contemporaines* (1886), livre IV. (Réédition Encre marine, Fougères, 2002 – *ndlr.*)

2. Alexander Bain, *The Emotion and the Will* (1875), chapitre XIII. (Réédition Cosimo Classics, New York, 2006 – *ndlr.*)

aimez les autres plus que vous. Dans les autres, vous n'aimez que votre ressemblance ; pour cette image affaiblie de vous-mêmes, sacrifiez-vous, et détruisez au besoin l'original afin de conserver la copie.

Sous ce rapport, l'école utilitaire anglaise n'a pas la logique de l'école utilitaire française : ce qu'elle rejette en théorie, elle n'ose pas y renoncer en pratique. Excluant de l'homme l'amour volontaire et désintéressé d'autrui, elle voudrait, par des moyens détournés, en replacer au moins l'apparence dans la société et reprendre ainsi d'une main ce qu'elle repousse de l'autre. Mais, avec la sympathie et les instincts altruistes, réussira-t-elle à rapprocher et à unir les hommes ? – Sympathiser, c'est-à-dire, suivant l'étymologie même du mot, pâtir ensemble, souffrir ensemble, être courbés ensemble sous la même nécessité, subir l'action réflexe des mêmes émotions, cela suffira-t-il à l'homme, ou sa conscience ne trouve-t-elle pas en elle-même un idéal supérieur, et sa volonté ne réclame-t-elle pas davantage ?

La conception utilitaire de la sympathie se trouve pleinement réalisée dans le monde matériel et mécanique. Peut-être l'homme seul peut-il aimer ; mais tout, semble-t-il, peut sympathiser. Depuis longtemps, Adam Smith et Hume ont comparé la loi naturelle qui unit les hommes à cette loi physique qui fait que des cordes également tendues sous la vibration qu'on leur imprime se mettent d'elles-mêmes à l'unisson. Mais, remarquons-le, pourquoi disons-nous que ces cordes sympathisent ? Si nous connaissions parfaitement l'ensemble des causes mécaniques qui président à leurs mouvements, cette idée ne nous viendrait pas même à l'esprit. Disons-nous de deux horloges que nous remontons à la fois qu'elles sympathisent ? Non, parce que dans ce cas la cause du phénomène nous est connue : c'est nous-mêmes. Au contraire, ce qui porte d'abord à croire qu'il y a sympathie entre les cordes d'un instrument, c'est que nous ne voyons pas les mouvements se transmettre fatalement de l'une à l'autre ; nous douons de vie chaque corde ; il nous semble que, spontanément, elles-mêmes se sont mises d'accord. Ainsi, pour introduire la sympathie dans les mécanismes du monde extérieur, il semble que, par une sorte de subterfuge mental, nous en enlevions d'abord la nécessité.

Du monde extérieur, remontons à l'intérieur. Pouvons-nous concevoir la sympathie de l'homme pour l'homme comme un simple accord des nerfs, une alliance des tempéraments, un battement symétrique des cœurs ? Ne nous représentons-nous pas le mouvement de sympathie qui nous porte vers autrui comme parti de nous-mêmes, comme tout spontané ? C'est là un fait psychologique que ne nieront pas, sans doute, les empiristes et les utilitaires et que Spinoza lui-même a reconnu[3]. En d'autres termes, pour prendre pleine et entière conscience d'une vraie sympathie, il faut perdre, ne fût-ce qu'un instant, cette conscience de la fatalité que doit posséder tout fataliste convaincu ; pour que mes nerfs eux-mêmes accomplissent sans trouble et jusqu'au bout toutes leurs vibrations sympathiques, il faut que j'attribue ma sympathie à autre chose qu'à des nerfs, il faut qu'à tort ou à raison je l'attribue à ma volonté. – Illusion ! direz-vous ; effet d'un sentiment subjectif dont nous sommes tout prêts à vous faire la genèse. – Soit ! Voici alors la question que nous pouvons vous répéter : persuadez-vous bien à vous-mêmes que c'est une simple illusion, persuadez-vous bien de votre système ; en prenant conscience de cette illusion, vous la dissiperez ; en la dissipant, ne dissiperez-vous pas la sympathie même ?

Nous avons déjà vu se montrer à diverses reprises cette divergence qui semble exister entre la théorie et la pratique des vrais utilitaires : plus vous croirez à l'utilitarisme en l'approfondissant dans toutes ses conséquences, moins vous serez capables, semble-t-il, de faire ce que conseillent de faire ses théoriciens. Ici, la contradiction est plus évidente et plus importante encore : la théorie exige une sympathie constante avec les autres hommes ; mais vous ne pouvez sympathiser avec autrui, d'une manière durable, qu'en oubliant votre système sur la sympathie ; or oublier, ici, dans une certaine mesure n'est-ce pas nier ?

À ce point de vue, le moindre mouvement de vraie sympathie est un élan vers un idéal supérieur au système purement utilitaire. Au moment où la sympathie me pousse à accomplir un acte de désintéressement, par exemple secourir un homme en danger, que je me répète à moi-même : « La sympathie n'est qu'une contagion nerveuse », et cette idée, agissant comme toutes les idées sur les nerfs, la contrebalancera et tendra à la faire disparaître. La sympathie du cœur, si elle n'est qu'un instinct, est du moins un instinct

---

3. Voir *Morale d'Épicure*, *op. cit.*

trop délicat pour pouvoir m'entraîner si je n'oublie pas qu'elle m'entraîne. Nous nous retrouvons ainsi en présence des lois psychologiques que nous avons dégagées de l'analyse des faits et que nous avons opposées aux « genèses » de sentiments tracées d'une manière trop exclusive par l'école anglaise.

En premier lieu, tout instinct, en devenant conscient, tend à se détruire : la sympathie purement instinctive se réprimera donc en se connaissant elle-même. En second lieu, toute association d'idées, en devenant consciente tend à se dissoudre surtout lorsqu'en définitive elle se réduit à une erreur ; or la sympathie est une erreur par laquelle je m'imagine souffrir à votre place : sur la foi d'une ressemblance trompeuse, je vous prends pour moi. Un oiseau, dit la fable, apercevant dans un tableau un oiseau tout semblable à lui, merveilleusement reproduit par le peintre, courut becqueter la toile inerte ; ainsi fais-je en allant à vous parce que vous me ressemblez, en vous prenant pour un autre moi-même, alors que vous en êtes seulement la lointaine image. La réflexion et la conscience, en écartant l'illusion éloigneront la sympathie. En troisième lieu, toute passivité, en se pensant elle-même, tend à disparaître sous l'action de la pensée. Penser que toute notre sympathie se réduit à « être passifs ensemble », c'est donc tendre par cela même à la faire cesser. Aussi, sympathiser véritablement, ce serait sans doute s'élever au-dessus de cette sympathie apparente que les utilitaires connaissent seule ; ce ne serait pas seulement pâtir ensemble, mais vouloir ensemble et, à l'occasion, vouloir pâtir, vouloir souffrir ; ce serait d'abord mettre en commun les volontés, afin de mettre en commun les sensibilités. La vraie sympathie, loin d'être cette négation de l'amour d'autrui qu'entendent les utilitaires, serait la première forme de l'amour.

Si le sentiment encore vague de la sympathie est déjà difficile à conserver pour la psychologie et la morale anglaises, à plus forte raison l'amour dont nous croyons être capables pour les autres hommes. Le type de la vertu, pour l'utilitaire exclusif, c'est l'économie, c'est l'épargne ; la richesse qui n'amasse que pour répandre, l'économie qui se fait prodigue et l'épargne qui se fait généreuse seraient la négation même de la vertu benthamiste. Que pourrais-je donc donner, dans cette doctrine, sans une arrière-pensée, et pour ainsi dire, sans un arrière-désir ? Je me trouve dans la pire des misères, la misère morale : ce dont je suis pauvre, c'est de bonne intention, c'est de bonne volonté. Ce que je crois vous donner, moi, un désir le donne à ma place ; ce que je crois vous donner, un intérêt vous le prête ou vous le vend : rien de gratuit. En allant vers vous, c'est encore, sans le savoir, à moi que je reviens. Quand je le sacrifierais pour vous, quand je mourrais pour vous, ce serait, comme l'a dit Bentham, par un intérêt déguisé, et ce don suprême de la vie ne serait encore qu'un emprunt risqué.

Ainsi avons-nous vu Bentham amené par la logique à condamner le désintéressement. – Ceux qui, en morale, font du désintéressement une vertu, nous a-t-il dit, ressemblent à ceux qui, en économie politique, feraient un mérite de la dépense. – Ainsi, par une sorte de renversement des vieilles idées morales, c'est le désintéressement et le dévouement qui deviennent presque des vices, c'est l'intérêt qui devient la vertu. Stuart Mill lui-même est forcé de chercher des excuses au désintéressement, et il trouve ces excuses, on s'en souvient, dans l'utilité du dévouement pour ceux qui en profitent. Ajoutons donc ce trait nouveau à l'esquisse de la philanthropie idéale telle que l'école anglaise la propose. Sa véritable définition, au point de vue économique, est un commerce où rien ne se donne pour rien.

Stuart Mill, il est vrai, ne veut pas accepter franchement cette conséquence : il veut, par le mécanisme de l'habitude, de l'éducation, de l'association des idées, faire de l'altruisme une seconde nature, et mettre au cœur des hommes un désir invincible de donner, afin que le résultat soit pour l'humanité entière de recevoir davantage. « Ce que je soutiens, dit Stuart Mill, c'est qu'un être humain qui a pour ses semblables un amour désintéressé et constant (traduisez, d'après les règles de la langue utilitaire : dont tous les intérêts et les désirs se trouvent instinctivement d'accord avec ceux de ses semblables), qui recherche (nécessairement) tout ce qui tend à leur faire du bien, qui nourrit (nécessairement) une haine vigoureuse contre tout ce qui leur fait du mal, est naturellement, nécessairement et raisonnablement un objet d'amour, d'admiration et de sympathie, digne que l'humanité l'entoure de son affection et le récompense par son admiration[4]. » – Non, si cet homme dont vous me parlez ne m'a réellement aimé, ni moi ni personne ; s'il n'a rempli près de

4. La Rochefoucauld a dit lui-même : « L'hypocrisie est un hommage rendu par le vice à la vertu. »

moi et des hommes que le rôle d'une machine utile ; si, en réalité, je ne lui dois rien à lui, mais seulement à la nécessité qui l'a poussé, alors je ne puis pas proprement l'aimer. L'amour d'autrui, s'il était possible en sa pureté, dépasserait par son essence même la notion de l'utile : cet homme m'est utile, il n'est que cela, donc il est pour moi un moyen, une chose ; il me sert, donc je m'en sers : c'est un instrument bienfaisant que la nécessité m'a remis entre les mains. Cet homme, je pourrai le flatter, comme je flatte un animal dont je veux les services ; mais le « respecter », pourquoi ? Quel droit a-t-il à mon respect ? S'il s'attache à moi, c'est une preuve qu'il ne se suffit pas à lui-même, qu'il n'a pas sa fin en lui-même, qu'il a besoin de moi, qu'il m'est peut-être inférieur : les services qu'il me rend appelleraient plutôt sur lui mon dédain que mon amour. Si la reconnaissance est possible dans un système exclusivement utilitaire, c'est lui qui devrait être reconnaissant et non pas moi.

En somme, dans la doctrine anglaise, l'amour de l'humanité ne se réduit-il point à un mensonge mutuel ? Je me mens à moi-même en croyant que je vous aime, alors que je ne fais que désirer ; je vous mens en vous le disant ; vous me mentez en me disant la même chose, et je me trompe moi-même en vous croyant. – Pour échapper à ce mensonge, Helvétius supprimait tout simplement l'amour d'autrui. N'était-il pas plus conséquent que certains « altruistes » contemporains ? [...]

Malgré les affirmations des utilitaires et des évolutionnistes de l'école anglaise, est-il donc certain que le fond des choses soit un égoïsme tantôt conscient, tantôt inconscient ; ou bien ne peut-on se représenter l'univers sur un autre type et d'après une conception plus large ? Nous entrons d'ailleurs ici dans cette sphère de l'inconnaissable qu'admet M. Spencer et où les diverses hypothèses ne peuvent se vérifier ou se démontrer ; mais il en est au moins de plus belles que les autres ; il en est qu'il nous semble mieux rendre compte des puissances que nous sentons ou croyons sentir en nous ; mirage ou vérité, elles nous attirent à elles par une séduction invincible. Nous croyons en notre liberté réelle ou virtuelle, en notre désintéressement ; nous avons foi en notre être moral ; nous avons foi en nous : toutes ces croyances sont assurément mêlées d'illusions, de confusions, de faussetés ; et cependant n'y a-t-il rien au fond et ne peut-on tirer de notre conscience, qui nous trompe si souvent, comme un résidu de vérité ? Il ne s'agit pas ici de se sauver dans le « noumène », comme fait Kant ; il faudrait trouver quelques tendances immanentes à l'être même. Cette tendance fondamentale ne serait-elle pas, comme nous l'avons déjà dit, la tendance à l'élargissement de soi, à la liberté, mieux encore à la délivrance de tout penchant inférieur, et par là à l'union avec les autres, à la sympathie, à l'amour ?

Le penseur qui a donné à l'école anglaise ses plus purs principes et lui a tracé ses premières genèses, c'est assurément La Rochefoucauld, théoricien beaucoup plus profond qu'on ne le croit d'habitude ; c'est en lui que nous trouvons l'expression la plus saisissante de cette doctrine moitié psychologique et moitié métaphysique qui explique tout mouvement et tout développement de l'être par le seul amour de soi. « Tout vient se perdre, dit-il, dans l'amour de soi comme les fleuves dans la mer », et l'école anglaise accepterait maintenant encore cette parole comme résumant bien l'histoire de l'humanité, comme rendant compte de son évolution tout entière. Nous sommes loin de nier la part immense de « l'amour-propre » dans la réalité actuelle, ni les « découvertes » faites par La Rochefoucauld et par l'école anglaise dans le monde de l'intérêt mal exploré jusqu'alors. Cet « océan » mobile de l'amour-propre dont parle La Rochefoucauld, nous le portons tous en nous : que d'actions, même chez les plus vertueux, n'en sont encore que des mouvements ! Que d'amitiés où l'on s'aime soi-même ! Que de désintéressements intéressés par quelque endroit et cette force irrésistible de l'intérêt, que nous retrouvons sans cesse agissante en nous, elle y agit le plus souvent (comme l'a bien vu encore La Rochefoucauld) sans que nous nous en doutions : « L'intérêt nous conduit quand nous croyons nous conduire. » Mais que faut-il conclure de tout cela ? Que l'intérêt ou l'amour de soi constituent notre essence, et l'utile notre unique fin ? – On peut aussi bien conclure que, là où nous sommes intéressés, nous ne sommes pas encore assez nous-mêmes. Nous tenons encore à l'animal par une dernière attache. Le règne de l'intérêt, c'est le règne de l'animalité, des tendances nécessaires et bestiales : quoi d'étonnant à ce que la « bête » vive dans celui qui n'est pas encore « l'ange » ?

En lisant La Rochefoucauld, c'est bien nous-mêmes que nous découvrons dans ce miroir auquel La Fontaine comparait son livre ; mais c'est surtout notre passé, un peu de notre présent ; ce n'est peut-être pas notre avenir. Les *Maximes* que Rousseau appelait un « triste livre » sont vraies, du moins jusqu'à un certain point, comme nous rappelant et évoquant pour ainsi dire toute une période d'existence dans laquelle le passé de l'humanité est renfermé en grande partie et à laquelle nous échappons chaque jour – elles sont vraies, dis-je ; espérons qu'elles le seront de moins en moins. Sans doute, nous avons souvent une pensée intéressée de derrière la tête, que nous ne sommes pas parvenus à chasser, ou, si la pensée a été chassée, il reste un instinct vivace, une série de tendances inférieures qui nous entraînent parfois en bas, quand nous voudrions aller toujours plus haut. Mais, d'abord, ces tendances et ces instincts de la nature animale, nous nous efforçons tout au moins de les voiler et de les cacher : La Rochefoucauld l'a bien reconnu avant l'école anglaise, et c'est ce qu'il appelle l'hypocrisie ; Hobbes, son contemporain, n'avait conçu qu'une sorte d'intérêt, l'intérêt en armes et en forces, marchant ouvertement à ses fins ; La Rochefoucauld en conçoit une autre espèce, dans laquelle la première tend à se fondre et à disparaître, l'intérêt tortueux, rusé, habile plutôt que fort, avant tout hypocrite. Telle est la première métamorphose de l'intérêt. Mais cette seconde espèce d'intérêt n'est-elle pas déjà supérieure à la première, comme la doctrine de La Rochefoucauld est supérieure à celle de Hobbes ? Si l'intérêt a honte, c'est peut-être qu'il se sent en présence de quelque chose de supérieur, c'est qu'il voit en face l'idéal conçu par notre pensée ; l'animal tend alors à fuir devant l'homme : on peut dire dans ce sens que l'hypocrisie est un commencement de vertu et de respect d'autrui. En outre, dans l'hypocrisie, il y a encore ce progrès que, si l'intérêt est conscient de lui-même et se voit lui-même, du moins les autres ne le voient plus ; dès lors les actions autrui, en nous apparaissant comme désintéressées, nous offrent un type visible de conduite qui nous inspire le désir de le réaliser. Enfin, à force d'être oublié, l'intérêt finit par s'oublier lui-même. La Rochefoucauld a encore très bien saisi ce moment de l'histoire humaine où l'homme ne calcule plus et où, s'il est encore intéressé, il l'est à son propre insu. – Nouvelle métamorphose de l'amour de soi, dit-il ; nouvelle évolution, diront les utilitaires contemporains. – Mais, répondrons-nous, est-il bien sûr qu'il n'y ait là qu'une simple métamorphose, une simple évolution ? Ou bien, dès le début, avec l'amour exclusif de soi ne coexistait-il pas chez l'homme une tendance opposée, et n'est-ce pas le triomphe de cette tendance qui produit l'effacement graduel de l'intérêt ? Plus la conception de l'idéal moral devient plus claire et lumineuse, plus s'obscurcissent tous les types d'action inférieurs : une sorte d'aurore se fait alors en nous ; faut-il donc nier le soleil précisément lorsque toutes les autres lumières pâlissent et s'éteignent devant la sienne ? [...]

On pourrait faire la contrepartie des *Maximes* de La Rochefoucauld ou des genèses de l'école anglaise et montrer partout la volonté de désintéressement à côté de la volonté égoïste. Ce nouvel aspect des actions humaines, joint à celui que l'école anglaise nous montre, servirait à mieux faire voir la vraie nature de l'évolution psychologique et morale. Bien plus : on pourrait peut-être montrer le germe de la volonté désintéressée au fond même de la volonté égoïste. L'intérêt ne serait pas autre chose que le premier degré, la période d'enveloppement d'une volonté qui, de sa nature même, et lorsqu'elle s'est enfin débarrassée de ses entraves, s'ouvre à autrui, ne demandant qu'à aimer. L'égoïsme le plus grossier contient peut-être encore de la moralité à l'état latent. On peut, sans aucune contradiction, faire entrer l'intérêt et l'égoïsme, comme de simples moments, dans l'évolution de la volonté désintéressée ; on peut dire, en retournant la parole de La Rochefoucauld, que l'amour de soi se perd dans l'amour d'autrui, et même qu'au fond il en vient indirectement, comme les fleuves viennent de l'océan même dans lequel ils vont ensuite se jeter et disparaître.

Du socialisme comme utilitarisme sympathique

*Eugène Fournière**

La philosophie du XVIIIe siècle a commis, selon M. Brunetière, une erreur dont nous portons le poids encore aujourd'hui. Cette « erreur du XVIIIe siècle », pour employer son expression, « consiste essentiellement à croire que la question morale est une question sociale[1] ». C'est là, en effet, la caractéristique de la philosophie sensualiste. Par elle, la morale n'emprunte plus ses obligations à l'impératif divin, mais à l'utilité. Et comme l'homme n'est pas seul, qu'il est nécessairement un être sociable, ce n'est pas l'utilité de l'homme opposée à l'utilité de ses semblables que la philosophie peut invoquer et sur laquelle la morale peut se fonder. Le but pratique de la philosophie devient donc la recherche des moyens d'accorder l'intérêt de l'individu et l'intérêt social. Elle se confond ainsi avec la morale et avec la politique. L'idée de contrat se substitue ainsi, en politique, à l'idée d'hérédité, aux autorités traditionnelles. La justice, dès lors, n'est plus une émanation de la divinité, ni le pouvoir une de ses représentations sur terre. Tout se rapporte désormais à l'homme : la morale exprime ses rapports avec ses semblables ; c'est dans ces rapports mêmes que se trouveront à présent les conditions de sa vie morale, obligations et sanctions. Le déterminisme qui est au fond de la philosophie sensualiste se retrouve dans la politique du contrat et dans la morale de l'utilité.

---

* Extraits de *Les Théories socialistes au XIXe siècle*, Alcan, Paris, 1904, chap. I (« La socialisation de la morale », p. 1-51). Le titre a été choisi par la rédaction et des intertitres ont été insérés, repris ou inspirés du plan d'ensemble du chapitre.

1. *Revue des Deux Mondes*, 1er août 1902.

La critique philosophique devient une critique sociale, et il apparaît avec évidence que, l'homme étant un produit social, il suffit de modifier la société pour modifier l'homme. Si donc l'homme est mauvais, ce n'est pas sa faute, et il n'est tenu pour responsable ni devant son créateur ni devant la société. C'est la société qui l'a produit tel, c'est à elle que revient la responsabilité ; par conséquent, à elle aussi le devoir de se refondre de manière à ne plus produire de tels hommes.

Tout le socialisme est contenu dans cette philosophie et cette morale, comme la Révolution française y était contenue elle-même. C'est là le point de départ nécessaire : tout désormais se rapporte à l'homme, qui n'est plus un moyen pour Dieu, mais devient son propre but. Ce n'est plus l'impératif divin qui règle ses actions, mais la raison. Elle lui dit de chercher le bonheur dans le monde réel dont il fait partie, et elle lui apprend qu'il ne peut le trouver que dans l'accord avec ses semblables, accord qui lui permettra de refaire le monde moral et social de manière à assurer le bonheur de chacun. On voit que, sous une telle inspiration, non seulement la question morale peut devenir une question sociale, mais qu'elle devient la question sociale elle-même ; la morale étant ainsi socialisée dans ses origines.

L'« utilitarisme social » de Saint-Simon ou la morale et la religion unies à la science

Aussi Saint-Simon avoue-t-il très nettement l'origine utilitaire, sociale, de la morale. « La seule digue que les propriétaires puissent opposer aux prolétaires, dit-il, c'est un système de morale. » Et voilà précisément ce qu'il vient leur offrir : « l'organisation d'un système de morale terrestre » opposé à ce qu'il appelle « la morale théologique[2] ». On verra par la suite de ce travail que Saint-Simon ne fait pas seulement reposer sa morale sur l'intérêt, et quelle part il fait à la sociabilité organique de l'individu, part que recueillera Auguste Comte et que développeront Stuart Mill et Herbert Spencer pour en tirer, en développement de l'utilitarisme, les principes essentiels de la morale évolutionniste.

2. *L'Industrie* (*Œuvres* de Saint-Simon et d'Enfantin, tome XVIII, p. 218-221).

Mais, tout précurseur qu'il soit de l'évolutionnisme, ou plutôt en sa qualité de précurseur, Saint-Simon se rattache à l'utilitarisme par le fait qu'il travaille, en transformant l'ordre social, à donner à la morale des fondements « terrestres » et non plus « théologiques ». C'est ainsi qu'il proteste contre « les idées religieuses », par lesquelles « le travail était imposé comme un devoir[3] ».

C'est ainsi également qu'il demande que l'on crée « une chaire de morale, où l'on enseignera comment chaque individu, dans quelque position sociale qu'il se trouve, peut combiner son intérêt particulier avec le bien général ». Nous le voyons ici se plonger en plein dans le courant utilitaire, et l'on croirait même entendre un économiste plutôt qu'un socialiste, lorsqu'il ajoute que l'homme « s'élève au plus haut degré de jouissance auquel il puisse atteindre, quand il travaille à l'amélioration de son sort personnel dans une direction qu'il sent clairement être utile à la majorité[4] ». Mais c'est bien un socialiste qui parle : un socialiste qui a fréquenté les économistes, puisqu'il veut que l'homme réalise volontairement l'harmonie sociale que l'optimisme économique prétend existante, en dépit des apparences contraires. Après Saint-Simon, son disciple Bazard ne sera pas moins précis sur le caractère fondamentalement utilitaire et social de la morale. Quand il nous parlera des mots : « vice, vertu », il nous dira « que leur signification est déterminée nécessairement, non par l'opinion que tel ou tel individu peut s'en former en consultant sa conscience (s'appelât-il Locke, Reid, Condillac ou Kant), mais par les *besoins généraux de l'humanité,* suivant l'état de sa civilisation[5] » ; nous trouvons ici étroitement unies les notions d'utilité et d'évolution, celle-ci en développement naturel de celle-là.

La philosophie du XVIIIe siècle détermine les créateurs de systèmes sociaux à ne pas considérer seulement un aspect de la société, mais à la prendre dans son ensemble et à agir sur toutes ses parties, dans l'espace et parfois – comme avec Saint-Simon, chez qui l'idée de progrès est si vive et l'idée d'évolution si près de jaillir – dans le temps. Aussi chacun d'eux a-t-il une philosophie et une morale, dont il est tout naturel qu'elles trouvent leurs fondements dans le

---

3. *Ibid.*, p. 204.
4. *Catéchisme des industriels*, IVe cahier (*Œuvres*, tome XXXIX, p. 14).
5. *Doctrine de Saint-Simon*, 1re année, p. 216.

sensualisme et dans l'utilitarisme. Avec quelle verve Saint-Simon proteste contre l'absence de philosophie qui caractérise les « brutiers, infinitésimaires, algébristes et arithméticiens » de son temps, et de quel ton il leur demande quels sont leurs « droits pour occuper en ce moment le poste d'avant-garde scientifique » ! Comme il leur crie : « La connaissance de l'homme est la seule qui puisse conduire à la découverte des moyens de concilier l'intérêt des peuples, et vous n'étudiez pas cette science » ! Et combien il donne de force à son reproche lorsqu'il dit aux savants sans philosophie – ni morale : « L'espèce humaine se trouve engagée dans une des plus fortes crises qu'elle ait essuyées depuis l'origine de son existence. Quels efforts faites-vous pour arrêter cette boucherie ? Rien. Que dis-je ? C'est vous qui perfectionnez les moyens de destruction[6] ! »

Ainsi, on le voit, Saint-Simon ne solidarise pas seulement la morale et la politique, il leur associe encore la science. Comment, dès lors, peut-on le voir en posture de fondateur de religion ? Et comment les autres novateurs sociaux – qui autant que lui fondent leur philosophie sur le sensualisme, leur morale sur l'utilité et leur politique sur le contrat – peuvent-ils recourir encore à la notion du divin sans s'exposer au reproche de contradiction ? Il n'y a pas de contradiction et c'est ici, précisément, que se manifeste le caractère réaliste des novateurs, et principalement de ceux qui, comme Saint-Simon et ses successeurs, ont substitué à l'utilité l'impératif divin. Quand je dis qu'ils ont substitué l'impératif divin à l'utilité, je sens que j'emploie une expression impropre : ils ont en réalité identifié l'impératif divin et l'utilité. En effet, pour eux, le bien social, c'est la volonté même de Dieu. Le sensualisme critique devait les conduire à cette étape. L'étude des lois de la nature, la constatation de leur immutabilité, la notion de nécessité qui en découlait devaient amener les novateurs sociaux, à la suite même des philosophes du siècle précédent, à tenir pour volontés de Dieu les lois de la nature. Mais elles devaient aussi les amener à emprisonner Dieu dans le réseau même des lois naturelles, à le dépersonnaliser finalement et le réduire à son nom, devenu lui-même un pseudonyme de la nature. [...]

Nous savons que tous les novateurs socialistes fondent la morale sur l'utilité sociale, et que, pour tous également, l'utilité sociale

6. *Mémoire sur la science de l'homme* (1813).

ne se sépare pas de l'utilité de chacun des membres de la société. C'est même pour réaliser cet accord qu'ils construisent leurs systèmes sociaux, ayant observé que, dans la société telle qu'elle est, l'intérêt individuel s'oppose fréquemment à l'intérêt social. Mais si les novateurs sont unanimes sur la nécessité d'accorder l'intérêt individuel et l'intérêt social, afin que nul individu n'ait plus intérêt à être immoral, c'est-à-dire à causer un dommage à ses semblables, ils ne sont pas unanimes à fonder leur morale uniquement sur l'utilité. J'ai déjà indiqué que Saint-Simon n'est pas simplement, étroitement, utilitaire. C'est ici le lieu de préciser cette indication et de surprendre à ses origines la morale évolutionniste que développeront Auguste Comte et Herbert Spencer.

Tout d'abord il nous faut constater que Saint-Simon est peut-être le plus contradictoire des novateurs socialistes. Cela tient à ce qu'il communiquait ses pensées au public sitôt formées, et que son esprit fut en perpétuel mouvement. Or, mouvement ne veut pas toujours dire développement. Ainsi, nous le voyons, lui qui écrira quelques années plus tard le *Nouveau christianisme*, déclarer que « l'esprit humain a marché depuis l'établissement de la morale chrétienne », que « les idées surnaturelles sont détruites presque partout », que « le temps de la théologie est passé sans retour ». Que si l'on objecte que ces passages sont d'Auguste Comte, alors son élève, cela ne change rien à la question. Lorsque Saint-Simon n'adhérait pas aux idées exprimées par les écrivains auxquels il confiait l'expression de sa pensée, il savait le dire. Ainsi fit-il pour le troisième cahier du *Catéchisme des industriels*, où Auguste Comte, bien qu'il eût signé ce travail, se vit reprocher de n'avoir pas rempli le plan qui lui avait été tracé[7].

Eh bien, au temps où Saint-Simon avait de telles idées sur la théologie, il disait, dans la même page : « On ne peut plus donner à la morale positive d'autres motifs que des intérêts palpables, certains et présents[8]. » Voilà bien l'utilitarisme pur et simple. Comment concilier ces passages nettement sensualistes, utilitaires, antithéologiques, avec celui où il dira que « Dieu révéla aux habitants de la Judée le principe de morale qui devait servir de base à toutes

7. *Œuvres* de Saint-Simon et d'Enfantin, tome XXXVIII, p. 3-5.

8. *De l'industrie*, IIIe considération. Sur la morale, tome III (*Œuvres*, tome XIX, p. 37-38).

les relations sociales », principe qui se formule ainsi : « Tous les hommes doivent se regarder comme des frères : ils doivent s'aimer et se secourir les uns les autres[9]. »

La sympathie reconnue comme agent d'obligation morale

Mais laissons-là les contradictions de Saint-Simon. Je n'en aurais pas parlé si elles n'avaient été un témoignage de la force des deux courants à l'époque où il écrivait : car le naturalisme utilitaire s'exprimait à la fois en déisme, c'est-à-dire en christianisme selon le *Vicaire savoyard*, et, plus rarement, en rationalisme pur. La distinction n'a pas grande importance, puisque nous sommes avertis de l'identité de Dieu avec la nature, de la fatalité et de la souveraineté des lois naturelles dans l'ordre universel, de la puissance de la raison dans l'ordre humain, enfin du caractère d'utilité sociale que revêt la morale. Mais le déisme de Saint-Simon lui permet de développer en largeur son utilitarisme, et ce n'est plus sur l'intérêt personnel qu'il le fondera désormais. Il tirera de la fraternité évangélique un principe, conforme sans doute à l'utilité sociale, mais qui ne se réclamera plus de l'intérêt de l'individu, car c'est à ses sentiments de fraternité qu'il fait appel. Tandis qu'Auguste Comte développera cette notion d'altruisme, les disciples directs de Saint-Simon, de leur côté, l'opposeront même à l'utilitarisme dont en somme elle est née, puisqu'elle se fonde sur l'utilité sociale. C'est ainsi que Bazard, dès 1829, ira jusqu'à affirmer que « le système de la morale de l'intérêt bien entendu est la négation de toute morale sociale, puisqu'il suppose que l'homme ne peut et ne doit être déterminé que par des considérations ou des inspirations purement individuelles, jamais par l'impulsion des sympathies sociales[10] ».

Les saint-simoniens tireront toute leur force, toute leur action sociale, de cette théorie de la sympathie empruntée par leur maître à l'évangélisme. Ils en tireront un impératif qui trahira son origine utilitaire en s'exprimant ainsi : « L'amour sous son double aspect *concentrique* et *excentrique*, l'amour de soi et l'amour des autres,

9. *Système industriel*, tome II. *Adresse aux philanthropes* (*Œuvres*, tome XXII, p. 103-104).

10. *Doctrine de Saint-Simon*, 1re année, p. 177.

voilà, Messieurs, la base de la hiérarchie, la raison de l'autorité et de l'obéissance que nous désirons et que nous annonçons[11]. » Ils en tireront une obligation pour la société, c'est-à-dire pour l'ensemble des individus, de secourir ceux de ses membres qui sont en proie à la misère matérielle, intellectuelle et morale. Et cet impératif est désormais organique. Il ne vient pas du dehors ; c'est la société elle-même, c'est chacun de ses membres qui trouve sa satisfaction à obéir à la sympathie. « Que l'on fasse abstraction dans l'homme, dira Bazard, de la sympathie, de la faculté dont il est doué de souffrir des douleurs de ses semblables, de jouir de leurs joies, en un mot de vivre de leur vie, *il ne sera plus possible de lui concevoir d'existence collective*[12]. »

Dès lors, « l'amélioration du sort matériel, intellectuel et moral de la classe la plus nombreuse et la plus pauvre » devient pour chacun un devoir, un joyeux devoir, puisqu'il s'agit pour ceux qui l'entreprendront de donner satisfaction à l'un des plus impérieux besoins de la nature humaine. Dans ces conditions, l'homme moral, l'homme social n'agit plus pour obéir à Dieu, son père, ni même pour secourir son frère. Il agit pour se donner la joie profonde d'exercer la divine faculté de sympathie, pour pleurer avec celui qui pleure et se réjouir avec celui qui est dans la joie. « La vie la plus riche, dit Guyau, se trouve être aussi la plus portée à se prodiguer, à se sacrifier dans une certaine mesure, à se partager aux autres. D'où il suit que l'organisme le plus parfait sera aussi le plus sociable, et que l'idéal de la vie individuelle, c'est la vie en commun[13]. » Colins ne pense pas autrement lorsque, parlant de la liberté de tester qui, selon lui, aboutira à créer une socialité plus grande, il dit : « Une fois qu'il sera universellement admis que le sol, pour le bonheur de tous, doit entrer à la propriété collective ; lorsque ce principe sera inculqué par l'éducation [...] combien de propriétaires [...] consacreront une partie de leur fortune à l'émancipation du peuple ! A-t-on oublié tout ce qu'il y a de puissance dans une conviction religieuse[14] ? » Il y a dans ce sentiment, qui à la fois donne à l'individu une responsabilité personnelle et rattache ses propres destinées

11. *Ibid.*, 2e année, 12e séance.
12. *Doctrine de Saint-Simon*, 2e année, 10e séance.
13. *Morale sans obligation ni sanction*, p. 132 (Paris, F. Alcan).
14. *Science sociale*, tome III, p. 297-299.

à l'ensemble des destinées humaines, un moteur moral, un facteur d'enthousiasme dont la valeur n'a pas été dépassée depuis, et que l'école évolutionniste ne fera que systématiser et préciser.

Puissance de l'idée, comparée aux suggestions de l'intérêt ou même à celles de la raison ! À la voix ardente des saint-simoniens, à ces appels à la sympathie et à l'amour que chacun tenait en réserve avec la pudeur de les exposer aux railleries du siècle, des hommes et des femmes se lèvent ; ils sont riches, ils sont intelligents, ils sont heureux, et ils apportent leurs trésors et les mettent en commun : non seulement leurs richesses matérielles, mais leur intelligence et leur bonté. [...]

C'est, en somme, la tradition, l'inconscient héréditaire, qui, à la faveur de la réaction philosophique et sociale des trente premières années du dix-neuvième siècle, s'incorpore au concept utilitaire et le complète. Il se fait ainsi empiriquement, dans la pensée des novateurs sociaux, de Saint-Simon à Pierre Leroux, à Cabet, à Pecqueur, à Vidal, la même association que volontairement Auguste Comte opérait dans son vaste et puissant cerveau entre les acquisitions de la raison et les impulsions de l'instinct et de l'hérédité. Cabet déclarera l'homme « essentiellement sociable, par conséquent sympathique et affectueux[15] ». Il fera tenir sa « science », son « principe », sa « doctrine », sa « théorie », son « système » dans ce seul mot : « fraternité[16] ». De son côté, François Vidal, faisant de la justice le caractère essentiel de la morale, s'écrie que « ce n'est pas en vain que Dieu a gravé dans nos cœurs le sentiment de la justice[17] ». Enfin Pierre Leroux, remontant au platonisme, et « rapportant son idéal à Dieu comme à la source éternelle du beau et du vrai », fait dire à l'homme : « Puisque, malgré ma faiblesse, je conçois un monde où règne l'égalité, ce monde a dû être le monde voulu de Dieu[18]. »

---

15. *Voyage en Icarie*, Préface, p. I.
16. *Ibid.*, p. 567.
17. *Voies et moyens de réformes sociales.*
18. *De l'égalité*, p. 5.

La sympathie ne se substitue pas à l'intérêt, elle s'y ajoute

Qu'on le remarque bien : si cette substitution, ou plutôt cette addition, de l'amour et de la sympathie à l'intérêt comme fondement individuel de la morale, est bien obtenue au moyen du déisme ou du néochristianisme, ce concept mystique est en réalité aussi naturaliste que le sensualisme pur. Pour Saint-Simon et pour tous ceux qui, à son exemple, juxtaposeront une religion à leur morale et à leur philosophie, Dieu, répétons-le, n'est plus le maître, ni même le père, en dépit des habitudes verbales héréditaires ; il devient la raison mystique de l'univers, et comme la nature auquel tout l'identifie il est soumis aux lois qu'il est censé avoir créées. Aussi, quoi qu'ils en disent et quoi qu'ils en pensent, lorsqu'ils nous demandent de fraterniser avec tous les êtres humains, les novateurs ont beau nous le demander pour l'amour de Dieu : en réalité, c'est pour l'amour de l'humanité qu'ils nous demandent d'aimer l'humanité. Les sanctions du bien et du mal ne sont ni divines, ni extra-terrestres, mais naturelles, humaines et présentes, c'est-à-dire sociales. « Tu crois à Satan autant qu'à Jésus-Christ, écrit Enfantin à une de ses parentes. [...] Tu crois aux menaces autant qu'aux promesses [...] tu es encore sous la loi de crainte et d'espérance [...] tu ne crois pas à la réalisation *de la loi* d'amour, au règne de Dieu sur la terre, préparé par Jésus, attendu par toute l'humanité, réalisé par Saint-Simon[19]. »

Chose étrange ! Les novateurs sociaux n'utilisent pas le sentiment de sympathie pour demander à leurs adhérents les suprêmes sacrifices qui fondent les grandes institutions. Ils sont tellement persuadés de l'identité que leurs systèmes respectifs établiront entre l'intérêt et le plaisir de chacun, ils sont tellement sûrs de l'accord que ces systèmes établiront entre l'individu, la société et l'univers, qu'ils semblent n'avoir découvert la sympathie que pour la laisser sans emploi.

Chose plus étrange encore ! Lorsque nous rencontrons une exception à cette règle ultra-optimiste, c'est Fourier qui nous la présente. Il est vrai que cet utilitaire forcené, ce sensualiste d'extrême gauche, entend tout utiliser, les répulsions comme les attractions : la sympathie, chez lui, s'appelle attraction passionnelle, et c'est,

19. Lettre à Thérèse, janvier 1830 (*Œuvres*, tome II, p. 133).

selon lui, la grande découverte qui l'égale à Newton, l'attraction passionnelle étant la loi du mouvement social au même titre que l'attraction des corps est la loi du mouvement cosmique. Eh bien, dans le clavier des passions, dans cette gamme qui doit, selon lui, réaliser « l'harmonie », il fait une place au « sacrifice ». « Les groupes réguliers ou harmoniques », dit-il, doivent remplir trois conditions ; et la troisième de ces conditions, est ainsi qualifiée : « Dévouement sans bornes aux intérêts du groupe ; disposition à des sacrifices pour le soutien de la passion commune[20]. »

Le naturalisme de Fourier est si violemment exaspéré, qu'il se manifeste à chaque page de son œuvre par de véhémentes apostrophes à la raison, à la philosophie et à la morale : « Trois mille ans, s'écrie-t-il, ont été sottement perdus à produire des essais de théories répressives ; il est temps de faire volte-face et de reconnaître que le créateur des passions en savait sur cette matière plus que Platon et Caton : que *Dieu fit bien tout ce qu'il fit*[21]. » « En voulant étouffer l'Attraction ou impulsion divine », dit-il ailleurs, la philosophie « la remplace par une Raison qui sanctionne tous les actes de tyrannie, pourvu qu'ils soient fardés de beau verbiage ». Mais attendez et ne le prenez pas au mot si vite.

Il n'est pas pour les « systèmes civilisés » qui sont « toujours engagés dans l'un ou l'autre excès » et dont les uns prétendent « que la raison doit régner exclusivement » et les autres « que tout mouvement vient de Dieu ». Il répudie ces « assertions de simplisme » et veut « que la raison, que l'industrie humaine intervienne de concert avec Dieu ». Il ne rejette pas la raison, pourvu cependant que ses « options » et ses « décisions » ne soient « qu'une capitulation avec l'Attraction ». Alors l'« exercice de la raison humaine » entrera « en concurrence avec l'impulsion divine pour raffiner nos plaisirs et nous laisser l'honneur de partager avec Dieu la direction de notre individu et de nos sociétés[22] ». En somme, Dieu, on le voit, fait bien ce qu'il fait, à condition que l'homme, par son industrie, refasse l'œuvre de Dieu. Bien mieux : tels les prêtres qui font du dieu l'interprète de leur propre pensée, Fourier donne à la sienne un caractère divin. « Si nos destins étaient bornés à la triste civilisation,

---

20. *Traité de l'association domestique agricole*, Groupes et séries.
21. *Ibid.*, Association composée.
22. *Théorie de l'unité universelle*, Le libre arbitre.

dit-il, Dieu nous aurait donné des passions flasques et apathiques, comme la philosophie les conseille, des passions convenables à la misérable existence que nous traînons depuis cinq mille ans[23]. » On aperçoit ici comment Fourier va fonder un règne de liberté individuelle et passionnelle sur la volonté de Dieu, c'est-à-dire en réalité, sur la conformité aux lois de la nature.

Prédominance de la sympathie sur l'intérêt

Qu'est-ce que Proudhon a ajouté à cette juxtaposition, ou plutôt à cette identification de l'utilité et de la sympathie considérées comme agents moraux ? Utilitaire, il l'est, non pas implicitement et du fait même qu'il institue un système social où l'homme ne sera plus autant que dans l'état présent nécessité à être immoral. Il l'est explicitement aussi lorsqu'il dit : « Ce que nous mettons à la place de la police, c'est l'identité des intérêts[24]. » Il l'est non moins explicitement quand il fait de « l'homme », de « la conscience humaine, le sujet-objet de la loi morale ou, pour parler comme les légistes [...] le législateur[25] ». Et ne croyez pas qu'il s'agisse de la conscience collective, c'est-à-dire des concepts d'un individu hors d'état de dégager sa pensée propre, sa conscience à lui, de la pensée et de la conscience collectives dans le temps et dans le milieu. Non, c'est d'un individu conscient que parle Proudhon, et en qui l'idée de justice agit d'une manière absolument autonome. C'est d'un individu opposant au besoin sa conscience réfléchie et active à la conscience héréditaire et passive du troupeau, et sa justice à l'injustice collective. Et, naturellement, c'est dans la raison que se trouvent les fondements de la conscience individuelle. « L'homme, dit-il, ne reconnaît en dernière analyse d'autre loi que celle avouée par sa raison et sa conscience ; toute obéissance, de sa part, fondée sur d'autres considérations, est un commencement d'immoralité[26]. »

23. *Théorie des quatre mouvements*, Exposition.

24. *Idée générale de la Révolution*, p. 259.

25. *De la justice dans la Révolution et dans l'Église*, tome III. p. 499.

26. *Ibid.*, p. 497.

Voilà précisément ce que Proudhon a ajouté à la morale utilitaire ; ou plutôt, pourrait-on dire : voilà ce qu'il en a extrait. L'individualisme moral le plus exaspéré trouve ici ses titres d'origine, et on doit ajouter : ses titres de noblesse. Qu'il cherche ailleurs ensuite : dans la métaphysique de Max Stirner ou dans la littérature d'Ibsen, il ne les trouvera ni aussi purs ni aussi complets. On essaierait en vain de tirer de ce viril individualisme, qui couronne une construction économique destinée à solidariser tous les intérêts, une morale de l'égoïsme. Bien que l'individu, dans la doctrine de Proudhon, ne doive reconnaître d'autres impératifs que ceux que sa raison découvre et que sa conscience accepte, la notion de justice – notion utilitaire, soit – y est si vivante qu'elle peut bien obliger l'homme au sacrifice, mais qu'elle est incapable de le pousser à sacrifier autrui ou simplement à se désintéresser de lui. Car ce que sa raison découvre et que sa conscience accepte, c'est la solidarité qui le lie avec la société et qui ne l'oblige envers elle qu'autant qu'elle s'oblige envers lui : la société manque-t-elle à la justice, soit envers lui, soit envers tout autre, il ne lui doit plus rien, que de la combattre au nom de la justice, c'est-à-dire d'un contrat de réciprocité accordant tous les hommes et exprimant réellement ce que Proudhon appelle le « communisme juridique », la « solidarité de conscience[27] ».

L'utilité est certainement à la base de la conception éthique de la justice selon Proudhon, mais il a si bien trouvé moyen de tirer de cette morale une doctrine et un moyen de progrès humain qu'il en arrive à renier indirectement en ces termes les origines utilitaires de sa pensée : « La théorie de Hobbes est fausse : notre mobile suprême n'est pas l'égoïsme ; ce n'est pas la conservation de notre corps et de nos membres, ce n'est pas notre intérêt bien ou mal entendu. S'il est pour nous un fait avéré, c'est que la justice est positivement autre chose que l'intérêt[28]. » Lorsqu'il montre l'individu « partie intégrante d'une existence collective », lorsqu'il nous affirme que cet individu porte dans son cœur le principe d'une moralité « qui lui et supérieure » à lui individu, Proudhon touche peut-être au secret moteur du développement moral, que l'on a tant cherché, et que l'on cherche plus que jamais dès qu'on prétend l'avoir découvert.

---

27. *Ibid.*, p. 531.

28. *Guerre et paix*, tome II, p. 388.

La socialité consciente est, en effet, seule capable d'exalter l'individu, de le grandir en le projetant hors de lui-même, de l'égaler à la mesure même de sa participation au devenir des autres individus. On ne s'étonnera donc pas que la logique extrême qui caractérise Proudhon l'ait amené, par le prolongement nécessaire de sa pensée, à formuler un ascétisme individuel et social qui rejoint, tant les extrêmes se touchent, le naturalisme de Jean-Jacques. « La destinée de l'homme sur la terre est toute spirituelle et morale, déclare-t-il ; le régime que cette destinée lui impose est un régime de frugalité. Relativement à sa puissance de consommation, à l'infini de ses désirs, aux splendeurs de son idéal, les ressources matérielles de "l'humanité" sont fort bornées ; elle est pauvre, et il faut qu'elle soit pauvre, puisque sans cela elle retombe, par l'illusion des sens et la séduction de l'esprit, dans l'animalité, qu'elle se corrompt d'âme et de corps, et perd, par la jouissance même, les trésors de sa vertu et de son génie. Telle est la loi que nous impose notre condition terrestre, et qui se démontre à la fois par l'économie politique, par la statistique, par l'histoire et par la morale. Les nations qui poursuivent, comme bien suprême, la richesse matérielle et les voluptés qu'elle procure, sont des nations qui déclinent. Le progrès ou perfectionnement de notre espèce est tout entier dans la justice et la philosophie. [...] Si nous vivions, comme l'Évangile le recommande, dans un esprit de pauvreté joyeuse, l'ordre le plus parfait régnerait sur la terre. [...] Sorti de l'abondance du premier âge, obligé de travailler [...], l'homme a été saisi par la fièvre des richesses : c'était, dès le premier pas, se fourvoyer dans sa route. [...] Les écoles socialistes se sont signalées à l'envi dans cette orgie du sensualisme[29]. »

À l'aurore de sa vie intellectuelle, Proudhon affirme déjà l'idéalisme que toute son œuvre manifestera. Dès 1841, en effet, il écrit, dans une lettre aux membres de l'académie de Besançon : « Pour moi, je sais une chose : les peuples vivent d'idées absolues, non de conceptions approximatives et partielles ; donc il faut des écrivains qui définissent les principes ou qui, du moins, les épurent au feu de la controverse. Telle est la règle : l'idée d'abord, l'idée pure, l'intelligence des lois de Dieu, la théorie ; la pratique suit à pas lents, circonspecte, attentive à la succession des événements et

29. *Ibid.*, p. 145-148.

fidèle à saisir, sur le méridien éternel, les indications de la Raison suprême[30]. »

Pierre Leroux avait été également amené par son idéalisme, sinon à l'ascétisme de Proudhon, du moins à cette affirmation que le socialisme ne doit pas avoir pour objet la recherche du bonheur. Et il en tira une notion de progrès que Proudhon ne devait asseoir définitivement que sur l'état de guerre et de concurrence, lorsque les échos de la pensée darwinienne furent parvenus à ses oreilles, dans les derniers jours de sa vie. Écoutez la résignation idéaliste de Pierre Leroux faire écho à l'ascétisme idéaliste de Proudhon. Le bonheur, dit-il, n'est « qu'une sorte de mirage moral qui nous égarerait incontestablement, et nous ferait marcher de déception en déception, si nous ne prenions notre parti de ne pas y croire. Si le bonheur n'existe pas, le commencement de toute sagesse est de ne pas croire au bonheur ». Il vaut mieux que le bonheur n'existe pas, car si « nous entendons par bonheur un état qui serait tel que nous en désirassions la durée sans changement », et on ne peut le définir autrement, être heureux équivaudrait à l'arrêt de tout mouvement social. Pour que le bonheur se réalisât, « il faudrait, dit Pierre Leroux, que le monde extérieur s'arrêtât et s'immobilisât. Mais alors nous n'aurions plus de désirs, puisque nous n'aurions plus aucune raison pour modifier le monde, dont le repos nous satisferait et nous remplirait. Nous n'aurions plus, par conséquent, ni activité ni personnalité. Ce serait donc le repos, l'inertie, la mort, pour nous, comme pour le monde ». Donc, le mal est un moyen d'activité, un instrument de progrès pour l'humanité ; « le mal est la condition même de notre personnalité et de notre existence[31] ».

Au contraire de Proudhon – qui, ainsi que nous l'avons vu, exprime un sentiment hautement intellectualiste, nettement antinaturaliste, du devenir humain, de la moralité, de la socialité, et des combinaisons de la moralité et de la socialité dans le devenir individuel et collectif –, Fourier place les motifs moraux, individuels et collectifs, dans la nature même de l'individu, dans ses instincts exprimés en passions, dans la combinaison des attractions et répulsions passionnelles de tous les individus. Plus tard, lorsque Guyau, étudiant la transformation de l'utilitarisme en évolutionnisme,

30. *Correspondance*, tome I, p. 281.

31. *De l'humanité*, Introduction, tome I, p. 19.

abordera ce qu'il a appelé si expressivement « le second secret », ce sera dans l'œuvre d'un naturaliste qu'il en apercevra les premières affirmations. Darwin, en effet, nous prouve que nos actions morales ont un autre moteur que l'utilité, lorsqu'il nous raconte l'aventure du vieux babouin affrontant toute une meute pour sauver un jeune de sa tribu. L'espèce parle haut dans l'individu, et c'est elle qui crée ce « second secret », la sympathie[32]. Or, non seulement Guyau me semble souverainement injuste envers Darwin en lui déniant le mérite d'avoir découvert le principe de la sympathie active, mais encore il n'a pas assez clairement aperçu que, l'un aidant l'autre, et le second s'aidant aussi et surtout d'Auguste Comte, Darwin et Herbert Spencer ont constitué la morale évolutionniste en réduisant à sa part légitime l'utilité, qui, avant eux, était la seule règle morale qu'eut produite la philosophie sensualiste[33].

D'autre part, et par le fait qu'il traitait, dans ses deux ouvrages, de l'épicurisme et des modifications que lui avaient fait subir les philosophes anglais du XIXe siècle pour le transformer d'utilitarisme pur en évolutionnisme, Guyau ne pouvait pas plus écarter les additions et impulsions françaises au cours du XIXe siècle qu'il n'avait, pour les siècles précédents, écarté celles qui vinrent de Gassendi, de La Rochefoucauld, d'Helvétius, et des autres utilitaires français. Or, il n'a pas écarté Fourier seulement, Fourier dont nous venons de voir qu'il eut une notion très expresse et très « naturaliste » du « second secret », mais aussi Auguste Comte. Il est vrai que, pour celui-ci, l'exclusion se conçoit dans une certaine mesure : son influence intervient bien pour modifier l'utilitarisme de J. Stuart Mill, et pour créer l'évolutionnisme d'Herbert Spencer, mais il est absolument hors du courant utilitaire. Sensualiste, pourtant, il l'est : le positivisme peut-il être autre chose ? Et précisément à cause de cela, il eût été intéressant et juste, que Guyau constatât que le sensualisme n'a pas produit seulement la morale utilitaire, mais aussi la morale altruiste, fondée sur le sentiment de sympathie. [...]

---

32. « Chacun a deux secrets : le premier, c'est que toutes ses actions sont intéressées par quelque côté ; le second, c'est que toutes, par un autre côté, tendent plus ou moins au désintéressement ; Helvétius, après La Rochefoucauld, n'a dit que le premier de ces secrets ; il n'a point pénétré le second, qui a aussi son importance, car c'est peut-être le secret de l'avenir » (Guyau, *Morale d'Épicure*, p. 267).

33. Guyau, *La Morale anglaise contemporaine*, p. 151 *sq*. (Paris, F. Alcan).

Conclusion : le socialisme, une morale sans obligation ni sanction ?

M. Brunetière voit surtout dans le socialisme une morale, et il le loue de s'être élevé contre « le plat utilitarisme du XVIIIe siècle ». Nous avons vu en effet que les novateurs socialistes, et notamment Saint-Simon et Proudhon, ont singulièrement transformé la morale de l'utilité ; en tout cas, aucun d'eux n'a manqué de travailler à faire du socialisme ce que M. Brunetière appelle « une protestation de l'éternelle morale[34] ». Cependant, tout comme ceux de M. V. Pareto, n'acceptons que sous bénéfice d'inventaire les compliments que M. Brunetière décerne au socialisme. Certainement le socialisme a une morale, est une morale, et c'est bien « un sentiment de la justice », tout au moins dans les concepts des novateurs socialistes qui ont précédé Karl Marx, qui le pousse à « compenser ou réparer l'inégalité des conditions ». Mais nous avons vu que cette conception morale est inséparable de la conception de l'utilité sociale. Or, dans son désir d'anéantir le rationalisme du XVIIIe siècle et les pratiques politiques et sociales qui en sont dérivées, M. Brunetière confond ensemble « l'utilité sociale », qui, selon nous, conduit nécessairement au socialisme théorique et pratique, et « le plat utilitarisme » qui est non seulement du XVIIIe siècle, mais pratiquement de tous les siècles de l'histoire humaine et n'est qu'une forme pseudo-philosophique de l'égoïsme inintelligent. Nous ne pouvons admettre cette confusion, car elle ne tend rien moins qu'à séparer le socialisme théorique qui est « une protestation de l'éternelle morale » du socialisme en action qui serait une œuvre de « plat utilitarisme ». Nous avons tout lieu de soupçonner M. Brunetière, entre tous les socialismes qui sollicitent son attention, de donner la préférence à celui qui serait si hautement idéaliste, si flagramment irréalisable, que l'on pût le recommander comme substitut des religions aux personnes qui ont cessé de croire, et néammoins veulent à tout prix une illusion pour chloroformiser leur douleur de vivre dans un monde d'où le mal est inexpugnable.

Non, le mérite du socialisme n'est pas là. Il est d'être une morale en action, il est de travailler à une justice réelle, selon un plan idéal, mais développé dans le sens de ce que l'on connaît de l'homme, de

34. *Revue des Deux Mondes*, 1er août 1902.

sa structure mentale, de son pouvoir sur les choses. Voilà le mérite que nous voudrions qu'on reconnût au socialisme, et la justice qu'il demande à ceux qui veulent parler de lui avec impartialité. Si M. Brunetière voulait faire au socialisme cette justice, il verrait disparaître alors tout péril des théories d'irresponsabilité, que l'on transpose d'ailleurs arbitrairement, car il y a, entre le déterminisme universel et le déterminisme social et individuel, la différence de l'absolu au relatif. Au temps où l'on n'aspirait ni à l'égalité ni à la justice sociales, les fortes disciplines morales fondées sur l'impératif religieux et sur les promesses d'éternité n'étaient que rarement enfreintes. Aujourd'hui, et surtout demain, par quoi se gouverneront moralement les hommes qui ne trouvent plus ni frein ni sanction dans une religion que leur raison rejette ? Par la vitesse acquise de morales religieuses ? Il viendra un moment où elles n'auront plus aucune efficacité. Par la morale pure ? Où sont ses bases ? Le socialisme vient à point, avec ses justices, ses réparations réelles, donner à l'utilité sociale toute sa force moralisante, non en paroles et en préceptes, mais en action.

Et alors il devient sans péril pour la société comme pour l'individu que la notion de responsabilité n'ait plus le caractère individualiste qu'elle eut au XVIIe siècle et que M. Brunetière regrette de voir se perdre. C'est de l'utilité sociale qu'en dernière analyse Auguste Comte a tiré le « vivre pour autrui », et ce serait douter du socialisme, de sa faculté d'élargir les cœurs et les cerveaux, que de ne pas voir en lui le grand facteur d'altruisme qui portera les plus conscients, les plus responsables, à agrandir leurs devoirs à la mesure même de leur connaissance et de leur amour de l'humanité. Même il n'est pas téméraire de prévoir un temps où l'individu sentira vivre suffisamment en lui l'espèce pour que toute notion de droit, de devoir, et conséquemment de morale contraignante, se fonde en un sentiment très simple et très harmonieux, et qui sera l'expression exacte d'un besoin inconnu encore aujourd'hui de l'immense majorité des faibles et des égoïstes : le besoin d'agir, de se dépenser, d'aimer. […]

C'est alors que surgiront nécessairement les novateurs socialistes. Sans hésitation, avec Fourier proclamant l'attraction passionnelle, avec Saint-Simon transposant dans l'humain la loi d'amour formulée par l'impératif divin, ils découvriront et proclameront que la sympathie, autant et plus que l'intérêt, est au fond de nos actes de relation. Ils n'en auront pas moins recours à l'utilité, et c'est sur la réorganisation de l'économie industrielle qu'ils fonderont la morale. Ils dégageront ainsi la sympathie des liens où la misère et l'ignorance, l'opposition et la lutte des intérêts mal entendus la tenaient prisonnière et impuissante. Fonder l'ordre social sur la justice pratique, sur l'accord des intérêts matériels, c'était, en effet, donner l'essor à la sympathie, à l'amour, vulgariser et socialiser le second secret, demeuré jusqu'à présent le douloureux et délicieux privilège de quelques âmes d'élite.

Voilà l'œuvre accomplie par les novateurs socialistes. Cette « socialisation de la morale », que Guyau demandait dans son *Esquisse d'une morale sans obligation ni sanction*, seule la socialisation économique la peut réaliser, car on ne peut la concevoir comme possible que lorsque l'humanité se sera construit un habitat où soient unis, jusqu'à se confondre, l'intérêt individuel et l'intérêt social. La morale de Guyau ne pourra s'épanouir que dans un milieu socialiste ; ou, pour parler plus exactement, le milieu socialiste, c'est, en réalité et en action, la morale sans obligation ni sanction.

Mais pourquoi parler de morale ? Viennent les réalités du socialisme, et, quand nos antagonismes individuels et collectifs se seront résolus en solidarité, la morale disparaîtra, se perdra dans l'océan de nos sentiments et de nos actes, présente en chacun d'eux, organique comme eux, et passant finalement à l'état d'acte réflexe par une glorieuse incorporation de l'instinct. Saluons avec confiance cette forme supérieure de l'idéal moral : la disparition de la morale par la suppression de l'immoralité, devenue aussi inconvenable qu'impossible. Le droit devenu identique au devoir, l'homme plus individuel que jamais et incorporant en soi toute l'humanité, le mien et le tien disparaissant de la langue même, voilà la fraternité supérieure à la justice que nous promet l'évolution progressive de notre espèce. La concevoir dans le présent, c'est la rendre possible dans l'avenir.

A. Au-delà de l'intérêt ? Sympathie, confiance et réciprocité

Au-delà de l'intérêt

(Éléments d'une théorie anti-utilitariste de l'action I[1])

Alain Caillé

En ce début de XXIe siècle, les perspectives d'un renouveau et d'une universalisation de l'idéal démocratique ne paraissent guère brillantes. Sans compter qu'on ne sait plus trop combien de temps la planète pourra encore survivre à sa mise en coupe réglée systématique. Personne ne doute que seule la formation et la dynamisation d'une société civile associationniste internationale serait en mesure de résister à la toute-puissance délétère des marchés et des États. Mais un tel idéal éminemment désirable est-il effectivement plausible, réalisable, et à quelles conditions ? Qu'est-ce qui permet d'espérer que des hommes et des femmes de bonne volonté puissent même exister et viser à réaliser ensemble une forme ou une autre de bien commun, politique et écologique, au lieu de déléguer et d'abandonner cette tâche au pouvoir de l'État ou aux séductions du marché ?

Pas grand-chose, si l'on doit en croire l'énorme littérature consacrée à la théorie de l'action collective depuis une trentaine d'années[2]. Pas grand-chose, en tout cas, aussi longtemps que l'on

1. Sous le titre général « Éléments d'une théorie anti-utilitariste de l'action (I, II et III) », nous présentons aux lecteurs trois textes distincts, mais étroitement liés : « Au-delà de l'intérêt », « Les ressorts de l'action » et « Vers une théorie du sujet ». Pour des raisons de place, le premier texte a été légèrement tronqué. On en trouvera la version intégrale dans la version électronique de ce numéro. La troisième partie, « Vers une théorie du sujet », paraîtra dans le prochain numéro.

2. Signalons sur ce point l'impressionnante synthèse que représente le livre de Daniel Cefaï, *Pourquoi se mobilise-t-on ? Les théories de l'action collective* [2007].

continue à penser l'action sociale sur un mode utilitariste, dans les termes d'un modèle économique généralisé, d'une théorie des choix rationnels (*rational choice theory*) qui pose en axiome que les acteurs sociaux ne peuvent rien viser d'autre que la satisfaction de leurs propres intérêts ou préférences. Mancur Olson avait bien établi, dès le départ, l'impossibilité où se trouvent des acteurs définis comme « rationnels », c'est-à-dire uniquement soucieux d'eux-mêmes, de s'intéresser au bien commun, sauf à y être contraints ou à y trouver une forme spécifique d'intérêt particulier. Toute la littérature qui a suivi *The Logic of Collective Action* s'est employée à tenter de surmonter le paradoxe du *free rider* en recourant à une infinie variété de stratégies conceptuelles. La ligne théorique la plus prometteuse est celle qui, s'inscrivant dans le cadre du renouveau mondial de la thématique hégélienne de la lutte pour la reconnaissance impulsée par Axel Honneth, avec son *Kampf um Anerkennung*, permet de poser que les acteurs sociaux ne visent pas tant à satisfaire leurs intérêts propres, sur un mode utilitariste, qu'à être reconnus[3].

Mais, dans ce débat, un point à vrai dire essentiel reste toutefois en suspens. Ce qu'on pourrait appeler le paradigme de la reconnaissance fait-il vraiment sortir de l'axiomatique de l'intérêt ? Voilà qui n'a rien d'évident. Rien n'interdit en effet *a priori* de poser qu'il existe des intérêts de reconnaissance au même titre qu'il existe des intérêts de possession ou de bien-être. Ou encore, des « préférences » pour la reconnaissance comme il y a des « préférences » pour le chocolat noir, la choucroute, le gorgonzola ou les Alfa Romeo. Et cela pourrait peut-être d'ailleurs suffire à fonder une théorie de l'engagement dans les associations et pour le bien commun dans le cadre d'une économie politique générale de l'estime telle que l'esquissent par exemple Geoffrey Brennan et Philip Pettit [2004].

---

3. Il existe désormais, principalement en philosophie morale et politique mais aussi en sociologie, une gigantesque littérature mondiale sur le thème de la lutte pour la reconnaissance qui est en train de supplanter peu à peu les innombrables discussions du quart de siècle passé autour de la théorie de la justice de John Rawls. Voir en France le débat, principalement entre sociologues, *in* A. Caillé (sous la direction de), *La Quête de reconnaissance, nouveau phénomène social total* [2007] et le débat, principalement entre philosophes, *in* A. Caillé et Ch. Lazzeri (sous la direction de), *La Reconnaissance aujourd'hui* [2008].

Il y a de bonnes raisons de penser malgré tout que des engagements associatifs – seuls à même en principe de donner corps à un idéal démocratique renouvelé et universalisé – qui auraient l'avantage de minimiser le rôle des motivations d'ordre matériel et financier, mais l'inconvénient de conférer du coup encore plus d'importance aux intérêts narcissiques, resteraient en définitive bien fragiles. Ne rêvons pas. Que l'engagement associatif soit ouvert à toutes les possibilités imaginables de corruption financière, que les associations ne soient pas plus immunisées *a priori* et par principe contre la lutte des *ego*, voire moins que les entreprises ou les administrations, voilà qui ne fait pas l'ombre d'un doute. Et il est permis de se demander si la corruption narcissique n'est pas à certains égards pire que la corruption financière. Reste que si les mobiles de l'action humaine se réduisaient en effet et sans reste aux seuls intérêts de possession ou d'affirmation de soi, il y aurait bien peu d'espoirs à nourrir quant aux chances de survie de nos idéaux les plus chers.

Si nous voulons avancer dans notre réflexion sur ce point, il semble donc crucial de se demander quelle anthropologie, quelle théorie anti-utilitariste de l'action il est possible d'opposer à la théorie des choix rationnels. Une théorie qui fasse place au désir de reconnaissance sans le rabattre systématiquement sur l'axiomatique de l'intérêt. Je présente ici une première version d'un travail en cours sur ce point. Il comporte trois parties. La première détaille les raisons qui rendent nécessaire de s'affranchir de l'axiomatique de l'intérêt et échafaude le cadre général d'une théorie non moniste, tétradimensionnelle en l'occurrence, de l'action. La deuxième approfondit la réflexion sur les quatre dimensions de l'action isolées dans la première partie. La troisième explore la manière dont il est alors possible de faire retour sur la question du statut de la quête de reconnaissance sans rabattre cette dernière sur l'axiomatique de l'intérêt.

De quelques raisons de se déprendre du discours de l'intérêt

La profusion récente de textes philosophiques ou sociologiques qui, dans le sillage notamment du livre d'Axel Honneth, *La Lutte pour la reconnaissance*, montrent comment la lutte sociale ne s'organise pas tant en vue de la satisfaction des intérêts, et plus particulièrement des intérêts matériels, que de l'obtention de reconnaissance, relègue au second plan l'individualisme méthodologique, les théories du choix rationnel, bref le modèle économique généralisé qui régnaient en maîtres presque absolus sur ces disciplines depuis un bon quart de siècle.

Mais poser que les sujets humains – justement en tant qu'ils sont humains et entendent devenir des sujets –, plus que par le besoin ou par un désir intrinsèque d'accumulation de biens matériels sont animés par une quête incessante de reconnaissance suffit-il à nous faire sortir de l'utilitarisme et de l'axiomatique de l'intérêt ? Et, plus profondément, au nom de quoi faudrait-il rompre d'ailleurs avec le discours de l'intérêt ? Voilà qui ne va apparemment pas de soi. Pour la grande majorité des chercheurs en science sociale ou en philosophie morale et politique, abandonner l'explication de l'action humaine par l'intérêt reviendrait à rien moins qu'à renoncer au principe de raison. Rendre raison d'une action, pour eux, suppose nécessairement de reconstituer l'intérêt qui l'a motivée, quelque sens qu'on donne à ce terme. Inversement, renoncer à expliquer l'action par l'intérêt équivaudrait à basculer dans l'irrationalisme.

Dans cet attachement très largement partagé à la force explicative de l'intérêt, il est possible de distinguer deux grandes variantes. La première, très majoritaire là encore, situe l'intérêt du côté de la volonté de survie, avec toutes ses variantes : le souci de la conservation de soi (Hobbes), de persévérer dans son être (Spinoza), d'améliorer ses conditions de vie, *to better one's own condition* (Adam Smith), etc. Retraduit dans le langage de la maximisation des plaisirs par rapport aux peines, de la recherche de l'utilité, de l'aspiration au bonheur ou à la satisfaction des préférences, c'est cette première représentation de la toute-puissance de l'intérêt qui alimente au plus profond les doctrines utilitaristes, quelque sophistication qu'elles puissent éventuellement apporter à ce thème initial[4].

4. Lorsqu'un Frédéric Lordon [2006a], par exemple, défend une théorie de l'« intérêt souverain », attribuée à Spinoza, pour expliquer que toutes les aspirations « altruistes » ou généreuses n'en sont qu'autant de modalités secondaires, il ne fait que reconduire par son versant néomarxiste, et malgré qu'il en ait, l'utilitarisme constitutif de la science économique standard. Voir également F. Lordon [2006b, p. 105-126] et la réponse de « Falafil » [2006, p. 127-137].

Mais il est possible, plus subtilement, de défendre une vision de la souveraineté de l'intérêt qui ne le dériverait pas du souci de la conservation de soi et le ferait donc sortir du champ de l'utilitarisme. On sait comment toute la pensée des moralistes français des XVIIe et XVIIIe siècles, avant de les fusionner sous le concept indistinct d'intérêt, aura oscillé entre deux représentations bien différentes de ce qui fait agir les hommes : l'amour de soi (*i.e.* le souci de sa propre survie) ou l'amour-propre (*i.e.* le souci de sa face), pour le formuler dans les termes systématisés par Rousseau ; les intérêts de bien ou les intérêts de gloire, pour le dire dans le langage du XVIIe siècle.

Cette opposition classique est très utile pour éclairer le problème dont nous aimerions ici partir : dire que les hommes recherchent la reconnaissance, loin de nous faire sortir du discours et de l'axiomatique de l'intérêt, ne devrait-il pas nous conduire plutôt à dire que ce qui les meut, ce sont des intérêts de face, de prestige, des intérêts narcissiques – des intérêts égotistes plutôt qu'égoïstes ? Si nous répondions oui – comme il peut sembler de prime abord tentant de le faire parce que cette version du discours de l'intérêt est empiriquement plus juste que sa version utilitariste simple –, nous aurions alors une deuxième variante de l'axiomatique de l'intérêt souverain : celle qui fait procéder l'intérêt non pas du rapport de soi à soi dans le souci de se conserver mais, à l'inverse, du rapport de soi aux autres humains ; non pas de la fermeture première du soi sur lui-même, mais de l'ouverture constitutive du soi à l'altérité ; non pas de l'amour de soi sûr de lui-même et de ses désirs, mais de l'amour-propre qui cherche dans le regard de l'autre la confirmation de son incertaine existence.

Quelque tentante et partiellement justifiée que puisse apparaître cette deuxième solution, nous voudrions montrer ici qu'elle n'est en définitive pas satisfaisante dans la mesure où elle reste prisonnière d'une axiomatique de l'intérêt que la réflexion sur la quête de reconnaissance doit au contraire nous pousser à fortement relativiser et même, pour l'essentiel, à abandonner. Ou plutôt à dépasser. Car si, en effet, l'explication de l'action humaine par le souci de la face et de la reconnaissance apparaît plus plausible que celle qui la réfère aux seuls intérêts de possession et de conservation, il reste qu'elle perd beaucoup de son tranchant et de sa profondeur aussi longtemps qu'on la cantonne dans le registre exclusif du discours de l'intérêt.

Il faut alors se demander ce par quoi il est possible de remplacer l'explication de l'action sociale par le seul intérêt.

Nous tenterons pour cela tout d'abord de mettre en place les éléments d'une grammaire de l'action plus complexe que les diverses théories utilitaristes ou individualistes méthodologiques disponibles, en suggérant qu'il convient de penser l'action non pas à partir du pôle unique de l'intérêt, mais à partir de quatre polarités irréductibles. Dans cette vision, l'intérêt apparaît bien comme un ressort important de l'action, mais comme un ressort toujours combiné à trois autres ressorts. Dans un deuxième temps, il faudra tenter de dépasser le repérage approximatif de ces quatre pôles (ou ressorts) de l'action pour nous demander en quoi chacun d'entre eux consiste spécifiquement. C'est alors seulement que nous pourrons faire retour à notre question initiale sur les rapports entre intérêt et reconnaissance en esquissant une théorie du sujet de l'action.

Une axiomatique tautologique toujours trop vraie

Ce qui est problématique dans le discours qui veut voir dans la recherche de l'intérêt la clé enfin trouvée et unique de l'action des humains, dans ce qu'il est possible d'appeler l'axiomatique de l'intérêt, c'est qu'il est soit purement formel, sous-déterminé, toujours vrai et donc jamais vrai ; ou, au contraire, tout à fait substantiel, surdéterminé, mais alors, largement incertain ou tout bonnement faux. Si, en effet, on entend tout d'abord par « intérêt » le concept qui désigne les mobiles qui poussent à l'action, alors, par définition, puisqu'il n'y a pas d'action sans mobile, sans quelque dimension propre au sujet de l'action qui la déclenche, toute action est nécessairement « intéressée » en ce premier sens. Mais cette explication par l'intérêt, aussi tautologique que la vertu dormitive de l'opium des scolastiques ou que les « préférences » des économistes – qui se bornent à nous dire en somme que les hommes préfèrent ce qu'ils préfèrent –, ne nous explique rien de déterminé. Loin de permettre de prévoir un comportement quelconque, l'intérêt invoqué (ou l'utilité, ou les préférences, etc.) est ce qu'on déduira après-coup de l'action observée – « c'était donc ça[5] ! »

---

5. Une variante empiriste de cet usage purement tautologique formel pourrait être qualifiée de tautologie empiriste. C'est celle que développe par exemple Ehrard

Des axiomatiques substantialistes jamais assez vraies

Les variantes substantialistes du discours de l'intérêt souverain se caractérisent au contraire par la mise en avant d'un intérêt spécifique unique, supposé déterminant en dernière instance : les intérêts économiques de classe chez Marx, l'amour-propre ou la vanité chez La Rochefoucauld, l'intérêt modelé par l'*habitus* chez le premier Bourdieu ou l'*illusio* chez le second, le désir sexuel, la *libido* chez Freud, la volonté de puissance chez Nietzsche, le désir d'accumuler les biens matériels chez les économistes classiques, etc. Impossible et inutile de discuter ici ces différentes théories dont il suffira de dire que, recélant chacune une part de vérité, elles deviennent systématiquement fausses – et automatiquement réfutées par les autres – dès lors qu'elles se présentent comme détentrices de l'unique vérité générale.

La triple confusion des intérêts

Il est par ailleurs possible de montrer que l'enfermement dans la rhétorique de l'intérêt reconduit systématiquement et quoi qu'on fasse pour s'en affranchir à une double, voire triple, confusion.

1. La plus facile à déceler est celle qui tend à rabattre toutes les formes d'intérêt sur *l'intérêt égoïste.* Or on voit bien qu'il y a là un coup de force. Sans doute l'intérêt amoureux, par exemple, est-il suprêmement « égoïste », mais il est aussi suprêmement « altruiste », constitutivement ouvert à l'altérité. Et les « intérêts de gloire », ceux qui dans le cas de l'*ethos* aristocratique ou de l'amour de la patrie poussent à risquer sa vie, sont manifestement aux antipodes du souci de la conservation de soi que le discours de l'intérêt place généralement à la racine de l'intérêt égoïste. Pourtant, les champions de la version égoïste de l'intérêt souverain auront toujours beau jeu de soutenir qu'« en dernière instance », si le sujet obéit à des motivations en apparence « altruistes », c'est bien parce qu'« il y trouve son compte ». L'ouverture à l'altérité est ainsi reconduite à l'égoïsme. La tentative d'entrer dans le discours de

---

Friedberg (*in Le Pouvoir de la règle*) dans le sillage de R. March, lorsqu'il explique qu'il existe autant d'intérêts distincts que de situations empiriques différentes, que l'analyste découvre après-coup.

l'intérêt souverain par le biais de l'ouverture principielle à l'altérité, à la louange et au regard des autres a donc de fortes chances de rester à jamais submergée par la toute-puissance de la thématique de l'égoïsme premier et du souci de la conservation de soi[6].

2. Par ailleurs la rhétorique de l'intérêt télescope systématiquement deux formes de l'intérêt diamétralement opposées au plan conceptuel même si elles sont le plus souvent étroitement intriquées en pratique. Dire de quelqu'un qu'il éprouve de *l'intérêt pour* les mathématiques, l'art, la littérature ou la philosophie, c'est dire qu'il y trouve de l'intérêt, autrement dit qu'il y prend du plaisir. Mais on pourrait dire aussi bien, et en fait mieux, qu'il éprouve pour ces diverses activités, s'il s'y investit vraiment, une passion. Admettons que cette même personne, mathématicien, écrivain, artiste ou sportif, y ait pris tellement de plaisir qu'elle soit devenue un bon professionnel, elle aura alors à gérer un autre type d'intérêt,

---

6. À ce stade, la discussion reste brouillée par l'indétermination et la réversibilité du terme même d'égoïsme. Il y a en fait deux égoïsmes entre lesquels la discussion oscille en permanence : un égoïsme de l'autosuffisance et de l'autoconsistance, et un égoïsme de la dépendance et de la rivalité avec autrui. Je suis redevable à Christian Lazzeri de la mise au point qui suit : « On peut partir d'une distinction clairement formulée et utilisée par Mandeville, Hume et Rousseau, mais dont on trouve déjà l'énoncé chez Spinoza. Cette distinction est celle du *self-liking* et du *self-love* qui reprend la vieille distinction médiévale de l'*amor sui* et de l'*amor proprius* (qui traduit elle-même les deux versants de la *philautia* aristotélicienne) et que le français traduit par amour de soi et amour-propre ou bien, selon les théologiens du XVIIe siècle, par "intérêt nôtre" et "intérêt propre". La distinction entre les deux peut être formulée de la manière suivante : l'amour de soi (ou "intérêt nôtre") témoigne fondamentalement du désir de l'agent centré sur lui-même et sur les avantages qu'il cherche à obtenir pour soi, mais sans que cela se traduise par une attention exclusive accordée à ceux-ci. Autrement dit, on ne se situe pas ici dans une attitude comparative de supériorité qui rend impossible toute attention à l'intérêt d'autrui. Cela signifie que l'amour de soi conduit certainement à ne pas sacrifier ses propres intérêts à ceux d'autrui, car ils possèdent un caractère indépassable, mais que cela ne conduit pas non plus à une ignorance ou à un désintérêt pour ceux d'autrui, pas plus qu'ils ne conduisent à une rivalité permanente. Il peut donc exister un rapport de composition entre les intérêts selon des modalités variables qui peuvent engendrer des rapports de coopération. L'amour-propre (ou "intérêt propre"), à l'inverse, témoigne d'une attention exclusivement consacrée à ses propres intérêts considérés comme incommensurables au regard de ceux des autres, lesquels sont systématiquement négligés ou niés de telle sorte que la coopération, lorsqu'elle existe, se trouve en permanence menacée de défection, lorsque celle-ci ne possède pas un coût dissuasif » (communication personnelle). Au terme de cette élaboration d'une théorie anti-utilitariste de l'action, j'espère et pense pouvoir prendre pleinement en compte cette différence entre amour-propre et amour de soi.

un *intérêt à* bien réussir sa carrière ou à gagner de l'argent. Il est d'autant plus gênant de confondre ces deux types d'intérêt, *l'intérêt pour* et *l'intérêt à*, *i.e.* l'intérêt passionnel et l'intérêt instrumental, que cela reproduit automatiquement l'éternelle et absurde querelle du désintéressement qui repose sur une confusion symétrique entre désintérêt et désintéressement. Un acte désintéressé est-il possible ? Certainement pas, si on entend par là que l'action pourrait être entreprise sans qu'on s'y intéresse le moins du monde, dans le désintérêt, la pure et simple absence d'intérêt. Évidemment oui, si l'on veut dire que certaines actions peuvent être entreprises au-delà de l'intérêt instrumental ou du seul intérêt égoïste matériel du sujet qui l'entreprend. Comme le disait John Dewey, agir par soi-même n'implique nullement d'agir nécessairement pour soi-même. Ou, comme le montrait Amartya Sen dans son célèbre article « Rational fools », il n'est en rien irrationnel de sacrifier ses intérêts instrumentaux ou de bien-être matériel au souci du bien commun ; ou encore, pourrait-on ajouter, au souci des autres. Il est au contraire idiot, rationnellement et étymologiquement idiot, de rester bloqué à la perspective de ne satisfaire que ses propres intérêts individuels[7].

3. Il convient par ailleurs d'ajouter à cette dissociation entre *intérêt pour* et *intérêt à* une autre modalité de *l'intérêt à*. Si un adjudant dit : « Tu as intérêt à obéir, sinon ça va barder », on n'est plus là dans l'intérêt instrumental activement et stratégiquement calculé, mais dans le registre de l'obéissance forcée ou de ce qu'on pourrait appeler un intérêt égoïste passif.

Les quatre modalités de l'intérêt

Résumons et synthétisons cette première discussion. Partis d'un concept unique d'intérêt, nous nous retrouvons avec quatre types d'intérêt bien différents qu'il est possible de désigner ainsi :

— *l'intérêt à* n° 1, *i.e.* l'intérêt instrumental, stratégique, égoïste, actif ; appelons-le l'intérêt pour soi ;

7. Nous avons présenté cette distinction entre *intérêt pour* et *intérêt à*, et entre *désintérêt* et *désintéressement* dans Caillé [2005, p. 243-284].

— *l'intérêt à* n° 2, *i.e.* l'intérêt à obéir passif ; appelons-le l'intérêt-obéissance ;

— *l'intérêt pour* n° 1, l'intérêt pour autrui ;

— *l'intérêt pour* n° 2, l'intérêt pour une activité plaisante ; appelons-le l'intérêt passionnel.

Or le problème des diverses axiomatiques de l'intérêt possibles, c'est que, par construction, elles tendent systématiquement à dissoudre l'intérêt-obéissance, l'intérêt pour autrui et l'intérêt-passion dans l'intérêt pour soi instrumental. Mieux vaut donc rompre radicalement avec toute axiomatique générale de l'intérêt en restreignant l'usage du concept au seul intérêt pour soi instrumental (puisque, de toute façon, c'est toujours lui qui absorbe tous les autres usages possibles du terme) pour penser les autres dimensions de l'action sous des appellations et des concepts clairement distincts. Si donc l'intérêt ne règne pas seul et si l'on ne veut pas se contenter de la solution paresseuse et stérile qui consiste à poser qu'il existe autant de mobiles de l'action, autant d'intérêts qu'il y a de situations et d'humains différents, demandons-nous quels sont les autres pôles depuis et entre lesquels l'action se partage. Il faudra nous demander après comment les humains tentent de trouver leur unité et/ou leur singularité à partir de cette pluralité de mobiles. C'est à ce niveau-là que se pose la question de leur rapport à la quête de reconnaissance. Que nous ne pourrons aborder à nouveau de manière pas trop insatisfaisante qu'après avoir forcément abstrait – divisé l'action en ses composantes élémentaires, présentées dans leur séparation alors qu'elles sont toujours liées en fait – avant de recomposer le tout.

Une théorie tétradimensionnelle de l'action

Dans son *Essai sur le don* qui fait apparaître une certaine universalité anthropologique de la triple obligation de donner, recevoir et rendre, Marcel Mauss montre comment le don, qui témoigne par hypothèse d'une ouverture à autrui en manifestant un désintéressement, est également intéressé – il satisfait à la fois les intérêts de face et les intérêts matériels du donateur – et comment par ailleurs ce geste qui met en scène de la « libéralité », c'est-à-dire à la fois de la liberté et de la spontanéité, obéit autant ou plus à une obligation sociale première, cette obligation qui nous « force à être libres » pourrait-on dire dans le langage de Rousseau. Voilà, mises en lumière dès les premières lignes de l'*Essai sur le don*, les quatre dimensions premières, irréductibles de tout acte de don, organisées en deux paires d'opposés : l'intérêt (égoïste) et le désintéressement (altruiste), l'obligation et la liberté. Pour échapper aux éternels débats sur l'égoïsme et l'altruisme, il vaut mieux opposer ce qu'il est permis d'appeler l'intérêt pour soi et l'intérêt pour autrui, et, pour échapper une bonne fois pour toutes à l'hégémonie du concept d'intérêt, dont nous venons de lister les dangers théoriques, il est préférable de rebaptiser l'intérêt pour autrui d'un pseudonyme (et néologisme) neutre, l'*aimance*[8].

Les quatre pôles du don et de l'action

Intérêt pour soi et aimance, obligation et liberté, voilà donc les quatre pôles du don. Toujours étroitement imbriqués. Le don est hybride, soutient Mauss. Non seulement l'intérêt pour autrui y ramène à l'intérêt pour soi, et réciproquement ; non seulement l'obligation est celle de la liberté et la liberté permet de s'acquitter de ses obligations, mais *il faut* qu'il en soit ainsi. Un don purement instrumental et « intéressé » échoue à nouer le lien social nécessaire à la satisfaction des intérêts de tous. Un don purement altruiste, auquel le donateur ne trouverait pas son compte et qui humilie le donataire, tournerait au sacrifice et potentiellement au massacre généralisé. Un don purement obligé, mécanique et rituel, perdrait toute sa magie, et un don purement gratuit s'abîmerait dans le non-sens. Essayons d'éclairer davantage le statut de ces quatre pôles de l'action.

---

8. Il nous paraît utile de forger ici un néologisme pour éviter de rabattre ce pôle de l'ouverture au souci de l'autre sur telle ou telle de ses interprétations ou formulations historiquement ou culturellement trop datées et spécifiques. Mais cette appellation neutre est elle-même provisoire. Après approfondissement de la réflexion sur la texture propre de chacun de ces quatre pôles de l'action (*cf. infra*, 2e partie), nous conclurons que le terme générique le plus diamétralement opposé à l'intérêt pour soi est ce que les débats contemporains appellent l'*empathie* (qu'Adam Smith et les Lumières écossaises pensaient sous le terme de sympathie). L'aimance est la modalité sympathique de l'empathie.

Leur représentation spatiale en termes de points cardinaux

Il faut les comprendre tout d'abord comme les équivalents des quatre points cardinaux. Si nous voulions disposer d'une représentation plus fine et plus réaliste de l'action, on pourrait tenter de construire une sorte de rose des vents de l'action, permettant de dégager tous les degrés intermédiaires et toutes les compositions possibles entre les pôles. Supposons que l'intérêt pour soi se trouve à l'ouest et l'aimance à l'est, l'obligation au nord et la liberté au sud, on pourrait se demander : de combien à l'est, à l'ouest, au nord ou au sud, est chaque type de don ou d'action ? Et qu'est-ce que l'on situe, par exemple, en nord-nord-ouest ou en sud-sud-est, etc. ? Il n'est pas sûr qu'il vaille la peine de s'engager à dessiner effectivement une telle rose des vents détaillée, non seulement parce qu'elle serait très difficile à réaliser et trop incertaine, mais aussi parce qu'elle nous donnerait vite une profusion de notions et d'étiquettes probablement trop grande pour être réellement utile et maniable. Sans donc tenter de les ordonner de manière un peu précise, bornons-nous à repérer, grossièrement pour commencer, tout un ensemble de mobiles ou de

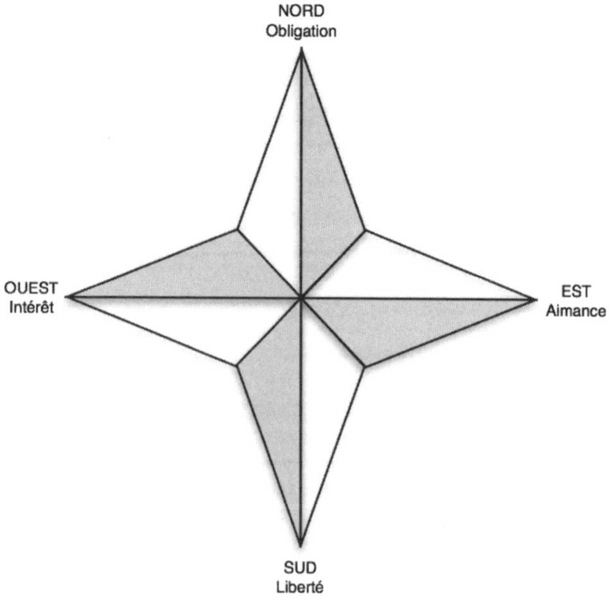

logiques d'action qui se trouvent du côté, respectivement, de chacun de ces quatre pôles et qui sont apparus sous des désignations ou des formes de réalisation différentes selon les cultures, les périodes de l'histoire ou les individus.

Ce qu'on trouve aux alentours de chaque pôle de l'action

Du côté de l'*intérêt* (*pour soi*), on trouvera alors : la préservation de soi et le désir de survie, l'amour de soi ou l'amour-propre, l'avidité et la vanité, la rivalité (l'*eris*) et la concurrence ou, au contraire, l'indifférence aux autres, les intérêts de gloire ou de bien, l'égoïsme ou l'égotisme, le désir de possession, l'âpreté au gain ou le souci de soi, l'*artha*, l'utilité, le calcul instrumental, le conflit, les ennemis, la guerre, etc.

Du côté de l'*aimance* : l'amitié, la *philia*, la camaraderie, l'*eros*, l'amour, la *caritas*, la compassion, le *ren* chinois, la sollicitude, la pitié, la solidarité, la générosité, l'altruisme, l'*agapè*, l'harmonie, le don, la confiance, l'association, l'alliance, les amis, la paix, etc.

Du côté de l'*obligation* : la contrainte physique, biologique ou proprement sociale, le rituel, la coutume, la loi, la dette, les institutions, les normes, les règles et règlements, la morale, l'éthique, l'*ethos*, le jugement, la justice, l'obéissance, la nécessité, le déterminisme, la structure, les fonctions, les valeurs, les ancêtres, les ascendants, le *dharma*, la tradition, le passé, la mort, etc.

Du côté de la *liberté* : la spontanéité, le plaisir (le *kama* par exemple), la fécondité, la générosité dans l'effort de l'artiste, du sportif ou du savant, le don (au sens du don des muses), la créativité, l'inventivité, l'action, la grâce, le charisme, le jeu, les dons, la révolte, les enfants, les descendants, l'avenir, la *moksa*[9], la vie, etc.

Premières insatisfactions typologiques

Aussitôt énoncée, cette liste (à la Prévert ou à la Borges, diront certains) fait évidemment problème puisqu'elle regroupe sous

---

9. La théorie hindouiste des buts de l'homme, étrangement proche de la théorie maussienne tétradimensionnelle de l'action, explique que la vie commence par les plaisirs, le *kama*, se cristallise en recherche de l'intérêt, *artha*, en soumission au devoir, *dharma*, pour enfin viser la libération, *moksa*. Dans notre présentation, plaisir de l'action libre, du jeu, et libération se retrouvent indexés au même pôle de la liberté.

un même chapeau des réalités bien distinctes, voire antithétiques, que nous avions jusque-là distinguées. Ainsi en est-il par exemple du regroupement de l'amour de soi et de l'amour-propre sous le signe de l'intérêt pour soi. Au terme de notre parcours nous retrouverons leur différence. Mais pour l'instant, il nous faut bien procéder à un premier tri, à un premier tamisage nécessairement approximatif. La seule chose à ce stade dont il faille être sûr est qu'amour de soi et amour-propre, pour en rester à cette seule illustration, sont plus proches l'un de l'autre que de la compassion, de la soumission à la domination ou de la créativité par exemple. Pour démêler davantage ce fouillis et cet entrelacs de notions, il faudrait distinguer ce qui à chaque pôle se tient au plus près de son essence spécifique et ce qui au contraire résulte de son interaction avec les pôles opposés ou contraires[10]. Mais il n'est pas possible d'avancer dans cette discussion avant d'avoir éclairé davantage la consistance propre et spécifique de chacun des quatre pôles. Demandons-nous tout d'abord, avant de tenter tout approfondissement, que faire de cette typologie des ressorts de l'action et quel statut lui accorder même en l'absence de réponses sur la nature de leur réalité ultime.

Don et action

Ces quatre pôles ne sont pas seulement ceux du don mais tout autant, et plus généralement, ceux de l'action sociale. Ce qui spécifie le don au sein de l'action en général, ce qui la fait basculer dans le registre du don – *i.e.* ce qui fait passer du prendre-refuser-garder au donner-recevoir-rendre –, c'est le primat des motivations actives de l'aimance et de la liberté sur leurs conditions passives que sont l'intérêt pour soi et l'obligation. Pour filer la métaphore spatiale et cartographique, on entre dans la zone du don de générosité, dans l'obligation de donner, recevoir et rendre en passant à la droite de l'axe nord-sud, dans celle du don de la liberté-créativité en passant

10. Une bonne manière d'opérer ces différenciations serait de distinguer dans chacun des registres de l'action ce qui se joue en clé d'avoir, en clé d'être et en clé d'apparaître. Supposons par exemple qu'on interprète l'intérêt pour soi en termes de tendance à persévérer dans son être, on pourra alors distinguer entre ce souci de persévérance en tant que tel, le désir d'acquérir propre à l'alimenter et celui de se manifester.

en dessous de l'axe est-ouest. Il apparaît ainsi que le quadrant spécifique du don, celui qui allie l'ouverture à autrui et au possible est le quadrant sud-est. Inversement, à la gauche de l'axe nord-sud, on se trouve dans le champ du prendre, refuser, garder.

Irréductibilité, enchevêtrement et réversibilité des quatre pôles de l'action

En quoi et comment ces quatre pôles sont-ils à la fois irréductibles et liés ? Ils sont irréductibles en droit, toujours mêlés en fait, et réversibles en droit et en fait.

— *Irréductibles*. Tous sont également premiers. Aucun d'entre eux n'est déductible d'un des autres. La grande erreur des doctrines utilitaristes n'est pas de méconnaître les plaisirs de l'amitié ou de l'altruisme, ni la nécessité des règles (l'utilitarisme a beaucoup plus de mal avec la liberté), mais de prétendre les déduire des calculs guidés par l'intérêt pour soi ou de les y ramener. Ainsi diront-elles que certains sujets égoïstes sont ainsi faits que leur satisfaction passe par celle des autres. L'altruisme est présent mais en position seconde. Ou bien, on prétendra transformer des égoïstes rationnels et toujours prompts à trahir en coopérateurs fidèles et respectueux des contrats par la magie du dilemme du prisonnier répété, etc. La théorie tétradimensionnelle de l'action postule au contraire que l'ouverture à autrui est aussi première, donnée dès l'origine – comme le démontrent les découvertes récentes sur la biologie et la psychologie de l'imitation (*cf. infra*) – que la fermeture sur soi, et la liberté, l'ouverture au possible et à l'inadvenu, tout autant originelle que la soumission à la nécessité.

— *Enchevêtrés*. Pour autant, on l'a dit, aucune action ne peut se déployer dans le seul registre de l'intérêt, de l'aimance, de l'obligation ou de la liberté. Ne serait-ce d'ailleurs que parce qu'il ne peut exister de liberté que par rapport à une obligation (et réciproquement) et d'aimance que comme sortie de l'intérêt pour soi (et réciproquement) et que comme liberté, etc.

— *Réversibles*. Pour ces raisons entre autres, chaque pôle est toujours susceptible de basculer en son opposé ou en son contraire : l'aimance en intérêt (et réciproquement), l'obligation en liberté (et réciproquement), etc. Et, d'une certaine manière, chacun « contient » son opposé. Au moins jusqu'à ce qu'il n'y parvienne plus…

Leur réductibilité relative. Tout déduire à partir d'un pôle ?

Le fait que ces quatre dimensions de l'action soient toujours mêlées en fait, dans des proportions infiniment variables, explique assez les séductions exercées par les théories monistes. Jusqu'à un certain point (jusqu'au constat de leur irréductibilité ultime – ou première, si l'on préfère), il est en effet légitime de tenter de tout déduire depuis la logique d'un des seuls pôles. Légitime et parlant.

— *Depuis le pôle de l'intérêt.* Il est clair, en effet, qu'on a souvent « intérêt à obéir » et que, symétriquement, il faut bien que la loi commune satisfasse peu ou prou les intérêts de ceux qui y sont soumis. Clair encore qu'il est des amitiés « intéressées », qu'on l'entende au sens cynique des amitiés utiles ou au sens des amitiés qui font partager les plaisirs de l'existence. Clair, enfin, qu'on trouve son compte à être fécond et productif, ou que la satisfaction de ses intérêts passe par la liberté.

— *Depuis le pôle de l'aimance.* Mais le même raisonnement peut et doit être inversé. Peut-on vraiment s'intéresser à soi-même, s'aimer soi-même, avoir des intérêts, éprouver de l'intérêt pour la vie et l'action, si l'on n'intéresse pas les autres et si l'on n'en est pas aimé ? La loi commune, celle qui s'impose à tous, ne tire-t-elle pas sa force de la confiance et du sentiment d'amitié et de solidarité qui unit les membres d'une communauté politique ou civilisationnelle autant ou plus que de la somme des contrats qu'ils passent entre eux ? Le cœur et l'origine de l'intérêt pour soi ne résident-ils pas dans l'intérêt porté au sujet par les autres ?

— *Depuis le pôle de l'obligation.* Ne pourrait-on pas dire pourtant comme Erving Goffman, par exemple, qu'on ne voue un culte à son moi que par obligation sociale ? Que c'est le *dharma*, le devoir à la fois cosmique et social qui oblige, au moins jusqu'à un âge avancé de la vie, à veiller sur ses intérêts, à se vouer à l'*artha* ? Mais il existe aussi une obligation d'aimance. « Aimez-vous les uns les autres » : peut-on rêver plus belle illustration que ce précepte de l'idée que l'aimance ne va pas de soi, qu'il faut s'y forcer par sens du devoir et pour obéir à une prescription divine ? N'est-ce pas d'ailleurs la visée de toutes les grandes religions que d'ordonner la charité, la solidarité ou la compassion ? de ranger l'aimance sous l'égide de l'obligation ? et d'affirmer que c'est là, dans cette soumission à l'obligation d'aimer, que se trouve la liberté suprême ?

— *Depuis le pôle de la liberté.* Mais les modernes, les modernes surtout, ceux qui n'en finissent pas de pousser toujours plus loin la révolution individualiste, font-ils autre chose qu'affirmer le primat irréductible de la liberté individuelle sur toutes les lois, tous les engagements, toutes les solidarités ? Ensemble ? Associés ? Oui, mais libres. Libres de cesser de l'être à tout moment. Respectueux de la loi ? Oui, mais seulement pour autant qu'elle me donne de nouveaux droits d'affirmer ma liberté. Mon seul intérêt est en définitive d'être libre et d'affirmer ainsi mon absolue souveraineté individuelle.

Chacune de ces réductions systématiques à l'un des pôles est légitime puisque éclairante et faisant voir ce qu'on ne verrait pas sans elle. Mais dès lors que l'on constate qu'en fait il n'y a pas une, mais quatre réductions possibles, la question rebondit : en quoi consiste la spécificité ultime et irréductible de chacun des pôles ? Avant de l'aborder, demandons-nous s'il est possible de mieux représenter et visualiser l'enchevêtrement et la réversibilité des pôles de l'action, et par là même d'en obtenir une meilleure compréhension.

[...[11]]

Une théorie de l'action collective

Mais revenons à une représentation plus simple, plane, des coordonnées de l'action pour préciser que ce qui a été dit jusqu'ici du point de vue du sujet individuel, en clé d'*ego*, peut aussi bien s'appliquer à un sujet collectif, en clé de « coordination » comme disent les économistes, ou en termes d'« harmonisation des intérêts » comme le disait l'historien de l'utilitarisme, Élie Halévy.

— Entre sujets régis au premier chef par la logique de l'intérêt pour soi fonctionne ce qu'Élie Halévy appelle *l'harmonisation naturelle des intérêts*, autrement dit la coordination par le contrat, l'achat et la vente, le dialogue sans entraves.

11. Pour des raisons de place, comme nous l'avons indiqué au début de ce texte, nous effectuons ici une coupure. Mais le passage manquant est rétabli dans la version électronique intégrale de ce numéro.

— Entre sujets qui ne peuvent pas s'entendre « naturellement » sur leurs intérêts doit prévaloir ce qu'il appelle *l'harmonisation artificielle des intérêts*, autrement dit la loi énoncée par un roi-philosophe, un souverain hobbesien, un législateur rationnel omniscient et bienveillant, le représentant de la volonté ou de l'intérêt général, etc. On est ici dans le registre de l'obligation.

— Mais il faut distinguer, selon Halévy, une troisième forme de coordination, *l'harmonisation spontanée des intérêts* fondée sur cette « sympathie », disons plutôt cette empathie primordiale qui existe d'emblée entre les sujets humains et les relie, et qu'ont théorisée les penseurs des Lumières écossaises et tout particulièrement l'Adam Smith de *La Théorie des sentiments moraux*. L'association, cette forme pleinement politique du don, est ce qui la rend proprement sociale.

— À ces trois formes d'harmonisation des intérêts distinguées par Halévy, il convient d'en ajouter une quatrième, qui correspond à la logique de la liberté et de l'inventivité : la coordination par l'enthousiasme ou la passion – si proche du charisme wébérien –, celle qui unit par exemple les supporters sportifs, les croyants d'une secte ou d'une Église lorsque l'émotion est portée à son comble et que tous chantent ou prient ensemble, les passionnés d'art, etc. Appelons-la *l'harmonisation passionnelle des intérêts*.

Conclusion d'étape

Quelle justification pour cette théorie tétradimensionnelle de l'action ?

Quel est le statut, demandera-t-on à juste titre, de telles typologies conceptuelles ? D'où procèdent-elles ? Quelle autorité reconnaître à Mauss dont on s'est ici inspiré au départ et qui ne les a d'ailleurs jamais utilisées qu'implicitement ? Pourquoi quatre pôles de l'action et non pas deux, trois, dix, douze ou un nombre indéterminé ? Leur statut est-il ontologique ? anthropologique ? heuristique ? Il serait possible, croyons-nous, de montrer comment les mythologies du monde entier se laissent axiomatiser en effet à partir de l'opposition de la vie et de la mort, de la guerre et de la paix dès lors qu'on les croise avec les cycles du donner, recevoir et rendre ou du prendre, refuser, garder. Qui donne et reçoit les lois, les nourritures et ressources premières, à commencer par le feu ? Comment bascule-t-on de la guerre à la paix, et réciproquement, en interaction avec l'inceste, le coït et le mariage ? Qu'est-ce qu'un vrai don, qui ne soit pas absolument empoisonné et empoisonnant ? Voilà les questions éternellement et partout posées, en lien étroit avec l'interrogation sur la différence des sexes et sur le rapport des humains au monde naturel et aux entités invisibles. Et qui, toutes prises ensemble et indéfiniment croisées et recroisées, forment l'univers du sens, le symbolisme. Il y aurait sur tous ces points énormément de choses à dire. Contentons-nous de la réponse heuristique. La justification de cette tétralogie conceptuelle et typologique est d'abord qu'elle éclaire mieux que ses rivales ou alternatives – d'ailleurs bien peu nombreuses en définitive – les ressorts de l'action. Reste à la mettre effectivement en acte dans des études empiriques ou dans des élaborations théoriques plus spécifiques, en croisant la topique des quatre mobiles de l'action avec la théorie du donner, recevoir et rendre (sur fond du prendre, refuser, garder).

De quelques emplois possibles de la théorie

Au-delà ou en deçà de la sociologie, on voit bien comment il est possible en effet sur cette base de distinguer des individus ou des cultures *du don* (ou *de la prise*) – personnages ou cultures (maternantes ou phalliques) installés dans la générosité maternelle (Gaïa, la madone) ou guerrière –, *de la demande et de la réception (*ou *du refus)* – attendant tout d'un bienfaiteur (*cf.* les cultes du cargo, par exemple) –, *de la dette* (ou *de la rétention*) – dette envers la mort (*Yama*), les ancêtres, les puissants[12]. De même, dès lors qu'un des pôles de l'action apparaît hypertrophié et cesse d'entrer en relation

12. Cette théorie tétradimensionnelle de l'action pourrait se traduire assez aisément dans les termes de la théorie de la culture de l'anthropologue Mary Douglas, de sa *grid-group analysis* qui distingue quatre types de coordination sociale, selon que la régulation systématique (*grid*) est forte ou faible (où l'on retrouve notre opposition de l'obligation et de la liberté) et que la cohésion du groupe est également forte (dominance de l'aimance, dirions-nous) ou faible (dominance de l'intérêt pour soi). Apparaissent ainsi quatre types de cultures : hiérarchiques, entrepreneuriales, d'opposition et d'isolement. *Cf.* Mary Douglas et B. Wildavsky [1982] et M. Douglas [2007, p. 295-320].

dialectique avec les trois autres, on voit apparaître l'exacerbation du moi (narcissisme) ou de l'autre (hystérie), de la dette (obsessionnalité, compulsion) ou de la liberté (perversion). Encore faudrait-il ajouter que toutes les cultures humaines distribuent toujours de manière différenciée les rôles de donateur ou de donataire entre les hommes et les femmes, de même qu'elles les soumettent différemment aux mobiles de l'intérêt pour soi ou de l'aimance, et du rapport à la mort et à la vie[13].

Plus généralement, l'interprétation de l'action passe toujours par la réponse à trois questions étroitement interdépendantes.

— *Quant au rapport du sujet à lui-même*, la question est de savoir ce qu'il donne – à quoi il s'adonne, ou s'abandonne –, quelle part de son énergie il consacre respectivement à l'intérêt pour soi, à l'obligation physique, sociale ou morale, à l'aimance ou à la liberté-créativité.

— *Quant au rapport interpersonnel*, la question de savoir ce qui lie des personnes entre elles est toujours : qui donne ou rend, quoi, à qui – ou bien qui prend, refuse de donner, garde, et, symétriquement, qui reçoit quoi de qui, en positif ou en négatif ?

— *Quant à l'action collective*. Mais cette action individuelle ou interpersonnelle se déploie dans le cadre d'actions collectives, ou de l'action de collectifs où s'inscrit le sujet, et qui eux-mêmes se rapportent aux autres collectifs en posant la question de savoir ce qu'ils leur donnent (leur ont donné), leur doivent, peuvent leur prendre, en ont reçu, doivent leur rendre, etc. L'ensemble de ces questions s'organise à la racine, *ab initio*, dès l'origine du monde, autour de la question première de savoir ce que les hommes reçoivent des femmes et leur donnent, et réciproquement, et ce que les enfants reçoivent des parents, et réciproquement. Le symbolisme est l'espace dans lequel se forment et se formulent les questions et les réponses relatives à cet univers du don.

Bref, avec cette typologie, il est déjà possible de penser de manière souple les dimensions de l'action sans préjuger *a priori*, à l'inverse des postures individualistes ou holistes méthodologiques, du poids respectif de l'un ou l'autre pôle, l'intérêt individuel pour

13. Ce n'est pas un scoop d'observer que les hommes, traditionnellement, donnent la mort et les femmes la vie. Qu'elles donnent les enfants et les hommes les présents, etc.

les théories de l'action rationnelle, l'obligation pour l'holisme. Mais, si elle permet d'établir en somme une cartographie utile et parlante de l'action, elle ne nous en donne pas à proprement parler la théorie. Comment se forme le sujet de l'action ? Et quel rapport cette formation entretient-elle avec la quête de reconnaissance ? Pour répondre à ces questions, il est nécessaire maintenant d'approfondir le raisonnement et de partir à la recherche de la racine première des quatre ressorts de l'action.

(*À suivre*[14])

Bibliographie

BRENNAN Geoffrey et PETTIT Philip, 2004, *The Economy of Esteem. An Essay on Civil and Political Society*, Oxford University Press.

CAILLÉ Alain, [1993] 2005, *Don, intérêt et désintéressement. Bourdieu, Mauss, Platon et quelques autres*, La Découverte/MAUSS, Paris.

CAILLÉ Alain (sous la dir. de), 2007, *La Quête de reconnaissance, nouveau phénomène social total*, La Découverte/MAUSS, « Textes à l'appui », Paris.

CAILLÉ Alain et LAZZERI Christian (sous la dir. de), 2008, *La Reconnaissance aujourd'hui*, CNRS Éditions, Paris.

CEFAÏ Daniel, 2007, *Pourquoi se mobilise-t-on ? Les théories de l'action collective*, La Découverte/MAUSS, Paris.

DOUGLAS Mary, 2007, « Pour ne plus entendre parler de la "culture traditionnelle" », *La Revue du MAUSS semestrielle*, n° 29, « Avec Karl Polanyi, contre la société du tout-marchand », 1er semestre, et n° 30 « Vers une autre science économique (et donc un autre monde) ? », 2e semestre.

DOUGLAS Mary et WILDAVSKY Aaron B., 1982, *Risk and Culture*, University of California Press, Berkeley.

FALAFIL, 2006, « Quel paradigme du don ? En clé d'intérêt ou en clé de don ? Réponse à F. Lordon », *La Revue du MAUSS semestrielle*, n° 27, « De l'utilitarisme », 1er semestre.

FRIEDBERG Ehrard, 1997, *Le Pouvoir de la règle*, Le Seuil, Paris.

LORDON Frédéric, 2006a, *L'Intérêt souverain*, La Découverte, Paris.

– 2006b, « Le don tel qu'il est et non tel qu'on voudrait qu'il fût », *La Revue du MAUSS semestrielle*, n° 27, « De l'utilitarisme », 1er semestre.

14. Voir la 2e partie de ce même numéro.

La sympathie comme opérateur du don*

Jacques T. Godbout

Dans le modèle économique standard, lorsque l'on veut comprendre un comportement, on ne cherche que l'intérêt, et on cesse de chercher quand on a trouvé que l'intérêt était une explication vraisemblable. Ce faisant, on accorde un statut privilégié à l'explication par l'intérêt. Celle-ci n'obéit pas aux canons de l'explication scientifique, car elle confond deux phases du raisonnement : établir la plausibilité de l'existence d'un phénomène dans un premier temps, et démontrer ensuite son existence. L'intérêt est la seule explication où il suffit que ce que l'on trouve soit plausible pour qu'il soit considéré comme démontré. Pour toutes les autres motivations, pour tous les autres sens de l'action, il faut en plus le démontrer empiriquement. Et encore : le chercheur soupçonnera toujours qu'il y a un intérêt caché, et continuera à le chercher… jusqu'à ce qu'il trouve quelque chose de plausible, ce qui fait que la théorie de l'intérêt, comme l'écrit Michel Terestchenko [2004, p. 333] « a toujours en réserve une explication possible ».

L'*Homo œconomicus* va de soi. Et l'*Homo donator* ? Ce comportement de don, les chercheurs l'observent très tôt chez les enfants : « Souvent, le jeune enfant (2-3 ans) établit ou rétablit le contact avec les autres […] par un comportement d'offrande » [Montagner, 1989, p. 87]. « Il est aisé de constater chez les tout petits enfants que, lorsque le processus de différenciation s'amorce dans la seconde moitié de la première année, ils commencent également […] à

* Une version différente de ce texte a été publiée dans Godbout [2007].

donner. Un parent entre dans la pièce, ils lui tendent un objet qui se trouve proche. » L'auteur conclut : « [Le don] ne serait pas l'expression de la plus ou moins haute moralité des donateurs, mais de la capacité psychologique à supporter la séparation et à trouver le plaisir du lien dans la différenciation » [cité par Dumont, 2002, p. 349-350]. Le don existe même chez les animaux dans l'état de nature[1]. Qu'est-ce qui empêche aujourd'hui la reconnaissance de ce phénomène au même titre que les comportements plus évidemment égoïstes ?

Les limites de la bienveillance

L'*Homo donator* n'est pourtant pas une idée nouvelle. Sans remonter à Sénèque, au Christ ou à la compassion bouddhiste, et pour en rester à la pensée moderne, les penseurs écossais comme Francis Hutcheson et les utilitaristes comme Stuart Mill considéraient la bienveillance comme allant de soi. Mill décrit ainsi le « sentiment moral » : « Ce sentiment naturel et puissant [...] qui constitue la force de la moralité utilitariste » [cité par Valade, 1998]. À la suite de Schopenhauer, Nietzsche aussi reconnaissait la force de ce sentiment, même si c'était pour le combattre.

Tous ces auteurs, malgré leurs différences, s'accordent pour reconnaître une tendance naturelle à la bienveillance et à la compassion chez les humains. Ces sentiments constituent certes un moteur important dans certains dons. Pourtant, un doute surgit. Dans quelle mesure l'*Homo donator* appartient-il à cette école de pensée ? Dans quelle mesure l'appât du don relève-t-il de ce sentiment reconnu depuis toujours ? En observant le don, nous ne pouvons que constater qu'une partie importante de ce qui circule sous cette forme dans la société ne relève pas de ce sentiment. Le don n'est pas l'équivalent de cette tendance à la bienveillance qui fonde la morale, ni de la pitié ou de la compassion de Schopenhauer décriée par Nietzsche. Le comportement de don fait appel à une multitude de passions (pour utiliser le vocabulaire des auteurs classiques) qui varient selon le contexte : honneur, prestige, image de soi... Le

1. Voir Moussaieff, Jeffrey et Susan McCarthy-Masson [1997], Frans de Waal [1997].

désir de donner semble se situer au-delà, ou en partie à côté, de la compassion et la logique de ce système d'action échappe en partie à la tradition de la bienveillance.

La sympathie d'Adam Smith

Étonnamment, cette question ne peut être mieux éclairée que par le fondateur de l'économie politique. L'auteur de *La Richesse des nations* reconnaît l'existence de la bienveillance. Mais il doute de son importance comme moteur de l'action. C'est pourquoi il préfère fonder la société sur quelque chose de plus sûr. L'intérêt ? Certes, comme l'affirme sans nuance sa célèbre phrase : « Ce n'est point de la bienveillance du boucher, du marchand de bière et du boulanger que nous attendons notre dîner, mais bien du soin qu'ils apportent à leurs intérêts. Nous ne nous adressons pas à leur humanité, mais à leur égoïsme » [Smith, 1999a, p. 48]. Mais Adam Smith se limite-t-il à l'explication par l'égoïsme comme moteur de l'action humaine ? Comme l'ont montré tant d'auteurs, ce serait oublier l'autre ouvrage important du fondateur de l'économie politique. Pour Adam Smith, une société fondée uniquement sur l'égoïsme conduit à la violence, dégénère dans l'état de guerre de tous contre tous décrit par Hobbes. Rappelons la première phrase de la *Théorie des sentiments moraux* : « Aussi égoïste que l'homme puisse être supposé, il y a évidemment certains principes dans sa nature qui le conduisent à s'intéresser à la fortune des autres et qui lui rendent nécessaire leur bonheur, quoiqu'il n'en retire rien d'autre que le plaisir de les voir heureux » [Smith, 1999b, p. 23]. Comme le montre Jean-Pierre Dupuy [1992], l'intérêt lui-même n'est pas une force isolée qui ferait barrière aux passions, selon l'interprétation habituelle de toute une école. L'égoïsme est une passion comme une autre. En réalité, Adam Smith reconnaît l'existence de plusieurs moteurs de l'action humaine. Dans la *Théorie des sentiments moraux*, il distingue les passions égoïstes, les passions asociales et les passions sociales. La bienveillance et la compassion appartiennent à ce dernier type. Il reconnaît même l'importance de la relation pour la relation, du lien voulu pour lui-même : « Il y a une satisfaction dans la conscience d'être aimé qui est plus importante pour le bonheur de la personne [...] que tout l'avantage qu'elle peut espérer en dériver » [1999b, p. 75].

Comment concilier toutes ces idées[2] ? En réalité, chez Smith, les passions ne sont pas à proprement parler le moteur de l'action. Elles seraient plutôt, d'une certaine manière et pour poursuivre l'analogie, l'énergie dont le moteur a besoin et qui est donc à la source de l'action. J.-P. Dupuy montre que, chez Adam Smith, le véritable moteur de l'action est la sympathie, laquelle « contient » l'intérêt. L'intérêt est « contaminé » (Dupuy) par la sympathie[3]. « Le terme de sympathie [...] peut [...] être employé pour indiquer notre affinité avec toute passion, quelle qu'elle soit » [Smith, 1999b, p. 27]. La sympathie n'est ni l'égoïsme ni la bienveillance. La sympathie est le dispositif par lequel les passions opèrent. « C'est le principe inné qui porte tout être humain à s'identifier à ses semblables » [Marouby, 2005, p. 22]. La sympathie est un « opérateur ». « Un opérateur n'est pas un principe ; la sympathie n'est pas une passion. C'est un processus qui doit pouvoir se répéter à chaque étape de la genèse. Il n'y a pas à lui donner de support, ontologique (la sympathie universelle) ou psychologique (l'affectivité). Il suffit d'en exposer le mode d'opération » [Malherbe, 2000, p. 412].

En quoi ces considérations s'appliquent-elles au don ? Cette idée d'opérateur rend compte du rapport de don. Comme l'a si bien observé Marcel Hénaff, tout se passe comme si « le rapport de don détenait cet étonnant pouvoir d'instaurer un lien plus puissant que les sentiments qui l'accompagnent » [2002, p. 197]. D'où vient ce pouvoir qui se situe au-delà des sentiments, des passions et des intérêts ? L'appât du don n'est pas une cause. Il n'est pas non plus qu'un sentiment. Comme le rappelle Vincent Descombes, le don n'est pas du domaine des « faits bruts ». Et si, comme la sympathie chez Adam Smith, le don était un opérateur, soit un postulat capable de rendre compte de la dynamique d'un système d'action, comme le postulat de l'intérêt ou celui de l'instinct stratégique ? Nourri

2. Il existe toute une littérature sur les contradictions apparentes entre les deux grandes œuvres d'Adam Smith, sur ce qu'on a appelé « le problème Adam Smith » et un auteur récent « la double anthropologie d'Adam Smith » [*cf.* Marouby, 2005]. Voir aussi Jerry Evensky [2005].

3. Pour une analyse fine de cet opérateur qu'est la sympathie et du dédoublement qu'il implique, voir Dupuy [1992, 2006].

souvent par la bienveillance, il ne repose donc pas entièrement sur elle, car il puise son énergie aussi dans les autres sentiments moraux, et dans les passions.

La « neuro-économie » redécouvre la sympathie

C'est cet opérateur que les recherches actuelles fondées sur les neurosciences sont en train de mettre en évidence. Dans un article publié en 2002, des chercheurs de l'Emory University (Atlanta) rapportent les résultats d'une recherche récente. En partant du jeu du dilemme du prisonnier, dans lequel les joueurs ont la possibilité soit de jouer de manière égoïste, soit de coopérer, ils ont observé ce qui se passait dans le cerveau des joueurs avec les techniques d'imagerie par résonance magnétique (IRM). Ils ont constaté, à leur grande surprise, que le comportement altruiste active les mêmes régions du cerveau que les expériences de plaisir comme la cocaïne, le chocolat, etc. On est câblé pour coopérer (*we are wired to cooperate*), concluent les chercheurs[4]. En comparant les effets sur le cerveau du jeu avec un partenaire humain et avec un ordinateur, d'autres « neuro-économistes » découvrent même les fondements biologiques du désir humain du lien voulu pour lui-même, qu'ils nomment « the special hedonic qualities of mutual cooperation », définie ainsi : « [...] people derive more utility from interactions with people not just because they earn more money in these interactions, but because these interactions are rewarding per se » [Fehr, Fischbacher et Kosfeld, 2005, p. 349].

Ces mécanismes possèdent l'importante caractéristique de reposer principalement sur des processus automatiques : « Nous nous représentons les buts des autres dans les termes de nos propres buts, même sans en être pleinement conscients. Sans y penser, les sentiments que nous percevons chez les autres activent automatiquement des réseaux de notre cerveau qui représentent aussi nos propres sentiments. Nous partageons donc automatiquement les sentiments des autres. Conséquemment, comme nos propres

4. Natalie Angier [2002]. Sur ce point, voir aussi Ernst Fehr, Urs Fischbacher, et Michael Kosfeld [2005], Tania Singer et Ernst Fehr [2005].

sentiments et émotions déterminent de manière importante nos motivations à agir, notre comportement sera automatiquement sensible aux autres (*other-regarding*), sauf si nous inhibons cette impulsion vers les autres » [Singer et Fehr, 2005, p. 243].

Cette description est une magnifique définition de la sympathie ! Tout se passe comme si Adam Smith avait déjà repéré il y a deux siècles les mécanismes que les neurosciences et la *neuroeconomics* sont en train de révéler.

Est-ce à dire que nous sommes entièrement déterminés par nos neurones ? Même si les recherches sur le cerveau arrivent à mettre mieux en évidence que *we are wired to cooperate*, il restera toujours à interpréter ces données biologiques et, comme le souligne la dernière citation, nous pouvons toujours décider « d'inhiber cette impulsion vers les autres ». Nous avons suggéré ailleurs que cet appât du don trouve son origine dans cet état de dette inscrit dans notre histoire à la naissance. Il s'agit là d'un donné culturel. Ce n'est pas une cause, et rien ne contraint un membre d'une société à se sentir en dette du fait d'être né. Rien ne l'oblige à concevoir la vie comme un don.

Se conserver ou se dépenser

Dans son ouvrage sur Marcel Mauss, Camille Tarot analyse la manière dont les premiers anthropologues britanniques, au XIXe siècle, ont compris le don. Pour expliquer le don, Tylor « se reporte […] à "l'acte presque enfantin de donner pour donner" (Tylor), sans se soucier des sentiments qu'éveillera le don chez le récipiendaire. Pour Tylor, le don est donc bien un fait primitif, avec toutes les connotations évolutionnistes du mot à cette époque. C'est une sorte de fait souche qui repose sur une base indépendante » [1999, p. 589]. Pour Robertson Smith, au contraire, le don n'est pas primitif, car il suppose le droit de propriété [*ibid.*, p. 590]. On ne peut donner que ce que l'on possède en propre. Ce qui est premier, pour cet auteur, c'est l'instinct de conservation.

Se conserver ou se dépenser ? Voilà ce qui, au-delà des sentiments, est en jeu dans l'acceptation ou le rejet de l'*Homo donator*. Même chez les animaux, on ne peut pas postuler que l'organisme a pour seule fonction de se conserver. De nombreux auteurs[5] ont montré l'importance de l'autoprésentation, de l'apparaître, de l'*other-regarding* – qu'on pourrait opposer au *self-regarding*. Pour le biologiste suisse Adolf Portmann, « à côté de la conservation de l'individu et de l'espèce, l'autoprésentation doit être considérée comme un fait fondamental du vivant, comme une donnée ultime de ces organismes » [cité par Dewitte, 1999, p. 54]. Chez les humains, l'appât du gain et le désir d'accumulation ne sont souvent, ultimement, qu'un moyen ayant pour but final le don, la dépense. Comme l'écrit Nietzsche : « Les physiologistes devraient réfléchir avant de poser l'"instinct de conservation" comme l'instinct cardinal de tout être organique. Le vivant veut avant tout dépenser sa force : la "conservation" n'en est qu'une conséquence » [1995, t. I, p. 228]. « Il faut critiquer l'assimilation de la notion de vie à la notion de poursuite d'une utilité, ou d'un propos intentionnel », écrit Maurice Merleau-Ponty [cité par Dewitte, 1997]. Si le boucher d'Adam Smith vend de la bonne viande dans son intérêt plus que dans celui de son client, c'est aussi pour faire vivre sa famille, lui offrir de la nourriture, bien sûr, mais aussi des vacances, des cadeaux, des folies, des excès. C'est aussi pour faire des cadeaux à ses amis, à ses proches. Ce boucher a aussi des « sentiments moraux ». Sa vie et sa rationalité ne s'arrêtent pas lorsqu'il sort de sa boucherie. Au contraire elles se chargent d'un méta-sens par rapport au modèle économique. Ce méta-sens qui peut même être présent avec ses « meilleurs » clients. Et il en va de même pour la cliente qui achète sa viande. Bref, comme l'écrit Jean-Pierre Dupuy, l'intérêt est contaminé par d'autres logiques d'action.

Bibliographie

Angier Natalie, 2002, « Why we're so nice : we're wired to cooperate », *New York Times,* 23 juillet.

De Waal Frans, 1995, *La Politique du chimpanzé*, Odile Jacob, Paris.

– 1997, *Le bon singe : les bases naturelles de la morale*, Fayard, Paris.

Dewitte Jacques, 1997, « L'émergence d'un symbolisme animal (d'après Merleau-Ponty) », conférence faite au séminaire annuel du MAUSS.

5. Maurice Merleau-Ponty [1945], Frans de Waal [1995], Adolf Portmann [voir Dewitte, 1997].

– 1999, « Pour qui sait voir », *La Revue du MAUSS semestrielle*, n° 14, « Villes bonnes à vivre, villes invivables », 2e semestre.

Dumont Jean-Paul, 2002, *Approche anti-utilitariste de la coopération en situation de travail*, thèse en gestion, HEC, Montréal.

Dupuy Jean-Pierre, 1992, *Introduction aux sciences sociales. Logique des phénomènes collectifs*, Édition Marketing-École polytechnique, Paris.

– 2006, « Invidious sympathy in *The Theory of Moral Sentiments* », *Adam Smith Review*, vol. 2 (repris dans la version numérique complète du présent numéro de *La Revue du MAUSS*).

Evensky Jerry, 2005, « Adam Smith's theory of moral sentiments : on morals and why they matter to a liberal society of free people and free markets », *Journal of Economic Perspectives,* vol. 19, n° 3.

Fehr Ernst, Fischbacher Urs et Kosfeld Michael, 2005, « Neuroeconomic foundations of trust and social preferences : initial evidence », *The American Economic Review*, vol. 95, n° 2.

Godbout Jacques T., 2007, *Ce qui circule entre nous*, Le Seuil, Paris.

Hénaff Marcel, 2002, *Le Prix de la vérité. Le don, l'argent, la philosophie*, Le Seuil, Paris.

Malherbe Michel, 2000, « Adam Smith et l'idée d'une science morale », *Revue philosophique*, n° 4.

Marouby Christian, 2005, « Pour une économie de la sympathie. Propos sur la double anthropologie d'Adam Smith », *Finance and the Common Good*, n° 22.

McCarthy-Masson Moussaieff, Jeffrey et Susan, 1997, *Quand les éléphants pleurent. La vie émotionnelle des animaux* (traduit par Marie-France Girod), Albin Michel, Paris.

Merleau-Ponty Maurice, 1945, *Phénoménologie de la perception*, Gallimard, Paris.

Montagner Hubert, 1989, *L'Enfant et la communication*, Paris, Stock, Paris.

Nietzsche Friedrich, 1995, *La Volonté de puissance*, t. I, Gallimard, Paris.

Singer Tania et Fehr Ernst, 2005, « The neuroeconomics of mind reading and empathy », *The American Economic Review*, vol. 95, n° 2.

Smith Adam, 1999a, *Recherche sur la nature et les causes de la richesse des nations*, PUF, « Quadrige », Paris.

– 1999b, *Théorie des sentiments moraux*, PUF, « Quadrige », Paris.

Tarot Camille, 1999, *De Durkheim à Mauss, l'invention du symbolique*, La Découverte/MAUSS, Paris.

Terestchenko Michel, 2004, « Égoïsme ou altruisme ? », *La Revue du MAUSS semestrielle*, n° 23, « De la reconnaissance », 1er semestre.

Valade Bernard, 1998, article « Justice sociale », *Encyclopaedia Universalis.*

L'idéal d'égalité appartient-il au passé ?

Homo reciprocans versus Homo œconomicus

*Samuel Bowles et Herbert Gintis**

> « Il faut être l'ami de son ami et rendre don pour don. Il faut répondre au sourire par le sourire et au mensonge par la tromperie. »
>
> Extrait de l'*Edda*, recueil de poèmes épiques scandinaves du XIIIe siècle.

L'idéal d'égalité appartient-il au passé ?

Nous ne le pensons pas. L'État-providence est en crise non parce que l'égoïsme serait omniprésent – il ne l'est pas –, mais parce que beaucoup de programmes de lutte contre les inégalités ne mobilisent pas les principes traditionnels de justice, la réciprocité et la générosité. Étant entendu qu'il s'agit d'une réciprocité et d'une générosité à mille lieues d'un altruisme inconditionnel envers les plus démunis. Et parfois même, ces politiques d'égalité heurtent de front ces notions de justice traditionnelles. Il est urgent de reformuler les idéaux d'égalité en faisant appel aux sentiments de justice de ceux qui se soucient de la situation dramatique des

---

* Notre ouvrage *Reacting Egalitarianism : New Rules for Markets, States and Communities* (Londres, Verso, 1998) développe plus longuement les idées proposées dans cet article. Nous voudrions remercier Chris Boehm, Rob Boyd, Josh Cohen, Steve Farkas, Ernst Fehr, Christina Fong, Nancy Folbre, Kristin Hawkes, Martin Gilens, Robert Shapiro, Elisabeth Wood et Erik Wright pour leur aide, et la fondation Mac-Arthur pour son soutien financier.

victimes de la pauvreté, de l'inégalité et de l'insécurité aux États-Unis et dans le monde.

L'opinion publique américaine reste profondément attachée à l'idée qu'il faut aider ceux qui sont dans le besoin. En 1991, un sondage ABC-WP a établi qu'il y avait deux fois plus de personnes « prêtes à payer davantage d'impôts » pour « réduire la pauvreté » que de personnes s'y refusant. En 1995, 61 % des personnes interrogées se disaient prêtes à payer plus d'impôts en vue de « fournir une formation professionnelle et des emplois publics aux bénéficiaires de l'assistance sociale pour leur permettre d'en sortir ». Presque les trois quarts des sondés, dans une enquête du *Times Magazine* en 1991, se déclaraient d'accord avec l'affirmation suivante : « L'État devrait garantir un minimum permettant à chaque citoyen de manger et de disposer d'un endroit où dormir. »

Par ailleurs, beaucoup pensent que les mesures visant à atteindre ces objectifs sont soit inefficaces soit inéquitables. En 1995, un sondage établissait que 89 % des personnes interrogées étaient favorables à l'idée d'obliger les bénéficiaires de l'aide sociale à accepter tout travail proposé. Il n'est donc pas surprenant qu'on ait assisté à la suppression des programmes de lutte contre les inégalités au moment même où les inégalités, avant impôts et redistributions, s'accroissaient. Et la plus grande part des électeurs ont approuvé plus qu'ils n'ont résisté à ces changements.

Les partisans de l'égalité défendent leur programme à partir de considérations morales et empiriques qui n'emportent pas toujours la conviction même chez les pauvres. Confrontés à une opinion publique hostile, les défenseurs de l'égalité sont devenus amers face à ce qu'ils considèrent comme un électorat égoïste, identifié aux valeurs matérialistes de la classe moyenne et indifférent au sort des moins fortunés.

Nous croyons ce pessimisme profondément erroné. Non seulement il interprète mal les raisons de l'opposition aux programmes de lutte contre les inégalités, mais il ne voit également pas la force des sentiments qui existent en leur faveur. Ce ne sont pas des intérêts particuliers qui s'opposent à l'État-providence, pas plus que ce n'est une générosité inconditionnelle qui se trouve à sa racine. Nous montrerons qu'il existe un fondement solide à la coopération et au partage, qu'il réside dans deux motivations humaines que nous appelons ici la *réciprocité forte* et la *générosité face aux besoins fondamentaux* ; que l'hostilité aux formes contemporaines d'égalitarisme n'est pas une preuve de l'inexistence de ce fondement, bien au contraire, et que de nouvelles initiatives en faveur de l'égalité sont pleinement compatibles avec lui.

Pour comprendre le triste état des politiques égalitaires aujourd'hui, il faut remettre en cause l'*Homo œconomicus*, le modèle économique de l'égoïste impénitent aux tendances asociales qui a servi de point de départ à tous les débats constitutionnels et politiques depuis Thomas Hobbes jusqu'à la discussion actuelle sur la réforme de l'État-providence. Nous ne prétendons cependant pas remplacer l'*Homo œconomicus* des manuels par la figure construite de toutes pièces d'un altruiste tout aussi unidimensionnel, qui voudrait à tout prix payer de sa personne pour satisfaire les autres. Ces types de motivation sont l'objet d'une grande admiration de la part de nombreux défenseurs de l'État-providence, mais il est douteux que le succès de ce dernier s'explique par l'altruisme inconditionnel, ou que le défaut d'altruisme soit à l'origine de notre malaise actuel. Les expériences et les enquêtes montrent que les gens ne sont pas mesquins, mais que leur générosité est conditionnelle. Ils opèrent une distinction entre les biens et services à distribuer, privilégiant ceux qui satisfont des besoins de base, et parmi les bénéficiaires eux-mêmes, ils favorisent les personnes méritantes. C'est la *réciprocité forte*, couplée à une générosité visant à satisfaire les besoins élémentaires, qui, bien mieux que l'altruisme inconditionnel, rend compte des motivations à la base des politiques d'égalité. Par réciprocité forte, nous entendons, d'une part, une disposition à coopérer et à partager avec ceux qui sont dans le même état d'esprit, même si cela peut s'avérer coûteux pour chacun, et, d'autre part, la volonté de punir ceux qui violent les règles de la coopération ou d'autres normes sociales, même si infliger de telles sanctions présente un coût individuel significatif. Nous proposons d'appeler *Homo reciprocans* celui qui agit ainsi. *Homo reciprocans* se soucie du bien-être des autres ainsi que des moyens de l'obtenir – il fait la différence entre les moyens justes et ceux qui, par exemple, violent une norme sociale. En cela, il diffère de *l'Homo œconomicus* égoïste qui est, lui, seulement soucieux du résultat. C'est *Homo reciprocans* que nous voyons à l'œuvre dans les communautés de voisinage de Chicago telles que nous les décrivent Sampson, Raudenbush et Earls [1997]. Leur enquête récente atteste de l'importance de la volonté d'agir avec les corésidents pour lutter contre la délinquance, le désordre public et les comportements antisociaux et elle montre également l'extraordinaire impact de cette « efficacité collective » sur la sécurité de la communauté et sur son bien-être.

Homo reciprocans n'est pas obnubilé par l'objectif d'une égalité abstraite et se contente d'une égalité approximative des droits et des devoirs. Dans les temps anciens, lorsque par exemple les revendications matérielles d'un individu résultaient d'une noble naissance ou d'une origine divine, ce qui était réputé « faire le compte » pouvait impliquer de très grandes disparités de bien-être et de richesse. Aujourd'hui, nous le verrons, aussi longtemps qu'il n'apparaît pas de réclamations concurrentes, les formes modernes de la réciprocité prennent comme référence l'égale répartition des richesses.

Cependant, nous n'entendons pas pour autant bannir *Homo œconomicus*. Les faits que nous mettons en évidence montrent que bon nombre d'individus suivent effectivement des préceptes égoïstes. Par ailleurs, la plupart des individus semblent disposer d'un répertoire d'attitudes bien contrastées : tout autant que la personne, c'est la situation qui pousse à agir de manière égoïste ou généreuse. Le fait qu'*Homo œconomicus* soit bel et bien vivant – même s'il est souvent minoritaire – n'est pas une mauvaise, mais une bonne nouvelle tant l'individualisme asocial permet souvent de saper des formes de collusion socialement néfastes telles que les ententes sur les prix ou les violences ethniques. Sans l'ombre d'un doute, il existe aussi de purs altruistes qui contribuent de manière importante à la vie sociale. Bref, tant les politiques de lutte contre les inégalités que les grands projets de réforme constitutionnelle risquent fort de se révéler inappropriés s'ils ne prennent pas en compte l'hétérogénéité irréductible des motivations humaines. Contrairement à ce que pensaient les économistes classiques, la difficulté n'est pas d'amener les individus égoïstes à interagir de manière telle qu'émergent des résultats agrégés positifs, mais plutôt de combiner un ensemble de motifs – égoïstes, réciproques, altruistes ou malveillants – de façon à empêcher l'égoïste d'exploiter le généreux et de permettre la coopération quand elle est bénéfique.

La réciprocité forte d'*Homo reciprocans* va très au-delà des conduites coopératives dont il est possible de rendre compte à partir des motivations égoïstes et instrumentales qui caractérisent *Homo œconomicus*. Nous désignons par les termes de *réciprocité faible* ces formes de coopération intéressées. L'échange marchand et les types de coopération qui reposent sur le donnant-donnant – ce que les biologistes appellent « l'altruisme réciproque » – en sont de bons exemples. De telles actions impliquent évidemment un coût pour les donateurs, mais restent en fait intéressées dans la mesure où elles appellent un paiement en retour ultérieur. La réciprocité forte, de même que le concept d'altruisme des biologistes, impose à *Homo reciprocans* de supporter un coût sans perspective de paiement en retour. Cependant, à la différence de ce que laisse entendre l'usage courant du terme « altruisme », la réciprocité forte n'est pas plus inconditionnelle qu'elle n'est nécessairement motivée par une disposition bienveillante envers le bénéficiaire.

Les chercheurs spécialistes de l'évolution culturelle et biologique ont longtemps été intrigués par la question de savoir comment des traits de caractère, socialement bénéfiques mais coûteux pour l'individu, tel l'altruisme, ont pu émerger de la compétition avec des traits de caractère égoïstes propres à assurer des gratifications en termes génétiques et économiques. À l'instar de l'altruisme manifesté envers les étrangers, la réciprocité forte représente une énigme pour la théorie de l'évolution et nous chercherons à la résoudre. Mais avant tout, nous montrerons comment *Homo reciprocans* figure bel et bien parmi les *dramatis personae* de la scène politique contemporaine et que vraisemblablement tel a été le cas durant les cent mille dernières années.

L'héritage de cent mille ans de partage

En plus de l'altruisme inconditionnel, il y a deux raisons différentes susceptibles de conduire les gens à encourager des politiques d'égalité. En premier lieu, nombre de politiques égalitaires sont des formes d'assurance sociale qui rencontrent même l'assentiment des personnes qui pensent qu'elles paieront probablement plus durant leur vie que ce qu'elles s'attendent à recevoir. C'est le cas des assurances contre le chômage et la maladie, et plus généralement des diverses mesures sociales qui amortissent les chocs durant les périodes difficiles que les gens traversent au cours de leur vie. Même ceux qui sont le plus à l'abri de telles situations sont favorables à une amélioration des conditions de vie des pauvres pour des raisons prudentielles. La motivation qui pousse à s'assurer est cohérente avec l'idée classique d'intérêt personnel, qui considère que les gens sont généralement prudents et présentent une aversion au risque.

La seconde raison du soutien aux mesures d'égalité n'est pas fondamentalement égoïste et repose au contraire sur une implication dans ce que nous avons appelé la *réciprocité forte*[1]. Cela ne sera une surprise pour personne de constater que les gens sont nettement plus généreux que ce que les modèles des manuels économiques les autorisent à être. Plus étonnant toutefois est le fait qu'ils se montrent également non égoïstes lorsqu'ils cherchent à punir, souvent à leurs dépens, ceux qui leur ont fait du tort ou en ont fait aux autres. Les politiques conçues pour faire appel à ces motivations non égoïstes peuvent réussir là où d'autres ont dû être abandonnées parce qu'elles entraient en contradiction avec les structures de motivations sous-jacentes.

Tant l'histoire que les données expérimentales contemporaines viennent à l'appui de cette position. Commençons par l'histoire. Dans son livre *L'Injustice. Les bases sociales de l'obéissance et de la révolte*, B. Moore s'est demandé s'il pouvait exister des motivations communes, « des conceptions générales de ce qu'est un comportement inéquitable et injuste », à la base du sentiment d'offense morale qui a alimenté les luttes pour la justice à travers toute l'histoire humaine. De sa vaste étude, il conclut en ces termes : « Il y a de fortes raisons de soupçonner que la diversité des codes moraux pourrait dissimuler une sorte d'unité originelle [...] un fondement général, une certaine conception de ce que devraient être les relations sociales. Celle-ci n'exclut en aucun cas la hiérarchie ou l'autorité et, selon elle, des qualités ou des défauts exceptionnels peuvent susciter une admiration ou une crainte énorme. Par ailleurs, dans cette conception, on s'attend à ce que, dans l'idéal, les faveurs et les services comme la confiance et l'affection qui se manifestent dans les échanges mutuels reçoivent une forme ou une autre de retour » [1978, p. 4-5, p. 509].

Ce fondement général, Moore le recouvre sous « le concept de réciprocité ou, mieux, d'obligation mutuelle, expression qui

1. Ernst Fehr, dont nous présenterons plus loin les recherches expérimentales, emploie quant à lui les termes d'« équité réciproque » [Fehr et Gächter, 1998b].

n'implique pas l'égalité des contraintes ou des obligations » [*ibid.*, p. 506]. De la même manière, J. Scott, analysant les révoltes paysannes, a identifié les violations de la norme de réciprocité comme l'un des ressorts essentiels de ces insurrections. Il n'y a pas de raison de penser que les affirmations de Scott et de Moore n'appartiennent qu'à eux.

On pourrait être tenté de considérer la réciprocité forte comme un acquis tardif de l'évolution sociale, naissant peut-être avec l'individualisme des Lumières ou plus tard, à l'époque des sociétés libérales démocratiques ou socialistes – bref avec tout un ensemble de croyances dont la diffusion est assurée par l'inculcation délibérée des concepts modernes de justice distributive à travers la scolarisation et d'autres moyens intentionnels. Mais une telle vision ne cadre pas avec les preuves écrasantes attestant de l'origine lointaine de la réciprocité forte.

Christopher Boehm, un primatologue de l'USC, concluait sur la base d'une enquête encyclopédique : « Avec l'avènement de l'anatomie des hommes modernes, qui continuaient à vivre dans des petits groupes et qui n'avaient pas encore domestiqué plantes et animaux, il est très probable que toutes les sociétés humaines ont développé des comportements égalitaires et le plus souvent avec un grand succès. Une des conclusions principales est donc que le nivellement intentionnel, lié à un *ethos* égalitaire, est une cause immédiate, et probablement très largement répandue, qui explique que les sociétés humaines ne développent pas des formes de direction autoritaire et coercitive » [1993, p. 226].

L'anthropologue Bruce Knauft ajoute : « Dans toutes les sociétés simples connues grâce à l'ethnographie, le partage coopératif des ressources s'étend aux conjoints, à la descendance et à nombre d'autres personnes au sein de la bande [...]. Les données archéologiques suggèrent qu'au moins depuis le paléolithique supérieur il a existé des réseaux élargis permettant l'accès diffus et le transfert de ressources et d'informations. [...] La forte intériorisation de l'éthique du partage dans ces sociétés est à de grands égards la condition *sine qua non* de la culture » [1991, p. 393-395].

Loin de représenter un simple moment de l'histoire humaine, la période décrite par Knauft et Boehm s'étend sur quelque 100 000 années – l'agriculture étant apparue et s'étant développée il y a 12 000 ans –, soit 90 % du temps que nous avons passé sur terre.

Un groupe de chasseurs-cueilleurs contemporains, les Achés de l'est du Paraguay, a fait l'objet d'une étude particulièrement minutieuse qui a permis de mesurer la quantité de nourriture acquise et consommée par le groupe et sa valeur nutritionnelle [Kaplan, Hill, Hawkes et Hurtado, 1984[2]]. Selon les chercheurs, la norme de partage est si intense qu'en moyenne les trois quarts de ce que chacun mange proviennent de l'extérieur de la famille nucléaire du consommateur et c'est encore plus vrai pour la viande et le miel, les biens principaux fournis par les hommes : « Les femmes, les enfants et les membres de la parentèle ne reçoivent pas plus respectivement […] de leur mari, de leur père et de leurs frères que si les parts étaient tirées au sort et les hommes consomment de leur propre chasse une part nettement moins importante que si elle avait été tirée au sort. »

Les Achés sont probablement exceptionnellement égalitaires et il est prouvé que les prouesses des chasseurs, si elles ne sont pas récompensées par un surplus de nourriture, le sont souvent par un surcroît de prestige et de meilleures chances de succès auprès des femmes. Néanmoins il est frappant de constater que, dans les sociétés de chasseurs-cueilleurs, les familles qui n'ont pas de bons chasseurs, voire qui sont incapables de chasser, n'en voient pas moins leurs besoins satisfaits correctement par le groupe.

Cette distribution inégalitaire n'est pas la résultante non voulue d'une contrainte, écologique ou autre : elle est délibérément recherchée. À partir de données recueillies sur quarante-huit sociétés traditionnelles différentes, Boehm en vient à la conclusion suivante : « Ces sociétés peuvent être considérées comme des communautés intentionnelles, c'est-à-dire comme des groupes de personnes qui réfléchissent aux formes de hiérarchie avec lesquelles ils souhaitent vivre, puis vérifient si le programme qu'ils ont défini est effectivement respecté » [1993, p. 239].

L'auteur souligne d'ailleurs combien ce processus s'avère contraignant pour les membres du groupe potentiellement récalci-

---

2. Notre hypothèse du caractère généralisé du partage de la nourriture dans les sociétés de chasseurs-cueilleurs se fonde sur la lecture de nombreux ouvrages, tels ceux de Woodburn [1982], Boehm [1982, 1993], Blurton-Jones [1987], Cashdan [1980], Knauft [1991], Hawkes [1992, 1993], Kaplan et Hill [1985a, 1985b], Kaplan *et alii* [1984], Lee [1979], Woodburn et Barnard [1988], Endicott [1988], Balikci [1970], Kent [1989], Damas [1972], Wenzel [1995], Knauft [1989].

trants, qu'il s'agisse du poids de l'opinion publique, de ses critiques et moqueries, des conséquences de la désobéissance – de l'ostracisme à la mise à mort.

Il semble donc que l'histoire humaine soit en grande partie caractérisée par ce que James Woodburn [1982, p. 431] nomme « un égalitarisme politique volontariste (*assertive*) ». L'État-providence moderne peut ainsi être interprété comme un exemple d'une forme sociale que l'on retrouve peu ou prou dans toutes les sociétés. Les institutions fondées sur le partage – qu'il s'agisse des familles ou de systèmes plus étendus de circulation de dons, de dispositifs de prélèvement et de stockage des biens au profit de la communauté ou des principes de répartition égalitaire du produit de la chasse, etc. – se sont développées avec une telle récurrence dans l'histoire humaine et dans les circonstances les plus variées qu'il est tentant de considérer qu'elles participent de ce que Talcott Parsons a appelé des « universaux d'évolution » (*evolutionary universals*), c'est-à-dire des institutions sociales qui offrent des bénéfices tellement substantiels à leurs membres qu'elles réapparaissent régulièrement au cours de l'histoire dans les sociétés les plus diverses.

De ce point de vue, l'analyse menée par Polanyi [1944] des réactions suscitées par le développement du capitalisme et de sa logique du *laisser-faire* au XIXe siècle, et de l'émergence de formes modernes de protection des plus faibles face aux vicissitudes du marché ne pointe en définitive qu'un cas particulier de développement d'institutions de ce type parmi des milliers d'autres. La persistance, au regard de l'évolution humaine, de telles institutions basées sur le partage, mais aussi des systèmes de motivation qui les soutiennent vient ainsi apporter un démenti sérieux à ceux qui affirment péremptoirement que l'égalitarisme est une idée qui aurait désormais fait son temps[3].

En suggérant que ces types de comportements ancestraux pourraient exercer une influence importante sur les comportements contemporains, nous ne sommes pas pour autant conduits à endosser d'un point de vue éthique ces comportements et les sociétés

3. Sur le fondement structurel des normes prosociales dans le cadre de la théorie des jeux, voir Bowles et Gintis [1998b]. Sur la relation entre les institutions marchandes et la culture, voir Bowles [1998]. Enfin, sur l'évolution de la réciprocité forte, voir Bowles et Gintis [1998a]. Cet article ainsi que d'autres textes non publiés peuvent être facilement téléchargés à partir du site www-unix.oit.umass.edu/~gintis

auxquelles ils doivent leur origine. En effet, des systèmes de motivation humaine parmi les plus abjects, tel le désir de vengeance, constituent des exemples de réciprocité forte. Il s'agit pour nous davantage d'une hypothèse qui, si elle s'avère juste, n'est pas sans portée significative au regard de l'égalitarisme contemporain tant elle peut nous aider à comprendre les formes d'approbation ou de désapprobation publique dont font l'objet les politiques de l'État-providence. Mais, justement, cette hypothèse est-elle juste ?

Homo reciprocans

Un corpus important de données empiriques mobilisées à l'origine afin de valider le modèle de l'acteur égoïste de la rationalité marchande, *Homo œconomicus*, a conduit au résultat inverse et permet d'invalider ce modèle. En lieu et place d'*Homo œconomicus*, ces données ont permis de suggérer une tout autre *persona*. L'acte de naissance d'*Homo reciprocans* peut être rapporté aux tournois organisés par Robert Axelrod à l'université du Michigan il y a une vingtaine d'années[4]. Ces tournois visaient à analyser différentes stratégies de jeu du fameux dilemme du prisonnier. Ce dilemme exige de chaque joueur qu'il choisisse entre deux stratégies : la coopération ou la défection. Les bénéfices sont tels que les deux joueurs ont intérêt à coopérer plutôt qu'à faire défection mais, quel que soit le choix de l'un, l'autre a intérêt à faire défection[5]. Le dilemme du prisonnier réitéré consiste simplement à répéter plusieurs fois ce fameux jeu, les « vainqueurs » étant ceux qui cumulent les meilleurs scores, quel que soit le nombre de parties jouées.

Axelrod a ainsi demandé à un certain nombre de théoriciens des jeux, d'économistes, de politistes, de sociologues et de psychologues de proposer des programmes informatiques déterminant l'ensemble des stratégies déployées au cours du jeu, des parties successives étant jouées avec le même partenaire. Chaque programme ainsi élaboré était alors opposé à tous les autres, ainsi qu'à

---

4. Pour plus de détails et de développements théoriques, voir Axelrod et Hamilton [1981] et Axelrod [1984].

5. Par exemple, le bénéfice de la coopération mutuelle est de 10 pour chacun, celui de la défection mutuelle de 5 pour chacun, mais le bénéfice de la défection lorsque l'autre coopère est de 15 pour le premier et nul pour le second.

lui-même et à un programme qui choisissait de façon aléatoire entre coopération et défection. De façon tout à fait surprenante, parmi les quatorze stratégies déployées, la stratégie qui l'emporta était la plus simple ; elle fut nommée « tit-for-tat » – « donnant-donnant » (programme proposé par le théoricien des jeux Anatol Rappoport). « Donnant-donnant » coopérait lors de la première partie et ensuite choisissait systématiquement la stratégie employée par son adversaire à la partie précédente.

À la suite de ce premier résultat, Axelrod organisa un second tournoi opposant un plus large éventail de participants, incluant les joueurs du premier tournoi. Tous étaient informés du succès de la stratégie « donnant-donnant » et il leur était demandé de proposer un nouveau programme de jeu. Mais le fait de savoir que cette stratégie était celle qu'il fallait battre n'aida guère les joueurs : une nouvelle fois, Rappoport proposa le programme « donnant-donnant » et, une nouvelle fois, il gagna.

S'interrogeant sur la démonstration de force de « donnant-donnant », Axelrod remarqua que cette stratégie de coopération présentait trois caractéristiques essentielles à la réussite de la coopération. Tout d'abord, « donnant-donnant » est gentil : il commence par coopérer, il n'est jamais le premier à faire défection. Ensuite, « donnant-donnant » punit : il rend la pareille systématiquement face à la défection de son partenaire. Enfin, « donnant-donnant » pardonne : dès que le partenaire retourne à une stratégie de coopération, il fait de même.

Homo œconomicus choisirait immédiatement une telle stratégie, au moins s'il y avait suffisamment de « donnant-donneurs » autour de lui et s'il pouvait avoir raisonnablement la chance de jouer de façon répétée avec le même joueur. Dans de telles conditions, « donnant-donnant » constituerait la stratégie égoïste qu'il aurait intérêt à suivre. Mais elle serait alors un exemple d'altruisme réciproque et non de réciprocité forte. Or, pour des raisons que nous allons préciser, nous pensons que la très large diffusion parmi les individus – plutôt que parmi les programmes informatiques – de sentiments du type de ceux manifestés par « donnant-donnant » s'explique bien mieux par les motivations propres à la réciprocité forte, motivations qui contredisent les principes de l'homme économique.

De nombreuses expériences de dilemmes du prisonnier réitérés ont été menées avec des sujets humains. Si les tournois d'Axelrod montrent que les « braves gars » l'emportent, ces expériences révèlent qu'il y a beaucoup de « braves gars », même parmi les économistes renommés qui ont participé à ces jeux expérimentaux.

1. Le laboratoire d'expérience le plus simple, et à la fois le plus révélateur, est le « jeu du dictateur ». Dans ce jeu, l'un des deux joueurs, l'« offreur », se voit attribuer une somme d'argent (en général 10 dollars) et il lui est demandé de définir la part de cette somme qu'il donnera au second joueur (les deux joueurs restant anonymes l'un pour l'autre), sachant que la part restante revient à l'offreur. *Homo œconomicus* ne donne rien dans une telle situation alors que, dans ces expériences réelles, une majorité d'offreurs attribue une somme positive à son partenaire, en général de 20 à 60 % du montant total[6] [Forsythe, Horowitz, Savin et Sefton, 1994].

2. Une seconde preuve expérimentale peut être apportée par une autre forme de jeu, le « jeu de l'ultimatum ». Il permet d'analyser les formes les plus fréquentes de refus des offres positives. Les protocoles expérimentaux peuvent être très divers, mais la structure générale du jeu de l'ultimatum est simple. Les joueurs jouent par paires, où l'un est l'offreur, l'autre le receveur. Le premier est gratifié provisoirement d'une certaine somme (le « gâteau » – en général 10 dollars) qu'il doit répartir entre lui et le receveur. L'offreur propose donc une certaine part du gâteau au receveur. Si celui-ci accepte, il obtient la part proposée et l'offreur garde la part restante. Si le receveur refuse l'offre, l'un comme l'autre ne reçoivent rien[7]. Dans les expériences conduites aux États-Unis, en Slovaquie, au Japon, en Israël, en Slovénie, en Allemagne, en Russie et en Indonésie, la grande majorité des offreurs proposent entre 40 et 50 % du gâteau et les offres inférieures à 30 % sont souvent rejetées [Fehr et Schmidt, 1997]. Ces résultats ont été atteints dans

6. Comme dans d'autres situations expérimentales, une minorité significative (entre 25 et 42 % dans les expériences menées par Forsythe et ses collaborateurs) se conduit de façon égoïste et ne donne rien. Plus encore, dans une recherche à partir d'un dispositif de double anonymat (même l'expérimentateur n'avait pas connaissance de la proposition de l'offreur), la proportion des offreurs ne donnant rien augmentait de deux tiers. Cela s'accorde avec notre hypothèse selon laquelle la réciprocité forte constitue une conduite conditionnelle qui, dans ce cas, s'affaiblit à mesure que l'anonymat et la distance sociale s'élèvent.

7. Voir Güth, Schmittberger et Schwartz [1982], Forsythe *et alii* [1994], Camerer et Thaler [1995] et Roth [1995].

le cadre d'expériences où étaient en jeu des sommes qui pouvaient s'élever jusqu'à trois mois de salaire[8].

Lorsque l'on demandait aux offreurs pourquoi ils avaient proposé davantage qu'un seul *cent*, ils affirmaient le plus souvent qu'ils craignaient que les receveurs ne considèrent comme injustes des offres trop basses et qu'ils les rejettent afin de punir le refus de partager des offreurs. Et les receveurs qui rejetaient ces offres justifiaient dans les mêmes termes leur comportement. Alors que l'égoïsme pourrait expliquer le comportement des offreurs, il ne le peut pas pour les receveurs. Dans la mesure où ces comportements interviennent tout autant durant des interactions uniques que lors de la dernière manche d'interactions répétées, ils ne peuvent pas être interprétés comme une tentative du receveur de modifier le comportement ultérieur de l'offreur. La punition *en soi* constitue la motivation la plus vraisemblable. Pour valider cette interprétation, il suffit de noter que le rejet des offres positives est moins fréquent lorsque le jeu est modifié de telle sorte que le rejet ne conduit pas à punir l'offreur [Abbink, Bolton, Sadrieh et Tang, 1996]. De plus, le fait que les offres générées par ordinateur sont de façon significative moins fréquemment rejetées que celles proposées par des personnes en chair et en os laisse à penser que ceux qui refusent les offres basses, et cela à leur détriment, ne rejettent pas une offre désavantageuse mais réagissent avant tout à une violation des normes d'équité [Blount, 1995 ; voir également Bolton et Swick, 1995, et Suleiman, 1996]. Le jeu de l'ultimatum apporte ainsi la preuve de la justesse de notre hypothèse selon laquelle la réciprocité forte constitue une motivation commune.

3. Les découvertes faites dans le cadre des expériences de biens publics à *n* joueurs sont celles qui se rapprochent le plus directement de la réciprocité forte au sein des groupes. L'expérience suivante en constitue une variante courante. Un dollar est attribué à 10 joueurs à chacune des 10 parties qu'ils jouent ensemble. À chaque partie, chaque joueur est invité à consacrer au pot commun de façon anonyme la part qu'il souhaite de cette somme initiale. L'expérimentateur divise alors la somme recueillie dans ce pot commun en deux parts égales et attribue cette part à chaque joueur. Si les dix joueurs sont coopératifs, à chaque partie ils mettront 1 dollar au pot commun,

8. Voir Cameron [1995] pour les expériences menées en Indonésie, et Fehr et Tougareva [1995] pour celles conduites en Russie.

et l'expérimentateur divisera cette somme par deux et donnera ainsi 5 dollars à chacun. Après dix parties, chaque participant détiendra donc 50 dollars. Néanmoins, en adoptant une stratégie égoïste, chaque joueur peut améliorer son bénéfice dès lors que les autres coopèrent. En gardant son dollar initial, le joueur achève le jeu avec, en poche, « ses » 10 dollars plus 45 dollars qui correspondent à sa part dans le partage du pot commun, bref il gagne un total de 65 dollars. Néanmoins, si tous les joueurs adoptent cette stratégie, chacun ne reçoit que 10 dollars. Il s'agit donc là d'un « dilemme du prisonnier réitéré » dans lequel les joueurs égoïstes refusent toute contribution.

En réalité, seule une faible part des joueurs ne contribue en rien au pot commun. Au contraire, aux premières étapes du jeu, les personnes contribuent à hauteur de la moitié de leur dotation initiale. Dans les étapes suivantes, les contributions diminuent jusqu'à la fin du jeu. Les défenseurs du modèle de l'*Homo œconomicus* ont tout d'abord suggéré que cette diminution de la contribution au pot commun résultait du fait que les participants éprouvaient lors des premières parties des difficultés à comprendre le jeu et, dès lors qu'ils commençaient à en saisir les enjeux, ils en venaient lors des parties suivantes à saisir la supériorité des stratégies de *passager clandestin*. Or, il est facile de démontrer qu'une telle interprétation est erronée. Économiste à l'université du Wisconsin, James Andreoni [1988] par exemple a établi que, lorsque l'ensemble du processus est répété avec les mêmes participants, les niveaux de contribution des premières parties sont restaurés, même si, une fois encore, la coopération décroît à mesure que le jeu progresse.

Andréoni [1995] suggère d'expliquer cette diminution en mobilisant la figure d'*Homo reciprocans*. Les contributeurs animés par un esprit public veulent rendre la pareille aux passagers clandestins et le seul moyen dont ils disposent dans ce jeu consiste à ne pas contribuer eux-mêmes. En effet, dès lors que les joueurs sont autorisés à recourir directement à des représailles envers les non-contributeurs, et cela en dépit de ce qu'il leur en coûte, ils le font [Fehr et Gächter, 1998a]. Dans une telle situation, les contributions augmentent lors des différentes parties jusqu'à atteindre le niveau maximum. Par ailleurs, les niveaux de représailles ne diminuent pas lors des dernières parties, ce qui montre que la volonté d'imposer une discipline aux resquilleurs constitue une fin en soi, qui se manifeste même en l'absence de tout projet de modifier leur comportement ultérieur.

De telles expériences montrent que les agents sont disposés à supporter le coût qu'occasionne la punition infligée à ceux dont ils perçoivent le comportement comme une forme de trahison à leur égard ou vis-à-vis de leur groupe d'appartenance[9]. Et n'est-il pas fréquent de voir dans la vie courante des personnes habitées par le désir de se venger de ceux qui ont porté atteinte à leur famille ou à eux-mêmes, même lorsque aucun gain matériel ne peut être attendu de telles représailles [Nisbett et Cohen, 1996 ; Boehm, 1984] ?

Qui plus est, la réciprocité forte coexiste avec la générosité la plus simple et la compassion chez de nombreuses, voire chez la plupart des personnes. Preuve en est non seulement le jeu du dictateur, comme nous l'avons montré, mais aussi tout un ensemble ingénieux d'expériences menées par les politistes Joe Oppenheimer et Norm Frohlich [1992]. Vingt-huit groupes d'individus étaient engagés à effectuer un travail en commun et devaient déterminer un principe de redistribution des récompenses associées au succès du travail effectué au sein du groupe. À la fin de l'expérience, les expérimentateurs distribuaient des récompenses aux participants en fonction de leur productivité, d'une part, et des règles de redistribution sélectionnées par le groupe d'autre part. Dans la mesure où les participants définissaient ces règles avant de savoir s'ils allaient ou non réaliser convenablement leur tâche, l'expérience permettait de mettre entre parenthèses toute notion abstraite de juste récompense chez les participants, opérationnalisant en quelque sorte sous une forme expérimentale le voile d'ignorance de Rawls.

Le principe de répartition le plus fréquemment adopté consistait à attribuer à chaque membre du groupe un niveau plancher, quelle que soit sa productivité. Les participants décidèrent de financer ce plancher par une taxe sur les revenus individuels des membres les plus productifs. Ceux qui soutenaient le plus le principe de ce plancher étaient les membres du groupe les plus productifs (donc

9. Voir Ostrom, Walker et Gardner [1992] sur les ressources de pot commun, Fehr, Gächter et Kirchsteiger [1987] sur les salaires d'efficience, et Feher et Gächter [1998a] sur les biens publics. Coleman [1988] développe un argument comparable en montrant que les stratégies de passager clandestin peuvent être évitées dans les réseaux sociaux si les membres du réseau accordent des gratifications positives à la coopération.

les plus taxés) et leur niveau de satisfaction au regard de ce principe augmentait à mesure que l'expérience était répétée. Naturellement, dans la mesure où le principe de la récompense individuelle proportionnelle à la productivité n'était pas écarté mais seulement amendé, les règles sélectionnées manifestaient tout autant de la réciprocité que de la générosité. Et lorsque de telles règles n'étaient pas choisies par les groupes, mais imposées à eux par les expérimentateurs, le principe d'un niveau plancher restait toujours populaire en leur sein, mais de façon atténuée.

Ces résultats montrent clairement que, le plus souvent, les gens ne sont pas ces acteurs égoïstes que présente la théorie économique traditionnelle, tant ils accordent une grande valeur au fait de traiter les autres avec équité et acceptent d'en payer le prix, même à leurs dépens. Mais ils ne sont pas non plus ces altruistes inconditionnels de la pensée utopiste dans la mesure où ils veulent en découdre avec les passagers clandestins et autres transgresseurs de normes. Ces expériences montrent également que la réciprocité forte n'est pas seulement un mécanisme destiné à assurer le respect de l'application des normes. Elle est également indissociable d'une conception exigeante de l'*équité* et du *partage* – de l'idée selon laquelle, toutes choses égales par ailleurs, il doit exister un strict équilibre entre droits et obligations dans les échanges sociaux. Dans le jeu du dictateur les offreurs considèrent le partage comme un bien en soi et dans le jeu de l'ultimatum les receveurs usent de représailles pour sanctionner non pas la violation des normes en général, mais celle des normes de partage égal en particulier.

Un aspect remarquable de ces expériences – et qui n'est pas sans rapport avec nos réflexions sur les politiques égalitaires – est le degré auquel les comportements des agents sont affectés par les formes de relations mises en scène par les dispositifs expérimentaux. Ainsi la possibilité donnée aux participants de communiquer avant le jeu ou toutes les conditions expérimentales qui réduisent la « distance sociale » subjective entre eux favorisent le développement de niveaux plus élevés et plus soutenus de générosité et de coopération[10]. À titre d'exemple, il fut demandé aux membres

10. Sur l'incidence de la communication entre les joueurs, voir Isaac et Walker [1988], et sur celle de la distance sociale, voir Kollock [1997] et Hoffman, McCabe et Smith [1996].

d'une confrérie d'étudiants de l'université d'UCLA de classer les différentes stratégies possibles dans une situation de dilemme du prisonnier selon qu'ils interagissaient avec un de leurs confrères, un étudiant de l'université non affilié à l'association, un étudiant de l'université d'USC ou un officier de police de leur université. Ils manifestèrent une forte préférence pour la coopération mutuelle au détriment de la défection lorsqu'ils jouaient avec l'un des membres de leur confrérie, ce classement s'inversant avec la distance sociale – ils étaient tout autant disposés à exploiter les étudiants de l'USC que les policiers de l'UCLA [Kollock, 1997] !

Les gens accordent de l'importance aux personnes à qui ils donnent. Eckel et Grossman [1997] ont établi que les offreurs dans le jeu du dictateur donnent davantage lorsque le receveur est la Croix-Rouge plutôt qu'une personne quelconque participant à l'expérience. Enfin, lorsque la possibilité d'occuper le rôle d'offreur dans le jeu de l'ultimatum est accordée au vainqueur d'un quiz quelconque plutôt que par tirage au sort, les offreurs proposent des sommes moins importantes et les receveurs acceptent des offres plus basses [Hoffman *et alii*, 1994]. Il apparaît ainsi que des manipulations mineures du contexte expérimental d'interaction peuvent conduire à des différences significatives de comportement.

Dans toutes ces expériences, une proportion importante des sujets – en général un quart environ – se conforme aux préférences égoïstes d'*Homo œconomicus*, et c'est souvent le type de comportement caractéristique de cette minorité qui, lorsqu'il reste impuni, émousse la générosité et la coopération initiales. Ces expériences indiquent également que la réciprocité forte traverse toutes les sociétés étudiées, en dépit de variations d'intensité et de contenu[11].

Il est possible de résumer sous la forme de cinq propositions la portée de ces expériences au regard de la définition et de la mise en

11. La seule exception connue est celle des expériences menées par l'anthropologue Joe Henrich, membre d'un groupe de recherche qui travaille sur les Indiens Machigengua, un groupe indigène vivant dans une région reculée de l'Amazonie péruvienne, célèbre pour son individualisme. Au jeu de l'ultimatum, les offres sont faibles et, même faibles, elles sont acceptées par les receveurs. Au jeu des biens publics, les contributions sont également très faibles. Nous pensons que l'explication la plus vraisemblable de ces résultats repose sur la particularité des sujets étudiés. Leur unité sociale de base est constituée par une parentèle très restreinte et les relations nouées en dehors d'elle sont beaucoup plus réduites que dans d'autres sociétés traditionnelles comparables.

œuvre des programmes destinés à assurer la sécurité économique et à combattre la pauvreté. Tout d'abord, les gens manifestent des niveaux de générosité appréciables, même à l'égard d'étrangers. Deuxièmement, les gens partagent davantage ce qu'ils acquièrent de façon fortuite que ce qu'ils acquièrent grâce à leur effort personnel. Troisièmement, les gens contribuent aux biens publics et coopèrent à des entreprises collectives, et ils considèrent qu'il est inéquitable de profiter des contributions et des efforts des autres sur le modèle du passager clandestin. Quatrièmement, les gens punissent les passagers clandestins et acceptent d'en payer le prix, même s'ils ne peuvent raisonnablement espérer en retirer un quelconque bénéfice personnel ultérieur.

Il ne serait pas difficile d'imaginer un système d'opportunité économique et de garantie de revenu qui puisse non pas porter offense, mais faire appel aux motivations des agents que nous avons exposées en toute généralité dans ces quatre premières propositions. Un tel système serait généreux à l'égard des pauvres et récompenserait ceux qui effectuent un travail socialement valorisé et s'attachent à améliorer leurs chances de s'engager dans de telles activités, mais aussi ceux qui tombent dans la pauvreté en raison d'accidents qui ne résultent pas de leur responsabilité, comme la maladie ou la perte d'emploi.

Néanmoins, notre cinquième proposition est plus embarrassante : les formes de réciprocité sont d'autant plus saillantes que la distance sociale perçue parmi les participants est faible. Cette proposition peut permettre d'expliquer pourquoi les inégalités sont susceptibles d'être fermement défendues, même au sein d'une opinion publique apparemment généreuse. Les inégalités économiques – particulièrement lorsqu'elles s'ajoutent à des différences notamment raciales, ethniques ou linguistiques – accusent la distance sociale et sapent ainsi le fondement même des motivations à tendre la main aux personnes dans le besoin. De fait, les enquêtes montrent de façon assez systématique que le soutien apporté aux personnes dans le besoin est plus fort dans les sociétés au sein desquelles les revenus, avant redistribution et impôt, sont plus égalitaires.

Les données expérimentales, l'observation de la vie courante, les descriptions ethnographiques et paléoanthropologiques des peuples de chasseurs-cueilleurs, de la fin du paléolithique aux temps présents, ainsi que les récits historiques des luttes collectives ont ainsi conduit à nous convaincre que la réciprocité forte constitue une motivation d'action puissante et largement répandue. Néanmoins, nous hésitons encore à détrôner *Homo œconomicus* pour accorder une place d'honneur dans le répertoire des comportements humains à cette disposition – caractéristique d'*Homo reciprocans* – à partager avec autrui et à punir ceux qui transgressent les normes quel qu'en soit le coût. Afin de lever cette hésitation, il est nécessaire de revenir sur l'énigme de l'évolution que nous avons pointée plus haut. Bref, toute généralisation à partir des données expérimentales et historiques que nous avons introduites exige d'expliquer comment les motivations propres à la réciprocité forte ont pu évoluer en dépit des coûts qu'elles imposent à ceux qui les suivent.

Nous avons tenté de résoudre cette énigme dans des travaux récents de caractère technique et nous continuons à explorer cette question avec une équipe de recherche composée notamment d'expérimentalistes et d'ethnographes [Bowles et Gintis, 1998a]. Notre hypothèse est que la réciprocité forte renforce l'adhésion aux normes au sein des groupes et que certaines de ces normes – notamment celles qui exigent de contribuer à la réalisation de fins communes, de partager, ou la règle de la monogamie – sont bénéfiques pour la plupart des membres du groupe. Lorsque les motivations réciprocitaires s'étendent au respect de telles normes, et cela en dépit de ce qu'il en coûte à chacun, la réciprocité forte peut évoluer dans la mesure où il y a de fortes chances qu'*Homo reciprocans* se retrouve dans des groupes caractérisés par une forte adhésion aux normes et ainsi profite des bénéfices que ces normes apportent au groupe. À l'inverse, lorsque ces mêmes motivations conduisent à respecter des normes qui, en moyenne, n'offrent qu'un bénéfice assez faible aux membres du groupe, il y a peu de chances que la réciprocité évolue.

La réciprocité forte conduit ainsi les groupes à s'engager dans des pratiques collectives sans pour autant recourir à des autorités hiérarchiques, coûteuses et souvent inefficaces, et par là contribue à élargir massivement le répertoire des expériences sociales susceptibles de se diffuser à travers la compétition culturelle et génétique. Les traits pertinents de ce type de comportement peuvent être transmis génétiquement et se développer sous l'influence de la sélection naturelle. Ils peuvent tout autant être transmis par la culture – en tirant profit des enseignements des aînés et des adultes – et se diffuser dans la mesure où les groupes qui l'emportent dans la compétition qui les oppose aux autres groupes tendent à absorber ceux qui échouent, ou du moins à se renforcer par une telle émulation. Nous pensons qu'il est très probable que ces deux processus, génétique et culturel, sont à l'œuvre. Les cent mille ans au cours desquels les hommes dotés de l'anatomie des hommes modernes ont vécu principalement en bandes de chasseurs-cueilleurs représentent une période suffisamment longue et un contexte écologique tant physique que social favorable à l'évolution de cette combinaison entre respect des normes et partage que nous avons appelée la réciprocité forte.

Réciprocité forte et révolte contre l'État-providence

Ce modèle de l'*Homo reciprocans* peut ainsi conforter notre optimisme quant à la viabilité politique des programmes publics égalitaires. À l'instar de Petr Kropotkine [1903/1989] il y a presque un siècle, nous considérons qu'existent des preuves irréfutables – à la fois au regard de l'évolution et de notre situation présente – attestant de la force de cette prédisposition des comportements humains à agir à la fois avec générosité et réciprocité – et non de façon égoïste et intéressée – dans de nombreuses situations sociales. Paradoxalement, alors que les partisans de l'égalité n'ont jamais su reconnaître la portée pratique de ces prédispositions dans les affaires politiques, un économiste et un philosophe conservateur comme Friedrich Hayek [1978, p. 18-20] n'a pas manqué, lui, d'en souligner toute la force : « S'attacher à faire le bien de ses proches ne saurait conduire à satisfaire pleinement la communauté, mais seulement à se conformer à ses règles les plus absconses et apparemment dénuées de toute finalité. [...] Les instincts innés longtemps enfouis ont fait retour sur le devant de la scène. L'exigence d'une juste répartition [...] n'est rien d'autre qu'un simple atavisme, fondé sur des émotions primaires. Et c'est à de tels sentiments, largement répandus, que font appel les prophètes et les philosophes moraux lorsqu'ils élaborent leurs plans destinés à créer de toutes pièces un nouveau type de société. »

Néanmoins, bien que la réciprocité forte puisse soutenir l'égalitarisme, elle peut aussi nous aider à comprendre l'opposition croissante aux politiques de l'État-providence qui se développe au sein de nos économies de marché depuis plusieurs décennies. Plus particulièrement, les régularités expérimentales dont nous avons fait état plus haut nous conduisent à reconnaître un autre point fondamental : les politiques égalitaires qui récompensent les personnes indépendamment de leur contribution à la société sont considérées comme contraires à l'équité et ne sont pas soutenues, et cela même si leurs bénéficiaires sont par ailleurs dignes d'être aidés et même si l'incidence pour la population visée de leur absence de contribution reste très faible. Cela pourrait expliquer l'opposition à de nombreux programmes sociaux destinés aux pauvres, particulièrement lorsque de telles mesures sont soupçonnées de favoriser le développement de certaines pathologies sociales. En même temps, cela explique également le soutien constant dont bénéficie le système de sécurité sociale et d'aide médicale aux États-Unis dans la mesure où l'opinion publique considère que les bénéficiaires de ces programmes sont « méritants » et que de tels dispositifs ne favorisent pas des conduites dites « antisociales ». Les expériences mettant en jeu des biens publics permettent d'ailleurs d'étayer l'hypothèse selon laquelle la résistance des personnes les moins bien loties aux prélèvements fiscaux semble provenir du fait qu'elles considèrent que les nantis ne s'acquittent pas de leur juste part.

Les inférences que nous avons effectuées à partir des données expérimentales peuvent être en partie confirmées par différentes données recueillies par enquêtes ou grâce à des *focus groups*. L'opposition aux politiques égalitaires ne reflète pas avant tout les intérêts égoïstes des personnes bénéficiant d'une sécurité économique. En effet, le revenu et l'origine sociale sont de très pauvres facteurs prédictifs du niveau de soutien apporté à tel programme particulier ou à l'égalitarisme en général. Le facteur le plus important est au contraire la représentation qu'ont ces personnes des raisons pour lesquelles le pauvre est pauvre, et, plus spécifiquement, les croyances relatives à l'importance respective de l'effort par rapport à la chance – ou toute autre circonstance fortuite qui échappe au contrôle de l'individu – dans l'explication des niveaux de revenu[12]. Christina Fong de l'université de Washington a com-

12. Thomas Piketty [1995] analyse également la portée des croyances concernant l'importance de l'effort personnel, mais dans son modèle, ceux qui pensent que l'effort conduit au succès s'opposent à la redistribution non pas parce que les pauvres ne le

paré les réponses données dans le cadre d'une enquête de portée nationale à un ensemble de questions demandant aux personnes interrogées si elles soutenaient l'augmentation ou la diminution des dépenses d'aide sociale avec celles qui les interrogeaient sur les raisons pour lesquelles elles pensaient que les pauvres se trouvaient dans cette situation (« l'absence d'effort de la part des pauvres »). À partir d'un premier échantillon de l'enquête sociale générale de 1990, elle a établi que seulement 18 % de ceux qui mentionnent comme cause de la pauvreté « l'absence d'effort » considèrent que les dépenses d'aide sociale sont trop faibles, alors que 49 % d'entre eux répondent que ces dépenses sont « trop élevées ». À l'inverse, parmi ceux qui considèrent que l'« absence d'effort de la part des pauvres » n'est « pas importante » pour expliquer la pauvreté, 44 % pensent que nous dépensons trop peu pour l'aide sociale et seulement 28 % pensent au contraire que nous dépensons « trop ». D'une façon tout à fait remarquable, Fong a montré que la croyance selon laquelle l'effort personnel est important pour « réussir dans la vie » exerce un impact considérablement plus fort sur l'opposition à l'aide aux pauvres que la combinaison des facteurs de revenu, de niveau de scolarité et d'origine socioprofessionnelle des parents. Ceux dont les croyances sur cette question présentaient un écart type par rapport à la moyenne étaient davantage opposés aux aides que ceux dont la position privilégiée au regard de ces trois facteurs s'écartait de la même façon de la moyenne !

Les recherches menées par Fong confirment des études antérieures. En 1972, une enquête menée sur un échantillon de femmes blanches de Boston montrait déjà que la perception de l'éthique du travail du pauvre constituait un bien meilleur outil de prédiction du soutien apporté à l'aide sociale que le revenu du ménage, la religion, l'éducation et de tout un ensemble d'autres variables démographiques et sociales [Williamson, 1974]. Le simple fait d'ajouter une variable mesurant les croyances au sujet de la motivation au travail permet en effet de tripler la force prédictive de la conjonction de toutes ces variables classiques.

De façon cohérente avec notre interprétation de ces données, le soutien apporté aux programmes de lutte contre la pauvreté varie

méritent pas, mais parce que les impôts nécessaires décourageront l'effort, élevant ainsi le coût de l'aide.

avec les conditions économiques. Fong a par exemple montré que les travailleurs indépendants tendent à s'opposer à de tels programmes, et une grande part de leur opposition est statistiquement associée avec la croyance – à l'évidence enracinée dans leur expérience personnelle – que ce sont les efforts individuels qui font toute la différence pour réussir dans la vie. Martin Gilens de l'université de Yale a, quant à lui, établi que durant les périodes de récession les gens sont à l'inverse bien moins portés à expliquer la pauvreté en termes d'« absence d'effort de la part des pauvres » et davantage disposés à soutenir des programmes égalitaires [Gilens, 1999].

Un trait plus frappant encore du déclin qu'a connu le soutien apporté à l'ancien programme d'aide aux familles à enfants dépendants (Aid to Families with Dependant Children), ainsi qu'au programme Food Stamps et à d'autres programmes d'aide basés sur des enquêtes sociales, est qu'aujourd'hui une écrasante majorité s'oppose au *statu quo*, et cela quels que soient leur revenu, leur race ou leur expérience personnelle de ce type de programme. Nous pensons que cette forme de sentiment public ne peut être expliquée que par le principe de la réciprocité forte.

Nous nous appuyons ici sur deux études. La première [Farkas et Robinson, 1996] analyse des données recueillies à la fin de l'année 1995 par une association de recherche indépendante à but non lucratif, Public Agenda. Les auteurs ont organisé huit *focus groups* à travers le pays, puis ont mené une enquête nationale qui a consisté à interroger pendant trente minutes un échantillon aléatoire de 1 000 citoyens américains, puis un échantillon de 200 Afro-Américains. La seconde étude, menée par le politiste Martin Gilens et publiée dans son ouvrage *Why Americans Hate Welfare* [1999], consiste en une synthèse et une analyse de plusieurs sondages effectués par différents organes de presse dans les années 1990 et auparavant[13].

Dans la première enquête, 63 % des personnes interrogées considéraient que les politiques d'aide sociale devraient être supprimées ou « profondément révisées », tandis que 34 % d'entre elles affirmaient que ces politiques devaient être « légèrement réaménagées ». Seulement 3 % approuvaient le système tel qu'il existait alors [Farkas et Robinson, 1996, p. 9]. Même parmi les enquêtés dont le

13. Une troisième étude, menée par Weaver *et alii* [1995], parvient à des conclusions largement comparables.

ménage bénéficiait de l'aide sociale, seulement 9 % manifestaient leur approbation vis-à-vis du système alors que 42 % souhaitaient une révision profonde, et les 46 % restants quelques ajustements.

Ce n'est pas le coût des programmes d'aide sociale qui peut expliquer cette opposition. Alors que les gens ont en général tendance à surévaluer la part du budget fédéral consacrée à ce type de programmes, cela ne permet pas de rendre compte de l'opposition observée[14]. Farkas et Robinson soulignent que « les Américains sont quatre fois plus nombreux (65 % contre 14 %) à affirmer que le plus problématique dans le système d'aide sociale est qu'"il encourage les gens à adopter un style de vie et des valeurs détestables" et non qu'"il est trop coûteux pour les recettes fiscales" [...]. Sur neuf réformes présentées aux enquêtés – qui allaient de l'exigence de formation professionnelle au financement de visites de contrôle pour vérifier si les bénéficiaires méritaient leurs allocations –, la réduction du montant des prestations figurait en dernier rang ».

Apparemment le coût ne constitue pas un problème. Ainsi, dans les *focus groups*, « les participants écartaient invariablement et tournaient en dérision les arguments portant sur les coûts financiers de l'aide sociale, les considérant comme non pertinents » [*ibid.* p. 9-10].

L'argument de la fraude ne permet pas mieux de rendre compte de cette opposition. Il est vrai que 64 % des personnes interrogées (et 66 % des bénéficiaires) soulignent que la fraude aux allocations constitue un sérieux problème. Néanmoins la plupart d'entre elles ne considèrent pas qu'elle est plus importante que dans le cadre d'autres programmes publics, et seulement 35 % affirment qu'elles seraient « plus confiantes à l'égard de l'aide sociale » si les fraudes étaient éliminées [*ibid.* p. 11-12].

Commentant ce résultat, Martin Gilens [1999, p. 1-2] observe que « la politique est souvent perçue, au moins par les élites, comme un processus focalisé sur la question "qui obtient quoi ?". Pour les Américains ordinaires, la politique renvoie bien davantage à la question "qui mérite quoi ?", et l'État-providence ne fait pas

14. En règle générale, les profanes surestiment très largement le montant des ressources fiscales consacrées aux programmes qu'ils désapprouvent, qu'il s'agisse des politiques d'aide aux pays étrangers, aux pauvres, à la recherche, ou du financement des programmes militaires. C'est cette opposition qui est à l'origine de cette surestimation, et non l'inverse.

exception ». Dans l'étude de Public Agenda, les enquêtés jugent en grande majorité que l'aide sociale est inéquitable à l'égard des travailleurs et source de dépendance pour ses bénéficiaires. Les personnes interrogées sont cinq fois plus nombreuses (69 % contre 13 % et 64 % contre 11 % pour les personnes recevant une aide) à considérer que les bénéficiaires abusent du système – par exemple en ne recherchant pas d'emploi – plutôt qu'elles ne fraudent effectivement – par exemple en cumulant le plus grand nombre d'allocations [Farkas et Robinson, 1996, p. 12]. Par ailleurs, 68 % (59 % des bénéficiaires) font valoir que l'aide sociale « se transmet de génération en génération, donnant ainsi naissance à une sous-classe permanente ». Dans la même veine, 70 % (71 % des bénéficiaires) affirment qu'il est « financièrement plus intéressant de rester dans l'assistance que de travailler », 57 % (62 % des bénéficiaires) pensent que l'aide sociale constitue une « prime à la paresse » et 60 % (64 % des bénéficiaires) affirment qu'elle « encourage les gens à avoir des enfants hors mariage » [*ibid.*, p. 14-15].

Mais tout cela est à côté de la question. Que l'aide sociale, par exemple, soit ou non la *cause* des naissances hors mariage ou qu'elle renforce la répugnance au travail importe peu ici. Le fait essentiel est que les citoyens interrogés font valoir que le système offre un soutien financier à ceux qui adoptent des comportements socialement réprouvés. Ce qu'ils désirent avant tout, c'est manifester leur réprobation à l'égard de ce type de comportements et s'en désolidariser, que leur réaction puisse ou non contribuer à modifier ces comportements.

Telle est la signification de l'opposition morale à l'aide sociale. Bien sûr, nombre des objections soulevées contre ce système et des jugements éthiques portés sur les pauvres sont basés sur des conceptions erronées, un manque de compassion et des préjugés, attisés par les entrepreneurs politiques de droite. Stéréotypes raciaux et dénonciation de l'aide sociale vont de pair. Les enquêtes d'opinion montre ainsi que les Blancs sont plus fortement portés à attribuer des traits négatifs aux bénéficiaires de l'aide sociale que les Afro-Américains, et encore davantage à reprocher aux pauvres leur manque d'effort. Néanmoins, ici encore, les motivations réciprocitaires sont évidentes. Les données d'enquête, écrit Gilens, montrent que « chez la plupart des Blancs, l'opposition à l'aide sociale fondée sur des critères de race ne résulte ni d'une inimitié à l'égard des

Noirs ni de leur désir de maintenir leur avantage économique sur les Afro-Américains. Elle provient davantage de leur perception particulière des Afro-Américains comme un groupe qui ne respecte pas l'éthique du travail ».

Prendre la mesure du fait que de nombreux Américains considèrent le système actuel d'aide sociale comme une violation des normes de réciprocité auxquelles ils sont profondément attachés ne nous oblige pas à accepter ou à refuser de telles idées. Cela n'exige pas non plus que les responsables des politiques publiques adoptent des mesures répressives et des budgets dérisoires pour les pauvres. En effet, l'opinion publique soutient fortement les mesures d'aide lorsque celles-ci leur sont présentées d'une façon propre à mettre en évidence le caractère méritant des pauvres. Un sondage du *New York Time* et *CBS* de 1995 montre par exemple qu'il y a deux fois plus de réponses favorables que de réponses défavorables à la proposition selon laquelle « il est de la responsabilité du gouvernement de prendre soin des personnes incapables de prendre soin d'elles-mêmes ».

À l'instar des sujets expérimentaux d'Oppenheimer et Frohlich, les personnes interrogées dans ces sondages manifestent ce que nous avons appelé une « générosité face aux besoins fondamentaux », une disposition presque inconditionnelle à partager avec les autres afin de leur garantir un niveau de vie standard, et en particulier, comme les données d'enquête le montrent, tout ce qui concerne la nourriture, les soins médicaux de base, le logement et d'autres biens essentiels. La combinaison entre la générosité face aux besoins fondamentaux et la réciprocité forte permet selon nous de rendre compte de l'état de l'opinion publique concernant l'aide sociale.

Conclusion

Si nous avons raison, alors les partisans de l'égalité ont mal interprété la révolte contre le système public d'aide sociale – et la réticence à aider les personnes dans le besoin. Ils l'ont attribuée, à tort, à l'égoïsme de l'électorat, plutôt qu'à l'incapacité de nombreux programmes à s'appuyer sur cet attachement puissant à l'équité et à la générosité, et au fait que certains de ces programmes paraissent violer des normes de réciprocité profondément ancrées.

Il est possible d'opposer une objection évidente à notre démonstration : « La morale est socialement déterminée, pourrait nous dire le lecteur ; alors pourquoi ne pas transformer cette morale afin qu'elle s'accorde aux exigences d'une politique égalitaire plutôt que de tailler les politiques d'après le patron de la morale existante ? » Pourquoi ne pas promouvoir une morale publique caractérisée par un altruisme élargi, virtuellement inconditionnel à l'égard des personnes que le système marchand, hyper-compétitif et hyper-individualiste, a laissées sur le bord du chemin, au lieu de faire ainsi allégeance aux expressions parfois si répressives de la réciprocité forte ? Les partisans les plus radicaux de l'égalité, des abolitionnistes du XIXe siècle aux féministes contemporaines ou aux militants des libertés civiles ou de l'État-providence, n'ont-ils pas, avec succès, fait de l'élévation de la conscience des individus une part essentielle de leur pratique politique ? Où est passé l'idéal socialiste du « chacun selon ses talents, à chacun selon ses besoins » ? Pourquoi, en bref, rester ainsi prisonniers du passé pour imaginer l'avenir ?

Notre réponse consiste à affirmer qu'une morale publique forte est importante dans une société égalitaire, et que l'esprit humain n'est pas une page vierge disposée à accepter indistinctement n'importe quelle règle morale, qu'elle lui soit présentée par les élites dominantes ou les réformateurs égalitaristes. Au contraire, les gens sont disposés à accepter certaines règles morales, d'autres ne peuvent leur être imposées sans rencontrer une certaine réticence, d'autres enfin ne peuvent l'être durablement d'aucune façon. Les partisans de l'égalité ont réussi à en appeler aux motivations humaines les plus hautes lorsqu'ils ont su montrer en quoi les institutions dominantes violaient les normes de réciprocité et devaient être remplacées par des institutions davantage conformes à ces normes. Mais de multiples autres initiatives égalitaires ont échoué. Nous pensons que la générosité face aux besoins fondamentaux et la réciprocité forte comptent parmi les normes que nous sommes disposés à accepter. Barrington Moore, dans son étude comparée des révoltes et des révolutions que nous avons citée au début de ce texte, exprime cette idée dans les termes suivants : « La sensibilité à l'injustice sociale serait impossible si les hommes pouvaient être amenés à accepter n'importe quelle règle. À l'évidence, *certaines* contraintes pèsent sur la formation des règles morales et donc sur les formes possibles d'offense morale » [1978, p. 5].

Qu'est-ce qui est alors au principe de nos prédispositions morales ? Notre réponse est la suivante : une certaine combinaison de gènes et de culture. Aucune de ces deux sources n'est immuable, mais en même temps aucune n'est susceptible d'être reconstruite de façon arbitraire. Les structures génétiques et culturelles qui cadrent nos vies et affectent nos dispositions à accepter ou à rejeter les principes moraux résultent de l'évolution biologique et culturelle. Ces principes ne s'imposent que dans la mesure où ils ont contribué à favoriser les individus qui en ont fait usage et les groupes au sein desquels ils prévalaient. Ils peuvent certes également être conformes à certaines conceptions philosophiques, politiques ou religieuses, mais ils se maintiennent avant tout parce que les individus et les groupes qui les ont développés ont prévalu au cours de l'évolution alors que ceux qui ne l'ont pas fait ont péri ou ont été assimilés.

Cela ne signifie pas pour autant que le changement culturel s'opère toujours de façon conservatrice et progressive. Nous savons bien que tel n'est pas le cas. Cela ne signifie pas non plus que l'opinion publique soit fermée à toute influence, comme en attestent tant le développement tout à fait considérable, au courant de ces dernières décennies, de l'attention portée à l'environnement que celui des valeurs portées par le féminisme. Nous considérons plutôt que le changement culturel, à l'instar du changement technique, obéit à des règles durables et à des contraintes matérielles. L'une des expressions de ces régularités se manifeste dans la capacité des gens à adopter le comportement d'*Homo reciprocans* et conjointement dans leur opposition aux programmes égalitaires qui portent atteinte aux normes de réciprocité.

De nombreux projets traditionnels défendus par les partisans de l'égalité, telles la réforme foncière et l'appropriation des moyens de production par les travailleurs, sont parfaitement conformes aux normes de la réciprocité, dans la mesure où ils rendent les gens non seulement propriétaires des fruits de leur travail, mais aussi responsables des conséquences de leurs actions. Il en est de même pour d'autres propositions classiques comme l'amélioration des chances de réussite scolaire ou l'aide à l'accession à la propriété individuelle. Par exemple, il ne fait guère de doute que l'accession à la propriété favorise une participation active à la politique locale ainsi qu'une attitude ferme et résolue face à ceux qui, au sein du voisinage, adoptent des conduites antisociales. Une augmentation des dépenses destinées à favoriser l'emploi et à améliorer les revenus des pauvres pourrait également prendre appui sur des motivations puissantes à la réciprocité, comme l'économiste de Columbia, Edmund Phelps, l'a suggéré dans son ouvrage *Rewarding Work* [1997]. De même, les programmes d'assurance sociale pourraient être reformulés dans les termes proposés par John Roemer, économiste à l'université de Californie, afin d'assurer à chacun un standard de vie minimum en protégeant les individus face aux risques sur lesquels ils n'ont pas de prise, sans pour autant les indemniser contre ce qui résulte de leurs propres choix. De cette manière, comme l'a montré Robert Schiller [1993], les familles pourraient être protégées contre les fluctuations de la valeur de leur propriété foncière – la principale forme de richesse de la plupart des gens. D'autres formes d'assurance pourraient partiellement protéger les travailleurs face aux vicissitudes d'un marché du travail soumis aux aléas caractéristiques d'une économie globalisée.

Si notre analyse est juste, une société égalitaire peut être bâtie sur la base de programmes de ce type, conformes au principe de la réciprocité forte, complétés par la garantie d'un standard de vie minimum acceptable, conforme, lui, au principe de la générosité face aux besoins fondamentaux.

(*Traduit par Philippe Chanial et Alain Caillé*)

Bibliographie

ABBINK Klaus, GARY E. Bolton, ABDOLKARIM Sadrieh et FANG-FANG Tang, 1996, « Adaptive learning versus punishment in ultimatum bargaining », *discussion paper* n° B0-381, University of Bonn.

ANDREONI James, 1988, « Why free ride ? Strategies and learning in public good experiments », *Journal of Public Economics*, n° 37, p. 291-304.

– 1995, « Cooperation in public goods experiments : kindness or confusion », *American Economic Review*, vol. 85, n° 4, p. 891-904.

AXELROD Robert, 1984, *The Evolution of Cooperation*, Basic Books, New York.

AXELROD Robert et HAMILTON William D., 1981, « The evolution of cooperation », *Science*, n° 211, p. 1390-1396.

BALIKCI Asen, 1970, *The Netsilik Eskimo*, Natural History Press, New York.

BLOUNT Sally, 1995, « When social outcomes aren't fair : the effect of causal attributions on preferences », *Organizational Behavior and Human Decision Processes*, vol. 63, n° 2, août, p. 131-144.

BLURTON-JONES Nicholas G., 1987, « Tolerated theft, suggestions about the ecology and evolution of sharing, hoarding, and scrounging », *Social Science Information*, vol. 26, n° 1, p. 31-54.

BOEHM Christopher, 1982, « The evolutionary development of morality as an effect of dominance behavior and conflict interference », *Journal of Social and Biological Structures,* n° 5, p. 413-421.

– 1984, *Blood Revenge : The Enactment and Management of Conflict in Montenegro and Other Tribal Societies*, University of Pennsylvania Press, Philadelphie, PA.

– 1993, « Egalitarian behavior and reverse dominance hierarchy », *Current Anthropology*, vol. 34, n° 3, juin, p. 227-254.

BOLTON Gary E. et ZWICK Rami, 1995, « Anonymity versus punishment in ultimatum games », *Games and Economic Behavior*, n° 10, p. 95-121.

BORSHAY Lee Richard, 1979, *The !Kung San : Men, Women and Work in a Foraging Society*, Cambridge University Press, Cambridge.

BOWLES Samuel, 1998, « Endogenous preferences : the cultural consequences of markets and other economic institutions », *Journal of Economic Literature*, n° 36, mars.

BOWLES Samuel et GINTIS Herbert, 1998, *The Evolution of Strong Reciprocity*, Santa Fe Institute working paper 98-08-073E.

– 1998a, « The moral economy of community : structured populations and the evolution of prosocial norms », *Evolution and Human Behavior*, vol. 19, n° 1, janvier, p. 3-25.

– 1998b, *Recasting Egalitarianism : New Rules for Markets, States, and Communities*, Verso, Londres.

CAMERER Colin et THALER Richard, 1995, « Ultimatums, dictators, and manners », *Journal of Economic Perspectives*, vol. 9, n° 2, p. 209-219.

CAMERON Lisa, 1995, « Raising the stakes in the ultimatum game : experimental evidence from Indonesia », *discussion paper* n° 345, Department of Economics, Princeton University.

CASHDAN Elizabeth A., 1980, « Egalitarianism among hunters and gatherers », *American Anthropologist,* n° 82, p. 116-120.

COLEMAN James S., 1988, « Free riders and zealots : the role of social networks », *Sociological Theory*, n° 6, printemps, p. 52-57.

DAMAS David, 1972, « Central Eskimo systems of food sharing », *Ethnology*, vol. 11, n° 3, p. 220-240.

ECKEL Catherine et GROSSMAN Philip, 1997, « Chivalry and solidarity in ultimatum games », *working paper* E92-23, Virginia Polytechnic Institute, février.

EDDA, « Havamal », *in* CLARKE Martin D. E. (sous la dir. de), *The Havamal, with Selections from other Poems in the Edda*, 1923.

ENDICOTT Kirk, 1988, « Property, power and conflict among the Batek of Malaysia », *in* INGOLD T., RICHES D. et WOODBURN J. (sous la dir. de), *Hunters and Gatherers*, St. Martin's Press, New York, p. 110-127.

FARKAS Steve et ROBINSON Jean, 1996, *The values we live by : what Americans want from welfare reform*, Public Agenda, New York.

FEHR Ernst et GÄCHTER Simon, 1998, « Cooperation and punishment », *working paper*, Institute for Empirical Economic Research, University of Zurich.

– 1998, « Reciprocity and economics : the economic implications of "Homo reciprocans" », *European Economic Review*, n° 42, p. 845-859.

FEHR Ernst et KIRCHSTEIGER Georg, 1997, « Reciprocity as a contract enforcement device : experimental evidence », *Econometrica*, vol. 65, n° 4, juillet, p. 833-860.

FEHR Ernst et SCHMIDT Klaus M., 1997, « A theory of fairness, competition, and cooperation », *working paper*, Institute for Empirical Research in Economics, University of Zurich.

FEHR Ernst et TOUGAREVA E., 1995, « Do competitive markets with high stakes remove reciprocal fairness ? Experimental evidence from Russia », *working paper*, Institute for Empirical Economic Research, University of Zurich.

FORSYTHE Robert, HOROWITZ Joel, SAVIN N. E. et SEFTON Martin, 1994, « Replicability, fairness and pay in experiments with simple bargaining games », *Games and Economic Behavior*, vol. 6, n° 3, mai, p. 347-369.

FROHLICH Norman et OPPENHEIMER Joe A., 1992, *Choosing Justice : An Experimental Approach to Ethical Theory*, University of California Press, Berkeley.

GILENS Martin, 1999, *Why Americans hate Welfare*, University of Chicago Press.

GÜTH Werner, SCHMITTBERGER R. et SCHWARZ B., 1982, « An experimental analysis of ultimatum bargaining », *Journal of Economic Behavior and Organization*, n° 3, mai, p. 367-388.

HAWKES Kristen, 1992, « Sharing and collective action », *in* SMITH E. et WINTERHALDER B. (sous la dir. de), *Evolutionary Ecology and Human Behavior*, Aldine, New York, p. 269-300.

– 1993, « Why hunter-gatherers work : an ancient version of the problem of public goods », *Current Anthropology*, vol. 34, n° 4, p. 341-361.

HAYEK Friedrich, 1978, *The Three Sources of Human Values*, London School of Economics, Londres.

HOFFMAN Elizabeth, MCCABE Kevin et SMITH Vernon L., 1996, « Social distance and other-regarding behavior in dictator games », *American Economic Review*, vol. 86, n° 3, juin, p. 653-660.

HOFFMAN Elizabeth, SHACHAT Keith et SMITH Vernon L., 1994, « Preferences, property rights, and anonymity in bargaining games », *Games and Economic Behavior*, n° 7, p. 346-380.

ISAAC R. Mark et WALKER James M., 1988, « Group size effects in public goods provision : the voluntary contribution mechanism », *Quarterly Journal of Economics*, n° 103, p. 179-200.

KAPLAN Hillard et HILL Kim, 1985a, « Food sharing among Ache foragers : tests of explanatory hypotheses », *Current Anthropology*, vol. 26, n° 2, p. 223-246.

– 1985b, « Hunting ability and reproductive success among male Ache foragers : preliminary results », *Current Anthropology*, vol. 26, n° 1, p. 131-133.

KAPLAN Hillard, HILL Kim, HAWKES Kristen et HURTADO Ana, 1984, « Food sharing among Ache hunter-gatherers of Eastern Paraguay », *Current Anthropology*, vol. 25, n° 1, p. 113-115.

KENT Susan, 1989, « And justice for all : the development of political centralization among newly sedentary foragers », *American Anthropologist*, vol. 93, n° 1, p. 703-712.

KNAUFT Bruce, 1989, « Sociality versus self-interest in human evolution », *Behavioral and Brain Sciences*, vol. 12, n° 4, p. 12-13.

– 1991, « Violence and sociality in human evolution », *Current Anthropology*, vol. 32, n° 4, août-octobre, p. 391-428.

KOLLOCK Peter, 1997, « Transforming social dilemmas : group identity and cooperation », *in* DANIELSON Peter (sous la dir. de), *Modeling Rational and Moral Agents*, Oxford University Press, Oxford.

KROPOTKINE Petr, [1903] 1989, *Mutual Aid : A Factor in Evolution*, Black Rose Books, New York.

MOORE Barrington Jr., 1978, *Injustice : The Social Bases of Obedience and Revolt*, M. E. Sharpe, White Plains.

NISBETT Richard E. et COHEN Dov, 1996, *Culture of Honor : The Psychology of Violence in the South,* Westview Press, Boulder.

OSTROM Elinor, WALKER James et GARDNER Roy, 1992, « Covenants with and without a sword : self-governance is possible », *American Political Science Review*, vol. 86, n° 2, juin, p. 404-417.

PARSONS Talcott, 1964, « Evolutionary universals in society », *American Sociological Review*, vol. 29, n° 3, juin.

PHELPS Edmund S., 1997, *Rewarding Work : How to Restore Participation and Self-Support to Free Enterprise*, Harvard University Press, Cambridge.

PIKETTY Thomas, 1995, « Social mobility and redistributive politics », *Quarterly Journal of Economics*, vol. 110, n° 3, août, p. 551-584.

POLANYI Karl, 1944, *The Great Transformation*, Farrar and Rinehart, New York.

ROTH Alvin, 1995, « Bargaining experiments », *in* KAGEL John et ROTH Alvin (sous la dir. de), *The Handbook of Experimental Economics*, Princeton University Press, Princeton.

SAMPSON Robert J., RAUDENBUSH Stephen W. et EARLS Felton, 1997, « Neighborhoods and violent crime : a multilevel study of collective efficacy », *Science*, n° 277, 15 août, p. 918-924.

SCOTT James C., 1976, *The Moral Economy of the Peasant : Rebellion and Subsistence in Southeast Asia*, Yale University Press, New Haven, CT.

SHILLER Robert J., 1993, *Macro Markets : Creating Institutions for Managing Society's Largest Economic Risks*, Clarendon Press, Oxford.

SULEIMAN Ramzi, 1996, « Expectations and fairness in a modified ultimatum game », *Journal of Economic Psychology*, vol. 17, n° 5, novembre, p. 531-554.

WEAVER Kent R., SHAPIRO Robert Y. et JACOBS Lawrence R., 1995, « Poll trends : welfare », *Public Opinion Quarterly*, n° 39, p. 606-627.

WENZEL George W., 1995, « Ningiqtuq : resource sharing and generalized reciprocity in Clyde River, Nunavut », *Arctic Anthropology*, vol. 32, n° 2, p. 43-60.

WILLIAMSON John B., 1974, « Beliefs about the motivation of the poor and attitudes toward poverty policy », *Social Problems*, vol. 21, n° 5, juin, p. 734-747.

WOODBURN James, 1982, « Egalitarian societies », *Man*, vol. 17, n° 3, p. 431-451.

WOODBURN James et BARNARD Alan, 1988, « Property, power and ideology in hunter-gathering societies : an introduction », *in* INGOLD T., RICHES D. et WOODBURN J. (sous la dir. de), *Hunters and Gatherers*, St. Martin's Press, New York, p. 4-31.

Le *free rider* et le *confidence man*
Intérêt, confiance et sympathie*

Philippe Chanial

« Revenant à lui, il se tourna vers celui qui le secourait et, d'une voix ruinée par la toux, lui dit : "Je suis vieux et misérable, un pauvre mendiant, je ne vaux même pas un lacet de soulier, comment vous remercier ?"
– En me faisant confiance.
– Confiance, cria-t-il, en changeant de mine, tandis que le grabat se balançait. À mon âge, on n'en a plus beaucoup, mais prenez ce vieux restant, et grand bien vous fasse.
– Telle qu'elle est, pourtant vous la donnez. C'est très bien. Et maintenant, donnez-moi cent dollars."
Ce fut, pour l'avare la panique totale [...] : "Cent dollars, c'est payer un peu cher la confiance !" »

Herman Melville, *The Confidence Man : His Masquerade.*

« Où se trouve la gare ? me demande un passant. – Là-bas, dis-je en montrant le bureau de poste, et voudriez-vous me poster cette lettre sur le chemin ? – Oui, répond-il, décidé à ouvrir l'enveloppe pour voir si elle contient quelque chose d'intéressant. »

Amartya Sen, « Rational fools ».

« Il y a de nombreux liens invisibles qui nouent ensemble les individus dans les sociétés, qui nouent les contrats, les confiances [...]. C'est sur ce terrain que peut germer et croître l'ardeur à satisfaire les autres, dont on devient sûrs. »

Marcel Mauss, « Appréciation sociologique du bolchevisme ».

---

* Ce texte a été publié sous une autre version et sous un autre titre (« La confiance comme comédie et comme pari ») dans Robert Damien et Christian Lazzeri (sous la dir. de), *Conflit, confiance*, Presses universitaires de Franche-Comté, Besançon, 2006.

À qui se fier ? À lire ou relire le dernier roman, satirique et profondément désenchanté, de Melville (1856), la réponse paraît claire : à personne. Il semblerait bien au contraire qu'il faille se défier de la confiance tant l'acte de foi qu'elle suppose, foi en l'homme – et bien sûr en Dieu – serait désormais impossible. Si, sur le bien nommé *Fidèle*, ce vieux bateau à aube descendant le Mississipi, la cupidité du vieil avare répond aux impostures subtiles du *confidence man*, c'est que, pour Melville, la confiance est devenue un marché, un marché de dupes et d'escrocs en tout genre où se dissout tout lien humain. « La charité ne pense pas le mal », écrit un étrange sourd-muet – autre visage du *confidence man* – sur l'ardoise qu'il tient bien haut à l'adresse des passagers[1]. Lui répondent bourrades, railleries et moqueries. « No Trust » placarde, sans susciter aucune indignation, le barbier du vapeur à l'adresse de ses clients. Avec la certitude, au moins, que son inscription ne lui vaudra pas, lui, la réputation d'être un niais ou un fou.

On aurait tort de lire cette comédie de la confiance, tragique et comique à la fois, comme une simple dénonciation de l'égoïsme et du mercantilisme mesquin de l'Amérique. En effet, le *confidence man* n'est pas un niais voué au martyre ou aux quolibets. Il est bel et bien un expert en abus de confiance. Néanmoins, à la différence des passagers cupides, il ne recherche aucun profit. À travers ses multiples mascarades, il cherche, en vain, un juste parmi les injustes, un pur parmi les impurs, un homme qui pourrait donner, qui pourrait promettre[2]. Et si parfois, grâce à ses stratagèmes, il semble parvenir à apaiser la suspicion, à éveiller la charité chez certains des passagers, voire à leur donner foi les uns dans les autres, c'est toujours au moment même où ceux-ci sont sur le point de rendre les armes de la défiance que celle-ci resurgit et brise l'enchantement et la promesse d'une confiance retrouvée.

On ne saurait à l'évidence attendre des théoriciens contemporains du choix rationnel qu'ils puissent jamais atteindre la profondeur de l'inquiétude métaphysique de Melville. Et il serait d'ailleurs

1. Comme le ferait – et c'est toute l'ambiguïté de ce texte – un saint Paul moderne (à moins qu'il ne s'agisse du Christ) rompu aux techniques de la publicité commerciale.

2. Au sens du Nietzsche de la *Généalogie de la morale* : « Élever un animal qui *puisse promettre*, n'est-ce pas là la tâche paradoxale que la nature s'est donnée à propos de l'homme ? »

presque absurde de leur reprocher[3]. Pour autant, au royaume de la raison utilitaire comme sur la moderne nef des fous melvillienne, on ne cesse de jouer à la baisse les titres de la nature humaine et de rejouer sans cesse cette comédie de la confiance. Ici aussi – *No Trust* – on ne se fait guère spontanément crédit. Néanmoins, si au royaume de la raison utilitaire, les escrocs, *free riders* et autres resquilleurs, sont rois, ce n'est pas parce qu'une certaine foi a été abjurée, mais plus prosaïquement parce que la science le prescrit. En effet, pour les hérauts contemporains de la théorie du choix rationnel, affirmer que les individus agiraient selon un certain système de motivations lorsqu'ils prennent des décisions de nature morale et selon un autre lorsqu'ils décident sur un marché conduirait à adopter un postulat schizophrénique sur le comportement humain – tantôt altruiste, sensible au bien d'autrui, voire au bien commun, tantôt fondamentalement égoïste et orienté exclusivement vers la maximisation de son bien-être.

Néanmoins, comme le suggère ironiquement Amartya Sen à travers l'extrait de son article fameux « Rational fools » placé en exergue de ce texte, n'avons-nous pas quelque raison de douter du bien-fondé de l'hypothèse selon laquelle, à toute question ou demande que l'on nous adresse, nous ne répondrions que guidés par l'exclusif souci de maximisation de notre gain personnel immédiat[4] ? Si cette hypothèse était la bonne, elle ne décrirait au mieux qu'un état de nature, certes policé et courtois, mais peuplé d'hommes sans parole, où le commerce civil se dégraderait en calculs incessants, se réduirait à un gigantesque jeu de Monopoly (ou de poker menteur) où l'on ne serait même pas assurés d'être confrontés à des beaux joueurs. Si cette hypothèse extrême n'est guère tenable, c'est donc que des normes, règles ou principes sont nécessaires à la vie en société, c'est que les « fils invisibles de la confiance », pour reprendre cette belle formule de Mauss, ne sauraient être définitivement rompus – au moins dans les domaines où les incitations strictement économiques sont absentes et les vertus de la main invisible introuvables.

---

3. Ce qui n'interdit pas pour autant d'aborder certaines de ces théories du point de vue de la question du mal, comme le propose Jean-Pierre Dupuy, notamment dans ses travaux les plus récents [*cf.* Dupuy, 2002].

4. Ou, pour l'exprimer dans les termes de Melville, « avec l'idée derrière la tête d'un gras bénéfice à prendre sur la part du diable ».

C'est dans l'espace de ce questionnement ouvert par Melville que je souhaiterais discuter la thèse d'un auteur encore peu connu en France, celle du néocontractualiste et néohobbesien David Gauthier. Comme le souligne Jean-Pierre Dupuy, on peut légitimement lire dans son œuvre « la tentative la plus ambitieuse de fonder l'éthique sur la rationalité économique » [1996, p. 1253]. La radicalité de la démarche de Gauthier consiste en effet à préserver dans leur pureté les prémisses de la théorie du choix rationnel pour montrer que l'éthique peut, voire doit, être engendrée par la rationalité économique elle-même, c'est-à-dire déduite de l'intérêt personnel et de lui seul. L'essence même de la morale repose alors sur l'acceptation des contraintes nécessaires au maintien d'un système de coopération favorisant le bénéfice de chacun. Cette reconstruction rationnelle de la morale vise ainsi à montrer qu'il est rationnel pour un agent qui cherche à maximiser sa propre utilité d'accepter les restrictions de la morale. Bref, qu'il est rationnel de jouer le jeu – ou la comédie – de la confiance. Mais à quel prix[5] ? C'est ce que je tenterai d'évaluer en réinterprétant, en conclusion, l'argumentation de Gautier en clé de don et de sympathie.

De *La République* de Platon au royaume de la raison utilitaire

Tout lecteur de *La République*[6] de Platon se souvient de la vieille histoire, rapportée par Glaucon, du fameux anneau de Gygès qui avait le pouvoir de rendre invisible celui qui en tournait le chaton, et comment le berger du roi de Lydie s'en servit pour séduire la reine et s'emparer du pouvoir. La morale de cette histoire, Glaucon l'établit à contrecœur en exposant la thèse selon laquelle l'injustice est supérieure à la justice. S'il existait deux anneaux de cette sorte et que le juste, comme l'injuste, en avait reçu un, celui-ci, montre-t-il, n'aurait pas la force ou le courage de persévérer dans la justice. En effet, le pouvoir que donne l'anneau

5. Les développements qui suivent reprennent, en mettant davantage en valeur la question de la confiance, une partie des analyses du chapitre II : « Les morales du calcul sont-elles justes ? » de notre ouvrage [Chanial, 2001].

6. Platon [1966, p. 108-110 – 358e-360b].

à celui qui le porte est de commettre impunément l'injustice, sans risque d'être pris et donc d'avoir à expier son forfait. Bref, de réaliser le « plus grand bien ». Dès lors, il faudrait en conclure, suggère Glaucon, que personne n'est juste volontairement, mais seulement par contrainte. La justice ne pourrait donc être aimée pour elle-même. Mais parce qu'il y a plus de mal à souffrir l'injustice que de bien à la commettre, les hommes trouveraient leur intérêt à s'entendre pour ne plus commettre ou subir l'injustice. La justice ne résulterait alors de rien d'autre que d'un calcul des coûts et des bénéfices de l'injustice.

Or ce berger sans scrupule n'est autre que le maximisateur impénitent mis en scène dans la théorie du choix rationnel, celui qui ne trouve aucun bénéfice à la coopération mutuelle, celui qui a rompu les liens invisibles de la confiance. Et le problème de Glaucon, tel qu'il l'adresse à Socrate, n'est autre que celui du dilemme du prisonnier. Pour Glaucon, une personne ne se conformera à la justice que pour répondre à une situation du type du dilemme du prisonnier. La justice (la coopération, en bref la confiance) n'est donc qu'un second choix : elle nous interdit de maximiser nos préférences, de réaliser le « plus grand bien » aux dépens d'autrui, mais en l'interdisant également à tous, elle nous protège contre le « plus grand mal ». S'il est rationnel d'être juste, de respecter les conventions et les termes de la coopération commune, de jouer le jeu de la confiance, c'est, paradoxalement, parce que l'injustice (ou la trahison) est individuellement plus profitable que la justice (ou la coopération). En ce sens, la justice n'est qu'un moindre mal.

À l'évidence, Glaucon ne se satisfait pas de la leçon, apparemment implacable, qu'il tire de cette histoire et interpelle Socrate pour qu'il lui démontre que la justice n'est pas seulement affaire d'intérêt ou d'avantage personnels, qu'elle ne se réduit pas au calcul utilitaire. C'est à cette question de Glaucon, à cette conclusion désabusée, que David Gauthier suggère, quelques siècles après Socrate, d'apporter enfin une réponse. Mais contrairement aux vœux de Glaucon, l'auteur va argumenter cette réponse dans le langage exclusif de l'intérêt individuel.

En effet, selon Gauthier, les présupposés méthodologiques de la théorie de l'action rationnelle doivent être pleinement assumés comme présupposés anthropologiques. Le modèle de l'*Homo œconomicus* définit au mieux les relations humaines. Celles-ci sont à titre fondamental de nature contractuelle : « L'*Homo œconomicus* est un contractarien radical en ce que *toutes* ses relations interpersonnelles libres et non contraintes sont de nature contractuelle » [1986, p. 319]. L'auteur, comme Nozick, en déduit ainsi la naturalité et le caractère éminemment désirable des relations marchandes, donc du marché. Le marché, dans la mesure où nous y agissons libérés de toute contrainte morale en vue de l'exclusive maximisation de notre utilité – et dans la mesure où, en situation de concurrence pure et parfaite, il est toujours efficace – constitue « un idéal d'interaction humaine ». Il définit un monde parfait, sans *free riders* ni parasites, garantissant la coïncidence de l'équilibre et de l'optimalité, et ses structures sont l'antithèse de celles du dilemme du prisonnier [*ibid.*, p. 83].

Quelle est alors la nécessité de la morale dans cet univers marchand apparemment idéal ? Le monde serait peut-être le meilleur des mondes, s'il était un marché concurrentiel parfait. Or il ne l'est pas. Et c'est parce que le monde n'est pas un marché que la morale constitue une contrainte nécessaire dans les relations entre agents rationnels. Bref, « la morale naît des défaillances du marché » [*ibid.*, p. 84]. Elle a pour fonction de faire face aux externalités qui, dans le monde réel, produisent ces défaillances, et donc d'atteindre par approximation l'équilibre qui prévaudrait dans un système de concurrence pure et parfaite. Cette correction contractuelle, morale donc, des défaillances du marché, Gauthier l'interprète comme une solution au dilemme du prisonnier – en ce sens, comme une réponse à Glaucon. Dès lors que le monde ne se réduit pas à un marché, l'équilibre qui résulte des comportements maximisateurs des agents ne constitue pas toujours un équilibre efficace, une situation Pareto-optimale. Ainsi, « dès lors que la main invisible échoue à conduire chaque individu, soucieux exclusivement de son gain personnel, à promouvoir le bénéfice de tous, la coopération exige une main visible » [1986, p. 113]. Cette « main visible », Hobbes l'identifiait à la figure du Léviathan. Gauthier va quant à lui montrer qu'une morale contractuelle, fondée sur une forme de rationalité qui transcende la stricte rationalité économique tout en s'en déduisant, peut permettre de résoudre autrement le problème hobbesien et que, ainsi, même en l'absence du Léviathan, il est rationnel d'être juste.

Le pacte hobbesien, le Fou et le resquilleur

En définissant, à la suite de John Rawls, la société comme une entreprise de coopération en vue de l'avantage mutuel, Gauthier renoue d'abord avec cette perspective hobbesienne que Rawls tentera de dépasser[7]. Dans les termes des théories contemporaines, l'état de nature, chez Hobbes [1999], peut être décrit comme un état non coopératif au sein duquel la liberté illimitée des agents, maximisateurs impénitents, égoïstes étrangers à tout sentiment d'obligation à l'égard d'autrui, conduit à un état de guerre permanent qui menace la sécurité personnelle de chacun. De cette caractérisation de l'état naturel, Hobbes en déduit la première loi de nature fondamentale, selon laquelle tout homme doit s'efforcer à la paix. Or pour réaliser cette première loi, les hommes doivent se dessaisir de leur droit de faire tout ce qui leur plaît et donc s'imposer mutuellement un ensemble de contraintes dans leurs stratégies individuelles de maximisation. Ce renoncement – telle est la seconde loi – exige qu'on se contente d'autant de liberté à l'égard des autres qu'on en concéderait à l'égard de soi-même. Comme le souligne Gauthier, cette convention peut être comprise comme un marchandage rationnel par lequel chaque agent accepte certaines contraintes sur sa liberté d'action afin d'éviter les coûts d'une situation de non-coopération (l'état de guerre, de défiance naturelle) et de réaliser des bénéfices seulement accessibles dans un dispositif de coopération mutuelle. En ce sens, la défense de cette seconde loi résulte exclusivement d'un calcul rationnel d'utilité. C'est dans la recherche d'une maximisation des bénéfices résultant de la vie en société que l'individu s'orientera rationnellement

---

7. Rappelons que Gauthier, dès les premières pages de *Morals by Agreements*, distingue deux conceptions de la raison pratique. La première définit la rationalité par la poursuite de la satisfaction de son intérêt personnel : il s'agit d'une rationalité *maximisante*. La seconde, défendant une conception *universaliste*, définit la rationalité par la poursuite de la satisfaction des intérêts de tous. La première se rattache au nom de Hobbes, la seconde à la tradition kantienne et utilitariste. Cette distinction peut être rapprochée de celle proposée par Brian Barry [1989] opposant la tradition qui, des sophistes à Hobbes (et Gauthier), identifie la justice au *profit mutuel* et celle qui, des stoïciens à Kant (mais aussi Harsanyi et Rawls), l'identifie à l'impartialité. Cette seconde distinction, comme celle de Gauthier, est néanmoins problématique dans la mesure où l'utilitarisme moyen d'Harsanyi et la théorie de la justice comme équité de Rawls sont susceptibles d'être interprétés comme relevant de ces deux traditions.

vers l'impartialité, c'est-à-dire vers la moralité. Ainsi, sans qu'il soit nécessaire de faire appel à des motivations morales ou de présupposer la moralité des individus, les contraintes morales – ou principes de justice – peuvent être déduites des principes mêmes de la rationalité pratique, définie comme rationalité maximisante. Parce que la main invisible est inopérante, dans l'état de nature, à assurer l'optimalité, la « main visible » des contrats et des conventions volontaires doit s'y substituer.

Néanmoins, s'il est effectivement rationnel de conclure des conventions, est-il pour autant rationnel de les respecter ? Reconnaissant que c'est une chose de passer un accord et une autre de s'y conformer, Hobbes suggère alors une troisième loi de nature, source et origine de la justice, prescrivant que les hommes s'acquittent de leurs conventions une fois qu'ils les ont passées. Or cette troisième loi peut-elle être justifiée comme la deuxième, par un simple calcul de maximisation ? Bref, est-il rationnel, au sens de la rationalité maximisante, d'être juste ? Dans une perspective hobbesienne, la question de la justice pose d'abord le problème de la confiance ou de l'assurance. Elle rencontre donc inexorablement les paradoxes du dilemme du prisonnier[8]. Si la justice – ou la moralité en général – définit un ensemble de normes (de contraintes) mutuellement avantageuses, qu'il est rationnel de respecter dès lors que les autres agents les respectent aussi, comment convaincre les « resquilleurs » qu'il est dans leur intérêt de ne pas contourner ces normes lorsqu'elles entrent en conflit avec leurs préférences individuelles ?

Cette figure du resquilleur, c'est la figure hobbesienne du Fou (*the Foole*), de « l'insensé [qui] a dit dans son cœur : il n'est point de justice […] la conservation et la satisfaction de chacun étant commises à ses seuls soins, il ne saurait y avoir de raison qui interdise à chacun de faire ce qui, pense-t-il, favorise ses fins : en conséquence, passer des conventions ou ne pas en passer, les respecter ou ne pas les respecter, rien de tout cela n'est contraire à la raison, quand cela favorise l'intérêt de l'agent » [1999, chap. XV, p. 145]. Il est en effet irrationnel de jouer le jeu de la coopération et de la

8. Comme le rappelle Raymond Boudon [1993, p. 161-162], l'identification de la situation du dilemme du prisonnier ou de toute autre structure de jeu du même type à un état de nature mettant en scène un « homme sauvage » peut tout autant s'autoriser de Rousseau que de Hobbes. Voir aussi Laurent Cordonnier [1997].

confiance, d'en respecter les règles et les normes, si l'on n'a pas l'assurance que les autres les observeront aussi. Bref, si l'on ne peut se fier à eux. On connaît la réponse de Hobbes à ce dilemme : « Les conventions sans le glaive ne sont que des paroles dénuées de la force d'assurer aux gens la moindre sécurité » [*ibid.*, chap. XVII, p. 173]. La coopération sociale suppose un tiers, l'autorité d'un souverain absolu, garant du respect des normes et des conventions communes, le Léviathan. À cette condition seulement, il devient rationnel de faire confiance à ses congénères, le Léviathan se chargeant de régler leur compte aux resquilleurs, ou du moins de les dissuader d'adopter leurs stratégies du « ticket gratuit ».

Dans les termes des théories du choix rationnel contemporaines, la solution, politique, de Hobbes peut ainsi être interprétée : si la morale (ou la justice) désigne l'ensemble des normes qui favorisent au mieux les intérêts bien entendus de chaque individu, elle ne s'instituera que d'un accord, résultant certes d'un choix rationnel propre à établir un système de coopération mutuellement avantageux, mais inexorablement placé sous l'autorité d'un souverain qui accomplit l'obligation de réciprocité[9]. La leçon inaugurale de Hobbes, ainsi retraduite, signifie donc que pour mettre en œuvre l'intérêt commun, pourtant conforme à l'intérêt mutuel de chacun des contractants, il faut faire intervenir la contrainte, mettre en scène une institution extérieure qui en quelque sorte force l'intérêt commun[10].

Cette solution, présupposant l'intervention d'un niveau hétéronome au libre jeu des intérêts individuels, a pu être interprétée comme un « écueil considérable venant de la part de théories qui se faisaient fort de déduire la constitution de l'État à partir de prémisses purement individualistes, prenant comme point de départ “la nature humaine telle qu'elle est”, c'est-à-dire : égoïste » [Cordonnier, 1997, p. 25]. C'est au nom de ces prémisses que David Gauthier va développer dans *Morals by Agreement*, avec et contre Hobbes, sa théorie morale et proposer, comme alternative au Léviathan, sa figure du maximisateur autocontraint.

---

9. « C'est comme si chacun disait à chacun : j'autorise cet homme ou cette assemblée, et je lui abandonne mon droit à me gouverner moi-même, à cette condition que tu lui abandonnes ton droit et que tu autorises toutes ses actions de la même manière » [chap. XVII, p. 177].

10. Telle est bien l'une des solutions – la solution coercitive – que Mancur Olson [1978] suggère pour dépasser son fameux paradoxe de l'action collective.

Est-il rationnel de jouer le jeu de la confiance ?

Intéressons-nous ici exclusivement à l'interprétation que David Gautier propose de la troisième loi de nature de Hobbes. La coopération, rappelle-t-il à la suite de Hobbes, suppose la justice, c'est-à-dire « la disposition à ne pas tirer avantage d'autrui ». Elle exige donc tout à la fois – dans la négociation des conventions mais surtout dans leur application – que soient éliminés ce parasitisme et cette logique du bénéfice sans frais, « endémique à notre condition naturelle », celle des fameux passagers clandestins. Or le Fou hobbesien incarne justement cette figure du resquilleur. En effet, il ne dit pas seulement : « donnez votre accord à une entreprise de coopération, mais seulement si cet accord vous rapporte », mais aussi et surtout : « adhérer à cette entreprise de coopération, mais seulement si cette adhésion vous rapporte ». Ce qui signifie qu'il est pour lui rationnel de se conformer à un accord de coopération dans le seul cas où l'utilité qu'il peut retirer de la coopération n'est pas moindre que celle qu'il pourrait espérer du non-respect de l'accord. Ainsi, dans une structure comme celle du dilemme du prisonnier, il choisira systématiquement la défection ou la trahison, et donc décidera de ne pas coopérer.

Le Fou hobbesien, dans l'analyse de Gauthier, c'est le *straightforward maximizer*, le maximisateur impénitent, le maximisateur direct. L'auteur lui oppose une autre figure, celle du *constrained maximizer.* Ce maximisateur autocontraint se distingue du maximisateur direct dans la mesure où il choisit de profiter des bénéfices de la coopération en agissant conformément à une stratégie conjointe tout en sachant que cette stratégie commune pourrait le priver d'opportunités de bénéfices dont le maximisateur direct pourrait jouir en adoptant une stratégie individuelle. Confronté au dilemme du prisonnier, il déploiera une stratégie opposée à celle du maximisateur direct. Le maximisateur autocontraint choisira de coopérer dans la mesure où son utilité espérée est plus grande dans une stratégie de coopération mutuelle que dans une stratégie de non-coopération mutuelle. Le critère rationnel de décision peut être ainsi résumé [1992b, p. 104] : « Le maximisateur autocontraint se demande (i) si, lorsque tout le monde adopte une stratégie conjointe, le résultat est quasi équitable et optimal, et (ii) si le résultat qu'il peut escompter, de manière réaliste, au cas où il adopterait une stratégie conjointe, lui procure une utilité plus grande que l'absence universelle de coopération. » Si ces deux conditions sont réunies, il adoptera une stratégie de coopération et pourra ainsi retirer de la coopération des bénéfices inaccessibles aux maximisateurs directs. Néanmoins, en privilégiant ainsi une stratégie conjointe contre une stratégie individuelle, le maximisateur autocontraint n'est pas pour autant prémuni contre les stratégies opportunistes de maximisateurs directs qui pourraient bien, à l'occasion, l'exploiter en le laissant jouer le jeu de la coopération tout seul. Quelle est donc, de ces deux stratégies de maximisation, la plus rationnelle ?

La démonstration de Gauthier consiste à fonder la rationalité de la maximisation contrainte non pas au niveau des choix particuliers, mais à celui des *dispositions*. Une personne juste, selon Gauthier, est une personne apte à la vie en société parce qu'elle a intériorisé la notion de bénéfice réciproque. Cette disposition la conduit, lorsqu'elle doit choisir une ligne de conduite, à considérer d'abord la possibilité de réaliser un résultat coopératif. Mais pourquoi entretenir une telle disposition à la coopération ? La réponse de Gauthier s'énonce ainsi : « Seule une personne sincèrement disposée à l'honnêteté et à la justice peut pleinement attendre de réaliser ses bénéfices, dans la mesure où seule une telle personne peut être rationnellement admise dans le cercle de tels arrangements mutuellement bénéfiques – qu'il s'agisse d'accords effectifs ou de pratiques faisant l'objet d'un accord implicite – qui reposent sur l'honnêteté, la justice et l'engagement volontaire » [1986, p. 182]. Si l'on néglige ici la démonstration formelle qu'en donne Gauthier, l'argument est simple. Ce n'est pas le souverain, mais la réputation qui permet de se garantir contre les stratégies du ticket gratuit[11]. Dès lors que les resquilleurs acquerront avec le temps une réputation de manque de fiabilité, les autres agents refuseront de coopérer avec

11. À ce titre, même s'il s'en défend, son modèle du maximisateur autocontraint évoque les stratégies du « donnant-donnant » proposées dans l'étude des jeux réitérés notamment par Axelrod [1996] et étudiées ici dans le texte de S. Bowles et H. Gintis. On pourrait d'ailleurs suggérer d'interpréter cet argument de la réputation comme une sécularisation de l'argument lockéen de la crainte de Dieu. Chez Locke, le jeu du dilemme du prisonnier se poursuit en quelque sorte dans l'autre monde et c'est la peur des châtiments divins qui nous incite à tenir nos promesses. D'où son scepticisme sur la parole donnée par un athée. Dans la perspective intramondaine contemporaine, la réputation, bref le jugement des hommes, constituerait un équivalent fonctionnel à cette crainte du jugement de Dieu [*cf.* Seligman, 1997, p. 44].

eux. Le maximisateur-resquilleur impénitent, tenté de tirer profit du comportement « moral » des autres agents lorsque la situation s'y prête, a toutes les chances d'être repéré, donc d'être exclu des dispositifs de coopération et ainsi privé de ses bénéfices. L'individu ne choisit donc pas des alternatives d'action, il doit plutôt chercher à déterminer quelle est pour lui la meilleure disposition à adopter. « Il compare donc l'utilité espérée s'il se dispose à maximiser l'utilité étant donné les stratégies qu'il s'attend à voir choisies par les autres et l'utilité de se disposer à coopérer avec les autres en vue d'obtenir des résultats équitables et optimaux » [1992b, p. 105]. Ainsi, pour le maximisateur autocontraint, seuls ceux qui sont disposés à respecter leurs accords – bref des hommes ou des femmes de parole, de confiance – sont pour lui des partenaires rationnellement acceptables. Donc seuls les maximisateurs autocontraints sont capables de négocier des accords profitables, car, étant donné leurs dispositions à les violer, les maximisateurs directs ne seront pas admis comme partenaires dignes de foi[12]. Afin de susciter la confiance d'autrui, il est donc rationnel d'acquérir une disposition à respecter systématiquement les normes de coopération. Entretenir une telle disposition à la maximisation contrainte constitue ainsi le meilleur moyen de maximiser son utilité.

Ainsi Gauthier défend-t-il, contre Hobbes et ses disciples formalistes, une conception de la rationalité – et de la psychologie, donc

12. Le Fou peut opposer un dernier argument à cette démonstration en termes de dispositions. N'est-il pas plus rationnel de conjoindre maximisation directe et dissimulation ou duperie et d'apparaître comme une personne digne de confiance, qui respecte les accords ? Gauthier reconnaît que son argument présuppose une idéalisation. Il faudrait en effet considérer les personnes comme « transparentes » afin que chacun puisse être informé des dispositions de ses semblables. Bref, supposer une sorte de sympathie parfaite permettant à chacun de se glisser dans l'esprit d'autrui. Mais, suggère-t-il, « nous pouvons faire appel à un présupposé plus réaliste de *translucidité* en supposant que les personnes ne sont ni transparentes ni opaques et en supposant que la question de savoir si elles sont disposées à coopérer ou non peut, même si les autres ne peuvent y répondre avec certitude, être davantage qu'une devinette » [1986, p. 175]. Cette hypothèse est essentielle pour Gauthier, car si les personnes n'étaient pas au minimum translucides, l'opacité de leurs dispositions (opacité d'ailleurs maximale pour ceux que l'anneau de Gygès rend invisibles) conduirait inévitablement à la solution politique de Hobbes qu'il réprouve. Il n'y aurait d'autre alternative face aux problèmes d'interaction que le marché ne parvient pas à résoudre que celle du Léviathan. L'auteur valide formellement sa propre hypothèse en montrant qu'il est rationnel pour les agents de développer leur aptitude à détecter les dispositions d'autrui, surtout celles des opportunistes potentiels.

de la nature humaine – plus complexe. L'être rationnel ne se réduit pas à une machine à maximiser directement : « Si la disposition à faire des choix directement maximisants était ancrée en nous, nous ne pourrions pas restreindre nos actions de la manière qu'exige la moralité » [1992b, p. 117]. Néanmoins, c'est la rationalité bien comprise, donc l'intérêt bien entendu, qui conduit à l'adoption d'un point de vue moral. L'adoption d'un point de vue moral ne se justifie donc que pour des raisons instrumentales, et non pour des raisons intrinsèques. Selon cette éthique instrumentale, le maximisateur autocontraint est donc un agent indissociablement rationnel et moral, mais moral *afin d'être* rationnel[13].

La ruse de la raison utilitaire ou comment l'intérêt se sublime en sympathie

Il ne s'agira pas pour moi d'entreprendre ici une critique d'ensemble de la démonstration de Gauthier. Il suffit de rappeler que celle-ci, comme nous l'avons vu, se résout dans un (avant-)dernier argument : si « le devoir l'emporte sur l'avantage, en vérité l'accomplissement du devoir est avantageux » [1986, p. 2]. Le maximisateur bien compris, conscient de son intérêt bien entendu, doit donc se soumettre à la contrainte, bref à la morale, qui lui enjoint de ne pas

---

13. Comme le souligne Rawls, pour s'en distinguer, Gauthier suggère bien ainsi de dériver le raisonnable du rationnel [1995, p. 81]. Pour autant, on ne peut qu'être frappé par la proximité entre les analyses de Gauthier et celles de Rawls dans l'un de ses premiers textes d'importance, « La justice comme équité » [1987a]. Dans ce texte qui annonce la *Théorie de la justice*, il définissait la justice en termes hobbesiens, comme « un pacte entre égoïstes rationnels » et proposait de déduire ces deux principes de justice d'une structure de jeu qui engage chaque joueur à respecter ces principes pour tous les jeux à venir, quelles qu'en soient les conséquences, bref à être beau ou bon joueur. Ainsi tentait-il de combiner stratégie de maximisation et devoir de *fair-play,* identifiant donc la morale au fait d'avoir pris par avance un engagement ferme et de s'y tenir. Sur la notion de *fair-play* et son articulation au paradigme du don, voir Caillé [1994] et Chanial [2001, chap. III – consacré à Rawls]. Remarquons en passant que, dans la *Théorie de la Justice*, Rawls proposera un pacte plus diabolique encore que ce pacte hobbesien liant des égoïstes rationnels puisqu'il supposera que les deux principes sont ceux que choisirait une personne pour planifier une société dans laquelle son pire ennemi lui assignerait sa place [Rawls, 1987b, notamment p. 185]. Apparemment, sous le voile d'ignorance, comme l'exprime la règle du *maximin*, il est proscrit de se faire crédit. « No trust » ici aussi.

toujours être maximisateur et de tenir sa parole. En démontrant ainsi tout l'intérêt qu'il y a à adopter une attitude désintéressée, et même à cultiver des dispositions morales, coopératives, Gauthier a-t-il pour autant répondu à la question de Glaucon ? A-t-il réussi à faire de la justice autre chose qu'un second choix et de la coopération autre chose qu'un choix exclusivement instrumental ?

Gauthier suggère, à la fin de son ouvrage, un argument qui l'oriente vers une tout autre appréhension de la coopération sociale. Considérée à la fois sous l'angle des bénéfices qu'elle apporte et des formes de participation qu'elle met en œuvre, la coopération ne constitue pas un second choix, un choix par défaut qui s'imposerait à nous en raison de la présence d'obstacles qui nous empêcheraient d'agir autrement pour réaliser nos fins. Grâce à et par la coopération et la confiance mutuelle, non seulement nous réalisons certaines capacités individuelles et satisfaisons certaines fins que l'individu solitaire s'interdit, mais plus encore nous faisons l'expérience de valeurs qui lui sont inaccessibles. Ainsi, du fait même que les agents reconnaissent dans les contraintes morales les conditions d'une coopération mutuellement bénéfique, leur participation à la vie collective tend progressivement à acquérir une valeur propre. En valorisant ainsi la participation à des activités communes, ils apprécient toute l'importance de la vie publique d'un point de vue qui n'est plus exclusivement instrumental. L'expérience continue de pratiques partagées suscite ainsi un intérêt croissant pour les intérêts des autres, crée des liens de confiance durables et finalement « [les agents] en viennent à valoriser la morale qui ne constituait auparavant pour eux qu'une contrainte rationnelle » [1986, p. 338]. En se renforçant continuellement, leur acceptation des contraintes qu'imposent les systèmes sociaux de coopération favorise le développement d'un rapport « affectif » et non plus seulement « rationnel » à la morale[14]. « Ayant d'abord engagé leur raison, la morale engage maintenant leurs sentiments » ; et ainsi les agents manifestent-ils cette capacité affective pour la morale qui fait tant défaut à l'*Homo œconomicus*. L'expérience même de la coopération

14. Gauthier retrouverait ainsi l'argument développé par Rawls dans la troisième partie de sa *Théorie de la Justice* [1987b, notamment § 78 et 86]. Une société fondée sur des principes de justice déduits d'un choix rationnel favorise l'approfondissement d'un sens de la justice qui devient un bien pour ses membres et permet ainsi de forger durablement les liens d'une « amitié civique ».

mutuelle conduit ainsi la rationalité économique comme la morale de l'*Homo œconomicus* à se dépasser elles-mêmes[15].

Il est tentant de pousser plus loin le raisonnement de Gauthier. L'auteur nous semble ici retrouver un argument de Smith soulignant, dans sa *Théorie des sentiments moraux*, les mérites de ce qu'il nomme nos « règles de conduite » : « Ces règles générales de conduite, lorsqu'elles ont été fixées dans notre esprit par la réflexion habituelle, sont très utiles *pour corriger une fausse représentation de l'amour de soi*, à propos de ce qui est convenable et approprié dans notre situation particulière » [cité *in* Sen, 1993, p. 81 – nous soulignons]. D'une certaine façon, dès lors que nos dispositions morales sont acquises et approfondies, que ces « règles de conduite » coopératives sont durablement fixées dans notre esprit, leur fondement utilitaire n'est-il pas comme oublié et, de fait, inopérant dans les situations concrètes ? On serait alors tenté de suggérer une reformulation du paradoxe au cœur de l'argument de Gauthier : si l'intérêt engendre la morale, celle-ci, devenue disposition, nous enjoint d'écarter l'exclusive préoccupation de notre intérêt. *L'intérêt se sublime en sympathie.* Si la théorie de l'action rationnelle visait à nous démontrer l'intérêt au désintéressement, elle aboutit à une théorie morale qui nous conduit à nous désintéresser de notre propre intérêt. Dès lors que nous avons appris et intériorisé que notre intérêt personnel coïncide souvent avec celui des autres, nous pouvons l'oublier et agir intrinsèquement au nom de la morale commune. L'intérêt alors ne guide plus nos pas et c'est dans l'oubli de notre propre intérêt que nous coopérons avec autrui[16]. Lorsque la morale est ainsi naturalisée, nous ne sommes peut-être plus des calculateurs ou des maximisateurs, même autocontraints. Nous avons découvert le « bien interne » de la communauté et de la coopération. Si l'honnêteté, la bienveillance et l'équité sont constitutives de la morale, ce n'est plus seulement parce

15. Incapable de rendre compte des sentiments affectifs et communautaires de l'individu libéral, la morale de l'*Homo œconomicus* ne constitue donc que le point de départ, et non le point d'arrivée, de la morale par contrat que préconise Gauthier. Néanmoins, cette capacité de la rationalité économique à se dépasser elle-même, à s'autotranscender, cette ruse de la raison utilitaire, ne laisse pas d'étonner. Étrange alchimie qui rappelle bien sûr celle de la main invisible. Il ne fait guère de doute que cette providence paradoxale aurait laissé Melville assez sceptique.

16. Sur cette hypothèse d'un « oubli » de l'intérêt et de son lien avec la question de la sympathie, voir le texte de Jean-Marie Guyau publié dans le « Prologue » du présent numéro.

qu'elles sont les conditions nécessaires de la coopération sociale comme coopération mutuellement bénéfique, mais parce qu'elles résument notre *identification* concrète et sensible – sympathique – à une communauté dans laquelle nous nous attendons à ce que nos rapports mutuels soient effectivement régis par ces principes. Étrangement, cette morale individualiste, déduite de l'axiomatique de l'intérêt caractéristique de la théorie du choix rationnel, peut, sous cette interprétation, conduire à une éthique de la réciprocité et de la sympathie. Et l'égoïsme rationnel se retourner en altruisme.

Au-delà du paradigme du calcul : le don comme pari de confiance

Un tel retournement n'est après tout pas si étonnant si on retraduit, en compagnie de Mauss et de quelques maussiens contemporains, la démonstration de Gauthier sous le paradigme du don. Et c'est sur cette question que je conclurai brièvement cette analyse.

Qu'est-ce que Gauthier a tout d'abord pointé ? Rien d'autre, me semble-t-il, que le dilemme même de la rationalité économique. Dilemme au sens où ceux qui ne pensent qu'à leurs intérêts immédiats – les maximisateurs directs – se privent par leur comportement même de certains bénéfices en s'excluant de nombreux échanges profitables. Dès lors que la coopération réciproque est plus rentable que le calcul intéressé individuel, il est donc rationnel d'être juste, c'est-à-dire à la fois d'entretenir une disposition à la coopération et de développer sa réputation de coopérateur, bref, de jouer le jeu de la confiance. La question est alors de savoir si, pour que la coopération soit payante à terme, elle doit être choisie dans ce but et pour cette unique raison. À travers sa théorie des dispositions et les remarques qui concluent son ouvrage, Gauthier semble en fait montrer que les bénéfices de la coopération seront maximisés si la coopération est voulue pour elle-même, dans une perspective non exclusivement instrumentale[17]. En bref, que,

17. Ce qui suppose que l'homme soit bel et bien un animal sympathique, au sens où c'est seulement s'il est doué d'une capacité d'être affecté par autrui – de s'associer au sentiment de ses semblables – qu'il peut se révéler bienveillant et généreux, et par là d'un commerce agréable.

dans la coopération, on ne gagne qu'à la condition ne pas être – d'abord ou seulement – intéressé à gagner, qu'à condition de ne pas adopter exclusivement le schéma de l'intérêt individuel. Pour développer la réputation de coopérateur, d'agent moral, il faut donc l'être réellement et continûment. Il faut l'être sincèrement et sans calcul.

C'est justement en ces termes que Jacques T. Godbout souligne l'« efficacité » du don : « Pour susciter l'envie de donner, il faut avoir la réputation de générosité – il faut qu'on considère que le don n'a pas été fait dans le but de recevoir un retour. C'est à cette condition que le don enclenche la spirale du don, que le don appelle le don [...]. Bref le don est réaliste parce qu'il y a retour, mais il existe parce que, pour qu'il y ait retour, il ne doit pas être fait pour cela » [2000, p. 169]. Or, du point de vue de la théorie du choix rationnel, un tel argument n'est évidemment pas recevable. L'*époché* du calcul ne saurait constituer une stratégie rationnelle. Par contre, cet argument définit le pari paradoxal même du don tel que l'énonce Alain Caillé [2000, p. 51] : « La seule manière possible de répondre au dilemme du prisonnier, à l'indétermination rationnelle qui affecte le choix entre la solution de coopérer et celle de ne pas le faire, suggère au fond Mauss avant la lettre, est de le faire par un paradoxe. Le pari du don est en effet intrinsèquement paradoxal puisque seule la gratuité déployée, l'inconditionnalité sont susceptibles de sceller l'alliance qui profitera à tous et donc au bout du compte à celui qui aura pris l'initiative du désintéressement. » S'il faut d'abord donner, prendre l'initiative du don et de l'engagement, c'est parce que nous n'avons pas d'autre choix que de faire le *pari de la confiance* : donner pour que l'autre donne et coopère à son tour, au risque de donner sans retour.

Néanmoins, on ne jouera pas le jeu de la coopération si l'on est perdant à tous les coups. Dans un monde peuplé de maximisateurs directs, d'opportunistes et de *free riders*, on ne saurait tenter systématiquement le pari du don et il est toujours temps de rebasculer dans le registre de la défiance. On ne saurait être solidaire tout seul. En ce sens, l'appât du don s'oppose moins à l'appât du gain qu'il ne le secondarise. Mais c'est en raison de cette structure hiérarchique-là, parce que le calcul est second, que la coopération et ses bénéfices peuvent advenir, la confiance s'instituer et des liens de sympathie se nouer.

Il est donc pleinement légitime d'affirmer que le don (ou la coopération), même s'il ne repose sur aucun calcul préalable mais sur un pari, est réaliste et efficace : il n'y a pas de don gratuit, sans retour. Mais en même temps, ce qu'il apporte aux partenaires de l'échange, ce n'est pas seulement un gain matériel à chacun, mais une forme de bonheur que la théorie du choix rationnel ne peut appréhender et valoriser, une forme de satisfaction intrinsèque à l'acte généreux lui-même. Cette satisfaction intrinsèque est indissociable de ce sens de la solidarité, de cette identification concrète et sensible à autrui, et plus largement à une communauté dans laquelle nous pouvons, sans crainte, nous attendre à ce que nos rapports mutuels soient régis et enrichis par la coopération, la bienveillance et la confiance réciproque. Ainsi, plutôt que demander comme Gauthier l'impossible : appeler la raison utilitaire à se dépasser elle-même, à s'autosublimer en quelque sorte, pour nous permettre de goûter ce bonheur-là, il est plus raisonnable sinon rationnel – et, d'un point de vue argumentatif, plus économique – de faire, comme je l'ai esquissé ici, le pari heuristique (du paradigme) du don et de la confiance.

Et peut-être y a-t-il ici, dans cette conception modeste – et non hyperbolique – du don [Caillé, 1994], matière à fonder un argument réaliste qui pourrait donner crédit à ce que Melville nous rappelait. Si donner, donner sa confiance, suppose bien un acte de foi dans la nature humaine, cet acte de foi doit être pensé comme un pari. Un pari dont on ne saurait certes cacher le parfum métaphysique, mais qui, pour autant, n'est pas perdu d'avance[18].

---

18. Telle est d'ailleurs pour le pragmatiste Dewey, marqué lui aussi – mais tout autrement que Melville – par le transcendantalisme d'Emerson, la condition même de possibilité de la démocratie. La démocratie ne suppose pas en effet pour lui que les valeurs humanistes soient vraies ou conformes à une quelconque essence objective de l'homme. Elle est la croyance qu'« une culture humaniste *doit* prévaloir » [Dewey, 1989, p. 97]. C'est à ce titre qu'elle repose sur un pari – sympathique –, sur un acte de foi dans la nature humaine et dans ses potentialités, c'est en ce sens qu'elle est indissociable d'une confiance dans le *common man* tel que le célébrait le poète américain Walt Whitman. C'est pourquoi, selon Dewey, l'expérience démocratique ne saurait être sans rapport avec l'expérience religieuse. L'expérience religieuse ne se résume pas en effet pour lui à la croyance en un Dieu créateur et omniscient. Elle suppose avant tout un sentiment de piété et de confiance face au monde, à la nature, donc à la nature humaine elle-même. Dans *Quest for Certainty* [1929], Dewey souligne ainsi, répondant en quelque sorte au pessimisme de Melville : « La foi religieuse qui est sensible aux potentialités de la nature et de la vie associée doit, en

Bibliographie

Axelrod Robert, 1996, *Comment réussir dans un monde d'égoïstes ?,* Odile Jacob, Paris.

Barry Brian, 1989, *Theories of Justice*, Harvester-Wheatsheaf, Hemel-Hempstead.

Boudon Raymond, 1993 « Effets pervers et philosophie sociale : la théorie de Rawls », *in Effets pervers et ordre social*, PUF, « Quadrige », Paris.

Buchanan J. M., 1984, « Politics without romance : a sketch of positive public choice theory and its normative implications », *in* Buchanan J. M. et Tollinson R. (sous la dir. de), *The Theory of Public Choice II*, University of Michigan Press, p. 11-22.

Caille Alain, 1994, *Don, intérêt et désintéressement*, La Découverte/MAUSS, Paris.

– 2000, *Anthropologie du don*, Desclée de Brouwer, Paris.

Chanial Philippe, 2001, *Justice, don et association. La délicate essence de la démocratie*, La Découverte/MAUSS, Paris.

– 2002, « La démocratie est-elle naturelle ? Sur l'humanisme démocratique de C. H. Cooley et J. Dewey », *La Revue du MAUSS semestrielle*, n° 19, « Y a-t-il des valeurs naturelles ? », 1er semestre.

Cordonnier Laurent, 1997, *Coopération et réciprocité*, PUF, Paris.

Couture Jocelyne, 1992, « Rationalité et consensus », *in* Couture Jocelyne (sous la dir. de), *Éthique et rationalité*, Mardaga, Liège.

Dewey John, [1939] 1989, *Freedom and Culture*, Prometheus Books, New York.

– [1939] 1993, « Creative democracy – The task before us », *in* morris D. et Shapiro I. (sous la dir. de), *John Dewey. The Political Writings*, Hackett Publishing Company, Indianapolis-Cambridge.

Dupuy Jean-Pierre, 1992, *Libéralisme et justice sociale*, Hachette, « Pluriel », Paris.

– 1996, « Rationalité », *in* Canto-Sperber Monique (sous la dir. de), *Dictionnaire d'éthique et de philosophie morale*, PUF, Paris.

– 2002, *Avions-nous oublié le mal ? Penser la politique après le 11 Septembre*, Bayard, Paris.

Gauthier David, 1986, *Morals by Agreement*, Clarendon Press, Oxford.

– 1992a, « La justice en tant que choix social », *in* Couture J. (sous la dir. de), *Éthique et rationalité*, Mardaga, Liège.

---

raison de sa dévotion à l'idéal, manifester de la piété à l'égard de ce qui est. Elle ne doit pas avoir l'esprit chagrin face à ses défauts et aux épreuves que nous subissons […]. En dépit de toutes ses imperfections et de ses défauts, la nature – dans laquelle il faut inclure l'humanité – peut susciter un sentiment de piété et constituer la source d'idéaux, de potentialités et d'aspirations, voire la demeure éventuelle de toutes les formes de biens et d'excellences accessibles. » Pour un commentaire, voir Chanial [2001, chap. IX ; 2002].

– 1992b, « Est-il rationnel d'être juste ? », *in* Couture J. (sous la dir. de), *Éthique et rationalité*, Mardaga, Liège.

Godbout Jacques T., 2000, *Le Don, la dette, l'identité*, La Découverte/MAUSS, Paris.

Hobbes Thomas, 1999, *Léviathan*, édité par F. Tricaud, Dalloz, Paris.

Mauss Marcel, 1997, « Appréciation sociologique du bolchevisme », *in Écrits politiques* (textes réunis et présentés par Marcel Fournier), Fayard, Paris.

– 1989, « Essai sur le don », *Sociologie et anthropologie*, PUF, Paris.

Melville Herman, 1856, *The Confidence Man : His Masquerade* (traduction française : *Le Grand Escroc*, Éditions de Minuit, Paris, 1950).

Olson Mancur, 1978, *Logique de l'action collective*, PUF, Paris.

Platon, 1966, *La République*, Garnier-Flammarion, Paris.

Seligman Adam B., 1997, *The Problem of Trust*, Princeton University Press, Princeton.

Sen Amartya, 1993, *Éthique et économie*, PUF, Paris.

Servet Jean-Michel (sous la dir. de), 1997, *La Construction sociale de la confiance*, Montchrestien, Paris.

Rawls John, 1987a, « La justice comme équité », *Philosophie*, n° 14.

– 1987b, *Théorie de la justice*, Le Seuil, Paris.

– 1995, *Libéralisme politique*, PUF, Paris.

B. Au-delà de la sympathie ? Antipathie, générosité et liberté

Comment l'homme peut-il être à la fois égoïste, bon et méchant ?

François Flahault

Une jeune femme, venant des Philippines, débarque à l'aéroport de Beyrouth (ou de Riyad, peu importe). Elle s'est engagée comme bonne pour deux ans afin de subvenir aux besoins de ses enfants restés au pays. Son employeur commence par lui prendre son passeport ; il ne le lui restituera qu'au terme du contrat, pour autant que l'on puisse parler de contrat. Si, en effet, elle est mal payée, si, certains mois, on oublie de lui verser son maigre salaire, elle n'a guère de recours. Encore heureux si sa patronne ne prend pas une joie mauvaise à l'humilier, à la maltraiter ou à la battre, et si elle n'est pas violée par son patron.

Mille autres exemples en témoigneraient aussi bien. L'homme est mû par l'intérêt : oui. Il est altruiste : oui. Il est méchant : oui. Trois manières d'être qui, bien sûr, se déploient inégalement selon les circonstances, les personnes et l'état de la société considérée. Dans les pages qui suivent, je ne m'intéresse pas à la question de savoir dans quelle mesure l'être humain est bon ou mauvais, égoïste ou altruiste. Je m'intéresse à la question de savoir *pourquoi* il est difficile de *penser ensemble* le fait qu'il est potentiellement égoïste, bon et méchant, et j'essaie de montrer ensuite *comment* il est possible de le faire.

À propos de la « sympathie »

Avant d'aborder cette question, un mot sur la « sympathie ». En attribuant à l'être humain une capacité de sympathie pour ses semblables, Adam Smith, dans sa *Théorie des sentiments moraux*, se démarque de l'anthropologie hobbesienne et plus généralement augustinienne. À la fois cognitive et affective, la sympathie telle que l'entend Smith est ce qui permet d'envisager les choses du point de vue de l'autre (d'où sa conception du « spectateur impartial ») ; c'est également, bien sûr, la propension à partager les sentiments des autres. Le point sur lequel j'aimerais attirer l'attention est le suivant : Smith évoque uniquement les relations entre individus de la même génération, ce en quoi il se conforme à la tradition philosophique qui pense l'homme comme sujet adulte, de préférence masculin (lorsque Rousseau postule une pitié naturelle, lui aussi reste dans le cadre d'une relation entre deux individus adultes). Adam Smith se prive ainsi d'un argument très fort. En effet, dès que l'on considère les relations entre générations – comme le fait par exemple Confucius (voir ses *Entretiens*, XVII, 21) –, il est évident qu'on ne peut plus penser les relations humaines uniquement sur la base de l'intérêt, même en y ajoutant l'amour-propre. Déjà chez les singes, la relation mère-enfant implique un attachement durable. John Bowlby a été le premier à le montrer, et depuis, les recherches en primatologie ont confirmé l'importance des liens d'attachement chez les singes. Un autre domaine de recherche en plein essor dans la seconde moitié du XXe siècle, la psychologie du développement (à commencer par la fameuse recherche de Spitz sur le « syndrome d'hospitalisme ») a mis en évidence l'importance vitale de l'attachement chez les humains. Il est donc aujourd'hui hors de doute qu'il existe un lien interhumain naturel, lien que l'on peut qualifier d'existentiel et de vital, et qu'on ne saurait confondre avec les relations d'ordre utilitaire, avec ces formes d'altruisme qui résultent de l'intérêt bien compris.

Il faut toutefois ajouter que l'attachement, inséparable de l'amour (d'où, notamment, les innombrables représentations de la Vierge à l'Enfant), est à la source de relations humaines qui sont beaucoup moins réconfortantes. En effet, comme nous allons le voir, le lien interhumain dans sa dimension d'attachement entraîne avec lui une dépendance qui n'est pas simplement utilitaire, mais qui touche au cœur de l'être humain. D'où les sentiments de jalousie, d'envie, de haine, et les désirs de vengeance et de destruction.

Deux paradigmes anthropologiques

Pour juger de la nature humaine, la pensée européenne s'est appuyée au cours des derniers siècles sur deux paradigmes différents. Il est nécessaire de le rappeler, car nous restons tributaires de cette histoire. Le premier paradigme est constitué par l'anthropologie augustinienne, prolongée et enrichie par le jansénisme : l'homme déchu par le péché originel. Le second pointe déjà chez les Jésuites, mais doit surtout son épanouissement à la philosophie des Lumières : celle-ci, comme on sait, s'est débarrassée du péché originel – une histoire absurde – ainsi que de ses conséquences déprimantes [Flahault, 2007, chap. IV].

Tout cela est bien connu. Revenons pourtant un instant sur le premier paradigme. Les augustiniens mettaient tout leur talent à décrire les passions humaines en insistant sur leur caractère destructeur, insatiable et injuste. Là-dessus, Pascal, La Rochefoucauld, Racine, Hobbes ou Milton – chacun dans son genre – sont inégalables. Sans parler de l'évêque Jean-Pierre Camus, auteur de récits sanglants et tragiques où l'on voit souvent un personnage qu'une forme passionnelle de dépendance met au pouvoir d'un autre, que cela rend enragé, qui se venge cruellement et fait son propre malheur [Robic, 1999]. Le seul remède, ici, c'est la grâce de Dieu : ces récits se veulent des prêches édifiants.

Mais puisque, par définition, la grâce est rare et incertaine, il faut bien, surtout lorsqu'on est confronté à de graves désordres sociaux, se tourner vers un palliatif humain. Aux passions, on oppose alors l'intérêt. Celui-ci, en un sens, est lui aussi une passion, mais une passion rationnelle puisqu'elle calcule, raisonne et anticipe. C'est ainsi que l'augustinisme des XVIIe et XVIIIe siècles pense ensemble, c'est-à-dire articule l'un à l'autre, le caractère destructeur des passions – la méchanceté – et l'intérêt bien compris. Confrontés à la violence et à l'étendue des guerres de religion, les meilleurs esprits du temps s'étaient orientés vers une vision pragmatique des rapports humains. On peut les comprendre. Car c'est un peu de la même manière qu'ont raisonné les anciens ennemis après les immenses destructions de la Seconde Guerre mondiale, ambitionnant d'asseoir la paix sur le Marché commun.

La promotion de l'intérêt ou de l'égoïsme bien compris dans le cadre d'une anthropologie augustinienne a été bien mise en évidence par Albert O. Hirschman et, il y a peu, par Serge Latouche, Christian Laval et Jean-Claude Michéa. Je passe donc au second paradigme.

Selon celui-ci, le fruit de l'arbre de la connaissance n'a pas eu les effets néfastes que souligne le christianisme. On ne naît pas coupable, on le devient lorsqu'on est corrompu par la société. L'homme naturel n'est pas en proie à la passion de l'amour-propre, avec son cortège d'envie, de ressentiment, d'injustices et de cruautés. Il nourrit un juste amour de soi. Et ce qui pourrait apparaître comme de l'égoïsme est tempéré par un sentiment de sympathie ou de pitié (selon les auteurs) spontanément éprouvé pour autrui. Faire du bien aux autres me fait du bien : là où les moralistes du XVIIe siècle soupçonnaient l'amour-propre derrière les comportements vertueux, les philosophes des Lumières écossaises et françaises voient une heureuse harmonie. L'altruisme, la bienveillance ne s'opposent pas à l'intérêt comme le remède au mal, ils se complètent et se renforcent l'un l'autre.

Ce second paradigme permet donc de penser ensemble l'intérêt et l'altruisme (ce que ne pouvait faire le premier puisque, entre l'intérêt et la vertu véritable s'étendait l'abîme qui sépare la terre du Ciel). Mais du coup, c'est la méchanceté qui cesse d'être pensable. Les personnages de méchants ont beau poursuivre leur carrière dans le domaine de la fiction, donnant du relief, aujourd'hui aussi bien qu'hier, à toutes sortes de romans et de films, dans le domaine des idées, le méchant est devenu un monstre incompréhensible. Alors que Milton avait su rendre intelligible et pour ainsi dire humaine la méchanceté de Satan, celle de Hitler, au contraire, nous apparaît opaque comme celle d'un démon. On peut dire que, même après Freud, l'exploration et la compréhension des noirceurs de l'âme humaine n'a pas retrouvé la place de choix qu'elle occupait au XVIIe siècle dans une psychologie janséniste largement diffusée.

L'anticléricalisme qui est l'un des aliments du nouveau paradigme s'emploie à innocenter ce nouvel Adam que l'on croit voir dans le « sauvage » ou l'« homme de la nature ». On attribue souvent à Rousseau la paternité du « mythe du bon sauvage ». En réalité, Rousseau ne fait que relayer une figure apparue longtemps avant lui. Dès 1688, avec *Oronoko, l'esclave royal*, la romancière anglaise Aphra Behn dépeint un Africain – un païen donc – paré des plus nobles vertus et l'oppose à la corruption des Européens qui le trompent et le réduisent en esclavage.

Cette vision, apparemment contradictoire avec celle qui, comme Michèle Duchet l'a montré, fut en réalité la vision dominante – les peuples sauvages doivent être éduqués et civilisés par les Européens –, a cependant en commun avec elle l'idée qu'il n'y a pas de racine intérieure à la méchanceté humaine. En ce sens, l'innocence primitive n'est qu'une image de l'idéal auquel est censé conduire la perfectibilité humaine.

Le *Supplément au voyage de Bougainville*, que Diderot publie en 1772, est un bon exemple du nouveau paradigme anthropologique. À l'opposition entre l'homme tel qu'il sortit des mains de Dieu et l'homme d'après la Chute s'est substituée l'opposition entre nature et société, l'état social étant présumé ne pas être l'état naturel des humains. « Le Taïtien, écrit Diderot, touche à l'origine du monde. » Chez lui, la loi de la nature n'est pas troublée par celles que l'ordre social et le clergé ont imposées (à travers le Taïtien Orou polémiquant avec un prêtre, c'est évidemment l'auteur de *La Religieuse* qui s'exprime). Le Taïtien suit son intérêt, et celui-ci lui fait sentir le prix de ses semblables : ainsi l'intérêt personnel s'harmonise-t-il spontanément avec l'intérêt général. D'autant plus que le rapport aux autres n'entre pas en conflit avec le rapport aux choses ; la propriété n'existant pas, les conflits qui découlent du désir de s'approprier des biens sont évités. Car « toute guerre naît d'une prétention commune à la même propriété ». Les désirs ne dépassent pas les besoins, et ceux-ci sont aisément satisfaits (la sexualité ne s'embarrasse ni d'interdits ni d'un excès de sentiment – les Taïtiens de Diderot préfigurent ceux de Gauguin). Donc pas d'envie, pas de jalousie, pas de ressentiment : l'homme de la nature est sans passions. Comment ne vivrait-il pas en bonne entente avec ses semblables ? Le texte de Diderot est bien représentatif du changement de valeur qui affecte l'intérêt : celui-ci n'est plus un palliatif ou un pis-aller, c'est une preuve de santé qui fait bon ménage avec la pitié, la sympathie et la bienveillance.

De même, chez Adam Smith, la « sympathie » telle qu'il la conçoit, sur laquelle se greffe le sens moral, ne va pas à l'encontre de l'intérêt : elle est, comme celui-ci, une forme raisonnable de rapport à autrui. Intérêt et sens moral sont deux facettes de l'individu libéral. Celui-ci contraste avec l'homme tel que le voyaient les augustiniens, un être hétéronome que son désir, plus fort que sa volonté, tenait dans une dépendance passionnelle à l'égard des autres. Ainsi, avec le nouveau paradigme, se développe l'idée selon laquelle la méchanceté n'est possible que chez un homme dénaturé. Dénaturé par une société corrompue, ou bien par quelque monstruosité congénitale.

Un troisième paradigme : l'individu relationnel

Le bon sauvage n'est qu'une image idéalisée à travers laquelle se contemple l'individu libéral, celui autour duquel tourne l'« idéologie moderne » selon Louis Dumont. Le présupposé qui sous-tend la conception moderne de l'individu rationnel et autonome, c'est la conviction que l'être humain est naturellement présent à lui-même avant d'être confronté aux autres. Il vit la présence originaire à soi dans la conscience des choses qui l'entourent. C'est bien ce qu'illustre, de manière exemplaire, l'Émile imaginé par Rousseau. La relation aux autres, loin d'être en amont de la présence à soi, loin de la précéder et d'en être la condition, vient dans un temps logique second : l'individu se lie aux autres selon des modalités délibérées qui impliquent donc une volonté libre déjà formée : pour des raisons d'utilité lorsqu'il se comporte en tant qu'*Homo œconomicus*, et parce qu'il reconnaît en eux ses semblables lorsqu'il se comporte en tant qu'agent moral.

Dans l'ancienne anthropologie, l'amour-propre occupait une position centrale et témoignait d'une dépendance constitutive à l'égard des autres : l'amour-propre est le désir d'exister en tant que sa réalisation dépend de la place que j'occupe dans l'esprit des autres. Pour ce représentant anglais de la philosophie des Lumières qu'est William Godwin, l'amour-propre ne prend plus sa source en nous, mais dans une forme spécifique de société : « C'est dans les monarchies, écrit-il, qu'on a inventé le système philosophique qui considère l'amour-propre comme le principal mobile de nos actions. » Ainsi, cette coutume néfaste qu'est le duel témoigne de l'asservissement au désir de faire le glorieux. Dans une société fondée sur la justice, « la jalousie et la haine n'auraient plus d'empire, parce qu'elles ne sont que le résultat de l'injustice » [Godwin, 1972, p. 160, 177 et 346]. Benjamin Constant, à qui l'on doit une traduction de l'ouvrage que Godwin avait publié en 1793, a lui-même écrit un essai sur la perfectibilité humaine qui s'achève ainsi : « La passion perd chaque jour de son empire, et ce qu'elle perd, la raison le gagne » [Godwin, « Appendice B », p. 372].

Cette vision utopique, même si la fiction de l'acteur rationnel s'en fait encore aujourd'hui l'écho, apparaît comme une contre-vérité lorsqu'on la confronte aux désastres qui ont marqué le XXe siècle. La pratique du duel a bien pu tomber en désuétude, la constitution de l'être humain n'a pas muté pour autant, les formes de la violence ont seulement changé. Dans la réalité, les processus de reconnaissance ne présentent pas nécessairement la réciprocité morale qu'Axel Honneth leur attribue : trop souvent, le désir de reconnaissance – autant dire le désir d'exister – s'impose au détriment d'autrui : j'existe puisque j'ai le pouvoir de te nuire, j'existe puisque tu dois reconnaître que je te domine, etc. Les employeurs de la Philippine évoquée plus haut ne se contentent pas toujours de servir leur intérêt en la payant au tarif minimum, il arrive aussi qu'ils se procurent un plus-être en la rabaissant, en lui faisant sentir sa dépendance, en jouissant de leur domination par les mauvais traitements qu'ils lui infligent. De l'indifférence et de l'égoïsme, on glisse ainsi insensiblement à la méchanceté. Le ressort de celle-ci n'en est pas moins différent de l'intérêt égoïste. L'égoïsme suppose une indifférence à l'autre, alors que la méchanceté est une manière de se venger de la dépendance constitutive de soi à l'autre. Par exemple, celui qui organise un attentat à la voiture piégée n'agit pas en égoïste. Le massacre lui procure une jouissance de souveraineté ou de toute-puissance ; en ce sens, on peut dire qu'il n'est pas indifférent aux vies qu'il supprime [Davis, 2007].

Le présupposé fondamental du troisième paradigme – l'individu relationnel – est que l'autre existe avant moi. Ce qui est effectivement la situation vécue par le nourrisson que chacun de nous a été : le bébé est en attente de son être dans la personne de l'autre, l'adulte qui prend soin de lui, quasi-divinité dont dépend son sort. Cette asymétrie native projette son ombre – ou sa lumière – sur notre vie entière. Elle nourrit nos amours comme nos haines. La nécessité d'en passer par l'autre pour être soi est évidemment la source des liens d'attachement, d'affection, d'amour, et de l'exigence morale en général. Comment peut-elle donc être aussi la source intérieure de la méchanceté ? Tout simplement parce que la nécessité d'en passer par l'autre pour accéder à l'existence de soi impose au désir d'exister (au *conatus* pour employer un terme spinoziste) une contrainte qui va à l'encontre de la satisfaction directe de ce désir. En effet, la pente spontanée du désir d'exister, c'est d'exister par soi et sans limites, en sujet souverain. Notre désir d'exister se trouve donc pris entre deux orientations opposées : celle qui consiste à exister grâce à ce que nous percevons comme soutien venant de l'autre – donc en coexistant avec lui – et celle qui consiste à exister en nous rebellant contre ce que nous percevons comme un assujettissement à l'autre, à exister en renversant à notre profit la relation de dépendance, ou plus radicalement en supprimant cet autre.

Pris dans cette ambivalence constitutive, nous penchons plutôt d'un côté ou plutôt de l'autre selon que, dans la configuration relationnelle au sein de laquelle se produit notre sentiment d'exister, notre relation à l'autre est plus ou moins bien médiatisée par des cadres de coexistence. Le plus simple de ces cadres est la règle du *tour de rôle* à laquelle s'initie le bébé à travers différentes sortes de jeux et dans son apprentissage du langage, puisque celui-ci vit grâce à la circulation que permet l'alternance parler/écouter. Mais les cadres de coexistence s'étendent à l'ensemble des institutions, des pratiques sociales et de la culture. Et dans cet ensemble, certains cadres favorisent davantage un sentiment de coexistence pacifique et de réciprocité bienveillante, alors que d'autres sont plus concurrentiels, plus agressifs, voire destructeurs.

Ce troisième paradigme ici esquissé rejoint celui du don tel que l'a décrit Marcel Mauss : formes d'échange dans lesquelles l'intérêt pour la chose échangée n'est pas seul en jeu (comme c'est le cas dans l'échange purement marchand), mais aussi l'intérêt des protagonistes de l'échange les uns pour les autres. La chose donnée, la manière de donner, de recevoir et de rendre contribuent à créer, maintenir ou modifier l'existence de chacun au sein d'un champ où l'on existe à plusieurs. Dans certains cas, la circulation des dons est mutuellement bénéfique ; dans d'autres, elle s'effectue au profit des uns et aux dépens des autres (par exemple, lorsque les biens ne sont pas donnés mais détruits dans une surenchère que peut seul assumer le plus puissant qui, ainsi, « écrase la face » des autres). Comparées à l'indifférence aux autres qui est le propre de la visée purement utilitariste, les formes de don décrites par Mauss apparaissent moralement recommandables. En revanche, lorsqu'on les compare les unes aux autres, certaines témoignent d'une bienveillance mutuelle, tandis que d'autres répondent à des désirs de domination ou d'élimination des rivaux.

Mais, dans tous les cas, le sentiment de sa propre existence se vit en liaison avec celui de l'existence des autres. Dès lors qu'exister, c'est exister à plusieurs, l'intérêt pour soi est inséparable de l'intérêt (positif ou négatif) porté aux autres.

J'espère avoir ainsi montré comment il est possible de penser ensemble l'altruisme et la méchanceté. Reste à voir comment penser en même temps le troisième terme, l'égoïsme, qui, contrairement à l'altruisme et à la méchanceté, est marqué par l'indifférence aux autres. Ici, il faut distinguer entre deux formes d'égoïsme. L'une consiste à ne pas tenir compte de l'autre là où celui-ci s'attendait à être pris en considération. Dans ce cas, le comportement égoïste est blessant (il est perçu comme du mépris) et il recèle sans doute une part de méchanceté, celle-ci fût-elle inconsciente, donc un intérêt pour l'autre (on l'ignore tout en sachant très bien qu'il est là). La seconde forme d'égoïsme est véritablement indifférente aux autres. Elle n'est pas blessante pour eux dès lors qu'ils la considèrent comme normale. Dans une grande ville, chacun vaque à ses affaires sans s'occuper des autres et cette indifférence est perçue comme un bien, une nécessité, une forme de liberté. Pour que nous soyons en état de réfléchir calmement à ce que nous faisons ou à ce que nous voulons faire, une telle quiétude nous est nécessaire. Le déploiement du calcul rationnel ne peut se faire que sur le fond de cette quiétude.

Le comportement rationnel du sujet utilitariste ne se fonde donc pas seulement sur les capacités cognitives de son cerveau ; l'exercice de la raison exige qu'il jouisse d'une assiette existentielle-relationnelle suffisamment stable. Dès lors que cette assiette est ébranlée, notre sujet rationnel se trouve déstabilisé : le réseau d'interdépendance qui l'assurait d'une place stable et par conséquent se laissait oublier se rappelle brusquement à lui. Contrairement à l'usage reçu, être rationnel n'implique donc pas que l'on échappe à l'interdépendance. Être rationnel implique que l'on vive des formes d'interdépendance qui ne nous tourmentent pas, ne mobilisent pas toutes nos réactions et nous permettent de jouir d'une assiette existentielle paisible (je rejoins ici une conception déjà familière aux lecteurs d'Antonio Damasio). En somme l'acteur rationnel, l'*Homo œconomicus*, peut bien s'imaginer que s'il calcule librement, c'est qu'il existe indépendamment des autres ; mais c'est là une illusion due au fait que la question de la place qu'il occupe dans un réseau d'interdépendance le laisse momentanément en paix. Ainsi, même le sujet dit rationnel doit être pensé comme un sujet relationnel.

Pour finir, encore un mot sur les cadres de coexistence. Nous avons vu que le bébé accède à l'existence de soi à condition d'entrer dans une forme de coexistence, d'existence à plusieurs. Tout cadre de coexistence inscrit donc ceux qui en jouissent dans des limites (il faut bien que chacun soit limité pour qu'il y ait place pour les autres). On peut considérer ces limites de deux points de vue différents. Soit – et c'est généralement ainsi qu'elles sont perçues – comme venant s'appliquer à l'individu de l'extérieur (on en parle alors comme de contraintes sociales). Soit comme constitutives de l'individu lui-même puisque, dans la mesure où il les intègre, elles soutiennent effectivement son sentiment d'exister. Dans ce cas, on peut parler d'elles comme d'un contenant à défaut duquel le sujet se déferait, se perdrait, s'égarerait hors de lui. Bien que les cadres de coexistence soient des produits de la société et de la culture et à ce titre perçus comme extérieurs à l'individu, on voit donc qu'en tant que contenants jouant un rôle vital dans l'existence de chacun, ils font partie de l'individu. C'est là un point que Norbert Elias [1991, p. 162] avait abordé, mettant en doute « l'idée que la conscience, les sentiments, l'entendement ou même le véritable "soi" auraient leur siège "à l'intérieur" de l'individu ». L'idée que l'être humain, pour jouir de son intégrité, doit être contenu, soutenu, lié à des formes sociales et culturelles s'oppose à la conception substantialiste du sujet, qui présume que le sujet, en tant qu'il est rationnel, s'autolimite et existe de manière autonome. L'expérience nous montre pourtant tous les jours (voir, par exemple, les dérapages de certains acteurs financiers ou, de manière plus générale, les abus auxquels sont portés ceux qui sont en position de force par rapport à d'autres) que l'opposition faite par les Grecs entre *ubris* et *dikè* est toujours aussi pertinente. Relisons Sophocle : le sage, celui qui demeure lui-même, ne se fie pas à sa seule raison mais écoute les autres. Celui qui n'écoute que lui-même, au contraire, s'égare et court à sa perte.

Si le germe de la méchanceté et de la démesure se trouve en tout homme, on doit renoncer à l'espoir qu'une société bonne rende les hommes tout à fait bons. Et si la volonté de s'appuyer sur sa seule force morale personnelle est présomptueuse, on doit renoncer également à l'idéal d'être bon par soi-même. Reste qu'il est possible d'améliorer les cadres de coexistence dans lesquels nous vivons et que ceux-ci, en retour, peuvent nous améliorer.

Bibliographie

BEHN Aphra, 2008, *Oronoko, l'esclave royal*, La Bibliothèque, « L'écrivain voyageur ».

BOWLBY John, 1978, *Attachement et perte*, 2 volumes, PUF, Paris.

CONFUCIUS, 1989, *Entretiens* (traduits par Pierre Ryckmans), Gallimard, Paris.

DAVIS Mike, 2007, *Petite histoire de la voiture piégée*, Zones, Paris.

DIDEROT Denis, 1992, « Supplément au voyage de Bougainville », *in Œuvres*, Gallimard, « La Pléiade », Paris, p. 963-1002.

DUCHET Michèle, [1971] 1995, *Anthropologie et histoire au siècle des Lumières*, Albin Michel, Paris.

ELIAS Norbert, 1991, *La Société des individus*, Fayard, Paris.

FLAHAULT François, 1998, *La Méchanceté*, Descartes & Cie, Paris.

– 2007, *Adam et Ève. La condition humaine*, Mille et Une Nuits, Paris.

GODWIN William, [1792] 1972, *Essai sur la justice*, traduction (abrégée) par Benjamin Constant, suivi de *Fragments d'un essai sur la perfectibilité humaine* par B. Constant, Les presses de l'université Laval, Québec.

HIRSCHMAN Albert O., 1980, *Les Passions et les intérêts. Justifications politiques du capitalisme avant son apogée*, PUF, Paris.

LATOUCHE Serge, 2005, *L'Invention de l'économie*, Albin Michel, Paris.

LAVAL Christian, 2007, *L'Homme économique. Essai sur les racines du néo-libéralisme*, Gallimard, Paris.

MICHÉA Jean-Claude, 2007, *L'Empire du moindre mal*, Climats, Paris.

MILTON John, 1995, *Le Paradis perdu*, traduction de Chateaubriand, Gallimard, Paris.

ROBIC Sylvie, 1999, *Le Salut par l'excès. Jean-Pierre Camus (1584-1652), la poétique d'un évêque romancier*, Honoré Champion, Paris.

SAHLINS Marshall, 2007, *La Découverte du vrai sauvage*, Gallimard, Paris.

SMITH Adam, 2003, *Théorie des sentiments moraux*, PUF, Paris.

Hostilité et sympathie
Analyse d'un conte bouddhique[1]

Mark R. Anspach

Il était une fois un prince indien nommé Dighavu[2]. C'était un prince sans royaume car le roi de Bénarès avait conquis le territoire de son père avant même la naissance de Dighavu. Ses parents, déguisés en religieux pauvres, s'étaient installés dans la maison d'un potier, et c'est là que Dighavu était né. Quand il entre dans l'adolescence, son père se dit : « Le roi de Bénarès nous a fait beaucoup de mal. Il nous a arraché notre armée, notre territoire, notre trésor et nos greniers. S'il apprend où nous sommes, il nous fera tuer tous les trois. » Aussi, pour mettre le jeune homme en sécurité, son père l'envoie résider en dehors de la ville.

Le roi de Bénarès finit par découvrir la cachette des parents de Dighavu et ordonne à ses hommes de les tuer. Le prince, ayant choisi ce jour-là pour venir les voir, arrive à temps pour entendre, mêlé à la foule, les dernières paroles de son père. Après avoir pleuré ses parents, il trouve du travail comme apprenti cornac dans une écurie d'éléphants non loin du palais royal. Un jour, le roi de Bénarès l'entend jouer du luth en chantant d'une voix si douce que, sans savoir à qui il a affaire, il le prend à son service comme valet de chambre. Grâce à ses qualités exceptionnelles, Dighavu devient bientôt l'ami intime et le confident du roi.

---

1. Cet article s'appuie sur des travaux financés par l'association Recherches mimétiques grâce au soutien du CCFD, que l'auteur tient à remercier.

2. Nous résumons ici la version de l'histoire publiée sous le titre « Le pardon des offenses » *in* Bareau [1985, p. 167-173].

Pour un garçon né dans la maison d'un potier, c'est déjà une belle revanche que cette vie de palais aux côtés du roi. Mais Dighavu sait bien que celui-ci a conquis le royaume de son père en lui arrachant son armée, son territoire, son trésor et ses greniers. Il sait surtout qu'il a ordonné la mort de ses parents. Il est donc compréhensible que Dighavu éprouve un ressentiment très fort envers le roi de Bénarès. Que doit-il faire alors le jour où, parti à la chasse avec le roi, il se trouve tout seul avec lui dans la forêt ? Que doit-il faire lorsqu'il voit le roi, fatigué par le voyage, dormir la tête posée contre son flanc ?

Voici ce que fait le prince Dighavu. Il sort son épée du fourreau et la lève pour tuer celui qui a tué son père. Puis il hésite en pensant aux dernières paroles que son père a prononcées avant de mourir : « Ô mon fils, ce n'est pas par l'hostilité que l'hostilité est apaisée, c'est par l'absence d'hostilité que l'hostilité est apaisée. » Le prince interprète cette phrase de la manière suivante : « Cela signifie que si je tuais le roi parce que mes parents ont été tués par le roi, les amis du roi me tueraient ensuite, puis les miens les tueraient à leur tour, et ainsi l'hostilité ne serait nullement apaisée par l'hostilité. Au contraire, si je laisse maintenant la vie au roi, et que le roi me laisse aussi la vie, l'hostilité est ainsi apaisée par l'absence d'hostilité. »

En pensant aux paroles de son père, le prince remet son épée au fourreau. Puis, en repensant à tout ce que le roi a fait, il la tire à nouveau. Alors qu'il balance encore, le roi se réveille. Dighavu saisit la tête du roi et lui dit à qui il a affaire vraiment : « Je suis le fils du roi de Kosala, le prince Dighavu. Tu nous as fait beaucoup de mal. Tu nous as arraché notre armée, notre territoire, notre trésor et nos greniers, et tu as tué mon père et ma mère. Voici certainement venu le moment d'assouvir ma vengeance. »

Le roi lui répond : « Laisse-moi la vie, ô mon cher Dighavu ! Si tu me laisses la vie, je te laisserai la vie. »

Dighavu accepte alors de lui laisser la vie, et non seulement le roi lui laisse la vie à son tour, mais il lui restitue le territoire et les biens de son père en lui donnant sa propre fille par-dessus le marché. En réalité, donc, on ne passe pas de l'hostilité à la simple absence d'hostilité. Le renoncement à la vengeance se présente comme un don, le pardon s'inscrit d'emblée dans un cadre de réciprocité positive. Dans le premier échange, chacun donne la vie à l'autre : il n'existe pas de cadeau plus précieux. Quant au mariage entre Dighavu et la fille du roi, c'est une promesse de vie future.

Un cynique pourrait dire que le roi, en faisant de Dighavu son propre beau-fils, s'arrange pour que tous les biens rendus restent en famille. Mais, après tout, ce n'est pas un hasard si l'alliance matrimoniale est le moyen traditionnel pour sceller un pacte entre dynasties ou tribus diverses. Pour Claude Lévi-Strauss [1949], le mariage est même l'expression par excellence du principe de réciprocité qui règle nécessairement les rapports entre deux groupes. La réciprocité est présente dans tous les cas de figure, mais elle peut se manifester de manière positive ou négative, elle peut prendre la forme d'un échange de cadeaux ou celle d'un échange de coups.

Entre la réciprocité de la vengeance et celle du don, pourtant, il n'y a pas seulement une différence de contenu. Il y a aussi une *inversion de l'orientation temporelle* : avec la vengeance, on répond à ce que l'autre a fait dans le passé ; avec le don, on prévoit ce que l'autre va faire à l'avenir. Si la vengeance consiste à tuer celui qui a tué, l'échange positif se définit selon nous par le fait de donner à celui qui va donner[3]. De ce point de vue, il est intéressant de constater que Dighavu ne dit pas simplement au roi : « Je te laisse la vie. » Il accepte de laisser la vie au roi seulement après que celui-ci promet : « Si tu me laisses la vie, je te *laisserai* la vie. » Ainsi, Dighavu donne à celui qui *va* donner.

Mais pourquoi le roi devra-t-il donner, pourquoi devra-t-il faire comme Dighavu ? Retrouvant sa liberté et son pouvoir royal, il pourra très bien en profiter pour tuer le prince. Une fois que Dighavu lui laisse la vie, quelle raison aura-t-il de lui laisser la vie à son tour ?

Retournons plutôt la question : quelle raison aura-t-il de *ne pas* lui laisser la vie ? À la différence d'autres biens précieux, une vie ne saurait servir qu'à son premier propriétaire. En privant un homme de sa vie, on ne gagne rien soi-même, sinon la certitude que l'autre ne constituera plus jamais une menace pour sa propre vie. En fait, c'était justement parce qu'il avait peur de leur vengeance que le roi de Bénarès avait fait tuer les parents de Dighavu. Sachant qu'il leur avait fait beaucoup de mal en leur arrachant leur territoire et leurs biens, il estimait prudent de leur arracher la vie aussi. De même, sachant qu'il a fait beaucoup de mal au prince, il aurait pu estimer prudent d'éliminer celui-ci. C'est la crainte que Dighavu ne lui laisse pas la vie qui aurait pu inciter le roi à le tuer. Mais une fois que Dighavu

3. Pour plus de développements, voir Anspach [2002, chap. I).

montre qu'il renonce à la vengeance, une fois que Dighavu lui laisse la vie, le roi n'a plus de raison de ne pas lui laisser la vie à son tour.

Cette analyse des actions du roi ne lui attribue que des motivations rationnelles. Mais il ne faut pas négliger l'existence d'autres mobiles plus affectifs. Le fait de savoir que les parents de Dighavu avaient de bonnes raisons de le tuer a dû lui inspirer de l'antipathie à leur égard[4] ; le fait de savoir que Dighavu a préféré l'épargner a dû lui inspirer de la sympathie. Quel rôle l'antipathie et la sympathie jouent-elles ici ?

On oppose habituellement ces deux sentiments. L'antipathie étant associée à l'hostilité, la sympathie semble présupposer l'absence d'hostilité. Cette manière de voir les choses rend plus difficile la compréhension du changement d'état nécessaire pour surmonter l'hostilité. Comment peut-on passer de l'antipathie à la sympathie, comment peut-on transformer une chose en son contraire ?

En réalité, on peut montrer qu'une forme de sympathie est déjà présente dans le cas de l'hostilité. Étymologiquement, la *sympathia* est le fait d'éprouver les mêmes sentiments ou de participer aux mêmes souffrances que l'autre. Or, si le roi a voulu faire disparaître les parents de Dighavu, c'est justement parce que, étant capable d'éprouver les mêmes sentiments et de participer aux mêmes souffrances qu'eux, il pouvait se mettre à leur place et imaginer comment ils auraient pu réagir au tort qu'ils avaient subi. Si c'était lui qui avait subi le tort, n'aurait-il pas voulu se venger ? N'aurait-il pas voulu faire ce qu'on lui avait fait, n'aurait-il pas voulu répondre à la violence par la violence ?

Faire à l'autre ce que l'autre a fait, c'est là aussi une façon de se mettre à sa place. Vouloir tuer celui qui a tué implique d'éprouver le même sentiment que lui. En ce sens, la sympathie existe déjà dans l'hostilité, elle réunit dans une seule et même attitude affective des ennemis mortels. À y regarder de plus près, on s'aperçoit donc que l'action hostile du roi présupposait doublement une forme de sympathie. Non seulement le roi s'est mis à la place des parents de Dighavu mais, ce faisant, il s'est rendu compte que ceux-ci auraient

4. Le roi ne se borne pas à ordonner la mort des parents de Dighavu, il enjoint de les couper en quatre morceaux et de jeter ceux-ci dans les quatre directions ; même si ce sont des précautions magiques défendables, il est permis d'y voir le signe d'une certaine antipathie.

pu vouloir se mettre à *sa* place. Il a fait tuer les parents de Dighavu par peur qu'ils ne se comportent comme lui.

Le roi tentait ainsi, en vain, d'anticiper des événements à venir et de prendre les devants. En éliminant les parents de Dighavu, il espérait échapper à une vengeance future, mais il n'a fait que renforcer le sentiment vindicatif chez ce prince dont il ne soupçonnait pas l'existence. Dighavu trouve une façon plus sûre de prévenir des vengeances futures : il sort du cercle vicieux en renonçant à la vengeance dans le présent.

La démarche du roi est moins efficace, car elle ne tient pas compte de l'effet que tout comportement risque d'avoir sur le comportement d'autrui. Les actions des uns tendent à se propager aux autres par une sorte de *contagion sympathique*. En effet, chaque fois qu'on agit, on se pose – qu'on le veuille ou non – comme modèle pour l'action d'autrui. En tuant, on fait naître le désir de tuer ; en pardonnant, on fait naître le désir de pardonner ; en donnant, on fait naître le désir de donner. Ce sont là, pour parler comme René Girard, des désirs *mimétiques*.

Si celui qui pardonne doit renoncer à faire ce que l'autre a fait, s'il doit renoncer à *imiter* l'action accomplie par l'autre, il peut bien espérer que l'autre l'imite. Ce n'est pas seulement pour respecter leur pacte que le roi laisse la vie au prince, c'est aussi parce qu'il le prend comme modèle. Mais l'imitation n'est pas à sens unique. En promettant de lui laisser la vie, le roi propose son propre comportement futur comme modèle à Dighavu, il l'invite *par avance* à l'imiter.

Ainsi, au lieu de faire ce que le roi a fait dans le passé, Dighavu fait ce que le roi va faire dans l'avenir. Au lieu de tuer celui qui a tué, il laisse la vie à celui qui lui laissera la vie. Ce n'est qu'en retournant contre elle l'impulsion à imiter que l'on parvient à subvertir la vengeance.

Bibliographie

Anspach Mark Rogin, 2002, *À charge de revanche. Figures élémentaires de la réciprocité*, Le Seuil, « La couleur des idées », Paris.

Bareau André, 1985, *En suivant Bouddha*, Philippe Lebaud, Paris.

Lévi-Strauss Claude, [1949] 1967, *Les Structures élémentaires de la parenté*, Mouton, Paris.

Les ressorts de l'action

(Éléments d'une théorie anti-utilitariste de l'action II)

Alain Caillé

Pour qui entend dépasser une bonne fois pour toutes l'axiomatique utilitariste de l'intérêt, le plus important, et le plus difficile à la fois, est de rompre avec le monisme qui l'anime. Aussi longtemps qu'on persistera à rechercher *le* mobile ultime de l'action, on sera nécessairement reconduit à une forme ou une autre de théorie de l'intérêt souverain. Mais on ne peut pas se résoudre non plus à une solution empiriste paresseuse qui laisserait entendre qu'il existe autant de mobiles de l'action que de situations ou d'individus divers. Nous avons besoin d'une carte ou d'une boussole conceptuelle qui nous permette de nous repérer, même grossièrement, dans l'inextricable fouillis et enchevêtrement des motivations concrètes de l'action. C'est dans cet esprit que nous avons ébauché précédemment une typologie de l'action à quatre pôles – appelons-les l'intérêt pour soi et l'intérêt pour autrui (aimance), d'une part, l'obligation et la liberté-créativité de l'autre – que nous avons assimilés métaphoriquement à quatre points cardinaux. Mais il s'est davantage agi jusqu'à présent de tenter de dresser une carte de l'action que d'élaborer ce qui en serait à proprement parler une théorie. Savoir que tel pays se trouve au nord de tel autre, que telle région, située plus à l'ouest, en jouxte une autre mieux connue, ou même affirmer que la terre tourne dans tel ou tel sens (le sens du don, par exemple, en ce qui nous concerne ici) ne nous dit rien sur la géologie des paysages, la manière dont ils se sont formés, et moins encore sur ce qui pousse les voyageurs à entreprendre tel voyage plutôt que tel autre et en suivant quel trajet. Par ailleurs, nous nous sommes constamment heurté à la difficulté que ces pôles sont étroitement enchevêtrés en pratique, quand ils ne s'inversent pas, si bien que ce qui pouvait sembler être au nord (du côté de l'obligation) est peut-être en fait ou peut se retrouver du côté du sud, le nord du sud, ou le nord-est, etc. Il nous est donc apparu à plusieurs reprises que, pour arrimer notre typologie de l'action à quelque chose d'un peu solide, pour ne pas perdre le nord, il nous fallait interroger plus avant la texture spécifique de chacun des quatre registres de l'action. Ou encore, après avoir repéré les pôles de l'action en quelque sorte en surface, de l'extérieur, d'en haut, il est maintenant nécessaire de creuser un peu, d'opérer des carottages pour nous donner une idée de ce qui se cache sous cette surface et revenir, muni de notre boussole, sur les éternels débats qui opposent théoriciens de l'égoïsme et apôtres de l'altruisme, champions du déterminisme ou hérauts de la liberté.

Méfions-nous toutefois d'un possible souci de profondeur mal placé. Comme les infinis chez Hegel, il y a en effet deux types d'approfondissement, le bon et le mauvais. Mauvais parce que sans fin, interminable et sans solution, est le questionnement sur *le* déterminant ultime et supposé unique de l'action : l'intérêt (souverain), le désir, la liberté, la nécessité, etc. Ou encore : l'homme est-il libre ou, au contraire, déterminé ? Voué au libre ou au serf arbitre ? égoïste ou altruiste ? etc. La visée première de notre théorie tétradimensionnelle de l'action, sa raison d'être, est précisément de trouver une manière de sortir de ces antinomies. Disons qu'il est toujours possible de s'y complaire si on le souhaite, mais qu'elles ne seraient de toute évidence solubles que du point de vue d'un savoir absolu, du point de vue de Dieu qui nous est par hypothèse inaccessible. En revanche, une fois qu'on a isolé des pôles irréductibles de l'action tout en faisant droit à leur réversibilité et à leur compénétration, comme nous l'avons fait ici, il devient légitime et nécessaire de tenter de spécifier la teneur et la consistance propre de chacun d'entre eux.

Tout un ensemble de découvertes récentes en éthologie et en neurobiologie permettent sur tous ces points de faire avancer la discussion philosophique ou sociologique de manière sans doute décisive. Puissamment éclairante en tout cas. L'intérêt premier (si l'on peut dire) qu'il y a à s'appuyer sur elles et à en signaler ici quelques éléments saillants est qu'elles permettent de battre en brèche en le subvertissant radicalement le naturalisme mi-implicite mi-explicite sur lequel fait fond l'axiomatique de l'intérêt. Si l'intérêt est souverain et mène le monde, soutient l'axiomatique de l'intérêt, si partout c'est la recherche du plaisir et l'évitement de la douleur qui commandent l'action comme l'affirme l'utilitarisme, c'est en définitive parce que telle est la loi de la nature. Le grand livre de Bentham, *An Introduction to the Principles of Morals and Legislation*, débute ainsi par cette déclaration : « La nature a placé l'humanité sous l'empire de deux souverains maîtres, la souffrance et le plaisir » [Bentham, 1970, p. 1]. Or la nature que font apparaître ces découvertes éthologiques, mais aussi biologiques ou psychologiques, n'a plus rien à voir avec la nature qui semblait fonder l'axiomatique de l'intérêt, l'utilitarisme et l'*Homo œconomicus*. Elle est toute pétrie de culture. Demandons-nous comment ces découvertes permettent de reprendre à nouveaux frais la discussion sur la force respective de l'intérêt pour soi et de l'intérêt pour autrui, de l'obligation et de la liberté[1].

Intérêt pour soi, aimance, sympathie et empathie

Au cœur de l'intérêt pour soi. Égoïsme et struggle for life

Que la violence, la haine, l'intérêt pour soi, le désir d'accaparement soient partout et constamment présents dans l'espèce humaine, de manière déclarée ou larvée, est-il besoin de le rappeler ? Nul n'ignore que le monde animal de son côté est le lieu du *struggle for life*. Il faut tuer et manger pour vivre. Encore l'éthologie la plus

---

1. On sera sans doute surpris, voire choqué, que nous nous appuyions si fortement ici sur l'éthologie et si peu sur l'ethnologie. N'est-ce pas faire bien peu de cas de la différence entre monde animal et monde humain et courir le risque d'un réductionnisme pire encore que celui que nous dénonçons dans l'utilitarisme ? À cette objection, la réponse principale est que la spécificité du monde humain tient précisément à la démultiplication des possibilités de diversité et de choix culturel qu'ouvre le langage, si bien que toute illustration ethnologique particulière de telle ou telle proposition théorique générale risque de paraître particulièrement arbitraire au regard du nombre immense des autres exemples possibles. Pourquoi celui-ci plutôt que celui-là ? On ne fera donc référence ici à une ou deux occurrences ethnologiques que dans la seule mesure où elles font apparaître ce qu'on ne voit pas assez bien avec l'éthologie. On fera par ailleurs l'hypothèse raisonnable que tout ce qui atteste de l'irréductibilité de l'action au seul intérêt pour soi dans le monde animal est *a fortiori* vrai pour le monde humain.

populaire d'après-guerre, celle de Konrad Lorenz, limitait-elle l'agressivité animale à ses composantes utilitaires et fonctionnelles. Seul l'homme, à l'en croire, tue d'autres membres de son espèce, les animaux se bornant au meurtre interspécifique et se refusant à tuer leurs semblables. Lors de ses premières observations, la primatologue Jane Goodall décrivait un chimpanzé solitaire et pacifique. Puis, le climat a changé pour finalement aboutir à noircir considérablement le tableau du monde animal à son tour. Frans de Waal écrit ainsi que « les observations pratiquées depuis, non seulement sur les chimpanzés mais sur les hyènes, les lions, les langoures [petits singes asiatiques] et une longue liste d'autres animaux ont montré clairement que tuer un membre de sa propre espèce est une réalité, peu fréquente certes, mais largement répandue[2] ». Ce qui est très répandu, en effet, par exemple, chez les lions ou les hippopotames, c'est la pratique qui consiste pour les mâles, après avoir tué ou évincé un rival auprès d'une femelle, à tuer ses enfants en bas âge. « La disparition de la progéniture, écrit Franck Cézilly, modifie le cycle hormonal de la femelle qui se retrouve de nouveau en chaleur. Le mâle peut alors se reproduire plus rapidement sans attendre le sevrage des jeunes » [Cézilly, 2007, p. 4].

La mention de ces pratiques a longtemps constitué un des arguments de choc à l'appui des thèses néodarwiniennes de la sociobiologie d'Edward O. Wilson et de la théorie du gène égoïste de Richard Dawkins. Dans cette perspective, le but premier des animaux serait de maximiser les chances de reproduction de leur patrimoine génétique. Les conduites apparemment « altruistes » de ceux qui sacrifient leur vie pour défendre le groupe des attaques d'un prédateur, ou qui – comme les ouvrières d'une ruche – concèdent le monopole de la sexualité et de la reproduction à une femelle ou à un couple dominants, s'expliquent par leur proximité génétique avec le groupe ou avec les dominants. « La théorie de la sélection de la parentèle prédit que les comportements altruistes ne peuvent

2. Frans de Waal [2005, p. 39]. On se repose beaucoup ici sur cet ouvrage, aux harmoniques étonnamment proches de celles de l'*Essai sur le don d*e Marcel Mauss, qui synthétise ses livres précédents et qui nous semble constituer un guide suffisamment sûr à travers l'énorme jungle de la littérature zoologique, éthologique et biologique. Outre le très utile hors-série de *Sciences et avenir* sur « L'incroyable socialité des animaux » [2007], on se reportera également au dossier de *Sciences humaines* sur « L'origine des sociétés » [2008].

apparaître et se maintenir qu'entre apparentés, et que la probabilité [...] sera d'autant plus grande que la parenté sera élevée entre l'altruiste et le bénéficiaire » [Aron et Fournier, 2007, p. 47].

Indépendamment de cette lignée de pensée sociobiologiste et néodarwinienne, toute une série d'exemples très spectaculaires attestent de l'omniprésence du calcul d'intérêt dans le monde animal, qu'il s'agisse d'obtenir de la nourriture, des faveurs sexuelles ou le pouvoir. La ruse, la dissimulation et la tromperie y sont plus que répandues. La seule question qui se pose à ce sujet n'est pas de savoir si calcul il y a (du genre : « si je fais ceci, alors il pensera cela, et je pourrai en profiter »), mais dans quelle mesure il est instinctif, mécanique (ou chimique), appris, ou dans quelle mesure, au contraire, il témoigne d'une véritable capacité de raisonnement[3]. Certains animaux, se demande-t-on, disposent-ils d'une « théorie de l'esprit », autrement dit de la capacité à devenir conscient de ce que l'autre désire, croit ou ressent ? Non, ou guère, répondent la majorité des spécialistes[4]. Pour Frans de Waal au contraire, assez ironique sur « l'industrie des théories de l'esprit » [2005, p. 228], il est évident que « les chimpanzés savent que l'autre sait, et [qu']ils utilisent cette information à leur profit » [*ibid.*, p. 229]. « Lors des moments chargés d'intense émotion, ajoute-t-il, les grands singes peuvent se mettre dans la peau d'autrui » [*ibid.*, p. 233]. Cette capacité à identifier les états émotionnels de l'autre semble toutefois limitée aux singes anthropoïdes, aux éléphants et aux dauphins. Les petits singes, par exemple, « ne rassurent pas leurs propres petits qui se sont fait mordre ». Par où passe et où se joue la différence ?

3. Pour ce qui est des capacités de calcul des animaux au sens mathématique, qu'on croyait à peu près nulles jusqu'à peu, des résultats récents et spectaculaires nous convainquent du contraire. Certains chimpanzés élevés en liberté réussirent infiniment mieux à ordonner des nombres en série que des étudiants même entraînés. Et leurs capacités intellectuelles de coordination, leur maîtrise de la théorie de l'esprit sont tout bonnement sidérantes. *Cf.* Christopher et Hedwige Boesch [2000, cité par de Pracontal, 2008, p. 88-89]. Quant aux capacités d'anticiper les réactions de sa proie ou de ses complices, de simuler et de ruser, on ne sait plus par où commencer la liste des exemples.

4. La philosophe Joëlle Proust écrit ainsi : « Il s'est avéré dans les années 1990 que les grands primates n'avaient accès ni à la tromperie stratégique ni à l'attribution de croyances fausses [...]. S'ils font semblant d'ignorer quelque chose, s'ils ne manifestent pas publiquement leur plaisir, c'est parce qu'ils ont appris à se comporter ainsi pour atteindre le but recherché (manger seul, copuler tranquillement), sans raisonner pour autant sur des états psychologiques » [Proust, 2007, p. 52].

Sans doute par le fait que grands singes, et peut-être aussi dauphins et éléphants, ont une plus grande conscience de soi que les autres animaux et sont « les seuls primates, nous exceptés, à reconnaître leur image » [*ibid.*]. Insistons tout de suite sur ce thème important : la capacité à se mettre à la place de l'autre passe par la conscience de soi. Il n'y a donc pas nécessairement opposition, mais au contraire complémentarité entre rapport de soi à soi et ouverture à l'altérité, entre intérêt pour soi et intérêt pour autrui[5].

Malgré son opposition déclarée à la sociobiologie et à la théorie du gène égoïste, certains propos de Frans de Waal ne laissent planer aucun doute sur la force qu'il attribue au mobile de l'intérêt et sur sa nature. « Tout dans l'évolution, écrit-il, se ramène au bout du compte au succès reproducteur. Un mâle augmentera sa progéniture en s'accouplant avec de nombreuses femelles » [*ibid.*, p. 64]. « Lorsqu'on regarde, ajoute-t-il, les canines surdimensionnées d'un babouin mâle ou la masse et les muscles d'un gorille mâle, on voit des machines de combat qui se sont développées au fil de l'évolution pour vaincre des rivaux en quête de la seule monnaie reconnue par la sélection naturelle : la production des petits. Pour les mâles, c'est le jeu du tout ou rien ; le rang détermine qui disséminera sa semence et qui ne sèmera rien du tout. C'est pourquoi les mâles sont bâtis pour se battre avec une propension à chercher les faiblesses du concurrent et une certaine cécité face au danger » [*ibid.*, p. 65]. Chez eux, le pouvoir fonctionne comme un aphrodisiaque et la rivalité peut même être recherchée pour elle-même[6]. Les femelles,

5. Ainsi, dans un tout autre champ, Michel Terestchenko [2005] montre comment ceux pour qui entrer dans le bien – sauver par exemple des Juifs au péril de leur vie – va de soi ont un moi fort.

6. Sur l'agressivité des chimpanzés mâles et leur propension non seulement à tuer, mais aussi à violer et torturer, *cf.* Richard Wrangham et Dale Peterson [1996]. La violence et l'agressivité sont-elles spécifiquement masculines ? Les analyses de F. de Waal confirment que les femelles tendent en effet à préserver la paix et l'harmonie, ce qui protège leurs enfants. Mais le propos est à nuancer. La différence entre amitié et inimitié est beaucoup moins forte chez les hommes que chez les femmes [*ibid.*, p. 190]. L'efficacité pacifique des femmes, écrit-il, « réside plutôt dans leur prévention des conflits et dans leur répulsion pour la violence. Mais elles ne brillent pas nécessairement par leur art de dissiper les tensions une fois que celles-ci ont surgi. Ce domaine est en réalité un point fort masculin » [*ibid.*, p. 191]. En cas d'altercation, les femelles se réconcilient rarement et « elles peuvent se montrer incroyablement sournoises et calculatrices. Les offres fallacieuses de réconciliation en offrent un bon exemple » [*ibid.*, p. 192], ce qui ne se produit jamais entre mâles « parce qu'ils

en revanche, ne visent pas à multiplier les partenaires, ce qui ne leur rapporterait rien. Elles privilégient la qualité et échangent volontiers des faveurs sexuelles pour la nourriture ou les épouillages que lui offre le mâle[7]. « Les mâles, écrit F. de Waal, recherchent le sexe, les femelles la nourriture » [*ibid.*, p. 244].

Les choses sont donc claires : les animaux, pas plus que les humains, ne sont des enfants de chœur. Violence et calcul sont toujours et partout au service de l'intérêt pour soi qui peut s'analyser en deux composantes premières : le souci de la conservation de soi – de persévérer dans son être, que ce soit dans l'immédiat, par la survie et l'entretien du corps propre, ou à l'avenir à travers sa descendance – et le souci de l'affirmation de soi. Ces deux modalités de l'intérêt pour soi se déclinent à leur tour selon deux registres principaux. En clé d'avoir, *i.e.* en termes de possession des moyens de la survie et de l'expansion de la vie biologique, ou encore en termes d'amour de soi, la satisfaction de l'intérêt peut être pacifique (par le travail) ou violente (par la guerre et la razzia). En clé d'être, *i.e.* en termes de satisfaction des images de soi, ou encore en termes d'amour-propre, la satisfaction de l'intérêt, là encore, peut être pacifique (par la concurrence et la rivalité réglée, l'*agôn* et le jeu) ou violente.

Mais à en rester à ces brèves indications, en elles-mêmes parlantes et convaincantes quant à la puissance de l'intérêt pour soi, on ne rendrait compte que d'une partie de la réalité.

Aimance, sympathie et empathie. Quelques données empiriques

Une réalité qui se déploie tout aussi clairement de l'autre côté. Pour le dire tout d'abord en restant sur le versant de l'intérêt, mais

---

signalent ouvertement leur hostilité et leur désaccord, et que les affaires sont toujours tirées au clair d'une façon ou d'une autre » [*ibid.*, p. 193]. En conclusion, « les femmes maintiennent la paix, les hommes la font » [*ibid.*, p. 197].

7. Un chercheur de l'université Nanyang de Singapour, Michale Gumert, après avoir observé une cinquantaine de macaques indonésiens durant vingt mois, a pu montrer que les femelles qui s'accouplent habituellement 1,5 fois par heure font monter cette fréquence à 3,5 fois par heure lorsqu'elles se sont fait épouiller par un mâle. Il relate son expérience dans un article de *New Scientist* [2008] cité dans *Libération* du 3 janvier 2008.

décentré, observons que les stratégies animales ne sont efficaces que pour autant que le chasseur sait se mettre à la place de sa proie, ou que la proie ne peut survivre qu'en anticipant le comportement de son prédateur. Dans ce jeu fatal, le chat *est* la souris, mais la souris *est* aussi le chat. Par ailleurs, symétriquement à la violence et à l'agressivité, au *struggle for life*, s'opposent à l'inverse, et pour en rester toujours au monde animal, toute une gamme de pratiques de coopération, d'entraide et même de pitié. Rassemblons, pour commencer, quelques données empiriques qui illustrent ces divers plans.

Frans de Waal fait démarrer son beau livre, *Le Singe en nous*, par cette prise de position, à la fois ferme et éclairante : « On nous dit que nous avons des gènes égoïstes, que la bonté de l'homme est une imposture, et que nous nous conformons à la morale dans le seul but d'impressionner autrui. Mais si tous ces gens ne visent que leur seul intérêt, pourquoi un nouveau-né d'un jour pleure-t-il lorsqu'il en entend un autre pleurer ? C'est là que commence l'empathie. [...] Une chose est sûre : un nouveau-né ne cherche pas à impressionner qui que ce soit. Nous naissons avec des pulsions qui nous portent vers les autres et qui nous amènent plus tard à nous soucier d'eux » [*ibid.*, p. 12]. Et il reprend à son compte la définition selon lui « la plus inaltérable de l'empathie », celle d'Adam Smith : « se mettre en imagination à la place de la victime[8] » [*ibid.*, p. 13]. L'exemple d'empathie le plus spectaculaire donné par F. de Waal est celui d'une femelle bonobo, Kuni, qui voyant un étourneau heurter la vitre de son enclos au zoo de Twycross (Royaume-Uni) remit avec douceur sur ses pattes l'oiseau assommé, puis le porta au sommet d'un arbre, lui déplia les ailes pour le lancer comme un petit avion, et enfin, après l'échec de son envol et sa chute dans un fossé rempli d'eau, le veilla longuement jusqu'à ce qu'il parvienne enfin à s'envoler de lui-même. Si l'on met à part le cas mythologique de la louve qui a allaité Romulus et Rémus, l'histoire de Kuni est sans doute l'exemple connu le plus extrême d'empathie animale. Il témoigne du fait que ce que les philosophes écossais Hume et Smith attribuaient en propre à l'homme, la sympathie et

8. Dans « Trente thèses pour une gauche nouvelle » [1997], j'avais proposé de définir la gauche par la capacité à raisonner du point de vue des victimes. À suivre la logique de cette définition de l'empathie, il conviendrait donc de définir la gauche par l'empathie.

un sens moral (comparable aux cinq sens), est déjà présent dans le règne animal[9]. Il est assez tentant d'en faire le parfait symétrique des pratiques de meurtre sur les nouveau-nés de ses rivaux que nous signalions tout à l'heure. Compassion interspécifique *versus* meurtre intraspécifique. Chacun de ces cas illustre le pôle extrême des deux champs opposés de l'intérêt pour soi et de l'intérêt pour autrui. Au sein de ce second champ, on constate l'existence de tout un dégradé de possibles, allant de l'empathie à la simple réciprocité positive, en passant par toutes les pratiques de la coopération et de l'entraide.

Empathie et compassion. – Chez un groupe de macaques rhésus, qui habituellement sanctionnent pourtant impitoyablement toute infraction à leurs règles strictes, la jeune Azalea, plus ou moins trisomique, pouvait se livrer aux pratiques les plus improbables – comme menacer le mâle alpha – sans encourir aucune sanction. Dans un autre groupe de macaques, Mozu, handicapée, sans pieds ni mains, pouvant à peine marcher et moins encore grimper aux arbres, vécut pourtant jusqu'à un âge avancé et eut même cinq enfants [*ibid.*, p. 273]. La relation d'attachement est si forte chez les gorilles qu'une jeune autiste américaine, atteinte du syndrome d'Arsperger, ne trouva la paix intérieure qu'en s'occupant d'eux et en vivant donc d'une certaine façon avec eux. « Le puissant dos argenté de la colonie, Congo, écrit F. de Waal, se montrait particulièrement

9. Mais ils avaient été précédés depuis bien longtemps par un disciple de Confucius, Mencius (372-289 avant Jésus-Christ) qui écrivait : « Si des hommes voient brusquement un enfant qui va tomber dans un puits, ils ressentiront tous, sans exception, un sentiment d'alarme et de détresse. Et ceci, non pas en vue de se gagner les faveurs des parents de l'enfant ou de s'attirer les louanges de leurs voisins et amis, ou d'éviter le discrédit qui s'attacherait à leur réputation s'ils demeuraient indifférents. De cela nous pouvons conclure que le sentiment de commisération est essentiel à l'homme » [cité par de Waal, *ibid.*, p. 241]. Ce même passage a été longuement commenté il y a une dizaine d'années par François Jullien dans *Un sage est sans idées* [1998], qui voulait y voir la marque de l'irréductible spécificité, non ou anti-utilitariste, de la pensée chinoise en opposition à la pensée occidentale. Mais on pourrait aussi bien prendre, au contraire, des passages du *Tao du prince* de Han Fei Tse pour y montrer que les Chinois sont encore plus utilitaristes que les Occidentaux. Ou, symétriquement, citer certains passages d'Adam Smith, surtout dans *La Richesse des nations*, pour y voir la quintessence de l'utilitarisme, et d'autres, notamment dans *Théorie des sentiments moraux,* pour y voir la quintessence de l'anti-utilitarisme. Dialectisons, dialectisons donc !

sensible et réconfortant, réagissant directement aux [à ses] signes de détresse. Ce qui n'a rien d'étonnant car le gorille mâle, malgré sa réputation de féroce King-Kong, est un protecteur-né [...] le gorille qui charge est prêt à mourir pour sa famille » [*ibid.*, p. 274-275]. En 2004, un labrador noir voyant son meilleur ami, un jeune garçon, menacé par un serpent à sonnette, s'interposa pour éviter qu'il ne soit mordu et mourut à sa place.

Apparemment, certains animaux sont nettement plus enclins à la compassion que les humains mobilisés dans la célèbre expérience de S. Milgram relatée dans *Soumission à l'autorité*. C'est ainsi que des rats susceptibles d'obtenir de la nourriture à condition d'activer un levier qui inflige des décharges électriques au rat voisin cessent d'appuyer dessus quand ils constatent la douleur ressentie par ce dernier. Des petits singes s'apercevant qu'ils avaient fait subir une douleur à des congénères tombaient dans l'abattement et « se laissaient littéralement mourir de faim pour éviter d'en faire souffrir d'autres » [de Waal, 2005, p. 236]. Dans un autre ordre d'idées, une étude a montré comment des chimpanzés blessés par des léopards dans un parc national de Côte-d'Ivoire ont vu leurs compagnons nettoyer leurs plaies en léchant le sang, en ôtant la terre précautionneusement et en écartant les mouches [*ibid.*, p. 272].

Coopération. – À un degré d'intensité moindre de l'intérêt pour autrui, on trouve les innombrables pratiques de coopération et d'entraide, notamment dans la chasse, dans la collecte de nourriture ou dans la reproduction. Les plus spectaculaires sont sans doute en un sens celles, bien connues, des insectes sociaux – abeilles, fourmis, termites, etc. Mais il est difficile d'y voir une part d'intentionnalité et de liberté. Bornons-nous donc au cas des vertébrés et des mammifères. On constate ainsi que les loups ne sont nullement des loups pour les loups. S'ils n'ignorent ni la compétition ni la hiérarchie, ils parviennent pourtant à triompher de proies plus grosses qu'eux (caribous, élans, etc.) grâce à un travail d'équipe. C'est ainsi qu'au retour de la chasse ils régurgitent de la viande pour les mères allaitantes, les jeunes ou les malades. Loyauté et confiance s'imposent. Chez les vampires du Costa Rica, on a observé qu'un individu qui rentre bredouille après une seconde nuit de chasse et qui n'y survivrait pas peut s'approcher d'une compagne et quémander de la nourriture que l'autre lui régurgite[10]. Deux mâles manakins (espèce de petit oiseau d'Amérique centrale) sans lien de parenté peuvent unir leurs efforts de chant pour la parade nuptiale en chantant de manière absolument synchrone, chacun laissant la place à l'autre pour passer à l'acte [*ibid.*]. En dehors des humains, les chimpanzés et les capucins sont les champions du partage non limité à la famille. Tous « sont friands de viande, chassent en groupe et se répartissent le butin même entre mâles adultes » [de Waal, 2005, p. 248].

Réciprocité, don et justice. – On est ici aux frontières du partage et de la réciprocité, autrement dit du don/contre-don, de ce que Mauss appelait tantôt le don-échange, tantôt l'échange-don. F. de Waal tire de ses longues études sur les chimpanzés la conclusion que la règle générale, le viatique que Confucius proposait pour organiser toute une existence humaine, vaut aussi pour l'existence de chimpanzé. Ce viatique, c'est la réciprocité [*ibid.*, p. 245]. Il écrit ainsi : « Après avoir analysé des milliers d'alliances en vertu desquelles les individus s'appuient mutuellement lors d'affrontements, nous en avons conclu que les chimpanzés témoignent d'un degré élevé de réciprocité. Autrement dit, qu'ils soutiennent ceux qui leur rendent la pareille » [*ibid.*, p. 246]. Les mâles favorisent leurs compagnons de chasse au moment de la répartition du gibier, et même le mâle alpha peut rester sans rien s'il n'a pas participé à la chasse [*ibid.*, p. 247].

Il est à ce propos intéressant d'observer les limites du pouvoir du dominant, liées à un certain sens de la justice, lui-même fondé sur un certain sens de la propriété. On vient de voir que même le mâle le plus fort ne peut pas revendiquer d'avoir sa part d'une richesse à l'obtention de laquelle il n'a pas participé, sous peine de voir le groupe entier se retourner contre lui. De même, on connaît l'importance du *pecking order* dans les sociétés animales. Les plus forts, ceux qui ont le statut le plus élevé, mangent en premier. Si, chez les chimpanzés, une femelle de rang subalterne voit le mâle dominant s'approcher de la nourriture en même temps qu'elle, elle n'y touchera pas. « Mais si elle arrive la première et pose la main dessus, observe F. de Waal, c'est à elle. » De même, Jane Goodall a souvent constaté, à sa stupéfaction, « que [le] mâle dominant

10. Luc-Alain Giraldeau [2007, p. 23].

devait mendier sa part » [*ibid.*, p. 249]. De nombreuses observations attestent que, comme le pensent, pour des raisons symétriques, à la fois Bourdieu d'une part, Mauss et le MAUSS de l'autre, il est intéressant d'être désintéressé, ou encore que la générosité paie. May, guenon chimpanzé subalterne, n'hésite pas à donner des branchages à ceux qui quémandent (après, il est vrai, s'être réservée la meilleure part, *i.e.* les mûres et les sassafras). Georgia, dans la même position sociale, est effroyablement radine. Dès que May réclame, on lui donne aussitôt, tandis que Georgia doit solliciter plus longtemps que tout le monde [*ibid.*, p. 250]. De manière plus générale, ceux qui ont épouillé longtemps le donateur potentiel ont infiniment plus de chance de recevoir que ceux qui ne l'ont pas fait [*ibid.*].

Le point crucial à noter est que cette réciprocité, de même que le circuit des dons et des contre-dons décrit par Marcel Mauss, ne se joue nullement dans la seule instantanéité et peut au contraire s'inscrire dans la longue durée. Les chimpanzés comme les éléphants – dont la mémoire est proverbiale – « sont capables de garder plus de dix ans le souvenir d'un visage et de se remémorer des faits passés » [*ibid.*, p. 251]. « Les zoos, nous dit F. de Waal, abondent en exemples d'animaux rancuniers [...] tout étudiant ou gardien travaillant pour la première fois avec des grands singes doit savoir qu'il n'obtiendra rien en les harcelant ou en les insultant. Le singe se souvient, et il prendra tout son temps pour se venger » [*ibid.*, p. 257]. Comme les éléphants, on le sait. Qu'on le veuille ou non, ce sens simiesque de la réciprocité, partagé au moins aussi par les dauphins et les éléphants, semble étroitement lié à un sens premier de la justice. Une expérience intéressante montre, par exemple, comment des singes capucins à qui on permet d'obtenir une tranche de concombre s'ils acceptent de prendre un jeton et de le donner en échange du concombre[11], font tout simplement la grève sur le tas (« halte, on ne joue plus », semblent-ils dire) si l'expérimentateur commence à offrir arbitrairement à certains des grains de raisin, encore plus désirés pourtant que les concombres.

Les questions soulevées par ces exemples de réciprocité sont de trois ordres : 1° quelle part faut-il ici attribuer à l'instinct, quelle

11. F. de Waal note que « les singes n'ont aucune difficulté à apprendre la règle du jeu puisqu'il leur est tout naturel de donner et de recevoir » [*ibid.*, p. 261].

autre à l'intentionnalité plus ou moins consciente ? 2° Dans le monde animal, comme dans le monde humain, quelle part de cette dynamique de la réciprocité faut-il interpréter en termes d'échange ou de donnant-donnant, et quelle part en termes de don proprement dit ? 3° Enfin, comment s'articulent la réciprocité positive, l'échange de bienfaits, et la réciprocité négative, l'échange de coups et de méfaits ? On reviendra sur le premier point plus tard. Sur le deuxième, il serait tentant de rabattre le donnant-donnant animal sur une pure et simple logique d'échange strictement intéressé, et d'autant plus tentant qu'on reste imprégné par une vision mécaniciste ou béhavioriste qui interprète tout en termes d'instinct et de stimulus-réponse. Mais cette lecture méconnaît la part de liberté et d'invention qui entre en jeu au moins chez les grands singes. Lorsque Yeroen, le vieux chimpanzé, le préféré de F. de Waal, décida de soutenir la tentative de prise de pouvoir de Nikkie, « jeune loup » chimpanzé, contre le mâle dominant de l'époque, « il ne pouvait pas savoir si elle réussirait. C'était un pari » [*ibid.*, p. 245]. Or c'est justement cette dimension de pari, d'incertitude sur le retour, qui fait basculer du registre du simple échange à celui du don. De même, dans une optique maussienne, il est nécessaire de distinguer entre ce qu'on peut appeler le don instituant – le don plus ou moins agonistique qui scelle une alliance – et le don institué, celui qui se borne plus ou moins rituellement et mécaniquement, presque sans y penser, à reproduire au jour le jour l'alliance et le rapport social institués. Dans le cadre des épouillages réguliers entre individus vivant en association étroite, un épouillage particulier ne suscite aucun sentiment particulier de devoir réciproquer par un don de nourriture. En revanche, des épouillages occasionnels entre partenaires irréguliers s'attirent une récompense précise[12] [*ibid.*, p. 251].

---

12. Tous ces exemples nous semblent aller à l'encontre de la thèse défendue par Marcel Hénaff qui, dans *Le Prix de la vérité* [2002], veut faire du don une réalité spécifiquement et exclusivement humaine. Ils apportent beaucoup d'eau, en revanche, au moulin de la théorie de la réciprocité forte (*strong reciprocity*) défendue par Herbert Gintis et Samuel Bowles – établissant une certaine universalité transculturelle de la volonté de récompenser les comportements justes et de punir les comportements injustes même si le fait de punir est coûteux pour celui qui punit, et montrant comment ce sens de la justice fondé sur la réciprocité est déjà présent dans le monde animal. *Cf.* les développements de cette thèse par l'anthropologue J. Henrich [2004]. *Cf.* également Valérie Buron [2008].

Empathie, sympathie, imitation et réciprocité. Compléments I

Toutes ces notations, tous ces exemples, pris parmi une multitude d'autres possibles, démontrent suffisamment la fausseté des théories utilitaristes ou/et individualistes de l'action qui entendent la faire dériver des décisions calculées d'un individu monadique, clos sur lui-même, « sans porte ni fenêtre » et ne songeant qu'à maximiser son propre avantage. Tout atteste au contraire de la réalité d'une ouverture originelle à l'altérité qui place les êtres vivants dans une sorte de communication et de résonance constante les uns avec les autres. Bornons-nous sur ce point à deux illustrations complémentaires.

La société yanomami, une des sociétés archaïques les plus violentes au monde, à l'instar des Jivaros, admirablement décrite et analysée par leur meilleure connaisseuse, Catherine Alès, repose, comme beaucoup d'autres, sur une logique de la vengeance systématique. C'est le devoir qui l'anime et non la haine. Devoir de verser le sang pour faire renaître la vie. Mais ce qui est saisissant, c'est de constater à quel point le meurtrier yanomami est lié empathiquement à sa victime. Il en est en fait largement indissociable. C. Alès [2006, p. 44] décrit de manière très marquante cette identification : « Dès l'instant où il a frappé, écrit-elle, on peut considérer que le corps du meurtrier est l'image en miroir du corps de la victime en train de succomber à ses blessures, tout comme postérieurement il ressent les effets de la décomposition et/ou de la crémation du cadavre. C'est ainsi qu'il est informé [...] de l'évolution de l'état de la victime. Sous l'influence du mort, le meurtrier tourmenté perd son allant, sa vivacité et sa vigilance. » C'est d'ailleurs en raison de cette identification empathique à la victime qu'il faut tenter de la rabaisser – en la considérant comme un animal [*ibid.*, p. 45] – pour parvenir à s'en démarquer. De manière apparemment paradoxale, cette relation empathique à la victime explique bien des meurtres et des génocides. Il faut d'autant plus affirmer une altérité absolue et une supériorité totale sur la victime ravalée au rang d'une sous-humanité qu'on la sent plus proche de soi[13]. L'empathie permet aussi bien la pitié que le sadisme.

---

13. Ce que montre très bien par ailleurs Françoise Sironi dans son étude sur la fabrique des bourreaux [2004].

Curieusement, il suffit pour se convaincre définitivement de l'inanité d'une théorie individualiste monadique de l'action d'écouter le pape de la sociobiologie, Edward O. Wilson, qui ne laisse désormais pas subsister grand-chose de la fameuse théorie moniste du gène égoïste. Pendant quarante ans, explique-t-il, on a cru (à commencer par lui !) que la clé du comportement social des animaux était à rechercher du côté de la parenté de groupe. « Le concept dominant était celui de sélection de parentèle. » Or tout cela, nous dit-il, est aujourd'hui remis en question : « De plus en plus de résultats suggèrent que l'altruisme en faveur de membres du groupe autres que ses propres descendants […] n'est pas favorisé par la sélection de parentèle, et pourrait même être contrecarré par ce type de sélection » [Wilson, 2007]. Alors, quelle est la nouvelle clé ? Selon E. O. Wilson, ce n'est plus la sélection individuelle, mais la sélection groupale. Le moteur de tout, c'est toujours la reproduction du gène, mais il faut distinguer la sélection individuelle et la sélection de groupe. Les interactions des individus produisent des comportements émergents qui conduisent les individus à favoriser la duplication non plus de leurs propres gènes, mais de ceux du groupe considéré dans son ensemble. Insensiblement, la sociobiologie est ainsi passée d'un néodarwinisme individualiste à un néodarwinisme holiste ou, au minimum, individualiste complexe. Le sujet inconscient des calculs n'est plus l'individu lui-même, mais le groupe. Il ne reste plus qu'à dépasser, à son tour, le modèle du calcul…

Empathie, sympathie, imitation et réciprocité. Compléments II. Fragments d'analytique

Pour cela, pour parvenir à un dépassement définitif de l'axiomatique de l'intérêt, il reste à accomplir une percée théorique, qu'on voit se profiler un peu partout mais qui attend encore une clarification conceptuelle (et réciproquement). Les données du problème sont les suivantes : les relations entre individus (animaux ou humains) ne se réduisent ni à l'instinct ni à des calculs d'intérêt individuel. Entrent en jeu également, et principiellement, de l'empathie (ou de la sympathie), de l'imitation (les neurones miroirs), de la réciprocité et un certain sens de la justice même embryonnaire. Tout cela est désormais de l'ordre de l'évidence. Mais ce qui est difficile à saisir, c'est la manière dont ces diverses dimensions de l'interaction s'emboîtent. Qu'est-ce qui résulte ou se compose de quoi ? La réciprocité de l'imitation, et l'imitation de la sympathie ? Ou inversement ? Et quel concept employer, d'ailleurs, celui de sympathie ou celui d'empathie ? Et où situer par rapport à eux la compassion ou son contraire, etc. ?

Pour Alain Berthoz et Gérard Jorland, coordinateurs d'un récent ouvrage collectif sur l'empathie qui réunit un ensemble de contributions centrales sur la question, « l'empathie consiste à se mettre à la place de l'autre sans nécessairement éprouver ses émotions ; la sympathie consiste, inversement, à éprouver les émotions de l'autre sans nécessairement se mettre à sa place, c'est une contagion des émotions, dont le fou rire peut être considéré comme typique » [2004, p. 20]. Et G. Jorland, auteur de cette formulation, ajoute et précise : « Autrement dit, on peut être empathique sans éprouver de sympathie, de même qu'on peut avoir de la sympathie sans être empathique » [*ibid.*, p. 21.]. Ou encore : l'empathie consiste à « se mettre à la place d'autrui », la sympathie à « s'identifier à autrui ». A. Berthoz propose quant à lui de considérer l'empathie comme un « changement de point de vue » [*ibid.*, p. 275], définition qui rapproche considérablement l'empathie de la réciprocité.

Ces définitions laissent un peu mal à l'aise car, si elles font droit à la capacité à se mettre à la place d'autrui, elles ne font pas assez ressortir le fait de la présence de l'autre en moi, et, par ailleurs, elles font ou semblent faire de l'empathie un opérateur proprement intellectuel et, symétriquement, cantonner la sympathie au seul domaine affectif. De ce point de vue, les clarifications opérées par Élisabeth Pacherie [2004, p. 166 *sq.*] permettent de relativiser de manière bienvenue cette opposition à notre sens trop tranchée. Elle distingue ainsi trois degrés de l'empathie : 1° la compréhension du type d'émotion qu'éprouve autrui ; 2° la compréhension de son objet : 3° la compréhension de l'émotion et de ses raisons. Proposons donc, en suivant cette piste, de voir dans l'empathie *le vecteur général de la communicabilité et de la réversibilité entre moi et autrui, qu'elle soit affective (je sens comme l'autre qui sent comme moi) et/ou intellectuelle (je pense comme l'autre qui pense comme moi). On peut alors entendre par sympathie et antipathie les modalités, respectivement bienveillante ou malveillante, de l'empathie. L'imitation est le vecteur affectif de l'empathie, la réciprocité sa modalité cognitive ou, si l'on préfère, réfléchie*[14].

L'imitation. – On pourrait multiplier à l'envi les exemples qui attestent de l'importance de l'imitation dans la socialisation des animaux comme dans celle des humains. La discussion sur les puissances et les ressorts de l'imitation a opéré il y a peu deux bonds en avant considérables. Le premier a été accompli par la découverte imprévue réalisée par deux chercheurs, Andrew Meltzoff et Keith Moore[15]. Alors qu'ils entreprenaient de tester la théorie piagétienne des étapes du développement psychologique de l'enfant selon laquelle celui-ci n'accède que progressivement à l'imitation au sortir d'une première phase non imitative d'au moins un an, ils s'aperçurent par hasard – et confirmèrent ensuite expérimentalement leur première découverte – que les nouveau-nés sont en fait capables d'imiter des expressions du visage ou des gestes de la main dès le premier jour (à 32 heures en moyenne et même 42 minutes après la naissance pour le plus précoce). Et, plus intéressant peut-être encore, le phénomène ne se présente pas comme un simple fait, dénué d'intentionnalité, mais au contraire comme le résultat d'un effort actif et délibéré de s'accorder avec autrui[16]. Par ailleurs, les enfants ne se bornent pas à imiter. Quand les autres les imitent, ils le savent également et leur prêtent davantage d'attention.

---

14. Dans le même recueil, Nathalie Depraz, dans son article « Empathie et compassion. Analyse phénoménologique et enseignements bouddhistes », donne une description saisissante de la pratique bouddhiste mahayana du *tonglen* (« échange entre soi-même et l'autre »), mot formé de la racine *ton*, laisser aller, et *len*, recevoir, accepter. On a là l'exemple d'une parfaite imbrication de la compassion et d'un exercice intellectuel. Le maître Shantideva expose ainsi la méditation *tonglen* : « Prenez d'autres êtres sensibles qui sont vos inférieurs, vos supérieurs ou vos égaux, et considérez-les comme s'ils étaient vous-mêmes. [...] Prenez simplement leur place et n'entretenez aucune autre pensée. » Plus précisément encore, il explique : « Imagine-toi dans la position de quelqu'un d'inférieur à toi-même et développe [vis-à-vis de toi-même] un sentiment d'envie. Adopte le point de vue de quelqu'un qui est sur un pied d'égalité avec toi et produis une attitude de rivalité et de compétition. Finalement, regarde-toi depuis le point de vue de quelqu'un de supérieur à toi-même et cultive des sentiments de fierté et de condescendance » [Shantideva, 1997, p. 187, cité par Depraz, 2004, p. 197].

15. Découverte exposée la première fois *in* A. Meltzoff et K. Moore [1977, p. 75-78].

16. *Cf.* le compte rendu de ces expériences *in* Scott R. Garrels [2006, p. 54].

C'est par ce processus d'imitation croisée, et notamment, bien sûr, entre parents et enfants, que l'enfant découvre qu'il est à la fois semblable aux autres et différent d'eux. « L'imitation, écrivent A. Meltzoff et W. Prince [2002, cités par Garrels, 2006, p. 61], est à la fois la mesure de la compréhension du soi-autrui et un moteur premier du développement. » Ce processus de découverte et d'affirmation progressive de l'identité et de la différence peut s'analyser en trois phases en suivant A. Meltzoff et J. Decety [2003, p. 497]. La première est celle de la capacité innée à imiter gestes et expressions, la deuxième celle de la découverte de la première personne en tant que différente de celle d'autrui *via* les imitations croisées et sélectives, la troisième celle des inférences relatives aux expériences des autres. C'est à ce troisième stade qu'apparaît ce que nombre de spécialistes rangent sous la rubrique des théories de l'esprit, mais qu'on pourrait aussi bien, croyons-nous, penser sous celle de la réciprocité.

Le second bond en avant, tout aussi spectaculaire, résulte de la découverte toute récente par Giacomo Rizzolati et son équipe des « neurones miroirs », ces neurones qui s'activent dans notre cerveau non seulement lorsque nous effectuons une action, mais aussi lorsque nous voyons quelqu'un d'autre la réaliser lui-même. Dans notre cerveau, nous faisons la même chose que lui. Si je regarde quelqu'un courir, ce sont dans mon cerveau les mêmes neurones qui s'activent que si je courais moi-même. « Dès que nous voyons quelqu'un accomplir un acte ou une chaîne d'actes, qu'il le veuille ou non, ses mouvements acquièrent pour nous une signification immédiate ; naturellement, l'inverse est aussi vrai : chacune de nos actions revêt une signification immédiate pour celui qui l'observe. Le système des neurones miroirs et la sélectivité de leurs réponses déterminent ainsi un espace d'*actions partagées*, à l'intérieur duquel chaque acte et chaque chaîne d'actes, les nôtres et ceux d'autrui, apparaissent immédiatement inscrits et compris sans que cela ne requière aucune “opération de connaissance” explicite ou délibérée » [2008, p. 143].

Les différentes psychopathologies semblent pouvoir s'interpréter comme autant de perturbations de l'imitation et de l'empathie, comme le résultat d'un excès ou au contraire d'une absence de frontière entre moi et autrui. Alors que, dès le plus jeune âge, les enfants reproduisent les gestes ou expressions des adultes, pour

« cesser d'échoïser, de rire quand on rit et de prendre un air grave quand on se fâche », vers l'âge de dix-huit mois, les jeunes enfants autistes « n'allument pas leurs neurones miroirs » dans la même situation [Cyrulnik, 2006, p. 172]. Le psychopathe, insuffisamment décentré de lui-même, rit de la souffrance qu'il inflige [*ibid.*, p. 175]. C'est l'absence de séparation qui empêche de distinguer entre le soi et le non-soi qui fait que les paranoïaques ne parviennent pas à se distinguer de leurs persécuteurs [*ibid.*, p. 177]. Comme le montre le biologiste Derck Denton, spécialiste de l'étude de l'apprentissage par imitation dans le monde animal, l'imitation n'est structurante et utile que pour autant que l'animal, ou le sujet, dispose d'une « imagerie de son propre corps », et donc d'une forme ou une autre de conscience de soi. « L'oiseau, écrit-il [1998, cité par Joignot, 2007, p. 13], a manifestement l'instinct de chanter et une propension programmée à imiter [...] mais d'une certaine façon [quand il chante et imite], il se comporte de manière critique, en suivant et en corrigeant sa propre interprétation – peut-être est-ce le même processus quand la soprano Joan Sutherland répète. Il semble improbable qu'il puisse y arriver sans avoir conscience de son interprétation. »

Sympathie, antipathie et réciprocité. – Quant à la réciprocité, le point le plus fondamental, mais aussi sans doute le plus difficile à comprendre et à admettre, est celui de la réversibilité de l'antipathie et de la sympathie, de la guerre et de la paix. C'est cette réversibilité, différente de l'ambivalence, qu'organise le principe de réciprocité qui permet de maintenir la compatibilité des motifs opposés de l'intérêt pour soi et pour autrui, de la mort et de la vie en évitant de basculer dans l'illimitation (l'*hubris*). L'étude des Yanomami par C. Alès en montre admirablement le fonctionnement. L'intérêt tout particulier de son étude des Yanomami est qu'ils sont censés être, avec les Jivaros, une des tribus les plus agressives et les plus féroces du monde. C. Alès note d'emblée que, chez eux, qui vivent « très refermés sur leur propre communauté et développent parallèlement méfiance et mépris envers tous ceux qui ne font pas partie de leur parentèle ou de leur communauté d'appartenance » [2006, p. 20], « l'esprit de vengeance est inculqué dès le plus jeune âge à l'enfant comme une valeur totalement positive et primordiale et la vengeance qui se réalise dans la plupart des cas sous la forme d'une destruction des choses et des êtres est légitime et légitimée » [*ibid.*, p. 19].

Chaque homme, dans cette société, doit apprendre non seulement à « donner des coups, mais encore à ne pas avoir peur d'en recevoir en retour » [*ibid.*]. Chaque homme ? La violence est-elle réservée aux mâles, la douceur incombant aux femmes ? Oui et non. C. Alès observe en effet que, alors que pourtant ce sont les hommes qui profèrent la plupart des discours officiels et qui s'ouvrent aux joutes verbales, « la violence par la parole, la parole funeste, est surtout possédée par les femmes. C'est par excellence la forme d'agressivité féminine qui frappe les hommes d'effroi. L'agressivité directe par les armes – ostensible ou dissimulée –, la violence physique mortelle est réservée aux hommes ; mais il est une autre forme d'arme tout aussi redoutable et capable d'envoyer à la mort en la prédisant, c'est la malédiction qu'adressent les femmes aux hommes lorsqu'elles défendent les leurs : enfants, parents et proches » [*ibid.*, p. 94-95]. « Autant, ajoute C. Alès, l'éducation martiale comme l'accès aux charmes mortels sont interdits aux femmes par la culture, autant par définition celles-ci sont des incitatrices : usant de leur voix, elles récriminent, réclament et crient vengeance » [*ibid.*, p. 95].

Intéressons-nous plus particulièrement à la manière dont les Yanomami règlent leurs conflits et parviennent à préserver équilibre et réciprocité entre la guerre et la paix, l'antipathie et la sympathie, grâce à une logique du don agonistique qui fait alterner dons de coups, dons de mots et dons de biens. Chez les Yanomami, les conflits qui impliquent le passage à la violence naissent de l'adultère, du vol de nourriture, de récolte, de bien (notamment de chiens et de femmes mariées), de l'atteinte à l'intégrité des chiens ou des personnes par voie d'armée ou de sorcellerie. Ils se soldent, nous dit Catherine Alès, par « une série graduée de combats – duels, luttes rangées, raids – permettant de régler les comptes, autrement dit de faire payer le prix de la perte, de la douleur et du sang, et de tenter d'annuler l'effet de la colère » [*ibid.*, p. 21]. Ces combats et duels sont très ritualisés. Dans le combat *patikai*, « les coups sont alternativement reçus et donnés. Les combattants se frappent le même nombre de fois et ce jusqu'à ce que l'un d'eux se retire et soit immédiatement remplacé par un parent ou un allié » [*ibid.*, p. 22]. Ce type de combat est moins violent que le combat à l'aide de bâtons, *naprushi*, ou d'un casse-tête en bois de palmier (*fiimô*) muni d'un tranchant et pouvant faire office d'épieu [*ibid.*, p. 24]. Entre proches, le combat se déroule généralement ainsi : « L'offenseur se met en position pour être frappé : s'appuyant sur son propre bâton, il incline la tête et présente son crâne aux coups de l'offensé. Blessé, il rend le coup s'il en est capable, sinon un de ses proches se substitue à lui. En général le combat cesse après que chacun ait été assommé. » Sinon, les femmes interviennent pour l'arrêter [*ibid.*, p. 25]. Entre communautés plus distantes, le combat prend beaucoup plus d'ampleur. « Ils sont plusieurs alors de chaque partie à se frapper, un coup contre un coup généralement, en se relayant. Les combats cessent quand plusieurs personnes sont blessées et ont perdu connaissance » [*ibid.*].

Ces combats, ajoute C. Alès, « peuvent prendre l'allure de véritables expéditions quand les Yanomami, armés de bâtons longs, vont affronter une communauté les ayant dépossédés d'une femme » [*ibid.*, p. 26]. Si le nombre des coups reçus ou des dégâts subis est jugé inéquitable, ces batailles peuvent dégénérer et entraîner l'escalade des hostilités. D'où, très vraisemblablement, la grande généralité dans toutes les pratiques vindicatoires, chez les Yanomami comme ailleurs, de la règle réciprocitaire du « un coup contre un coup » et du « à chacun son tour ». À quoi il faut ajouter qu'il ne s'agit ici que de la partie visible de la vengeance et du règlement de comptes. La plus sympathique, en somme. Beaucoup plus dangereux et difficile à manier est ce qui se joue par sorcellerie et envoûtements.

À la diversité des échanges de coups et de vengeances correspond une diversité plus grande encore des rapports et des joutes oratoires. C'est d'ailleurs sur l'observation des usages de la parole et des modulations de la voix, masculine ou féminine, celle des hommes ou des femmes d'âge mûr comme celles des jeunes, que le livre de C. Alès est sans doute le plus passionnant et le plus spectaculaire. Impossible d'en donner une idée suffisante ici. Bornons-nous à dire quelques mots de deux types de duel oratoire, l'un appelé *himou* et l'autre *wayamou*, le premier se pratiquant de jour, l'autre de nuit, de la même manière qu'il existe des vengeances explicites et des vengeances occultes [*ibid.*, p. 81]. Le dialogue *himou* est tenu publiquement par deux hommes se tenant côte à côte face à la place centrale. Il est guidé alternativement par un des orateurs, tandis que l'autre occupe la place du répondant qui, « en une étrange écholalie se borne le plus souvent à faire des répons » [*ibid.*, p. 84]. « L'explication, précise C. Alès, est souvent tendue, voire houleuse, et l'orateur courroucé. » « Quand plusieurs personnes sont disposées à discourir, l'hôte cède sa place à un autre résident et une nouvelle joute commence dans la continuité de la précédente. » Le discours *hibou*, comme le combat *patikai*, se pratique principalement entre proches. Le dialogue *wayamou*, pratiqué plus à distance des siens, « concerne plus spécifiquement l'échange de biens, de nouvelles et d'amitié. Celui qui s'incline dans le dialogue est le visiteur qui fait la demande de biens[17] » [*ibid.*, p. 5]. Mais il arrive souvent que cet échange se déploie sur fond d'un contentieux plus ou moins ancien. Quand il faut régler des comptes avec les visiteurs, le discours commence d'emblée sur un ton d'agressivité. Il s'agit alors de « menacer, accuser, provoquer, "faire tomber", abattre, ici avec la voix et avec les mots ». « Selon le degré de conflit, le duel oratoire peut prendre la forme d'une véritable logomachie où l'on interpelle, accuse, voire fustige, son interlocuteur en le maudissant et en le ridiculisant » [*ibid.*]. La fête parfois se termine par des duels au poing. « Immédiatement après, hôtes et visiteurs, réunis par paires, peuvent effectuer des discours relativement brefs de réconciliation, de promesse d'alliance et d'échange de biens », ajoute C. Alès [*ibid.*, p. 86], qui résume admirablement l'entrelacs des échanges de coups et de paroles dans cette dialectique sans cesse renouvelée de la guerre et de la paix, la réversibilité de la rupture et de l'alliance, de l'intérêt pour soi et de l'intérêt pour autrui, en écrivant : « La réciprocité des coups, conçue dans les paires de combattants, comme la réciprocité des mots, conçue dans les paires d'orateurs, se retrouvent ici unies dans les paires où l'empoignade est simultanément physique et verbale. Si l'on se réfère à un axe graduant les relations sociopolitiques et allant de l'alliance maximale à l'hostilité, ce dernier rite conjugue deux formes parfois limitrophes mais cependant opposées, la parole et la force physique, la première correspondant à l'échange amical et à l'alliance, la seconde à l'échange hostile et à l'inimitié. Symbolisant la conjonction de l'échange de coups

---

17. On voit bien ici que le cycle du donner, recevoir et rendre analysé par Mauss est en fait un cycle du demander, recevoir, donner, rendre.

et de l'échange de discours, cette formule rituelle médiatise les rapports agonistiques dans le cadre du conflit entre communautés amies » [*ibid.*, p. 87].

Réciprocité animale. – Cette aptitude à la réconciliation, au basculement de l'hostilité dans le registre de l'amitié, s'observe tout autant dans le monde animal. Dans son livre *Le Singe en nous* [2005], F. de Waal revient sur son admirable *De la réconciliation chez les primates*. Comment se réconcilier ? « Les singes dorés le font en se prenant par la main, les chimpanzés avec un baiser sur la bouche, les bonobos par le sexe, et les macaques tonkinois en s'étreignant et en se léchant les lèvres. Chaque espèce se conforme à son propre protocole de réconciliation » [*ibid.*, p. 182]. On observe même des formes de demande de pardon, lorsque l'agresseur vient lécher les plaies qu'il a infligées. « Bien qu'on nous vante parfois le pardon comme uniquement humain, voire seulement chrétien, celui-ci est peut-être une tendance naturelle chez des animaux dotés du sens de la coopération » [*ibid.*, p. 184]. En fait, « les primates apprennent très tôt à faire la paix » [*ibid.*, p. 185]. Mais le plus fascinant est que, si l'on suit toujours F. de Waal, « le rétablissement de la paix est une compétence sociale acquise et non un instinct. Elle relève de la culture sociale » [*ibid.*, p. 188].

Au-delà de la réciprocité, l'illimitation. – Lorsque les mécanismes de la réciprocité, de la réconciliation et du pardon, au contraire, ne fonctionnent plus ou se grippent, plus rien ne peut arrêter la montée vers une logique d'extermination. En éthologie, l'exemple le plus célèbre est celui de la réserve de chimpanzés de Gombe. Une communauté s'étant scindée en deux communautés distinctes, les chercheurs « en état de choc » virent à la fin de 1977 « d'anciens amis s'abreuver mutuellement de leur sang. Même les plus vieux membres de la communauté n'étaient pas épargnés. Un mâle d'apparence extrêmement frêle fut traîné et roué de coups pendant vingt minutes. Toute entente avec l'ennemi devenait un sujet de bagarre » [*ibid.*, p. 173]. Le conflit aboutit à « l'éradication violente et totale d'un des deux groupes par l'autre » [Lestel, 2007, p. 26].

L'homme est-il un animal sympathique ? L'homme Janus

La conclusion à retenir de cette discussion sur le rapport de l'égoïsme et de l'altruisme, de l'intérêt et de l'empathie est assez simple. Au plan proprement factuel, il n'est pas difficile d'observer que certaines espèces sont plus empathiques et sympathiques que d'autres. Les bonobos qui font l'amour et pas la guerre sont plus sympathiques que les chimpanzés qui se battent pour le pouvoir. Mais au sein de chaque espèce, on observe de grandes variations entre individus. Et chez l'homme ? « La nature humaine est janusienne, écrit F. de Waal. Nous sommes le produit de forces opposées, par exemple le besoin de veiller à nos propres intérêts et celui de nous entendre » [2005, p. 278]. Et il ajoute : « Plus méthodiques dans notre brutalité que les chimpanzés, et plus empathiques que les bonobos, nous sommes de loin le grand singe bipolaire par excellence » [*ibid.*, p. 279]. Mais entre sujets humains, selon aussi les circonstances et les périodes de leur vie, toutes les variantes et variations sont possibles.

Première synthèse : aimance, empathie, sympathie, amour-propre et amour de soi

Au plan proprement théorique, toute la discussion précédente permet de redistribuer et d'approfondir les notions dont nous étions partis. Soucieux de ne pas rabattre le rapport entre soi et autrui sur le seul registre moniste de l'intérêt égoïste souverain, nous avons proposé de penser la relation de soi à autrui en lien avec une opposition entre intérêt pour soi et intérêt pour autrui rebaptisé aimance. Mais à ce stade de la discussion, nous restons confronté à deux problèmes encore pendants, et en fait largement interdépendants : 1° peut-on vraiment ranger deux dimensions aussi différentes de l'intérêt que celles de l'amour-propre et de l'amour de soi du même côté que l'opposition à autrui ? 2° Le terme d'aimance est-il en définitive approprié pour penser le rapport non égocentré à autrui, sachant que ce rapport non autocentré peut aussi bien déboucher sur la haine que sur l'aimance ?

Commençons par le second problème. La discussion que nous avons menée sur les rapports de l'empathie, de la sympathie et de l'antipathie permet de le résoudre assez aisément. Ce que nous appelons aimance est en fait la dimension sympathique de l'empathie. Le terme générique approprié est celui d'empathie, laquelle connaît deux modalités principales : la sympathie (l'aimance) et l'antipathie.

Symétriquement, du côté de l'intérêt pour soi, il devient facile de distinguer un intérêt pour soi en quelque sorte primaire, celui qu'anime le souci de sa propre conservation (et reproduction), et un intérêt pour soi qui opère le détour par le regard et les affects d'autrui et en dépend donc constitutivement. C'est la première modalité de l'intérêt pour soi que les morales classiques désignaient sous le terme d'amour de soi, la seconde qu'elles rangeaient sous l'amour-propre. L'ensemble de la relation soi-autrui peut dès lors être représenté ainsi :

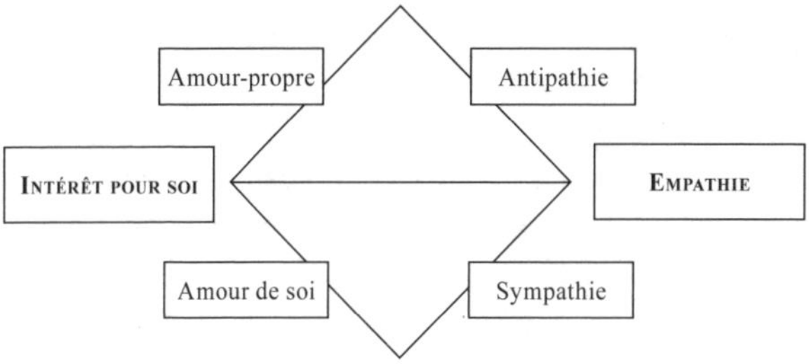

Obligation et liberté

Il conviendrait maintenant de procéder aux mêmes approfondissements pour les pôles de l'obligation et de la liberté. Tâche redoutable. Bornons-nous à quelques premiers repérages.

De l'obligation

Qu'il entre dans l'existence et dans l'action des hommes (ou des animaux) une part importante qui ne relève ni de l'intérêt de conservation de soi ni de l'empathie, mais bien du registre de l'obligation, de ce qui échappe à la prise du sujet, et qui au contraire le commande en amont de ses actes et les prédétermine, voilà qui est peu douteux. L'obligation se manifeste selon deux versants principaux : biologique et proprement social. Il est possible de discuter longuement de la part de déterminisme à accorder à l'instinct dans les espèces animales, à la constitution ou au tempérament anatomico-physiologique des différents individus ; mais ce qui ne souffre aucune discussion, c'est que tous les êtres vivants sont voués au vieillissement et à la mort, qui apparaît bien ainsi comme le « maître absolu », la figure de l'obligation ou de la nécessité par excellence. De même, quelque part de liberté et d'autonomie que les diverses cultures puissent accorder aux individus ou aux groupes, il ne fait pas de doute qu'il n'est pas de société possible sans imposition à ses membres de tout un ensemble d'obligations. C'est même pour Durkheim, on le sait, l'existence de l'obligation qui caractérise un fait comme proprement social. Cette caractérisation peut nous suffire ici. Et plus encore si on y adjoint la considération de tous ces faits que les sociologues imputent aux effets de la structure ou du système social.

De la liberté-créativité

En ce qui concerne en revanche le pôle de la liberté, il faudrait, pour y voir plus clair, entrer dans des considérations beaucoup plus complexes et incertaines, et d'autant plus que nous avons cru devoir ranger sous cette rubrique deux notions dont les rapports ne sautent nullement aux yeux *a priori* : la liberté d'une part – autrement dit la marge de jeu qui porte l'action au-delà de l'obligation, bien sûr, mais aussi de l'intérêt et même de l'aimance –, mais aussi, sous la rubrique de la créativité[18], la fécondité, par quoi il convient d'entendre la fécondité au sens strict, la capacité à avoir des descendants, mais aussi et plus généralement ce qu'on pourrait appeler la générativité, la capacité à faire quelque chose de sa vie, à commencer par en jouer et en jouir, et à faire en sorte que, grâce à elle, il y ait quelque chose plutôt que rien. Qu'elle ait en somme « donné » quelque chose.

Mais à dire les choses ainsi, on voit bien qu'il y a dans la liberté-générativité une dimension qui excède ce que nous avons appelé jusqu'ici les pôles de l'action et qu'il ne suffit pas de dire que, dans toute action, il doit entrer une part de liberté, de la même manière qu'il y entre une part d'intérêt, une part d'aimance et une

18. *Cf.* Hans Joas [1999].

part d'obligation. Bien plus profondément, il n'est d'action que libre. Le pôle de la liberté-créativité est celui de l'action en tant que telle. Mais il est aussi celui par lequel l'acteur devient sujet. Nous nous sommes interrogé jusqu'à présent sur les dimensions de l'action. Il faut maintenant nous demander comment l'acteur devient sujet en cherchant sa singularité et sa cohérence dans une manière à chaque fois spécifique de lier ces différentes dimensions pour accéder à sa propre liberté-générativité. C'est ici que réapparaît la question de la quête de reconnaisssance, dont nous nous étions demandé au départ si elle était pensable dans le registre de l'intérêt ou bien si, au contraire, elle rendait nécessaire d'en sortir résolument. Indissociable d'une théorie de l'action et de la subjectivité dont il nous faut maintenant tenter d'assembler quelques fragments.

Sur le jeu et la liberté. – Quelques notations préalables, pourtant, sur la question de la liberté seront sans doute bienvenues. C'est probablement dans le domaine du jeu qu'on voit apparaître le plus clairement cette dimension de liberté-créativité. Et également, pourrait-on ajouter, d'intérêt pour, de gratuité intéressée, à moins qu'il ne s'agisse d'intérêt pour la gratuité, la grâce et la liberté. Pas de jeu possible sans règles du jeu – la dimension de l'obligation –, pas de jeu, au moins pas de jeu agonistique, sans intérêt à gagner, à apparaître le plus beau, le plus fort, le plus chanceux, à être le vainqueur, pas de jeu donc sans intérêt pour soi. Mais pas de jeu non plus sans accord avec l'adversaire pour rivaliser, sans reconnaissance de la valeur du partenaire rival, ami effectif ou potentiel. On joue contre lui, mais aussi avec lui. Contre-avec. Les textes sur le jeu qui comptent ne sont pas si nombreux. Tous renvoient ou devraient renvoyer à l'indépassé *Homo ludens* de J. Huizinga, véritable pendant et complément, revendiqué comme tel, de l'*Essai sur le don* de Marcel Mauss. Tous aussi montrent qu'il n'y a jeu qu'au-delà de l'intérêt pour soi et pour autrui, qu'au-delà de l'obligation. Ce qui fait l'essence du jeu, c'est la marge de jeu, cette étincelle de liberté et d'inventivité si précieuse qu'il permet parfois de susciter et qui fait que le jeu, et peut-être le jeu seul, peut être à lui-même sa propre fin. Le modèle en tout cas de tout ce qui est à soi-même sa propre fin. On joue pour jouer. On crée pour créer. On agit pour agir.

C'est pour cette raison, comme le montre Huizinga, que le jeu est la matrice de toute invention culturelle. Et la chose est vraie également du monde animal, beaucoup moins soumis aux lois de la nature et de l'instinct – « c'est à peine si je sais encore ce qu'on entend par là », écrit F. de Waal à propos de l'instinct [2005, p. 87] – et beaucoup plus ouvert à l'invention et à la diversité culturelle qu'on ne l'a longtemps cru[19]. Des travaux récents confirment les thèses du zoologue préféré d'Hannah Arendt, Adolf Portmann. Les reprenant dans un article qui a fait date, Jacques Dewitte [1993] montrait comment la fauvette grisette a deux types de chant : le chant spécifique ou permanent et le « chant à motifs », qui apparaît au moment de la maturité sexuelle et qui concourt à la recherche de partenaires. Le second correspond aux motivations fonctionnelles que retiennent seules, le plus souvent, les éthologues. Le premier, au contraire, est un chant « auquel l'oiseau s'adonne pour lui-même comme une fin en soi en y éprouvant manifestement une grande jouissance (et alors qu'il se trouve dans une solitude complète) » [*ibid.*, p. 26]. De même, Boris Cyrulnik rapporte des éléments intéressants pour cette discussion. Le pinson élevé dans la solitude sait chanter, mais « privé de modèle auditif, il divise mal son trille et ne termine jamais par la fioriture que certains appellent “signature chantée” » [2006, p. 24]. Autant pour la part de la culture par rapport à la nature. Mais, surtout, il ajoute que « cet aspect fonctionnel du chant ne permet pas d'expliquer les polyphonies entre voisins. Il n'est pas rare que des oiseaux, des singes ou des animaux d'espèce différente harmonisent leurs chants, en dehors de tout besoin de reproduction, de territoire ou d'agressivité. Le plaisir seul pourrait-il expliquer leurs répertoires variés, inventés, surprenants, et totalement inutiles si ce n'est pour l'esthétique[20] ? » Mais Darwin n'avait-il pas déjà tout dit en 1838, dans ses *Carnets de notes*, quand il écrivait : « Il suffit de voir des chiots en train de

19. Comme l'écrit Dominque Lestel, « les comportements culturels classiquement mobilisés par le philosophe, puis par l'anthropologue pour distinguer l'homme (de culture) et l'animal (de nature) se révèlent finalement très répandus chez le non-humain » [2007, p. 26]. Et il conclut : « Les cultures humaines ne constituent qu'une occurrence parmi de nombreuses autres possibles » [*ibid.*, p. 29]. *Cf.* sur ce thème et plus généralement, D. Lestel [2003].

20. Cyrulnik [2006, p. 24], rapportant les propos de François-Bernard Mâche [2000].

jouer pour ne pas douter qu'ils possèdent le libre arbitre comme c'est le cas pour tous les animaux, l'huître comme le polype » ? [Cité par Joignot, 2007, p. 12].

Au-delà de l'utile et du fonctionnel. – Plus généralement, ce sont toutes les explications utilitaires et fonctionnelles de la forme et des comportements sociaux qui doivent être fortement reconsidérées. Nous avons déjà insisté sur l'importance de l'étude des Yanomami par C. Alès. Elle permet de parfaitement relativiser, justement, les thèses anthropologiques fonctionnalistes dominantes sur ce champ de N. A. Chagnon. Contrairement à ces thèses qui veulent voir les cérémoniels de don agonistique comme un moyen de se procurer des biens désirables – ou encore, dans les guerres ou dans le mariage par rapt, un moyen d'obtenir des femmes, C. Alès [2007, p. 27] montre que la demande d'un bien comme le mariage par rapt sont plutôt des prétextes à la recherche de l'alliance. On affecte de s'intéresser à l'utile en vue en définitive de créer l'alliance[21]. Dans un autre ordre de réalité, toujours dans le sillage d'Adolf Portmann et des auteurs allemands qui réintroduisent la dimension téléologique au sein du monde naturel, Jacques Dewitte montre comment même la forme animale, la profusion des plumes ou la splendeur de la robe, etc., sont absolument irréductibles aux nécessités fonctionnelles supposées les expliquer, et comment joue là en fait une volonté de manifestation de soi (*Selbstdarstellung*) selon une dimension proprement esthétique.

Obligation et liberté. Synthèse provisoire

Nous avons désormais suffisamment d'éléments pour esquisser une dialectisation des pôles de l'obligation et de la liberté comparable à celle que nous avons opérée en ce qui concerne la relation soi-autrui. Du côté de l'obligation, il faudra ainsi distinguer au premier chef entre ce qui relève de la contrainte et de la nécessité objective d'une part, et ce qui tient du registre du devoir, *i.e.* la

21. De même, C. Alès critique la thèse que les conflits serviraient à provoquer des fissions motivées par la recherche d'une meilleure répartition des ressources, alors que, en fait, ils ont pour but premier d'éviter les disputes [*ibid.*, p. 29].

contrainte intériorisée et faite sienne par le détour de la liberté d'autre part.

Symétriquement, du côté de la liberté, on distinguera entre la spontanéité et la créativité, créativité qui ne peut se déployer que dans le respect des règles qu'elle tend pourtant à dépasser.

L'ensemble peut se représenter ainsi :

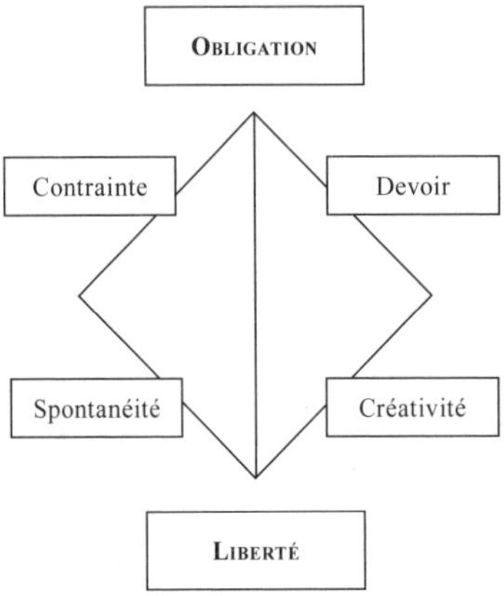

Nous avons maintenant réuni suffisamment d'éléments pour pouvoir faire retour à la question du statut de la quête de reconnaissance et esquisser non plus seulement une cartographie du champ et des modalités de l'action, mais une théorie de l'action et de son sujet.

(*À suivre*[22])

Bibliographie

Alès Catherine, 2006, *Yanomami. L'ire et le désir*, Karthala, Paris.
– 2007, *Pour une anthropologie de la condition humaine*, habilitation à diriger des recherches, Paris X-Nanterre.
Aron Serge et Fournier Denis, 2007, « L'énigme de l'altruisme », *Sciences et avenir*, n° 152, hors-série.

22. Dans le prochain numéro de *La Revue du MAUSS semestrielle* (n° 32, 2e semestre 2008).

BENTHAM Jeremy, 1970, *An Introduction to the Principles of Morals and Legislation*, Methuen, Londres et New York.

BOESCH Christopher et BOESCH-ACHERMANN Hedwige, *The Chimpanzees of the Tai Forest*, Oxford University Press.

BURON Valérie, 2008, « Les sources universelles de la justice », *Sciences humaines*, n° 9, p. 32-35.

CAILLÉ Alain, 1997, « Trente thèses pour une gauche nouvelle », *La Revue du MAUSS semestrielle*, n° 9, « Comment peut-on être anti-capitaliste ? », 1er semestre.

CÉZILLY Franck, 2007, « Le point de vue des gènes », *Sciences et avenir*, n° 152, hors-série.

CYRULNIK Boris, 2006, *De chair et d'âme*, Odile Jacob, Paris.

DE PRACONTAL Michel, 2008, « Les singes savants. Ils nous battent à plate couture », *Le Nouvel Observateur*, 7-13 février, p. 88-89.

DE WAAL Frans, 2005, *Le Singe en nous*, Fayard, Paris.

DENTON Derek, 1998, *L'Émergence de la conscience de l'animal à l'homme*, Flammarion, Paris.

DEPRAZ Nathalie, 2004, « Empathie et compassion. Analyse phénoménologique et enseignements bouddhistes », *in* BERTHOZ Alain et JORLAND Gérard (sous la dir. de), *L'Empathie*, Odile Jacob, Paris.

DEWITTE Jacques, 1993, « La donation première de l'apparence. De l'anti-utilitarisme dans le monde animal selon A. Portmann », *La Revue du MAUSS semestrielle*, n° 1, « Ce que donner veut dire. Don et intérêt », 1er semestre.

GARRELS Scott R., 2006, « Imitation, mirror neurons, and mimetic desire », *Contagion. Journal of Violence, Mimesis and Culture*, vol. 12-13, p. 47-86.

GIRALDEAU Luc-Alain, 2007, « L'exploitation de l'animal par l'animal », *Sciences et avenir*, n° 152, hors-série.

HÉNAFF Marcel, 2002, *Le Prix de la vérité*, Le Seuil, Paris.

HENRICH J. *et alii*, 2004, *Foundations of Human Sociality*, Oxford University Press.

JOAS Hans, 1999, *La Créativité de l'agir,* Le Cerf, Paris.

JOIGNOT Frédéric, 2007, « À quoi pensent les animaux ? », *Le Monde 2*, 11 août.

JULLIEN François, 1998, *Un sage est sans idées,* Le Seuil, Paris.

LESTEL Dominique, 2003, *Les Origines animales de la culture*, Flammarion, Paris.

– 2007, « Des cultures animales », *Sciences et avenir*, n° 152, hors-série.

MÂCHE François-Bernard, 2000, « La musique n'est pas le propre de l'homme », *La Recherche*, n° 4, hors-série, novembre.

MELTZOFF A. et DECETY J., 2003, « What imitation tells us about social cognition », *Philosophical Transactions*, Royal Society, Londres, Biological Sciences 358, p. 491-500.

MELTZOFF Andrew et MOORE Keith, 1977, « Imitation of facial and manual gestures by human neonates », *Science*, n° 198, p. 75-78.

MELTZOFF A. et PRINCE W. (sous la dir. de), 2002, *The Imitative Mind. Development, Evolution and Brain Bases,* Cambridge University Press.

PACHERIE Elisabeth, 2004, « L'empathie et ses degrés », *in* BERTHOZ Alain et JORLAND Gérard (sous la dir. de), *L'Empathie*, Odile Jacob, Paris.

PROUST Joëlle, 2007, « L'imitation, clé de la socialité », *Sciences et avenir*, n° 152, hors-série.

RIZZOLATTI Giacomo et SINIGAGLIA Corrado, 2008, *Les Neurones miroirs*, Odile Jacob, Paris.

SCIENCES ET AVENIR, 2007, « L'incroyable socialité des animaux » (coordonné par Jean-Michel Besnier), n° 152, hors-série, octobre-novembre.

SCIENCES HUMAINES, 2008, « L'origine des sociétés », n° 9, janvier-février.

SHANTIDEVA, 1997, *The Way of the Boddhisattva*, Shambhala Publications, Massachussets.

SIRONI Françoise, 2004, « Les mécanismes de destruction de l'autre », *in* BERTHOZ Alain et JORLAND Gérard (sous la dir. de), *L'Empathie*, Odile Jacob, Paris, p. 225-250.

TERESTCHENKO Michel, 2005, *Un si fragile vernis d'humanité. Banalité du mal, banalité du bien*, La Découverte/MAUSS, Paris.

WILSON Edward O., 2007, « E. O. Wilson, l'éternel étudiant des fourmis. Interview », *Sciences et avenir*, n° 152, hors-série.

WRANGHAM Richard et PETERSON Dale, 1996, *Demonic Males. Apes and the Origins of Human Violence*, Mariner Books, Boston et New York.

La vie est sans pourquoi
Redécouverte de la question téléologique

Jacques Dewitte

L'article qu'on va lire était une longue introduction (« La redécouverte de la question téléologique ») destinée à présenter un dossier de quatre traductions paru en 1996 dans le numéro des Études phénoménologiques *consacré à la philosophie de la nature*[1] *que j'avais dirigé. Ce numéro s'organisait autour d'une épine dorsale : une traduction de quatre textes d'auteurs de langue allemande*[2] *– Robert Spaemann, Thure von Uexküll, Hans Jonas, Adolf Portmann – qui, chacun à sa manière, avaient réhabilité la question téléologique rejetée par la pensée moderne et relancé l'interrogation sur la finalité du vivant*[3].

1. *Phénoménologie et philosophie de la nature. Études phénoménologiques*, n° 23-24, Éditions Ousia, Bruxelles, 1996.

2. Hans Jonas était une exception, puisque le texte traduit dans ce dossier avait été écrit en anglais. Mais, même s'il s'est mis à pratiquer principalement l'anglais à partir de son installation au Canada et aux États-Unis, son horizon philosophique est resté « continental », et il n'a jamais renoncé à l'allemand, On se rend compte d'ailleurs, en comparant *The Phenomenon of Life* avec *Organismus und Freiheit*, qui en est la traduction (réalisée en partie par Jonas lui-même), que sa pensée est souvent beaucoup plus riche et dense dans la version allemande que dans l'« original » anglais (on constate la même chose chez Hannah Arendt).

3. Il s'agissait des quatre textes suivants : Robert Spaemann, « Téléologie de la nature et action humaine » (paru en 1978), traduit de l'allemand par Pierre Destrée et Jacques Dewitte ; Thure von Uexküll, « Critique des présupposés contemporains en matière de philosophie de la nature et de notre attitude à l'égard du problème de la téléologie » (chapitre IV du livre *Der Mensch und die Natur* paru en 1953), traduit de l'allemand par Georges Thinès ; Hans Jonas, « Les fondements biologiques de l'individualité » (paru en 1968), traduit de l'anglais par Danielle Lories ; Adolf Portmann, « L'autoprésentation, motif de l'élaboration des formes vivantes » (paru en 1958), traduit de l'allemand par Jacques Dewitte.

J'avais choisi ces quatre textes comme les pièces rapportées d'une même argumentation, en une sorte de dialectique que mon introduction exposait précisément de manière explicite.

Les écrits ont leur destin. En 2001, j'ai appris que Francisco Varela, préparant peu avant sa mort un colloque sur les différentes facettes de son œuvre, avait souhaité, ayant lu mon introduction, que j'y participe, dans la section consacrée à la question de la finalité (ce colloque a eu lieu le 11 octobre 2001 à la Cité universitaire). J'ai été ému par cet écho post mortem *venant de quelqu'un que je n'avais jamais rencontré. D'autres rencontres fortuites me donnent également à penser que cette publication plutôt confidentielle a eu une influence souterraine.*

Je republie ce texte presque tel quel, en me contentant de modifier le début et d'ajouter quelques notes (« Post-scriptum *2008 ») pour signaler des publications postérieures à sa rédaction. J'ai également ajouté en note les références aux traductions parues dans le numéro des* Études phénoménologiques, *qui manquaient forcément dans la version originale.*

Le titre donné à cette republication est évidemment une allusion au vers célèbre d'Angelus Silesius, commenté par Heidegger : « La rose est sans pourquoi ». Le lecteur pourra s'étonner d'une apparente contradiction entre le titre et le sous-titre : est-ce qu'en réintroduisant les notions mêmes de finalité et de téléologie, on ne subordonne pas du même coup les manifestations de la vie à une finalité extérieure, à un principe d'utilité ? Et dans ce cas, comment peut-on suggérer alors que la vie serait « sans pourquoi » ? Toute mon argumentation, on le verra, consiste à éviter ce dilemme. L'idée de finalité doit être dissociée de celle de finalité utilitaire ou fonctionnelle. Le point de vue téléologique – ce que j'appelle « l'interrogation sur les finalités » – peut conduire à la découverte de ce que la vie organique, comme la vie sociale, comporte en fin de compte une part inexplicable selon des critères utilitaristes. Cela concorde avec la réflexion « anti-utilitariste » menée dans le MAUSS : il faut cesser de ne retenir exclusivement comme faisant sens que ce qui semble correspondre au calcul de l'intérêt et à la recherche de l'utilité.

* *
*

Robert Spaemann, Thure von Uexküll, Hans Jonas, Adolf Portmann : le rapprochement de ces quatre auteurs n'a rien d'arbitraire et de fortuit, car il répond au contraire à de profondes affinités. Robert Spaemann occupe une position centrale : en publiant en collaboration avec Reinhard Löw *Die Frage Wozu*[4] *?* (« La question pourquoi ? »), il a relancé une prise en compte de la question téléologique ; et de ces quatre auteurs, il est le seul à se référer simultanément aux trois autres, notamment en sortant de l'oubli la contribution de Thure von Uexküll. Mais ce dernier, en 1953, mentionnait déjà les travaux de Portmann. Et quant à Jonas, qui entra ultérieurement en relations étroites avec Spaemann[5], il connaissait et appréciait lui aussi les travaux de Portmann (il m'a relaté une conversation passionnée qu'il eut avec celui-ci à Bâle[6]).

Ainsi devrait se dessiner un réseau de recoupements et de convergences n'excluant nullement certaines divergences, un champ de réflexion à la fois rigoureux et ouvert, non bouclé en un ensemble de réponses dogmatiques. Pas un chœur unanime chantant à l'unisson la même mélodie, mais une polyphonie de voix accordées et en partie discordantes, qui se répondent et se recoupent, et dont chacune poursuit aussi un thème qui lui est propre. Ainsi, une divergence importante apparaît dans la manière respective d'envisager la signification du métabolisme chez Jonas et chez Portmann. Ce dernier n'a pas aperçu la signification ontologique que le premier discerne dans l'échange de matière avec l'environnement qui caractérise le vivant, et il tend à comprendre le métabolisme comme un simple processus subordonné lié à la survie. Mais inversement, on peut

4. *Die Frage Wozu ? Geschichte und Wiederentdeckung des teleologischen Denkens* (« La question pourquoi ? Histoire et redécouverte de la pensée téléologique »), Piper, Munich, 1981 ; réédition Serie Piper, 1985. Il s'agit de la transcription d'un cours donné à l'université de Munich en 1976-1977.

Post-scriptum 2008. En allemand, « Wozu » signifie plutôt « en vue de quoi », « dans quel but », et est donc le terme le plus approprié pour désigner la relation téléologique, préférable à « warum » (on pourrait distinguer, en français, « pour quoi » et « pourquoi »).

5. Robert Spaemann a invité Jonas à l'université de Munich en 1982-1983 (chaire E. Voegelin) et c'est lui qui a prononcé la *laudatio* lors de la remise du prix de la Paix de la Librairie allemande à Jonas en 1987.

6. *Post-scriptum* 2008 : je rapporte cette anecdote dans mon article « Pour qui sait voir », *La Revue du MAUSS semestrielle*, n° 14, 2e semestre 1999, p. 55.

regretter aussi que Jonas ne se soit jamais interrogé sur la fin ultime du vivant avec la radicalité qui caractérise Portmann.

Parmi les divers thèmes convergents qui apparaissent chez nos quatre auteurs, j'en relèverai trois : la question de l'*ipséité* (ou de la subjectivité), la relation au *vitalisme* et l'appréciation de l'*anthropomorphisme*.

La convergence la plus manifeste est sans doute le rejet commun d'une conception du vivant (et de la nature en général) qui le réduit au statut d'une chose étendue, d'une pure objectivité, et sa reconnaissance en tant que sujet. C'est ce que chacun formule dans un vocabulaire un peu différent : Thure von Uexküll, dans le prolongement des travaux de son père Jakob von Uexküll, envisage le vivant comme sujet d'un « monde vécu », Jonas parle de « centre d'activité » et d'une « auto-identité », Portmann recourt souvent au concept d'intériorité (*Innerlichkeit*), mais aussi de soi (*Selbst*). Et quant à Spaemann, le concept qui lui est propre est celui d'ipséité (*Selbstheit* ou *Selbstsein*[7]). Mais chacun de ces concepts vise fondamentalement la même chose : la reconnaissance de ce que nous avons affaire à un être capable d'initiative, d'action et pas seulement de réaction, et donc, jusqu'à un certain point, doué de *liberté*.

Un autre point commun à nos auteurs est que, malgré cette décision philosophique de départ d'envisager le vivant comme sujet et donc comme doué d'autonomie, ils ne se reconnaissent pas dans ce qu'il est convenu d'appeler le *vitalisme* et éprouvent le besoin de distinguer leur propre démarche de ce courant philosophique (dominé surtout par la personnalité de Hans Driesch). L'un des reproches avancés est (chez Spaemann et, dans une certaine mesure aussi, chez von Uexküll) une confusion regrettable entre le champ de la causalité et celui de la finalité.

Enfin, une autre convergence frappante concerne l'appréciation de l'*anthropomorphisme* dans la connaissance du vivant. Il s'agit d'une attitude commune de refus du rejet de tout anthropomorphisme dont la science moderne a fait l'une des pierres de touche de sa propre autocompréhension. La nécessaire réhabilitation de

7. Il faudrait ajouter ici le concept de « positionalité » (*Positionalität*) de Helmuth Plessner qui a une signification tout à fait analogue. Plessner, malheureusement absent ici, est également un auteur capital pour une remise à l'honneur de la philosophie de la nature, avec son livre de 1928, *Die Stufen des Organischen und der Mensch*.

la question téléologique (selon des modalités qui peuvent varier) va de pair avec une appréciation positive de l'anthropomorphisme – ou, en tout cas, la peur panique de tout ce qui pourrait passer pour un anthropomorphisme a cessé d'être pour eux une préoccupation incessante et compulsive.

De la lecture de ces quatre auteurs se dégage sur cette question une conception globale, un dénominateur commun qu'on peut résumer sous la forme des thèses suivantes :

1) le rejet de tout anthropomorphisme (comme de tout finalisme) par la science moderne est à la fois non souhaitable et impossible à réaliser en fait :

— il est *non souhaitable* parce qu'on se prive par là d'un accès privilégié au vivant et qu'il est donc contraire aux intérêts bien compris de la connaissance scientifique[8],

— il s'agit d'une décision méthodologique *impossible à réaliser en fait* et que contredit sans cesse la pratique effective de la science. C'est un bel exemple de l'*inconséquence* que l'on constate souvent entre l'idéal méthodologique de la science (cela étant valable à la fois pour les *Naturwissenschaften* et pour les *Geisteswissenschaften*[9]) et sa pratique effective, qui est en contradiction avec la représentation que la science a de sa propre activité, une inconséquence qui est elle-même l'une des formes du clivage entre « monde de la vie » et représentation scientifique (qui pénètre à l'intérieur même de

8. De même, Merleau-Ponty écrivait : « Toute zoologie suppose de notre part une *Einfühlung* méthodique du comportement animal, avec participation de l'animal à notre vie perceptive, et participation de notre vie perceptive à l'animalité » (« Le concept de nature », *Résumés de cours*, Gallimard, Paris, 1968, p. 136). On ne peut pas ne pas regretter, une fois de plus, de ne pas disposer du grand ouvrage de philosophie de la nature que Merleau-Ponty avait sans doute en projet et d'en être réduit aux maigres *Résumés de ses cours* au Collège de France qui nous donnent un aperçu de ce qu'aurait pu être ce livre. Le deuil de Merleau-Ponty a une place semblable pour nous à celui de Schiller pour les Allemands : on n'en finit pas de rêver à ce qu'il aurait pu réaliser s'il n'était pas mort dans la force de l'âge.

Post-scriptum 2008 : depuis lors, une publication capitale est venue combler en partie ce manque : Maurice Merleau-Ponty, *La Nature. Notes. Cours du Collège de France* (ouvrage établi et annoté par Dominique Séglart), Le Seuil, Paris, 1995.

9. Ce clivage entre représentation de soi méthodologique et pratique effective a été bien analysé par Hans-Georg Gadamer à propos des *Geisteswissenschaften*. Il est tout aussi valable pour les *Naturwissenschaften*, comme l'a bien montré Hans Jonas dans « Dieu est-il mathématicien ? », l'un des chapitres les plus importants de *The Phenomenon of Life*.

la science). Cette exclusion ou cette interdiction de tout anthropomorphisme (comme de toute finalité) conduit à une situation souvent risible où l'on se sert d'artifices verbaux, d'euphémismes et de périphrases pour ne pas avouer l'anthropomorphisme (ou le finalisme) que l'on est bien obligé de pratiquer en fait. C'est donc avant tout une question de mots.

2) Il est donc préférable d'assumer cet anthropomorphisme, c'est-à-dire de reconnaître en droit ce que l'on pratique en fait, et d'opérer ainsi une sorte de réconciliation entre la représentation méthodologique et la pratique effective (plutôt que de s'en tenir à la situation d'inconséquence).

3) Mais tout en assumant ainsi un certain anthropomorphisme, il faut également l'utiliser avec prudence et se garder des pièges d'un anthropomorphisme naïf (d'une projection facile de nos affects et de nos finalités) – ce qui revient à reconnaître une part de vérité à la mise en garde contre l'anthropomorphisme. D'où la nécessité d'un « anthropomorphisme critique » (Jonas, Portmann), c'est-à-dire d'un usage critique et maîtrisé de la nécessaire présupposition d'une communauté (ou complicité) entre le vivant et nous, présupposition qui est l'horizon préalable à toute intelligibilité du vivant en tant que vivant. C'est seulement dans le champ d'intelligibilité ouvert par un tel anthropomorphisme critique qu'il sera possible de faire le tri entre interprétations erronées et interprétations vraies du comportement animal. La critique justifiée et nécessaire de l'anthropomorphisme doit donc elle-même être soumise à la critique, c'est-à-dire être consciente de ses propres limites au-delà desquelles elle perd sa légitimité pour devenir une décision ontologique sans fondement autre qu'arbitraire et coupée de notre expérience effective.

Je tenterai de mettre en relief la contribution respective de ces auteurs à une redécouverte de la question téléologique (en indiquant parfois certaines directions qu'ils nous font entrevoir sans forcément s'y engager eux-mêmes), tout en esquissant pour chacun d'entre eux une sorte de portrait philosophique concis faisant ressortir la spécificité de leur style de pensée. L'ordre de présentation adopté ne sera pas chronologique, mais correspondra à une nécessité plutôt systématique, dans la mesure où ces différentes pensées seront présentées comme autant de moments à l'intérieur d'une même recherche encore ouverte. Parmi les différentes manières possibles d'aborder la question téléologique, on n'en retiendra qu'une seule : l'idée d'une *finalité interne* poursuivie par les êtres vivants eux-mêmes. On laissera entièrement de côté l'éventualité d'une *finalité objective*, inscrite dans le devenir cosmique (comme avec l'idée d'un « principe anthropique »).

Robert Spaemann et l'inversion de la téléologie

La pensée de Robert Spaemann (né en 1927) est celle d'un philosophe qui a reçu sa formation première à l'école de la *Begriffsgeschichte* de Joachim Ritter et dont la réflexion, tout en touchant à des questions existentielles et ontologiques fondamentales, passe par le détour de l'histoire des idées, par la médiation d'une interrogation sur la constitution historique de la modernité[10]. L'une de ses thèses fondamentales, qui a fait sa notoriété, c'est que la modernité s'est instaurée par ce qu'il a appelé l'*inversion de la téléologie*[11]. Il s'agit d'une décision ontologique première, intervenue au début des Temps modernes, par laquelle fut posé le *primat de l'autoconservation.* « L'inversion de la téléologie signifie la rationalisation la plus rigoureuse en vue de la finalité individualiste, la subordination la plus rigoureuse de l'existence aux conditions de sa conservation. [...] Le bonheur et la jouissance qui ne peuvent se légitimer devant l'économie de l'autoconservation sont immoraux, agir selon des idées d'honneur sans pouvoir rationaliser son action en vue de l'autoconservation devient une donquichotterie[12]. »

10. Spaemann a retracé son propre itinéraire philosophique dans son « Introduction » (« Einleitung ») aux *Philosophische Essays*, Reclam, Stuttgart, 1983 (voir surtout p. 10 *sq.*).

Post-scriptum 2008 : désormais, on peut lire de Spaemann en français : *Bonheur et bienveillance. Essai sur l'éthique*, traduit de l'allemand par Stéphane Robillard, PUF, Paris, 1997 ; *Notions fondamentales de morale*, traduction et notes par Stéphane Robillard, Champs-Flammarion, Paris, 1999.

11. Cette interprétation est présentée dans un chapitre de son ouvrage consacré à Fénelon, *Reflexion und Spontaneität : Studien über Fénelon*, 1963 (réédition Klett Verlag, Stuttgart, 1990). Ce chapitre, intitulé « Bürgerliche Ethik und nichtteleologische Ontologie » (« Éthique bourgeoise et ontologie non téléologique ») a été réédité séparément, et entouré d'un ensemble de contributions (notamment un texte de Hans Blumenberg) examinant la signification de l'autoconservation dans la constitution de la modernité, dans *Subjektivität und Selbsterhaltung* (sous la dir. de Hans Ebeling), Suhrkamp, Francfort, 1981.

12. *Subjektivität und Selbsterhaltung*, *op. cit.*, p. 81.

C'est donc d'abord de l'homme et de l'existence humaine qu'il s'agit. Se met en place une conception utilitariste ou fonctionnaliste de l'existence où tout ce qui ne peut pas être expliqué (et justifié) comme pouvant servir, directement ou indirectement, à l'intérêt individuel, à l'« amour-propre » du sujet, à son autoconservation, devient à la fois incompréhensible et aberrant. Spaemann parle également à ce propos d'une « ontologie bourgeoise ».

Jusque-là, chaque être avait un « pour quoi » (un *Wozu*), c'est-à-dire visait une fin qui transcendait sa pure et simple existence factuelle et dans laquelle il trouvait son accomplissement. Cette fin ou cet objet ainsi visés étaient considérés comme une réalité première. L'autoconservation était donc secondaire en ce sens qu'elle n'était pas la préoccupation première et exclusive de chaque être et le sens ultime de toute chose (ce qui ne veut pas dire qu'elle fût absente). L'inversion de la téléologie consiste à ignorer de telles fins ou de tels objets visés intentionnellement, et à tenter de fonder les différents domaines d'être en les faisant reposer sur eux-mêmes, la fin intentionnelle et transcendante étant remplacée, dans ce projet d'autofondation, par cette fin immanente : la simple conservation (ou maximalisation) de la vie individuelle, de la société, mais aussi de la vie organique.

Les principaux repères historiques que propose Spaemann pour situer cette inversion sont, d'une part, une analyse de penseurs tels que Telesio et Campanella, et d'autre part un commentaire de la querelle du « pur amour » qui, plus tard, opposa Fénelon et Bossuet (et qui lui est apparue comme le révélateur de la modification ontologique intervenue au début des Temps modernes). Il montre surtout comment Telesio et Campanella « ont aboli la distinction aristotélicienne du vivre et du bien vivre et ont défini le bien comme ce qui conserve en vie ». Il y a un rabattement du « bien vivre » sur le « vivre » entendu désormais comme le fait brut de l'existence ou la simple survie. D'où cette affirmation (qui n'a pas manqué de surprendre) selon laquelle, contrairement à l'idée habituelle (où la modernité est associée à une représentation dynamique, puisque historique, de l'être), une structure ontologique *dynamique* (où chaque étant se dépasse vers la fin à laquelle il se rapporte) est remplacée par une structure *statique* : tout est désormais censé se ramener à l'autoconservation, c'est-à-dire à la conservation *de ce qui est de toute façon déjà*[13]. Les différentes sphères concernées (et aucune n'échappe en principe à cette mutation) perdent tout *contenu* ainsi que toute *réalité* propres. C'est le pur fonctionnement qui remplace le contenu ou bien, ce qui revient au même, les contenus sont censés désormais n'être plus qu'apparents : ils sont la face subjective et illusoire des fonctions objectives qui, elles, se ramènent toutes, en dernière analyse, à l'autoconservation.

Si important que soit le détour par l'histoire des idées, une dimension essentielle risquerait d'être perdue de vue si on le réduisait à une simple question historique sur la genèse de la modernité et elle ressort davantage à partir l'horizon phénoménologique. Est en jeu en effet dans l'inversion de la téléologie une *perte du monde*, une rupture du rapport au monde en tant que rapport intentionnel : une dissociation s'opère entre les contenus visés par les différents actes intentionnels (amour, désir, connaissance) et cet acte lui-même. Avec l'inversion de la téléologie, en tant que projet de fonctionnalisation totale du monde et de l'existence, s'instaure un clivage entre ce que chacun éprouve subjectivement et croit naïvement poursuivre et ce qu'il est censé en être « objectivement », entre le point de vue du sujet fini et un point de vue « de survol ». L'intention de Spaemann est de défendre obstinément le point de vue naïf contre les allégations modernes (qu'elles proviennent d'une philosophie de l'histoire ou de n'importe quelle théorie du fonctionnement social ou psychique), ce qui le rapproche du combat de Péguy contre le modernisme, c'est-à-dire contre l'attitude qui consiste à « ne pas croire ce que l'on croit[14] ». Il s'agit de défendre ce rapport immédiat du sujet à sa propre expérience et à sa propre vérité[15].

---

13. « À la place de la structure dynamique-téléologique en vertu de laquelle tout ce qui est est dirigé vers une activité qui lui est propre, cette activité, à son tour, étant dirigée vers la réalisation d'un *bonum* spécifique, apparaît maintenant une inversion de la téléologie : l'être ne s'élève plus à l'être-actif, mais l'activité elle-même a pour seul but la conservation de ce qui est de toute façon déjà » (*Subjektivität und Selbsterhaltung*, *op. cit.*, p. 80).

14.« Einleitung », *Philosophische Essays*, *op. cit.*, p. 7.

15. *Post-scriptum* 2008 : prolongeant l'intuition de Spaemann, j'ai exposé une critique de l'explication fonctionnaliste de la religion dans un article intitulé précisément : « Croire ce que l'on croit. Réflexions sur la religion et les sciences sociales », *La Revue du MAUSS semestrielle*, n° 22, 2e semestre 2003. En l'occurrence, il s'agissait de défendre le rapport immédiat du sujet à l'objet de sa foi.

Cette vision historique ne signifie donc pas que le monde moderne serait intégralement dominé par la décision ontologique appelée « inversion de la téléologie », sans reste ni contradiction. Au contraire, une bonne part de notre expérience effective, dans tous les domaines de l'expérience et de la connaissance, la contredit sans cesse. Il existe un décalage entre ce qui ne cesse pas d'être une simple *représentation* (si impérieuse, envahissante et dévastatrice qu'elle puisse être) et la *réalité effective*. Une part importante de notre expérience continue à être téléologique malgré les décrets de la modernité (et notamment de la science), et cela vaut également pour l'expérience effective des biologistes ou même des physiciens (même s'ils n'en sont pas conscients, ou bien n'osent pas se l'avouer à eux-mêmes). C'est en cela aussi que les analyses de Spaemann rejoignent, dans un langage quelque peu différent, la phénoménologie, s'il est vrai que celle-ci a toujours eu pour vocation de mettre en évidence l'appartenance de la connaissance scientifique à un fonds d'expérience préscientifique qui est son « sol » indépassable.

Quelles sont les implications de tout cela pour une philosophie de la nature ? Tout d'abord, l'inversion de la téléologie s'accompagne d'une élimination de l'interrogation sur les fins poursuivies par les étants naturels eux-mêmes. Par une décision ontologique première, on leur dénie d'emblée toute capacité d'initiative, toute poursuite de fins, ainsi que toute *ipséité* (*Selbstsein, Selbstheit*). Parler de téléologie de ce point de vue, c'est s'interroger sur le sens et les fins immanentes poursuivies par les étants naturels, et dont témoigne leur comportement (pourvu que l'on soit préalablement disposé à l'apercevoir, ou, plutôt, que l'on ne se soit pas laissé indisposer par les décrets anti-téléologiques). C'est la reconnaissance de ce que, comme êtres humains, nous ne sommes pas seuls dans l'univers à exister comme sujets face à une nature réduite à une pure objectivité. Autour de nous vivent des êtres qui partagent cette caractéristique avec nous et que nous pouvons donc, jusqu'à un certain point, comprendre par analogie indirecte avec notre propre expérience de nous-mêmes. Telle est l'attitude que Spaemann appelle « herméneutique de la nature ».

La représentation de la nature interfère de diverses manières avec la représentation que l'on a de l'être humain et de l'humanité de l'homme. L'un des grands mérites de la réflexion spaemannienne est de montrer à quel point *anthropologie* et *philosophie de la nature* sont indissociables, et de mettre en évidence le chassé-croisé entre représentation de la nature et autocompréhension humaine. Car la manière dont nous nous représentons la nature a une incidence sur celle dont nous nous comprenons et nous représentons nous-mêmes, dans la mesure où nous sommes aussi des vivants. Lorsqu'on a banni tout anthropomorphisme, la conséquence à plus ou moins long terme en est que, comme l'écrit Spaemann, on est conduit « à faire de l'homme lui-même un anthropomorphisme[16] ».

Cette conséquence demeure le plus souvent inaperçue de ceux qui défendent un humanisme « prométhéen » et pensent l'homme comme un « être d'anti-nature » (ces deux expressions sont de Luc Ferry). C'est l'un des plus grands blocages actuels à la remise à l'honneur d'une philosophie de la nature : dans la mesure où on pense l'humanité de l'homme comme un « arrachement » à la naturalité, toute philosophie qui reconnaît dans la nature, et dans le vivant en particulier, une ipséité, un sens qui n'est pas simplement *attribué* par l'homme, apparaît comme nécessairement « anti-humaniste » c'est-à-dire est assimilée et confondue avec un *naturalisme* dont (à juste titre) on ne veut pas[17]. Par là, on s'enferme sans s'en apercevoir dans une alternative tranchée, typiquement moderne : ou bien l'homme comme « arrachement », « anti-nature », etc., ou bien la nature comme pure objectivité, pure « nature » entièrement étrangère à l'homme. Le seul « déblocage » possible de ce verrouillage philosophique sera forcément double : il consistera en un dépassement simultané du spiritualisme et du naturalisme (qui font système l'un avec l'autre). Il s'agira de penser l'homme autrement que par une opposition radicale à la nature (admettre qu'il est aussi un vivant, reconnaître la nature en lui), et de penser la nature de manière non naturaliste, comme étant autre chose qu'une chose étendue et une pure objectivité[18]. L'homme devient alors celui

---

16. « Téléologie de la nature et action humaine », *Études phénoménologiques*, *op. cit*, p. 63.

17. C'est ce qui ressort de manière flagrante du livre de Luc Ferry, *Le Nouvel Ordre écologique*, Grasset, Paris, 1992.

18. *Post-scriptum* 2008 : partant d'une critique de Luc Ferry, j'ai exposé cette tentative de dépassement de l'antinomie du naturalisme et du spiritualisme dans « L'homme, être d'anti-nature ? Notes pour une anthropologie », *Le Messager européen*, n° 9, 1996.

qui peut se rapporter à une nature ainsi conçue en laquelle il peut discerner un sens, des fins, un ordre. C'est ainsi que Spaemann comprend le concept de raison comme cette capacité à se rapporter à un réel, à une nature reconnue dans son altérité et dans son ipséité[19]. La raison ainsi comprise n'est pas « anthropocentrique », mais elle est cette tendance naturelle des êtres réceptifs à la manifestation des autres ipséités.

Une autre implication de l'inversion de la téléologie qui concerne directement la philosophie de la nature, c'est que le primat moderne de l'autoconservation a trouvé dans la biologie un terrain privilégié, où il est devenu un postulat non interrogé. « Lorsque la biologie moderne parle de téléologie, écrit Spaemann, lorsque des modèles cybernétiques simulent des structures téléologiques, le *telos* n'est à chaque fois compris que comme *telos* pour le système en question. On définit toujours la fonctionnalité par l'autoconservation[20]. »

L'inversion de la téléologie conduit alors, dans le cas de la biologie, à l'interdiction de s'interroger, à partir du « témoignage de la vie », sur les fins poursuivies par le vivant. Cette fin, est-il affirmé sans autre forme de procès, c'est l'autoconservation (ou bien la conservation de l'espèce) – *et rien d'autre*[21]. Cette décision ontologique préalable entraîne une *circularité* qui apparaît assez vite. Car ce que l'on cherche à conserver ou à faire perdurer, c'est l'existence d'individus eux-mêmes définis comme n'ayant d'autre raison d'être que la fabrication de nouveaux individus, et ainsi de suite[22]. À aucun moment, dans ce cycle et cette série de renvois interminables, il n'y a de cran d'arrêt, d'interruption où apparaîtrait quelque chose comme une immédiateté, un présent,

---

19. Voir surtout *Das Natürliche und das Vernünftige. Aufsätze zur Anthropologie*, Piper, Munich, 1987.

20. « Téléologie de la nature et action humaine », *Études phénoménologiques*, *op. cit*, p. 48.

21. Konrad Lorenz écrit : « La finalité […] vise exclusivement et de manière démontrable l'engendrement d'une progéniture aussi abondante que possible, c'est-à-dire la survie de l'espèce – et rien d'autre » (*Der Abbau des Menschlichen*, Piper, Munich, p. 28).

22. « L'être vivant […] tend vers un but, mais qu'aucune volonté n'a choisi. Ce but, c'est de préparer un programme identique pour la génération suivante. C'est de se reproduire. Un organisme n'est jamais qu'une transition, une étape entre ce qui fut et ce qui sera. La reproduction en constitue à la fois l'origine et la fin, la cause et le but » (François Jacob, *La Logique du vivant*, Gallimard, Paris, p. 10).

un inconditionné. La vie et la nature tout entière ressemblent dès lors à une énorme machine absurde qui tourne à vide, comme un « moulin aux rouages compliqués » (William Blake) dépourvu de tout sens autre que ce fonctionnement même. La science moderne de la nature, dans la mesure où elle souscrit à une telle représentation, répète à son insu la vision gnostique d'un monde étranger et inquiétant, produit du Démiurge et livré au pouvoir des Archontes, et qui n'est précisément plus ce *cosmos* appelant la contemplation et l'admiration qu'il était pour les Grecs. Comme on le verra, toute la réflexion d'Adolf Portmann (dont l'œuvre montre qu'une autre biologie demeure possible) peut être comprise comme la rupture de ce cercle infernal dominé par le principe d'autoconservation et comme la relance d'une interrogation ouverte sur les fins poursuivies par les êtres vivants.

Hans Jonas et la signification ontologique du métabolisme

Les travaux de « biologie philosophique[23] » de Hans Jonas (1903-1993) furent initialement l'œuvre d'un isolé, voire d'un solitaire[24], et ils sont loin d'avoir eu jusqu'ici l'écho qu'ils méritent (tant en Allemagne qu'en France, ils semblent avoir été éclipsés par le succès du *Principe responsabilité*[25]). Il s'agit d'études publiées d'abord dans les années 1950 et 1960, puis rassemblées dans *The*

---

23. Interrogé sur le sens de cette expression insolite, Jonas a répondu : « Une biologie non philosophique est une biologie purement physique [qui] ignore que l'objet dont elle s'occupe a aussi un sentir, qu'il sent, espère, craint ou a peur, éprouve l'avidité, la faim, la soif, etc. […] Une biologie philosophique est celle qui […] dans l'examen de l'organisme n'oublie jamais qu'il n'est pas seulement un ensemble au sens fonctionnel, mais aussi au sens psychosomatique. C'est-à-dire que l'aspect intérieur ou la subjectivité de l'organisme est aussi indispensable pour une compréhension biologique de l'objectivité de l'organisme » (*Erkenntnis und Verantwortung*, Lamuv Verlag, Göttingen, 1991, p. 105).

24. Il relate qu'il en a conçu le projet alors qu'il combattait pendant la guerre dans la Jewish Brigade, et que ses idées se sont précisées à travers la correspondance qu'il a échangée alors avec sa femme (les « Lehrbriefe »). Voir *Erkenntnis und Verantwortung*, *op. cit.*, p. 75 *sq.*

Post-scriptum 2008 : on peut désormais lire ces « Lettres d'apprentissage à Lore Jonas » en appendice à : Hans Jonas, *Souvenirs*, traduit de l'allemand par Sabine Corneille et Philippe Invernel, Bibliothèque Rivages, Paris, 2005 (p. 264 à 292).

25. *Post-scriptum* 2008 : ce n'est plus tout à fait le cas aujourd'hui.

Phenomenon of Life (1966). À cet ouvrage fondamental, il faut ajouter quelques textes ultérieurs où sont précisées et développées certaines idées de l'ouvrage de 1966, parmi lesquels « Les fondements biologiques de l'individualité[26] » (1968).

De ce corpus ressortent quelques analyses importantes portant sur le métabolisme, le sentir, le voir, la mobilité. L'analyse du métabolisme peut servir de point de départ. Jonas tire pour ainsi dire celui-ci du statut inférieur qu'on lui accorde généralement et montre qu'une caractéristique essentielle de toute vie y apparaît déjà, ce qui est en jeu étant la signification de l'identité (ou de la « mêmeté »). Dans le vivant, par opposition au non-vivant, la vie n'est pas un simple donné, mais résulte d'un *acte*, de l'ensemble des échanges incessants effectués entre l'organisme et l'environnement : c'est précisément le métabolisme (en allemand : *Stoffwechsel*, « échange de matière »). Il s'agit d'un processus qui, au bout d'un certain temps, renouvelle entièrement les composantes matérielles de l'organisme (si on pouvait « marquer » les atomes qui le composent, on constaterait qu'il n'en reste plus aucun qui soit « d'origine »). « La mêmeté, aussi longtemps qu'elle dure, est un autorenouvellement constant par processus, porté sur le flot du toujours Autre. C'est seulement cette auto-intégration active de la vie qui fournit le concept ontologique de l'individu[27]. »

---

26. *Post-scriptum* 2008 : j'ai découvert qu'un manuscrit anglais de plusieurs centaines de pages, *Organism and Freedom*, existait dans le fonds Jonas de l'université de Constance. C'est l'ouvrage systématique sur la question du vivant que Jonas avait écrit en anglais, auquel il avait travaillé longtemps, y consacrant notamment des années sabbatiques, et qui avait été refusé en 1962 par Chicago University Press, ayant été jugé difficile et écrit dans une langue philosophique trop systématique (bref, trop allemand ou trop « continental »). Jonas a dû regretter amèrement d'avoir quitté sa langue maternelle, une erreur qu'il n'a plus commise lorsqu'il a écrit en allemand *Le Principe responsabilité* (1979). À la suite de ce refus, il s'est contenté de regrouper des articles existants dans *The Phenomenon of Life* paru en 1966 (il a relaté cet épisode dans *Souvenirs*, p. 238). Cet ouvrage que je n'ai fait que parcourir (chacun peut y avoir accès) est à mes yeux un chef-d'œuvre philosophique ignoré. C'est comme si le manuscrit inédit de *La Phénoménologie de la perception* ou de *Totalité et infini* dormait encore dans un fonds de la Bibliothèque nationale.

27. *The Phenomenon of Life. Towards a Philosophical Biology*, Harper & Row, New York, 1966 (réédition The University of Chicago Press, 1982). La version allemande de cet ouvrage, réalisée par Jonas lui-même ou sous sa supervision, a paru sous le titre *Organismus und Freiheit. Ansätze zu einer philosophischen Biologie*,

Toutefois, si on en restait là, on ne verrait pas très bien ce qui distingue Jonas de plusieurs théories contemporaines qui ont en commun de mettre en avant l'idée d'un équilibre ouvert, « fluctuant » et non pas stable et clos (ainsi, le modèle du « système ouvert » de Ludwig von Bertalanffy et, plus récemment, celui des « structures dissipatives » de Prigogine). Ces théories se proposent du reste explicitement de rendre compte du « phénomène de la vie » que les théories physiques anciennes ne pouvaient pas prendre en considération[28]. Or, il y a une différence essentielle entre la pensée de Jonas et ces théories : elle tient à ce qu'il met simultanément en évidence un *rapport à soi* de l'organisme et un « souci » quant à lui-même, c'est-à-dire quant à sa propre survie. Le métabolisme comme échange de matière serait envisagé de manière purement extérieure (du point de vue de Sirius) si on ne discernait pas, dans cet échange incessant, ce qui lui donne sa raison d'être.

L'auto-effectuation constante du métabolisme est sous-tendue en permanence par une auto-affirmation. Le vivant non seulement rétablit sans cesse un équilibre toujours compromis (par ce qui serait alors une simple « homéostasie »), mais lutte contre l'éventualité de la mort, c'est-à-dire rejette constamment la possibilité, toujours coprésente, de sa propre inexistence. La vie effectue en permanence un « choix », une « décision », certes non conscients, mais dont toute son existence phénoménale porte témoignage : elle dit « oui » à l'être et « non » au non-être. « Le point fondamental est que la vie se dit “oui” à elle-même. En tant qu'elle est attachée à elle-même, elle déclare qu'elle se considère comme douée de valeur. [...] Le métabolisme continué est une

---

Vandenhoeck & Ruprecht, Göttingen, 1973. Elle a été rééditée sous le titre *Das Prinzip Leben*, Insel Verlag, Francfort, 1994.

Post-scriptum 2008 : il en existe désormais une traduction française : *Le phénomène de la vie. Vers une biologie philosophique*, traduit de l'anglais par Danielle Lories, De Boeck Université, Bruxelles, 2001. Toutefois, dans mes citations, j'ai maintenu ici les fragments de traduction que j'avais réalisés moi-même. Comme l'édition française renvoie en marge à la pagination de l'édition américaine, le lecteur pourra retrouver facilement les passages cités.

28. « Les perspectives ouvertes par la découverte des structures dissipatives permettent d'envisager une conception de l'ordre biologique qui fasse droit à la spécificité du phénomène vivant en dépassant le très ancien conflit entre réductionnistes et antiréductionnistes [...] » (Prigogine et Stengers, *La Nouvelle Alliance*, réédition Folio, 1986, p. 234-235).

réappropriation qui affirme sans cesse la valeur de l'être contre son retour au néant[29]. »

Ce choix n'est lui-même possible que parce qu'on a changé de « régime ontologique » : on n'a plus affaire à l'être physique où règne la durée pure et simple, mais à un être qui existe *sur fond de non-être*. Avec la vie, et ce dès le stade du métabolisme élémentaire, la durée et l'identité deviennent problématiques, deviennent une tâche à effectuer sans cesse. Cette confrontation avec la mort dans l'existence mortelle est un aiguillon incessant, mais aussi la condition d'un type d'être nouveau, capable de finalité.

Au cœur du vivant, ce souci ou cet intérêt qu'il a pour lui-même, pour sa propre existence, et qui donne leur raison d'être aux processus métaboliques, à l'échange incessant de matière et d'énergie avec l'environnement tel qu'on peut l'observer empiriquement, mais qui ne s'identifie pas simplement avec ce processus. C'est seulement ainsi que ce qui n'était jusque-là que pure extériorité acquiert un intérieur, celui d'un rapport à soi de l'organisme et d'un acte d'effectuation de sa propre identité (passage de l'extériorité à un intérieur qui, épistémologiquement, n'est connaissable, comme le montre aussi Jonas, que si « l'observateur de la vie est préparé par la vie » et « interpose » ou « interpole » ce qu'il connaît à partir de sa propre expérience de vivant).

Toutefois, même si une différence claire s'est ainsi dégagée entre le processus factuel du métabolisme et l'« intérêt de la vie pour elle-même » qui en est la fin et la raison d'être, une ambiguïté peut subsister quant à la signification de cet intérêt : ne risque-t-il pas d'être compris comme ce que Jonas appelle lui-même, à propos du darwinisme, une « pure impulsion vitale sans contenu originaire spécifique[30] », c'est-à-dire ce qui, dans cette doctrine, remplace toute visée téléologique et correspond au principe d'inertie de la mécanique moderne ? Autrement dit, est-ce qu'en mettant ainsi en avant le principe d'autoconservation, Jonas ne se situe pas à l'intérieur de l'ontologie moderne consécutive à l'« inversion de la

29. Hans Jonas, « The burden and blessing of mortality », cité d'après la traduction allemande *in Philosophische Untersuchungen und metaphysische Vermutungen*, Insel Verlag, Francfort, 1992, p. 87.

30. « Philosophical aspects of darwinism », *The Phenomenon of Life*, *op. cit.*, p. 47 (version allemande : *Organismus und Freiheit*, Vanderhoeck & Ruprecht, Göttingen, 1973, p. 71).

téléologie » analysée par Spaemann ? Et cet « intérêt de la vie » pour elle-même, ce « oui à l'être » ne risquent-ils pas d'être compris de manière nihiliste, comme si la vie ne visait pas d'autre contenu que celui-ci : sa pure et simple conservation, la seule raison d'être de cette perpétuation étant de « fabriquer » de nouveaux êtres eux-mêmes dépourvus de toute autre finalité et ainsi de suite à l'infini ? À nouveau se profilerait la vision gnostique d'une nature semblable à une machinerie grinçante et maléfique, qui tourne à vide.

Toutefois, malgré une certaine ambiguïté, l'objection est injustifiée et passe à côté de l'essentiel. Fondamentalement, Jonas sort du cadre de l'« ontologie bourgeoise » du primat de l'autoconservation. Lorsqu'il parle d'autoconservation, et d'un « intérêt de la vie pour elle-même », il ne s'agit pas d'une simple recherche de la survie comme telle. Il l'a énoncé on ne peut plus clairement : la durée comme telle ne peut pas être la raison ultime de la vie car, si tel était le cas, elle n'aurait même pas dû commencer. Il eût mieux valu en rester à l'être physique où la durée ne fait pas problème : « Le critère de la survie même est insuffisant pour l'appréciation de la vie. S'il s'agissait seulement d'assurer la durée, la vie n'aurait même pas dû commencer. Elle est dans son essence un être précaire et périssable, une aventure dans la mortalité et, dans aucune de ses formes possibles, elle n'est aussi assurée de sa durée que peut l'être un corps inorganique. Ce n'est pas la durée comme telle, mais "la durée de quoi"qui est la question[31]. »

« Durée de quoi ? Survie de quoi ? » Par le fait même qu'elle est posée, cette question vient couper court au malentendu signalé : celui de l'interprétation de l'« intérêt de la vie pour elle-même » comme une « impulsion vitale » indifférenciée, comme la visée d'une pure survie sans contenu. C'est la question des contenus (ou des qualités) de la vie qui est posée, d'un « vers quoi » ou d'un « pour quoi ». La question rompt le cercle de la simple autoconservation d'une existence « brute » ou « nue » qui se viserait elle-même – elle ouvre sur une dimension autre : celle d'un contenu visé par la vie elle-même. Mais comment Jonas s'y prend-il pour donner une réponse à cette question et suggérer quels sont les contenus de la vie ? Ou pour le dire autrement : quels sont les éléments

31. *The Phenomenon of Life*, *op. cit.*, p. 106 (*Organismus und Freiheit*, *op. cit.*, p. 162 – je souligne).

qu'il livre pour penser la différence entre le simple « vivre » et le « bien vivre » dans la vie organique ? Il le fait par une sorte de paradoxale dialectique des *moyens et des fins* qui est exposée dans le passage qui fait directement suite au précédent : « Ceci veut dire que des "moyens"de la survie tels que la perception et le sentir ne peuvent jamais être considérés comme de simples moyens, mais comme étant aussi des qualités de la vie même qui est à conserver, et donc comme des aspects de la fin de la conservation. C'est l'un des paradoxes de la vie qu'elle recourt à des moyens qui modifient la fin et qui en deviennent eux-mêmes des parties. L'animal qui sent aspire à se conserver comme un être sentant, et pas seulement comme un être métabolisant, c'est-à-dire qu'il aspire à poursuivre l'activité de sentir comme telle, l'animal qui perçoit aspire à se conserver comme un être percevant, et ainsi de suite. Sans ces capacités, il y aurait beaucoup moins à conserver, et ce moins de *ce qui* est à conserver équivaut à un moins de *ce avec quoi* c'est conservé[32]. »

On remarquera que la signification du métabolisme se trouve ainsi relativisée. Car si, comme on l'a vu, Jonas lui a donné ses titres de noblesse ontologiques, il dit cette fois que l'être vivant (l'animal) aspire à se conserver comme être percevant, « et pas seulement comme être métabolisant », ce qui implique tout de même un statut inférieur.

L'originalité de l'argumentation de Jonas ressort mieux si on la compare au type de raisonnement qui est fréquent chez les biologistes d'obédience darwinienne. Les grandes étapes de l'évolution, l'apparition de la perception, ou de la conscience, sont présentées comme étant à chaque fois l'apparition d'un nouveau moyen de survie, plus perfectionné que les précédents, qui donne à ses possesseurs un « avantage de survie » supplémentaire. Ce faisant, ces biologistes admettent implicitement, comme une évidence non interrogée, que la fin de la vie est la conservation, la survie en soi. On suppose, à travers l'histoire de la vie, une fin immuable, toujours identique à elle-même, quels que soient les moyens par lesquels elle se réalise, et pour laquelle apparaîtraient de nouveaux moyens. Mais alors, le fait même de la *complexification* de la vie devient incompréhensible, car pourquoi cette diversité et cette profusion

32. *Ibid.*

de moyens, si c'est pour réaliser cette seule fin immuable de la pure conservation, pour laquelle les moyens les plus élémentaires faisaient déjà tout aussi bien l'affaire (ou même mieux) ? Il faut donc admettre qu'il y a simultanément apparition, avec les nouveaux « moyens » (en supposant qu'ils aient ce statut) de nouvelles *fins* qui n'existaient pas initialement : de « nouvelles qualités de ce qui est à conserver ». L'argumentation de Jonas subvertit le dualisme de la fin et des moyens : l'idée d'un substrat immuable et invisible qui n'a rien à voir avec les formes extérieures visibles qui sont seulement à son service. Les formes de la vie, quelle que soit leur complexité, sont censées n'être alors que de simples moyens, des techniques de plus en plus élaborées et sophistiquées en vue de cette fin immuable et très simple : la conservation d'un substrat vital élémentaire, d'une existence minimale assurant la survie pure et simple (et à cette fin immuable et inaltérée correspond alors, phénoménalement, une couche première du vivant, celle du substrat fonctionnel invisible par opposition aux formes et apparences visibles).

Toute la nuance réside dans le fait qu'il y a beaucoup plus à « conserver » que l'existence minimale : est à conserver une vie percevante, sentante, consciente, douée de mobilité, etc. Le contenu, la qualité de la vie se sont élargis, et on ne peut se référer à cette simple abstraction appelée « vie » sans préciser de quelle vie il s'agit, sans en préciser les attributs. Si on s'abstient de le faire, « vie » signifie implicitement une « existence minimale », dont on a retranché tous les contenus et qualités nécessairement déjà superflus, une existence « végétative », qui, du reste pour la vie végétale elle-même, est déjà une abstraction dans la mesure où elle a toujours déjà dépassé, elle aussi, ce stade élémentaire (puisque la plante pousse, fleurit, s'épanouit[33]).

Le point de vue téléologique adopté par Jonas relève d'une « herméneutique du vivant », c'est-à-dire d'un effort pour comprendre « de l'intérieur » (grâce notamment à notre imagination empathi-

---

33. Mais cela sort du cadre de la réflexion de Jonas sur le vivant. Car ses analyses comportent (comme il le reconnaît lui-même) une limite : l'analyse du métabolisme a été élaborée en ayant à l'esprit le métabolisme animal. L'analyse jonasienne du vivant (comme d'ailleurs celle de Husserl, qui met en avant le concept d'*animalia*) ne parvient pas à saisir le vivant dans toute sa généralité, de manière à comprendre aussi le végétal. C'est un vivant essentiellement doué de mobilité (et de liberté), qui craint pour sa survie dans l'instant suivant.

que) les fins qu'il poursuit. Il s'agit donc d'interpréter une visée téléologique qui a lieu primairement en dehors de nous et sans nous, et non pas de la fixation d'une fin rationnelle à laquelle la vie serait subordonnée. Le philosophe (ou le biologiste) se base donc sur le « témoignage de la vie sur elle-même[34] », pour en inférer (non sans risque de se tromper) quelles fins (ou « valeurs ») sont poursuivies par les êtres vivants – ou plutôt, dans un premier temps, quelles sont celles qui ne peuvent manifestement pas être poursuivies (comme la durée en tant que telle). Ce faisant, il suppose certaines finalités internes à la vie, visées par le vivant lui-même – à l'encontre de l'interdit anti-téléologique moderne qui postule, par une décision ontologique première, qu'aucune finalité de ce genre n'est à l'œuvre ailleurs que dans l'esprit humain.

Thure von Uexküll ou l'enveloppement de la finalité par la causalité

Thure von Uexküll (1908-2004), connu surtout pour ses travaux sur la médecine psychosomatique[35], a également abordé les questions fondamentales de la biologie et de la philosophie de la nature. Fils du grand biologiste Jakob von Uexküll (1864-1944), l'un des premiers à avoir pratiqué une biologie reconnaissant l'être vivant comme un sujet[36], sa pensée se situe en partie dans le prolongement de l'héritage théorique de son père (dont il a édité certains écrits). Avant de se tourner vers la médecine psychosomatique, il s'est consacré, entre 1945 et 1953 environ, à une réflexion plus spécifiquement philosophique qui a débouché notamment sur *L'Homme et la nature. Traits fondamentaux d'une philosophie de la nature*, paru en 1953[37]. Ce livre peu connu est précieux pour une redécou-

34. Paul Ricœur, dans son article « Éthique et philosophie de la biologie chez Hans Jonas », a bien discerné l'importance de cette notion de « témoignage de la vie sur elle-même » (voir *Lectures 2*, Le Seuil, Paris, 1992, p. 309).

35. Voir Thure von Uexküll, *La Médecine psychosomatique*, traduit par R. Laureillard, Gallimard, « Idées », Paris, 1966.

36. Voir notamment Jakob von Uexküll, *Mondes animaux et mondes humains*, suivi de *Théorie de la signification*, traduit et présenté par Ph. Muller, Gonthier, « Médiations », Paris, 1965.

37. *Der Mensch und die Natur. Grundzüge einer Naturphilosophie*, A. Francke, Berne, 1953.

verte de la pensée téléologique, en particulier en raison du travail de clarification conceptuelle qu'il propose[38].

Von Uexküll n'hésite pas à parler d'un véritable « terrorisme intellectuel » exercé à l'encontre de la pensée téléologique, d'une intimidation qui empêche les scientifiques de se réclamer d'elle, c'est-à-dire d'avouer publiquement ce que, la plupart du temps, ils pratiquent en fait. D'où des solutions purement verbales, celle par exemple, qui s'est répandue plus tard, consistant à remplacer « téléologie » par « téléonomie » pour se mettre à couvert lorsqu'on parle de la finalité dans la nature (Jacques Monod déclara dans sa leçon inaugurale au Collège de France en 1967 : « La téléonomie, c'est le mot qu'on peut employer si, par pudeur objective, on préfère éviter *finalité*[39] »).

Ce rejet catégorique est tout à fait irraisonné ou irrationnel (von Uexküll constate « l'ampleur de la charge émotionnelle qui se mêle à la discussion de ce problème »). Cet « envoûtement » (*Bann*) se manifeste notamment dans les contradictions et les inconséquences que l'on est prêt à accepter plutôt que de renoncer à la croyance fondamentale. « Mettre au jour » les présupposés « refoulés » de la pensée contemporaine en matière de philosophie de la nature, « dégager » (*aufdecken*) cet « arrière-plan inconscient », telle est la tâche qu'il se propose. Sa méthode est principalement l'analyse conceptuelle, qu'il met en œuvre dans le chapitre IV de l'ouvrage (« Critiques des présupposés contemporains en matière de philosophie de la nature et de notre attitude à l'égard du problème de la téléologie ») : il mettra en évidence, en premier lieu, les multiples confusions et les malentendus divers qui pèsent lourdement sur une appréciation plus juste de la pensée téléologique (confusion entre les concepts de fin et d'intention, de fin et d'effet, etc.).

On remarquera que l'analyse conceptuelle de Thure von Uexküll converge parfois avec l'analyse historique de Robert Spaemann. Il montre, en particulier dans sa critique de la confusion entre « fin » et « intention », que s'opère un déplacement des fins (ou des buts) dans la sphère psychologique de la conscience, ce qui conduit à affirmer

38. Spaemann et Löw se réfèrent à *Der Mensch und die Natur* dans lequel ils ont puisé des éléments de réflexion importants (*Die Frage Wozu ?*, *op. cit.*, p. 262 à 266), et c'est à la lecture de leur livre que mon attention a été attirée sur cet ouvrage.

39. Cité par Étienne Gilson, *D'Aristote à Darwin et retour*, Vrin, Paris, 1971, p. 141.

que des fins ne peuvent exister que dans la conscience humaine (car c'est seulement en elle qu'on peut constater une position de fins), de sorte qu'il n'y a plus aucune place pour l'idée de fins naturelles. Or, c'est bien ce que met aussi en évidence Spaemann en retraçant l'histoire de ce déplacement (dans la scolastique) : il y a d'abord un déplacement des fins dans l'intention divine (la métaphore de l'archer : « L'intention qui dirige la flèche vers le but ne se trouve pas dans la flèche, mais dans l'archer », dit Thomas d'Aquin), puis (chez Ockham et Buridan), « il n'y a de finalité que dans le cas d'une action consciente ».

Mais tout en s'efforçant de réhabiliter le mode de pensée téléologique contre le discrédit irraisonné dont il a fait l'objet, von Uexküll ne dissimule pas les abus auxquels il a pu conduire et reconnaît que « le danger de courts-circuits est effectivement plus grand dans la pensée téléologique que dans la pensée causale ». Contre le danger d'une « téléologie non critique et superficielle », une attitude *critique* s'impose donc. Mais cette critique justifiée et nécessaire ne peut pas conduire à un rejet global de ce mode de pensée, sinon elle transgresserait son propre champ de validité et cesserait d'être une critique justifiée. Le point décisif, c'est que « nous sommes fort bien en mesure d'établir empiriquement sur la base d'observations et d'expériences, si le rapport établi entre phénomène et fait était vrai ». Von Uexküll le souligne plusieurs fois, la considération téléologique des phénomènes appartient au *champ empirique* et il est possible de réfuter empiriquement les jugements téléologiques erronés, tout comme on le fait pour les jugements de nature causale (il n'y a pas, à cet égard, de différence épistémologique majeure), ce qui devrait écarter bien des préventions injustifiées : « Puisque les fausses conclusions téléologiques peuvent être, dans le champ empirique, soit réfutées et rectifiées, soit renvoyées comme indémontrables au domaine des hypothèses, tout autant que les fausses conclusions causales, cela montre que la peur de la pensée téléologique n'a pas de fondement purement rationnel[40]. »

---

40. Ce « champ empirique » correspond à ce que Spaemann appelle l'« herméneutique de la nature », indiquant lui aussi que cette herméneutique est principiellement risquée (ce qui ne veut pas dire qu'elle soit arbitraire et ne dispose pas de certains critères de vérification).

Il en va de même, en particulier, pour le reproche d'*anthropomorphisme* fréquemment adressé à la pensée téléologique (et presque automatiquement associé à celle-ci). À nouveau, il convient de distinguer entre un anthropomorphisme indu et l'attribution légitime et vraie de certaines finalités aux êtres naturels. Ici aussi, il y a lieu d'effectuer une critique justifiée et nécessaire des abus, mais sans que cette critique doive entraîner le rejet catégorique de l'idée même d'une *imputation* ou d'une *attribution* (le terme allemand est *Unterstellung*) de certaines fins aux êtres vivants. Von Uexküll l'exprime avec beaucoup de force et de clarté : « Lorsque nous parlons, comme on avait coutume de le faire jadis, de la “ruse” du renard, de la “fausseté” du serpent, de l'“impulsion criminelle” du putois et autres expressions du même genre, ce n'est finalement pas d'anthropomorphismes qu'il s'agit, mais simplement d'interprétations erronées. Car on peut aussi attribuer (*unterstellen*) aux phénomènes des fins inexactes. Toutefois, ceci ne plaide pas contre la légitimité des problèmes téléologiques, mais au contraire en sa faveur, et montre que l'expérience empirique possède des critères pour déceler les fausses attributions de fins et démontrer les vraies[41]. »

Un travail *critique* (qui sépare le vrai du faux) est possible à l'intérieur du champ empirique (celui de notre commerce avec les êtres vivants). Il n'est pas nécessaire, et ce serait même une décision funeste pour toute connaissance de la nature, de rejeter d'emblée comme erronée ou illégitime toute imputation de finalités quelles qu'elles soient, comme étant dans tous les cas un « anthropomorphisme ». L'imputation d'un comportement doué de sens analogue au nôtre demeure *l'horizon de toute intelligibilité* du vivant, elle ouvre un champ préalable à toute expérience effective à l'intérieur de laquelle il va pouvoir y avoir confirmation ou réfutation de certaines interprétations ou suppositions particulières.

Un autre point essentiel est la définition du concept de *fin* (*Zweck*). Thure von Uexküll définit la fin comme la « condition de possibilité des moyens », ou encore, comme « ce qui possède en soi la capacité de choisir soi-même les moyens de sa propre réalisation » : « Le sens de la fin est [...] d'être quelque chose pour quoi

41. « Critique des présupposés contemporains... », *Études phénoménologiques*, *op. cit.*, p. 83-84 (traduction modifiée).

une autre chose peut être nécessaire ou utile. *Le moyen sert une fin, la fin n'est au service de rien, les moyens sont à son service.* [...] Le concept de moyen présuppose le concept de fin et en conséquence toutes les tentatives qui entendent définir le concept de fin à partir des moyens sont vouées à l'échec. La fin est dès lors la présupposition qui rend possible les moyens ou, en d'autres termes, elle est leur condition de possibilité. [...] N'est donc véritablement une fin que [...] *ce qui possède en soi les conditions de possibilité de moyens ou encore, ce qui possède la capacité de choisir soi-même les moyens de sa propre réalisation.* Ainsi, seule une chose qui choisit elle-même les moyens de sa propre réalisation peut encore rester la condition de possibilité de ses moyens, si elle ne sert plus aucune autre fin[42]. »

Ces définitions, prises à elles seules, sont très abstraites ; elles appellent des éclaircissements et des illustrations montrant à quels phénomènes concrets elles s'appliquent. Elles visent évidemment à rendre compte de la spécificité du vivant : de la vie en général, mais aussi de ses différentes manifestations particulières, ou en tout cas de certaines d'entre elles qui, à chaque fois, font apparaître une même caractéristique fondamentale de la vie elle-même.

À travers ces définitions du concept de fin, von Uexküll entend *relativiser* le champ de la causalité (ou, si on veut, de la finalité fonctionnelle). En un geste double, il s'agit pour lui, d'une part, de reconnaître l'importance de la causalité en biologie, laquelle est une causalité physique, et d'affirmer, à l'encontre du vitalisme, qui suppose une « causalité non physique », qu'il n'y a de causalité que physique, mais d'autre part, de lui dénier une validité absolue. Cette démarche (ce geste double), je la qualifierais d'*enveloppement de la causalité par la finalité*. Il y a, avec le vivant et l'événement qu'il constitue, apparition d'un champ téléologique, du champ d'une finalité qui n'est pas lui-même déductible d'une causalité ou réductible à celle-ci, mais qui, une fois apparu, va rendre possible une efficace de causes et d'effets en leur prescrivant un certain cadre préalable.

Par conséquent, on a affaire à un cadre *a priori* qui est en même temps le fait d'un événement pour ainsi dire historique, c'est-à-dire contingent (et donc, en ce sens, *a posteriori)* : le surgissement de

42. *Ibid.*, p. 85-86, 86 et 87.

la vie comme telle, puis de certaines formes de vie particulières. L'idée d'un enveloppement de la causalité par la finalité est donc liée à l'idée d'un *Urphänomen*, d'une origine elle-même non déductible de relations causales et qui rend tout simplement (*überhaupt*) possible quelque chose comme une causalité (ou une finalité fonctionnelle). Énigme d'une origine qui ne se laisse pas expliquer, déduire de conditions extérieures, puisqu'elle pose elle-même des conditions, un cadre préalable où certaines conditions du monde extérieur vont pouvoir devenir des causes (ou encore, des moyens ou des buts).

L'idée centrale est également celle d'un *choix*. La vie est une instance qui fixe et choisit librement ses buts, elle est cette fin qui a la capacité de choisir ses propres moyens. Ce choix originaire ne peut être déduit des déterminations extérieures puisque c'est lui, au contraire, qui leur impose des conditions. Thure von Uexküll repère déjà un tel choix préalable au fonctionnement des stimulations extérieures dans le phénomène du *seuil* : il existe par exemple un seuil de luminosité en dessous duquel notre œil ne voit rien, et c'est lui-même qui va se réguler de manière à devenir tout d'abord réceptif à certaines stimulations qui vont jouer alors un rôle de causes physiologiques. C'est une manifestation de ce que l'être vivant est capable de « choisir ses causes » : de choisir ce qui va devenir cause de certains processus[43].

Mais ce sont sans doute les pages où est discutée l'idée d'*adaptation* et récusée la possibilité d'expliquer la spécificité des espèces vivantes par le changement des facteurs d'environnement qui sont les plus claires et les plus frappantes. Von Uexküll y met en relief une relation *circulaire* environnement-organisme qui rend impossible toute explication causale simple. Car « aucun changement de facteurs extérieurs n'a fait d'un ruminant un carnassier ou d'un poisson un insecte ou un animal à poumons[44] ». Si « adaptation » il y a, elle ne peut avoir lieu que si de nouveaux « buts vitaux » apparaissent, susceptibles de choisir de nouveaux facteurs de l'en-

43. « L'œil est capable de transformer les facteurs du monde extérieur qui n'étaient pas des causes pour les processus de la rétine en de telles causes en abaissant le seuil d'excitation. […] Nous rencontrons donc chez les êtres vivants des phénomènes qui ont la capacité de choisir des causes pour des processus qui se déroulent en eux » (*Der Mensch und die Natur*, *op. cit.*, p. 128).

44. *Ibid.*, p. 172.

vironnement *comme causes*. Ce sont les buts fixés, « choisis » par la vie qui rendent possible « alors seulement » (*erst dann*) que certains facteurs extérieurs deviennent des causes. Mais la fixation de ces buts est un choix libre – non certes de l'être individuel, mais de la vie.

Il en va de même pour les besoins. L'insecte va périr s'il manque d'air ou de sucre – il en a besoin pour sa survie. Mais ces besoins, qui sont pour lui une nécessité, n'étaient pas eux-mêmes « nécessaires » en ce sens qu'« il ne fallait pas » (du point de vue de la matière inerte) qu'il y ait des insectes se nourrissant de sucre et respirant de l'air. La réalité du vivant montre que d'autres éventualités étaient possibles. Cette dépendance, et tout le système causal qui l'entoure, présuppose elle-même un « choix premier », une décision originaire de la vie ; et par conséquent le champ des causes et des effets présuppose celui des buts et des fins, est « enveloppé » par lui. Cette décision originaire n'était pas nécessaire ; elle est un événement contingent, un choix parmi plusieurs éventualités (comme en témoignent les animaux à branchies qui ont d'autres besoins élémentaires que l'air et le sucre). Moment contingent ou encore : moment de *liberté* – non pas celle de l'individu, ni de l'espèce, mais bien de la vie. Mais c'est un acte de liberté qui engage alors l'espèce et l'enferme dans une direction irréversible, un système clos.

Une autre application du concept de fin tel que le définit von Uexküll ne peut manquer de retenir notre attention : c'est la richesse des formes animales mise en évidence par Adolf Portmann (il en parle dans une longue note). Ainsi la splendeur des dessins des ailes de papillon, dont Portmann, montre en effet que seule une part très mince peut jouer un rôle fonctionnel[45]. De tels phénomènes doivent être compris comme des *fins* : ils font partie du domaine de ce qui est là « pour soi-même » (*um seiner selbst willen*), et non pas au service d'autre chose. Ils manifestent qu'il existe dans la vie quelque chose comme un « pur apparaître » dont la seule raison d'être est l'« autoprésentation » des êtres vivants, dira Portmann. Mais cette autoprésentation, en tant que *fin*, met à son service certains moyens pour sa propre réalisation, et les

---

45. Voir par exemple *Das Tier als soziales Wesen* (1953) (réédition Suhrkamp, Francfort, 1978, p. 356).

« choisit ». Portmann dira : les fonctions liées au métabolisme et à l'*autoconservation* sont au service de l'*autoprésentation* et non pas le contraire.

Adolf Portmann et la question de la fin ultime du vivant

Le zoologue suisse de langue allemande Adolf Portmann (1897-1982) est l'auteur d'une œuvre scientifique abondante et diverse. À côté d'un petit livre sur la signification de la première année « extra-utérine », où il se situe dans le prolongement de l'« anthropologie philosophique » des années 1920 et 1930 (*Biologische Fragmente zu einer Lehre vom Menschen,* 1944), d'un ouvrage de référence consacré à la morphologie comparée des vertébrés (*Einführung in die vergleichende Morphologie der Wirbeltiere*, 1948) et de *Das Tier als soziales Wesen* (1953) qui le rapproche des travaux de l'éthologie, il s'est illustré par une réflexion d'une grande originalité sur la forme animale et l'apparence vivante en général (y compris les végétaux). Son ouvrage principal dans ce domaine est *Die Tiergestalt* (1948, réédité en 1960[46]) auquel il faut ajouter une série d'articles séminaux parus dans les années 1950 et 1960 (au nombre desquels figure « L'autoprésentation, motif de l'élaboration des formes vivantes » de 1958). Cette œuvre morphologique, qui met en question bien des présupposés non interrogés de la biologie, fut considérée avec réserve et méfiance par la plupart de ses collègues, tout en trouvant un certain écho auprès de quelques philosophes ou penseurs de diverses disciplines (on connaît les pages que Hannah Arendt lui a consacrées dans *La Vie de l'esprit*[47]).

La démarche de Portmann reste de part en part *descriptive*. Même si elle débouche sur des aspects proprement « abyssaux » (il parle lui-même de « questions limites ») qui mettent en jeu une interrogation métaphysique « ultime », et s'il lui arrive de retrouver les thèmes et les accents d'une véritable philosophie de la nature,

46. *La Forme animale*, traduit de l'allemand par Georges Rémy, Payot, Paris, 1961.

47. *La Vie de l'esprit*, volume I, *La pensée*, traduit de l'américain par Lucienne Lotringer, PUF, Paris, 1981. Voir surtout le paragraphe intitulé « Renversement de la hiérarchie métaphysique : la valeur de la surface » (p. 41 *sq.*). Mais l'influence de Portmann se manifeste aussi dans d'autres passages où il n'est pas cité.

sa réflexion ne quitte jamais le monde primaire du visible et du sensible (ce qu'il appelle le « médiocosmos »). Telle est précisément l'insatisfaction qu'il ressent vis-à-vis de la tendance dominante dans les sciences de la nature : la « marche vers l'invisible », l'oubli progressif de ce qui est immédiatement accessible à nos sens. Mais – c'est là un trait fondamental de sa démarche – tout en restant à l'intérieur du monde de la contemplation naïve et de l'expérience des sens, il est amené à s'interroger sur *les questions de sens*[48], ce qui revient à dire qu'il est amené à se demander quelle est la « fin » de ce qui s'observe ainsi. Car il apparaît de toute évidence, nous dit-il en substance, que si on observe le vivant dans toutes ses manifestations, et en s'efforçant de tirer au clair la cohérence globale de celles-ci, la simple survie, l'autoconservation ne peut pas être retenue comme étant la fin ultime poursuivie par les organismes individuels ou la vie en général.

La réflexion morphologique portmannienne, effectuée « au contact des phénomènes », est donc amenée à mettre au jour l'imputation rationnelle et utilitaire à laquelle procèdent beaucoup de biologistes qui, sans même s'en rendre compte, prêtent à l'organisme un comportement calculateur analogue à celui de l'*Homo œconomicus* : dans ses divers comportements et manifestations, il est censé ne viser en fin de compte rien d'autre que sa simple conservation comme individu ou comme espèce. Ce présupposé proprement ontologique du primat de l'autoconservation interfère fréquemment dans la recherche, oriente à l'avance sa direction et amène les scientifiques à rechercher pour tout phénomène une explication recevable en termes de conservation. Mais, comme Portmann le montre en s'appuyant sur un important matériel empirique, une part considérable de ce que nous avons sous les yeux lorsque nous considérons la vie animale ou végétale ne peut pas trouver place dans le cadre d'une interprétation fonctionnaliste. D'où la question de savoir ce que l'on fait de ces énormes laissés-pour-compte. Préférons-nous maintenir nos représentations et écarter ce qui, dans

48. Portmann écrit, dans l'avant-propos à la seconde édition de *Die Tiergestalt*, à propos de son livre : « Il demeure à l'intérieur du monde de la contemplation naïve et veut conduire, à travers l'expérience des sens, aux questions de sens » (*Es bleibt in der Welt der naiven Anschauung und will durch das Erlebnis der Sinne zu den Fragen des Sinns führen*).

le réel, les contredit, ou bien être fidèles aux phénomènes et élaborer d'autres représentations qui leur soient plus appropriées[49] ?

Ainsi doit être comprise cette exigence théorique constante de Portmann : élaborer un « horizon élargi » dans lequel ce qui était écarté comme aberrant trouve une place, prenne un sens. Éviter que, comme c'est trop souvent le cas, un horizon étriqué n'agisse comme un lit de Procuste qui oblige à tordre ou à tronquer les phénomènes. Pour ouvrir un tel horizon élargi, il faut se demander à quelle autre fin, différente de la simple autoconservation, peuvent bien répondre ces manifestations du vivant (dans la mesure où il est établi par ailleurs qu'elles ne sont pas non plus le simple fait du hasard). À la lumière de quelle autre finalité que la finalité fonctionnelle ces faits rationnellement dépourvus de sens peuvent-ils s'éclairer ? La réponse de Portmann tient en un mot : c'est le concept d'*autoprésentation* (*Selbstdarstellung*). C'est le fait que « l'organisme a aussi à *apparaître*, qu'il doit *se présenter* dans sa spécificité ». L'autoprésentation est donc une sorte d'*exigence* qui incombe à toute vie : apparaître, se montrer pour ce qu'on est. L'être pur et simple (la simple existence positive) ne suffit pas : il faut en outre « apparaître », c'est-à-dire donner forme, dans le champ du visible (mais il peut s'agir aussi de manifestations acoustiques ou olfactives), à la singularité de ce que l'on est – non pas, en l'occurrence, de son existence individuelle, mais de sa singularité en tant qu'espèce, de sa particularité spécifique. Cette tendance inhérente au vivant à s'autoprésenter, à apparaître pour ce qu'il est, indépendamment de toute utilité, sociale ou autre, mérite d'être reconnue comme une « fonction » à part entière de la vie (le mot « fonction » étant lui-même compris alors en un sens large et non « fonctionnel »).

Il s'avère alors, si on accepte cette réflexion amenée par l'observation attentive du vivant, à travers son « témoignage » immanent, que l'ensemble des fonctions organiques liées à la conservation (en particulier le métabolisme) sont elles-mêmes au service de cette autre fin qu'est l'autoprésentation, qu'elles en sont des moyens.

---

49. *Post-scriptum* 2008 : j'avais abordé déjà cet aspect décisif dans « La donation première de l'apparence. De l'anti-utilitarisme dans le monde animal selon Adolf Portmann », *La Revue du MAUSS semestrielle*, n° 1, 1er semestre 1993. Voir aussi ma conférence au colloque de Lausanne sur Portmann : « Animalité et humanité : une comparaison fondamentale. Sur la démarche d'Adolf Portmann », *Revue européenne des sciences sociales*, n° 115, 1999.

Ainsi se mettent en place les éléments de ce que Portmann n'hésite pas à appeler une *hiérarchie*, laquelle ne résulte pas d'une imposition de l'esprit humain, mais est déjà présente dans la vie, dans la nature elle-même (et dont la description doit tenir compte) : c'est la relation mutuelle des différentes fonctions ou fins que comporte la vie. Cette hiérarchie s'exprime de manière très concrète dans ce phénomène que Portmann a sans doute été le premier à prendre véritablement en considération : la différence de structuration manifeste entre l'intérieur et l'extérieur, par exemple entre les viscères invisibles et la forme extérieure visible (c'est la « règle morphologique fondamentale »). L'intérieur relève précisément du métabolisme et de l'autoconservation, et l'extérieur de l'apparaître, de l'autoprésentation (mais pas exclusivement). Le premier domaine est celui de structures *qui ne sont pas destinées à apparaître* (Portmann les appelle aussi *uneigentliche Erscheinungen*, apparences non véritables), le second est celui de formes qui non seulement sont effectivement visibles, accessibles aux sens, mais qui *sont destinées à apparaître* (ce sont les *eigentliche Erscheinungen*, apparences véritables[50]).

Cette réflexion sur le sens des formes vivantes fait donc apparaître l'énigme d'une donation première qui excède toute fonctionnalité, mais auquel les relations fonctionnelles invoquées comme facteur explicatif font nécessairement appel, pour en retenir certains caractères particuliers et les mettre au service de certaines fonctions. C'est une sorte de fonds lui-même gratuit et non fonctionnel, où la fonctionnalité peut aller puiser, mais sans l'épuiser jamais. C'est le champ du « jaillissement immotivé du monde » (Merleau-Ponty), où ce qui est donné l'est « sans raison » ou « sans pourquoi ». Or dégager l'existence de cette sphère de gratuité n'est possible, paradoxalement, que si on pose la question des fins et si on ose imaginer une autre fin que la finalité fonctionnelle. L'adoption d'un point de vue téléologique est donc nécessaire pour se délivrer de cette mauvaise téléologie d'un finalisme non interrogé. Précisément pour dépasser l'utilitarisme et le fonctionnalisme, c'est-à-dire le postulat

50. *Post-scriptum* 2008 : j'ai commenté ce thème capital de la pensée portmanienne dans « Adolf Portmann et l'"apparence inadressée" », *Prétentaine*, n° 14-15, décembre 2001 (numéro qui contient aussi une nouvelle traduction que j'ai faite du chapitre de conclusion de *La Forme animale*).

selon lequel tout se réduirait « en dernière instance » au principe d'autoconservation, il faut oser poser la question de la finalité ultime de la vie. Le point de vue téléologique, en tant que questionnement ouvert portant sur les fins (à distinguer de l'assignation prématurée et dogmatique d'un *telos*) est requis pour sortir de ce finalisme-là qui gouverne implicitement la réflexion et oriente souvent aussi la recherche empirique la plus concrète.

Il faut cesser de faire comme si les êtres vivants étaient là à seule fin de pratiquer l'interminable cycle vital du métabolisme et de la reproduction (comme on pourrait presque le penser en lisant bien des travaux biologiques), au lieu de comprendre que c'est sans doute l'inverse qui est vrai. Que tout ce fonctionnement, du reste admirable aussi à sa manière dans son agencement complexe et subtil, est là afin que les êtres vivants puissent tout simplement exister, c'est-à-dire avoir une durée de vie limitée et manifester au cours de celle-ci leur singularité (en tant qu'espèces ou même en tant qu'individus) : « Dans cette perspective, d'innombrables caractères négligés du vivant acquièrent une dignité nouvelle, alors qu'ils étaient considérés jusque-là comme accessoires. Et s'ils étaient l'essentiel ? *Si les êtres vivants n'étaient pas là afin que soit pratiqué le métabolisme, mais pratiquaient le métabolisme afin que la particularité qui se réalise dans le rapport au monde et l'autoprésentation ait pendant un certain temps une durée dans le monde*[51] *?* »

51. « L'autoprésentation, motif de l'élaboration des formes vivantes », *Études phénoménologiques*, *op. cit.*, p. 157 (italique ajouté).

Considérer enfin la parole-index

Henri Raynal

Un roi de Suède a porté sur sa poitrine un tatouage proclamant Mort aux tyrans ! Il s'agit de Bernadotte, bien entendu. À peine ai-je appris cette anecdote piquante et pour le moins paradoxale que je brûle d'en faire part, pour peu qu'il se trouve quelqu'un auprès de moi. Pourquoi, oui, pourquoi cette démangeaison ? On avancera tour à tour diverses explications. Toutes sont psychologiques. Pour en mesurer l'insuffisance, il suffit de prêter attention à un cas où l'impatient désir de révélation est observable à l'état pur : si j'adresse impétueusement à ma femme ou à ma fille l'invitation « Écoute ! » ou « Viens voir, vite ! », en lui désignant le poste de radio ou de télévision, à quel motif d'ordre égoïque *imputer cette incitation instante ?*

Jamais n'a été étudiée, autant que je sache, cette parole-geste *(parfois, à la limite, seul un geste a lieu), cette* parole-index. *Pourtant, n'appartient-elle pas à notre quotidienneté, n'est-elle pas universelle ? N'est-elle pas l'âme, qui plus est, de la pédagogie, de la discussion, de la controverse ? L'acte de témoignage n'est-il pas, parmi d'autres, une finalité de la littérature et de la peinture ?*

Si la parole montrante, *en dépit de son activité, de la puissance, de l'énergie dont elle fait preuve si souvent, est passée inaperçue jusqu'ici, c'est qu'elle se trouve occultée par cet acteur protéiforme qu'est l'ego qui tend à occuper à lui tout seul le devant de la scène. Il a l'art de venir greffer l'un ou l'autre de ses intérêts sur le mouvement spontané, désintéressé, de s'entortiller autour de lui, à la manière d'une liane, au point, pour finir, de le dissimuler.*

Plus généralement, attendent d'être reconnues des formes de générosité très différentes de celles dont il est question depuis toujours. Il serait bon de les dégager de l'obscurité où la vie spectaculaire de l'ego les a reléguées. Il existe un dévouement à l'impersonnel.

Le texte qu'on va lire a fait l'objet d'une première publication dans le n° 38 de la revue *Autre Sud* en septembre 2007.

De quelques parages de l'Énigme

On ne la voit que durant les derniers instants du reportage ; parfois, même, elle ne paraît pas. Absente de l'image qu'elle commente, elle est pourtant intensément présente. Le présentateur du journal télévisé aurait-il omis de préciser son nom, qu'on l'aurait malgré cela sur-le-champ reconnue, retrouvant le sérieux, la gravité, ce mélange de flamme et de concentration, qui la caractérisent, la vibration de sa voix.

Elle vibre tant est grande la force qui de toutes parts a afflué vers les cordes de cet instrument et les tend, tant est ferme, non moins, la volonté qui les pince d'exacte façon pour que soit émis le message voulu juste.

Venue de ce qu'elle voit, une énergie s'est accumulée en elle. Ce dont elle est tout imprégnée, qui l'habite, exige la parole. Cette revendication, Marcelline Joubin-Lapierre la prend à son compte ; son impatience est la sienne. Toutefois, de ce qui intérieurement l'empoigne, elle se saisit à son tour ; la force propulsive qui l'emplit, qui transite par sa gorge, s'élance vers ses lèvres, elle entend l'employer à façonner l'énoncé trop bref, à donner à chacune des phrases qui le composent une courbe efficace.

Il y aurait tant à dire ; la situation est si complexe ; la représentation qu'on s'en fait à distance est si incomplète, pour ne pas dire si pauvre (telles composantes ne sont pas perçues ou leur importance est sous-estimée) ; commentaires et jugements courent un tel risque de se trouver faussés : de longues minutes seraient nécessaires pour décrire comme il conviendrait ce qui se passe dans une région dont la population pâtit d'une guerre sans front où les insurgés de plusieurs factions tendent des embuscades aux patrouilles d'une armée régulière ; ou pour relater les péripéties de l'affrontement de deux peuples qui se disputent un territoire ; pour donner toute sa place au témoignage irremplaçable du concret ; pour accompagner les images des propos qui permettent de les bien comprendre.

Or, la séquence est minutée, ce qui accroît la difficulté à trouver un équilibre entre l'impétuosité du flux traversant la personne, se pressant vers l'issue des lèvres, et le soin apporté à la formulation, l'ardeur mise à gouverner la parole.

C'est un petit discours que nous tient Marcelline. L'attaque, par sa franchise, dit d'emblée la nécessité de la tâche, la conviction, l'urgence. Le verbe s'est levé ; il va demeurer, tout au long du bref exposé, dressé sur ses étriers. Cependant, la fougue est tempérée tout aussitôt par la netteté de l'élocution ; l'alliage est parfait où l'oreille distingue et l'élan et la retenue. Notez-le : entre une phrase et la suivante s'intercale une pause minuscule. Grâce à l'intervalle ténu, les mots qui viennent d'être prononcés, ayant pénétré dans l'esprit du téléspectateur, y résonnent.

Que veut Marcelline ?

Elle exige d'elle-même d'être juste – justesse est justice – et elle s'emploie à convaincre.

Qu'est-ce qui installe en elle cette obligation à laquelle, sans réserve, elle acquiesce ?

Jamais on ne la voit sourire. Toujours son ton est grave. (Jusqu'à parfois s'empreindre de solennité – qui vibre alors dans la vigueur coutumière, dans cette belle frappe à laquelle ont droit les mots.) Penseriez-vous qu'il en est ainsi parce qu'elle a été envoyée sur les lieux où l'homme se déchire, se prend pour cible, que vous auriez tort ; à preuve la manière dont elle parle des sujets en comparaison mineurs qu'il arrive qu'on lui confie par exception, manière qui ne diffère pas – ou si peu ! – de celle dont elle nous entretient d'événements brûlants.

Son insistance, son aspiration à l'excellence, sa vigilance : des corollaires. Ils découlent d'une responsabilité. Que l'éloquence de Marcelline soit mandatée, il est impossible de douter, car elle s'y oublie et n'en jouit pas. La question ne s'en pose que plus vivement : au service de quoi s'emploie ce zèle ? Au nom de quoi sommes-nous interpellés ?

Car c'est bien une sommation qui nous est adressée. (La noblesse avec laquelle Marcelline s'acquitte de la tâche qui lui incombe me fait rejeter, comme inapproprié, excessif, le mot *harangue* : il ne m'en est pas moins venu à l'esprit.)

Au contenu de l'exposé succinct, s'ajoute ceci que nous dit le ton : « Je vous en prie, ce que je vous rapporte et m'efforce de vous expliquer requiert la plus grande attention » ; « vous n'avez (c'était mon cas identiquement il y a seulement quelques jours) qu'une connaissance approximative, lacunaire, une représentation floue, bien pâle, de ce sur quoi j'ai charge de vous informer. Aussi, chaque précision que je puis fournir a son importance. » ; « attention ! Comprenez bien… » ; « ce n'est pas ceci… ; non plus cela, d'ailleurs ; il s'agit tout au contraire de… » ; « ne commettez pas l'erreur fréquente qui consiste à… » ; « je tiens à souligner, l'ayant observé personnellement… »

C'est bien sur le mode impératif que l'oratrice accomplit son travail de pédagogue : *sachez !* Outre l'ordre implicite mais péremptoire ainsi intimé, le blâme, la remontrance sont dans la voix. Nous sommes soupçonnés d'être distraits, superficiels, futiles, de ne pas mobiliser les ressources de notre intelligence, de ne faire qu'un usage paresseux de notre imagination.

Or, est-il sous-entendu, méconnaître, c'est léser. En rester à une vue sommaire serait se rendre coupable d'une injustice envers une réalité que la journaliste s'efforce de nous rendre palpable – *présente.*

Comme l'est la personne dont le portraitiste a obtenu qu'elle paraisse sur la toile.

Faire en sorte que nous nous trouvions en face de la réalité comme elle y est elle-même (qui s'efface), la recréer, la peindre au moyen des mots, c'est parvenir à cela qu'obstinément veut Marcelline.

Dire, pour elle (et pour ceux qui lui ressemblent) : tendre un *portrait.*

*

L'immense réalité est délicate. Pas moins qu'aile de papillon. Qui s'astreint à l'exposer – peignant ou modelant, comme on voudra, en se servant du verbe –, manipule un objet fragile. Un rien suffit à déformer, défigurer. Il n'y a, pour l'être humain, de réalité (au sens ordinaire) que concrète ; or, rien n'est plus nuancé que le concret. Subtil, le concret. La présence vive du singulier, de l'unique emplit le détail. C'est celui-ci qui glisse sous la prise, se déplace. Les instruments disponibles pour le transport – concepts, vocables – sont trop grossiers pour qu'on n'ait pas à craindre d'altérer la nuance. Marcelline ne manque pas de s'irriter de leur imperfection.

Une souffrance, un désespoir, un refus opposé à celui-ci : cela aussi on l'entend dans sa voix. Dureté du défi. Véhémence.

Colère contre les destinataires suspects d'incuriosité – indifférence assimilée à de la morgue, la réalité *ayant le droit d'être sue, c'est-à-dire reconnue.*

Colère contre l'humaine indigence de l'être enquêtant et parlant.

Colère contre elle-même qui se tient comme un isthme entre la réalité massive, étendue, mouvante, poignante, et l'auditoire immense, hétérogène, cette foule qu'elle ne voit pas, dont elle ignore les réactions. Comment ne douterait-elle pas de pouvoir mener à bien la mission de procurer des mots à ce dont elle subit l'emprise ? Comment pourrait-elle y renoncer, malgré la disproportion entre elle et ce dont il lui faut *rendre compte ;* en dépit du sentiment de son impuissance ? Infini est le détail.

Consciente de l'insuffisance, elle ne s'y résigne pas. Mieux, elle gardera, bien qu'exaltée, la pleine maîtrise de soi. Elle persistera dans l'ambition de peindre le portrait juste, véridique.

Tendue par l'effort, le souci, la haute visée, elle est *le témoin* dont s'est emparé – par où passe – le démesuré, le complexe, l'encombrant, qui presse la formulation du message. Le contenu du message étant : *ce qui est, tel il est – en propre, singulièrement.*

Otage, donc. Intérieurement occupée par ce qui entend être pris en considération, qui se fraie un chemin vibrant. Sa gorge est un détroit.

À la fin, l'éloquence combattante, scrupuleuse, prend visage. Durant les secondes où son propos s'achève, Marcelline a des traits, un regard – s'y lisent la sensibilité, la participation ardente, inquiète, la fermeté, la vaillance. Une beauté qui ressemble à sa voix. Intense, grave.

*

Il ne faudrait pas se méprendre au sujet de la passion que Marcelline porte à un haut degré, rendant ainsi son cas exemplaire. On se tromperait si on la confondait avec l'engagement pour une cause. Non pas que les tragédies dont elle parle ne contribuent pas à son implication affective, à cet emportement à qui elle impose – elle y veille – de garder mesure. Elles n'expliquent l'habituelle gravité qu'en partie puisque, encore une fois, le changement qu'on observe est tout juste perceptible lorsque les événements ou les faits et gestes dont elle traite ne contiennent rien que l'on puisse déplorer ou dont il y ait lieu de s'inquiéter, rien à quoi serait lié clairement un enjeu.

Tout autre est l'engagement essentiel de Marcelline. Les temporaires le recouvrent, ceux qui varient avec les enquêtes et s'expliquent d'eux-mêmes, ont pour eux l'évidence. Cet engagement profond, passif-actif (elle s'investit parce qu'elle est investie, au sens double de mandatée et d'assiégée – intérieurement), constant, décisif, est de nature métaphysique. La nécessité à laquelle elle obéit, la responsabilité qu'elle ne saurait éluder, la cause mystérieuse qu'elle embrasse, sont celles du *faire connaître.*

Dire, étymologiquement, c'est *montrer.* Ce qui est important, ici, c'est que le geste de la parole se trouve à l'état pur parce qu'exempt de toute utilité, consistant uniquement à énoncer *ce qui est, autant qu'il est, parce qu'il est* – et *est ainsi.* Dire ontologique.

Double exposition : de l'objet à mon regard ; de moi à son effet. Triple, car il y a ricochet : je l'expose par ma parole. S'il advient, en effet, que je sache, alors me saisit l'obligation de faire en sorte que se répète, se produisant chez autrui, l'acte d'*enregistrement,* de *reconnaissance* qui a eu lieu en moi. Voici l'à-dire planté en moi, flèche faite pour me traverser, issire de moi, me le faisant sentir.

Quel nom générique donner à ce qui s'impatiente dans l'élan de parole ? La réponse n'est pas aisée, tant est varié ce qui provoque celui-ci. Quel dénominateur commun englobera l'étonnant, le curieux, l'admirable, le stupéfiant, le grandiose, l'étrange, l'inédit, le cocasse, l'ingénieux, l'astucieux, le spirituel – entre autres ? *Le remarquable* se propose. Retenons-le. Définissons-le : c'est ce qui retient mon *intérêt.* Soit, sauf que le mot ne va pas sans introduire quelque gêne puisqu'il est question des cas où cette parole montrante, cette parole-index est, précisément, désintéressée. Aussi, pour désigner ce qui met en branle le dire ontologique, choisirai-je de le baptiser *intéressance* – voisin par le sens d'*attirance* et doté de la même désinence que ce dernier mot et que *connaissance.*

Pourquoi n'avoir pas tenté, plutôt, de trouver un terme totalement différent ? La raison, la voici : je lis que le mot latin *interest* signifiait *il y a de la différence ;* « en particulier, ajoute Jacqueline Picoche dans son dictionnaire étymologique, *entre le fait qu'une chose ait lieu ou non* ». Ce qu'elle complète en signalant ce dernier sens : « *il importe* ».

Cet ajout est des plus précieux : le remarquable où naît l'impulsion ontologique, c'est bien l'inattendu, ce dont on n'avait pas idée, ce dont l'éventuelle existence n'était même pas envisagée. Et il importe, en effet, que ce qui vient à ma rencontre, le nouveau qui se présente et s'impose à mon attention, soit dit. Que je me fasse son appariteur auprès d'autrui.

*

Amassée à l'intérieur de sa poitrine (en cette coupole cachée ; tout en haut), l'énergie accourue depuis l'à-dire point Marcelline. D'autres, à l'inverse, elle les dilate, les réjouit, les dope : leur parole surabondante va se déverser en un flot continu, voire bouillonner, telle l'eau du torrent. Ainsi d'André Brahic. Ses gestes, son humeur malicieuse, sa verve expansive, sont ceux d'un raconteur d'histoires. Or, celles qu'il nous rapporte ont pour sujet les planètes du système solaire : son exubérance est pédagogique. *Il ne peut garder pour lui* ce que les astrophysiciens, lui en particulier, sont en train de découvrir avec surprise. L'étonnement est chez lui du type amusé. De l'admiration il nous propose une variante guillerette, émoustillée. Sa gourmandise : la diversité. À cet égard, il est comblé. Il plaisante ; il jubile. Le jour où il l'a reçu, Bernard Pivot eut le plus grand mal à l'interrompre.

Certes, dans d'autres disciplines s'observe une pédagogie assez impétueuse pour se traduire, par exemple, par le débit précipité d'un sociologue spécialiste des médias, par la volubilité étourdissante de tel linguiste renommé. Toutefois, les cas les plus nombreux et les plus frappants de l'enthousiasme qui porte la parole révélante, c'est chez ceux qui se consacrent à l'étude de la nature qu'on les trouve.

Merveilleux est un vocable qu'ils ne craignent pas d'employer. Le partenaire impersonnel auquel ils ont affaire – la vie, le cosmos – leur communique une santé joyeuse, nuancée de tendresse chez celle-ci, alliée à quelque dureté chez celui-là. Trait fréquent, qu'il ne faut pas omettre de relever, car il a son importance : le sourire malicieux. Quel est donc ce plaisir qui le fait naître ?

Il frappait également, je le remarque, chez Charlotte Wesslar qui naguère présenta un journal télévisé. Il donne à Paloma Sneil et à Kristin leur voix rieuse. Ces deux dernières n'exposent pas, comme le faisait la précédente, enseignante de l'actualité, mais s'emploient sur les ondes à faire s'exprimer les invités de leurs émissions respectives. Obstétriciennes joueuses qui hâtent ou brusquent la naissance des propos, qui ménagent avec adresse les voies du débat fécond, mais qui, tout autant qu'elles le provoquent, assistent à ce qu'elles ont fait advenir.

Leur enjouement ne diffère pas de celui des chercheurs qui transmettent un savoir : les uns et les autres ne se lassent pas de s'étonner du spectacle de la diversité. Des espèces ou des phénomènes ; des tempéraments et des points de vue : *l'excitation qui en résulte est la même.*

Il est nécessaire d'être plus précis : à la diversité est si étroitement associée la complexité que, pour alléger un binôme appelé à être plus d'une fois évoqué, je crois qu'il y a lieu de créer un néologisme où se trouvent fondues les deux : *plexiversité.*

La malice dont il est question : participation complice.

L'enjouement : applaudissement au Jeu du Monde que les Hindous appellent *Lila.*

*

André Brahic, concret, imagé, porté à plaisanter, agit en provocateur à l'égard de l'attention des auditeurs ou téléspectateurs. Marcelline nous adjure de prendre en considération ce dont elle nous parle. L'un comme l'autre, ils ne défendent rien qui concerne de près ou de loin leur vie personnelle. Il y a en eux une ardeur sur laquelle la philosophie est muette. Même silence du côté de la psychologie qui ne se pose aucune question sur un dire tout à la fois désintéressé et mû par une force surprenante, fréquemment incoercible. La psychologie, à ce sujet, ne se représente rien. L'idée qu'il pourrait se passer quelque chose d'intense entre l'à-dire et qui le dit, ne l'effleure même pas. Et pour cause. Pour elle, l'origine du mouvement de la parole est dans le locuteur. Si on l'interroge, elle va chercher des raisons à la passion de faire part et, en ayant facilement trouvées, elle en exagérera l'importance et s'en satisfera, faute d'avoir compris qu'elle n'a perçu que les subalternes. Elle ne s'avise pas que la parole est biface. L'essentiel, elle ne le discerne pas. Il n'a rien à voir, il est vrai, avec les affaires humaines (pouvoirs, biens, vanités, amours, agréments, attachements – actes altruistes, même). L'essentiel est métaphysique.

Qu'est-ce que le *remarquable* qui comme tel frappe l'attention et à propos duquel on prononce ces mots impératifs : *Regarde !* ou *Écoute !* ou *Lis ça !* Qu'est-ce ? C'est ce dont on ne s'était pas représenté la possibilité. C'est le *possible* au moment où pour nous il paraît, *sort* du Rien, accède à l'*ex-istence.*

Du Rien, et non pas du Néant ? Oui, du Rien où sont thésaurisés les possibles. L'étonnement, voire l'émerveillement, qui aspire à se propager, va à la Possibilité, à sa fabuleuse richesse, aux ressources infinies de sa créativité combinatoire d'où résultent le nouveau, le différent, bref, à la réserve (secrète) d'une diversité inépuisable.

Fascine une origine invisible, insituable, une Altérité insaisissable. La pensée est impuissante à concevoir le statut des possibles. Ils sont proprement métaphysiques, étant ce qui n'est pas encore. La Possibilité est un autre nom de l'Énigme. Dans l'étonnement, la pensée étant suspendue, c'est par le sentiment que nous prenons acte de l'Imagination sans visage, la reconnaissons. Dans l'émerveillement, il y a plus, car il est accueil d'une lumière, celle dont s'accompagne l'avènement du nouveau.

Son miracle ? N'a-t-il pas réussi l'exploit de s'introduire dans une diversité sans cesse plus dense ? N'avait-il pas été impossible de prévoir en quoi il consisterait, la place qu'il viendrait occuper, compte tenu de ce qui déjà existait, eu égard aux combinaisons de traits déjà connus ? C'est bien la diversité qui *nous tourne* vers la commune origine, soit l'Énigme.

Ces possibles inaccessibles à l'entendement, nous les fréquentons, avons commerce avec eux. À eux avons affaire chaque fois que l'ego n'est pas concerné ou n'est pas l'acteur dominant. En sorte que méritent d'être dits *métaphysiques* toute une catégorie de sentiments, d'actes, de soucis, de désirs qui, pour n'avoir pas été démêlés de nos mouvements égoïques, d'être demeurés non identifiés, sont passés sous silence. Nous nous méconnaissons : souventes fois, contrairement à ce que pensent moralistes misanthropes et philosophes utilitaristes, notre ego est provisoirement débranché. *La part métaphysique* de l'homme passe curieusement inaperçue.

Elle est vaste pourtant. Viennent s'y ranger immédiatement l'intéressance et ses deux corollaires majeurs, symétriques, la parole didacte, le faire-connaître, d'une part, et, de l'autre, le vouloir-savoir, c'est-à-dire la curiosité, sans laquelle n'aurait jamais commencé cette recherche, contemplative en son essence, qu'on appelle la science. Ce n'est pas seulement dans cette quête rigoureuse que se satisfait l'appétit des possibles (curieux, je vais au-devant d'eux ou les appelle, les hèle) ; ce désir de l'inanticipable, *faim sans manque* (ne peut nous faire défaut ce que nous ne connaissons pas), paradoxale convoitise de l'inconnu, figure parmi les composantes majeures du goût de l'aventure et de la création artistique.

Soit le peintre au travail – figuratif ou non, peu importe. Même dans le cas où il s'est donné une idée directrice, il n'en est pas moins disponible, le plus souvent, pour l'imprévu. Aussi scrute-t-il d'un œil aigu ce qui va venir, qu'il ignore, qu'il attire. Il a pour lui la force d'attraction qu'exercent les possibles réalisés, bien campés dans leur concrétude. L'improvisation : la séduction des possibles ; l'habileté à ne pas leur permettre de s'échapper à l'instant où ils se laissent deviner, l'art de guider leur approche, de les mener jusqu'à l'éclosion. L'inspiration : l'enchantement des possibles. Dans cette fièvre de pleine santé qui s'est emparée du chantier, les uns se pressent aux abords de la réalisation tandis que d'autres, installés, accueillent dans la liesse, l'euphorie, les nouveaux venus. Instants privilégiés où l'artiste opère au contact même de l'Infinité vivante, où il bénéficie d'une fragile intimité avec une surabondance invisible.

*

Absolue est la spontanéité qui caractérise certains sentiments et activités ayant des liens étroits avec l'Infinité créatrice ; c'est bien pourquoi ils échappent aux investigations de la psychologie.

Que pourrait-elle comprendre à la surprise ; à l'admiration ; au compliment pur d'arrière-pensée ; à l'attention gracieuse ; au sourire de participation bienveillante que fait naître le spectacle des scènes impromptues que jouent des personnes qui se trouvent réunies ; à la malice qui fait briller les yeux du témoin ? Ou encore, si l'affectivité métaphysique se donne quelque durée, à l'entreprise de la collection qui a pour moteur la jouissance de la diversité ; à cette autre entreprise qu'est la description, animée par la volonté de *rendre compte* de ce qui est, parce que cela est, ou a été, à qui donc cette seule raison suffit à conférer le droit d'être dit (pensez à l'insistance de Ponge, à celle de Balzac qui s'attarde en digressions détaillées, prolixes, sans utilité pour l'intrigue, à celle du Tolstoï de *Guerre et Paix*) ?

L'aventurier, le chercheur, le poète, le collectionneur : guetteurs fiancés à la différence inconnue.

Soudain, la voilà, l'inimaginée. D'un jet elle bondit sur la scène de la réalité (ou sur celle de la connaissance où la manifestation se produit en différé) ; en la vive lumière de la surprise. Celle qui n'existait pas d'emblée a sa place. *Tient* sa place. A pour elle sa nécessité. Je veux dire : (même éphémère) éternellement aura existé.

*

« Je me souviens, écrit Bertrand Poirot-Delpech, d'un certain professeur de seconde qui photocopiait lui-même des listes de verbes en "mi" et d'"aoristes seconds" pour la seule joie, visible, haletante, de nous transmettre un trésor, de partager un savoir invendable. »

Ce maître aimait offrir ce dont il avait savoir à ses élèves, incontestablement. Le si beau mouvement du semblable en direction de son semblable, et à son bénéfice, ne saurait être oublié. Il ne doit pas être confondu, cependant, avec le mouvement premier qu'il rejoint, sur lequel il vient se greffer, celui qui porte l'entreprise pédagogique. Double, l'office de quiconque a fonction d'*appariteur*, a parole déictique (ne serait-ce que pour rapporter une anecdote) ; dévoué, il l'est deux fois, à l'autrui humain et à l'altérité de l'à-dire – à travers celle-ci à l'Altérité sans visage, anonyme.

La générosité du maître allait d'abord à ce qu'une inventivité subtile avait mis au point, à la petite collectivité grammaticale d'autant plus précieuse et chérissable qu'elle risquait de sombrer dans l'oubli. Les petits objets singuliers qu'il décrivait se tenaient avec une force trop grande dans le regard de son esprit pour qu'il ne désirât point les tendre à son auditoire, les lui présenter dans la coupelle des mots, de telle sorte que pour tous ils aient la prégnance du concret. Afin que la *coprésence* des objets et de celui dont ils ont fait leur porte-parole – conjonction mystérieuse – s'amplifie en englobant l'assistance.

*

La psychologie passe à côté du dévouement à l'impersonnel. De là qu'elle le nie.

Supposons que la méconnaissance dont souffre un peintre m'emplisse d'indignation. Qu'en résulte-t-il, s'il se trouve que je connais quelques directeurs de galeries ? Je vais m'employer avec persévérance à tenter de les convaincre de s'intéresser à cet artiste. Pour accomplir ces démarches, je n'ai eu besoin d'aucune réflexion. Les entreprendre s'est imposé instantanément ; la décision, *se passant de tout déterminisme,* s'est prise d'elle-même. L'ego (à distinguer de la personne) s'est trouvé tout simplement écarté par la force d'un courant.

Le psychologue ne va pas se priver de mettre en doute l'innocence de mon entreprise. Il a tort et raison. Pour l'essentiel il se trompe. Les mobiles égoïques qu'il va s'empresser de montrer du doigt lui cachent le plus vif, le plus important, sans qu'on puisse néanmoins dénier l'existence des motivations qu'il allègue. Ce qu'il ne voit pas, c'est qu'elles sont secondes.

L'ego qu'un souffle avait éteint ne tarde pas à reprendre ses esprits ; il ne lui échappe pas qu'il pourra tirer parti de la situation. Je viendrai à penser à la fierté qui sera la mienne si je réussis et donc contribue à faire connaître une peinture injustement dédaignée ; et si des pourparlers prometteurs enfin s'engagent, l'idée me viendra, un bref instant, qu'avec un peu de chance cadeau me sera fait d'un petit tableau que j'aime particulièrement. Ce ne sont là que mouvements subsidiaires, parasitaires ; de simples profiteurs qui ne déterminent rien, des épiphytes semblables au lierre qui s'enroule autour d'un arbre jusqu'à parfois en occulter le tronc. Le psychologue demandera : est-ce pour l'œuvre ou pour le peintre que je me suis mis en campagne ? Le démêler n'est pas aisé dans le cas où je me suis lié d'amitié avec l'artiste. Ce n'est pas, toutefois, chose impossible. M'être fâché avec un peintre, cela m'est arrivé, n'a rien changé dans l'attention avec laquelle j'ai continué à suivre l'évolution de son travail. Ceci encore : en quoi mon ego est-il impliqué lorsque je me soucie de savoir si photographie a bien été prise des toiles qui me sont montrées, tant il me semble indispensable qu'en soit conservée au moins une reproduction pour le cas où elles disparaîtraient ?

*

L'Énigme vers laquelle est tourné, fût-ce à son insu, le zèle métaphysique, il semble qu'elle consente à ce qu'un rayon de lumière, de temps en temps, à travers les siècles, la visite, l'interroge (à moins qu'il n'ait été un instant lancé par elle pour nous aider) : alors, dans ce rayon, quelques syllabes mémorables se forment. Parmi les hautes assertions qui nous ont été léguées, j'en élis deux qui me semblent, car elles se complètent, devoir être associées, conjuguées. La première, lapidaire, se trouve dans les *Yoga Sutras* de Patanjali : « La raison d'être de ce qui est vu, est seulement d'être vu » ; la seconde est ce *hadîth* qui constitue une des clés les plus précieuses qui s'offrent à la spéculation métaphysique : « J'étais un Trésor caché et j'ai aimé à être connu. Alors j'ai créé les créatures afin d'être connu par elles. »

*

Olivier Debré : « Je deviens un élément de la nature, je deviens quelque chose qui est manié. » On ne compte pas les peintres qui ont tenu, verbalement ou par écrit, un propos de cette sorte. Il y a lieu d'autant plus de le méditer que les œuvres des artistes qui s'expriment ainsi ne se ressemblent en rien. De quoi sont-ils l'instrument, sinon de l'Activité universelle, de l'Infinité en marche, en laquelle ils se sentent inclus ? Une modestie en découle, puisqu'ils opèrent au service de ce qui les dépasse ; une dignité aussi : chacun d'eux n'y a-t-il pas sa place en sa qualité d'organe si hautement spécialisé qu'il n'en existe qu'un exemplaire unique ?

Mêlés aux réalités, les possibles affluent en lui. Une part de leur gisement inépuisable est venue s'y installer. Le peintre n'a d'autre moyen de les connaître que de leur proposer une étendue qu'il aura posée au préalable hors de soi. Alors – même si s'est esquissée, en sa tête ou dans des études préparatoires, l'image qu'il projette de voir se mettre au point sur le tableau –, il se tient à l'affût des possibles. Ceux-ci se présentent : ce qui était en lui, enfin il le voit.

Il en est de même, dans une large mesure, pour l'écrivain. Même celui qui ignore le vertige de la page blanche – on le presse de prendre la plume –, même celui-là offre à l'Infinité qui l'enrôle, sous la forme du rectangle de papier ou de l'écran, une étendue propice à sa manifestation. Le texte le mieux nourri de fragments amassés, une fois qu'il a suffisamment pris corps, désir de vie, ne se contentera pas d'être constitué de matériaux rassemblés, combinés, ajointés ; animé de sa propre ambition créatrice, il participera activement à son engendrement. L'auteur ne fait connaissance avec ce qui est en puissance dans le secret de soi qu'en le regardant surgir hors de soi.

Analogiquement, je puis concevoir que le Divers qui se déverse dans l'espace est contemplé par l'Un qui le projette à l'extérieur de soi. En sorte que se produisent les combinaisons – par la grâce de l'improvisation (les causalités qui s'entrecroisent ne le font-elles pas d'imprévisible façon ?). Que le détail, le concret, le singulier, soient.

Que le Trésor soit exposé ; offert. Que le don, ainsi proposé, soit partagé.

NOTES

Les noms de toutes les personnes entendues à la radio ou vues à la télévision ont été modifiés, à l'exception de celui d'André Brahic.

Dans « Bonjour Monsieur Gracq », dernier chapitre de Pour l'amour de l'art, *de Régis Debray, on peut lire ceci :*

« D'ailleurs, Gracq l'intemporel, ce soir-là, était bien embêté : il n'avait pas eu le temps de lire les nouvelles du jour.

– La seule chose que je regretterai quand je serai mort, me dit-il en voiture, c'est de ne plus pouvoir lire le journal.

– Pardon ?

– Oh oui, l'imprévu du matin ! La surprise à tout instant possible ! Je suis curieux, vous savez, mais ne vous méprenez pas : comme un simple spectateur. »

La parole révélante *a été étudiée de près dans un texte publié dans* La Nouvelle Revue française *en 1965 sous le titre « Le propagandiste du possible ». J'ai inclus cet écrit dans* L'Orgueil anonyme, *ouvrage paru au Seuil la même année. Depuis, il a été repris dans le n° 2 de* La Revue du MAUSS semestrielle *(2e semestre 1993), puis dans* Retrouver l'Océan, *livre publié aux Éditions du Murmure en 2005.*

II.

Libre revue

Une éducation soixante-huitarde*

Christian Laval

Adolescent, je voulais être historien, c'est-à-dire, à mes yeux de lycéen, professeur d'histoire. J'eus des coups de cœur aussi divers et éclectiques que Bainville, Mandrou, Soboul, et beaucoup d'autres. Le plaisir de la littérature et la passion politique me détournèrent de cette voie, lieu pérenne de mes nostalgies. J'aimais les histoires. Des études chaotiques me firent découvrir sans grand souci d'ordre un monde de pensée vivant et déchiré : l'homme, ses œuvres, ses vies. Enfin j'appris surtout que l'univers des hommes ne se donne pas au premier regard et sous un seul angle. Dans ce kaléidoscope des savoirs de l'homme, je découvris peu à peu dans la sociologie une ambition plus fondamentale qui visait le socle même sur lequel nous étions installés. De tous les points de vue que l'on peut avoir sur la réalité humaine, la sociologie, cette voisine et amie de l'anthropologie et de l'histoire, permettait d'embrasser les conditions générales sans lesquelles on ne peut comprendre le trajet des sociétés et la mutation des sujets.

Les études universitaires, au tout début des années 1970, n'étaient qu'un des moyens, ni le plus absorbant ni le plus important d'ailleurs, d'acquérir une culture en lettres et en sciences humaines. Une hypo-

---

* Nous avons repris ici de larges extraits du premier chapitre d'un document d'habilitation à diriger des recherches, soutenue à l'université Paris X-Nanterre à l'automne 2008, dans lequel Christian Laval retraçait son itinéraire intellectuel. Il nous a semblé tellement représentatif de la liberté de pensée, ou, plutôt, de l'enthousiasme de penser et d'agir qui régnait à l'époque, et qui a tellement disparu, que nous n'avons pas résisté au plaisir de le reprendre à titre de célébration du quarantième anniversaire de Mai 68 (*ndlr*).

khâgne à Sèvres, après une terminale C à Versailles, déboucha non pas sur la khâgne d'Henri IV, que me conseillait ma professeure d'histoire, mais sur les lettres modernes à Nanterre. Rupture continuée. L'époque était peut-être d'humeur anti-institutionnelle, comme on l'a dit depuis, elle était aussi passionnément intellectuelle. La politique telle qu'elle était conçue alors, révolutionnaire et totale, poussait vers Lautréamont, Artaud, Bataille et beaucoup d'autres. Proust (lu par Deleuze), Joyce, Beckett et les Américains du Nord et du Sud étaient nos balises et faisaient nos enthousiasmes. Cinéma et théâtre n'étaient pas seulement des distractions. La sémiologie fut l'un de mes carrefours préférés, avant la psychanalyse, lacanienne de préférence. Incertain, ballotté, je voulais écrire, mais quoi ? devenir un intellectuel, mais pour dire quoi et pour quoi faire ?

Je voulais aussi faire de la science, je croyais même possible une « science révolutionnaire » des sociétés et des cultures. Je m'inscrivis, après deux années de lettres, au département de sciences économiques de Nanterre, comme beaucoup de mes camarades étudiants en révolution. Après le goût adolescent des subversions littéraires vint le temps des travaux collectifs. Mobilisation permanente, disions-nous. Elle était peu académique, sans doute, mais terriblement sérieuse, et théorique à coup sûr. *Le Capital* n'était pas la Bible, mais un point de départ et un appui pour les interprétations « marxistes révolutionnaires » des tendances du capitalisme et des luttes de classe à l'échelle mondiale. Je retrouvais l'histoire, sociale, économique, politique.

Mais la grande question, aujourd'hui lointaine, qui tramait nos réflexions et nos travaux de jeunes militants étudiants, portait sur le rapport entre les transformations économiques emportées et rythmées par les mouvements de l'accumulation du capital (nous étions disciples d'Ernest Mandel et adeptes des « ondes longues » du capitalisme) et les mutations culturelles et subjectives qui les reflétaient (?), les anticipaient (?), les débordaient (?). Gramsci avait posé la question, jeune il avait même osé penser « la révolution contre *Le Capital* ». Althusser avait repris le vieux problème. Trotsky, lui, avait écrit *Littérature et révolution* : toute licence en art. Le problème central en ce début des années 1970 portait sur « l'autonomie » relative des formes culturelles par rapport aux structures économiques. Tous les types de lyssenkisme ou de jdanovisme nous répugnaient.

L'horizon du marxisme

À côté de ce « nous » militant, à l'extérieur de l'université (mais y avait-il alors un « extérieur » et un « intérieur » ?), je continuais de me préoccuper des rapports entre « culture » et « avant-garde » : au-delà de la vie militante de l'époque, déjà prenante, j'écrivais sous pseudonyme dans la rubrique culturelle d'un quotidien révolutionnaire qui affichait la couleur ; je participais aussi à l'un des groupes les plus extravagants qu'ait produits cette période si riche en groupuscules, « Le mouvement pour une science marxiste-révolutionnaire du texte » (MSMRT), dont la revue *Scription rouge* – qui se transforma après de nombreuses luttes de tendances minuscules et de scissions véhémentes entre la dizaine de ses membres en *Wunderblock* (« le bloc magique », référence à Freud) – était l'organe. Sous des allures prétentieuses, la question posée était sérieuse, même si les termes bloquaient d'avance la solution : est-il possible de concilier le vieux marxisme avec la mise en question générale des formes instituées de la vie sociale et des catégories héritées de la pensée en philosophie, en art et en science ?

Mai 68 avait révélé l'abîme entre le marxisme et les formes multiples de contestation dans tous les champs sociaux et intellectuels. La lutte était générale et ne pouvait s'expliquer par la seule lutte du prolétariat, même « en dernière instance ». La réponse que nous développions était paradoxale : nous voulions dépasser la crise du marxisme en développant un « hypermarxisme » étendu à toutes les relations sociales. Théoriquement, il s'agissait de concilier la « critique de l'économie politique » (formule marxienne qui était aussi le nom d'une revue que nous lisions beaucoup à l'époque) avec la critique des formes du pouvoir institutionnel, la critique de la psychologie, la critique de la métaphysique, la critique des formes esthétiques. Superficiellement, il s'agissait de combiner Marx, Foucault, Lacan, Derrida, Barthes et quelques autres encore. Nous visions avec la révolution non la seule suppression de la forme marchandise des rapports sociaux dans le domaine économique, mais la déconstruction de toutes les formes fétichisées qui arrêtaient le désir sexuel, la production textuelle, la libre association des travailleurs : Phallus, Signifié, État. Le Sujet lui-même pensé comme fondation du Sens et de la Vérité était une forme qui ne serait pas épargnée par les processus révolutionnaires.

L'époque était emplie de ces hybridations, regardées comme un recommencement de la théorie révolutionnaire, quand elles témoignaient plutôt de l'agonie du marxisme dogmatique. *Tel Quel*, *Change*, *TXT* étaient nos modèles. J'aimais tout particulièrement le recueil de Jean-Joseph Goux, paru en 1973, *Économie et symbolique*. Si nous dogmatisions allègrement, nous étions disposés plus encore à accueillir tout ce qui pouvait ébranler les certitudes marxistes. L'un des moments importants de cette histoire reste cet après-midi de discussion avec Michel Foucault qui avait accepté de recevoir quatre membres de la rubrique culturelle du journal auquel je collaborais pour un entretien sur le premier volume de *L'Histoire de la sexualité* qui venait de paraître. Il y fut surtout question de Marx. Je crois que nous l'étonnâmes surtout par le degré de proximité que nous avions avec les critiques qu'il portait à la conception étroite de la lutte des classes telle qu'elle était véhiculée par les groupes marxistes.

Une grande liberté

À cette époque, les études de « sciences humaines » que nous suivions n'étaient pas orientées principalement par le débouché professionnel, repoussé dans un horizon lointain ; elles étaient doublement orientées par la curiosité passionnée et par ce qu'un auteur avait alors appelé « le désir de révolution ». Cette liberté au regard des contraintes de l'emploi, évidemment liée à un certain contexte économique, ne détonnait pas autant que cette génération le pensait avec l'éthique universitaire traditionnelle et son attachement à la distance savante qu'elle entretenait avec les conditions socio-économiques.

Certes, cette génération n'avait pas de mots assez durs pour la « sanctuarisation sociale » au nom de l'égalité et pour un certain « théoricisme » de l'université au nom de la « pratique », mais en en faisant le « lieu critique » par excellence, elle radicalisait l'éthique du « regard lointain » tout en valorisant « l'engagement » dans la société. Cette contradiction trouvait dans une recherche théorique très liée à l'activité politique une résolution provisoire. Elle porta également tant de jeunes étudiants vers des disciplines qui semblaient associer théorie et pratique comme la sociologie ou la psychanalyse, dont le prestige était si grand alors. Elle explique sans doute aussi pourquoi tant d'étudiants « radicalisés » de cette époque exercèrent plus tard des professions de « service public » (enseignants, travailleurs sociaux, bibliothécaires, psychologues, etc.) qui semblaient permettre de lier la « compréhension » et la « transformation » du monde, selon les termes d'une fameuse « thèse » du jeune Marx.

Telle était l'atmosphère générale dans laquelle nous baignions alors et qui nous a constitués intellectuellement. Ce temps avait ses vertus, surtout celle de pouvoir profiter pleinement de la liberté que nous accordait alors un statut qui permettait aux étudiants, pour reprendre une formule d'Hannah Arendt, de « demeurer, pendant un certain nombre d'années, à l'écart de tous les groupements sociaux et de toutes les obligations sociales[1] ». Cette condition sociale, qui prédispose à tous les irréalismes, permet également aux jeunes gens d'interroger la réalité sociale de la façon la plus radicale, de mettre à jour ses contradictions et de vouloir la changer de la manière la plus délibérée par l'action politique collective. Lorsque la situation politique générale et le contexte économique s'y prêtent, le mouvement de contestation réunit toutes les conditions de possibilité de son développement. C'est précisément ce faisceau qui a favorisé autant le questionnement sociologique que l'intérêt pour la psychanalyse. Certes, la langue de bois des organisations traditionnelles, le dogmatisme pesant des docteurs en marxisme, un certain anti-intellectualisme de l'ultragauche ont considérablement gêné l'élan de cette contestation, laquelle comme on sait s'est finalement épuisée. Époque qui paraît si lointaine lorsqu'on parle à des lycéens ou des étudiants d'aujourd'hui sur lesquels pèse le poids énorme de la nécessité aux dépens de cette liberté dont nous jouissions alors. Époque révolue, donc, mais qui perdure dans les travaux de ceux pour qui le savoir et la dimension sociale et politique ne peuvent être séparés.

Si les débouchés étaient indéterminés, les frontières entre disciplines étaient, elles, bien peu étanches. L'unité des intérêts intellectuels que nous avions était de vie, de projet, de militance aussi, non d'institution. Nous nomadisions, nous circulions, nous « transversalisions » dans une insouciance bien peu académique. Ce

1. Hannah Arendt, *Du mensonge à la violence*, Presses Pocket, Paris, p. 216.

cheminement obéissait plus à un désir de connaissance qu'à l'ordre institutionnel des savoirs. Ce détachement général avait surtout un grand avantage, en ce qu'il créait l'occasion d'interrogations fondamentales. Il permettait en effet d'aller « au fond des choses », d'être radical, d'aller à la racine. Pour reprendre une autre formule célèbre du jeune Marx que nous aimions à répéter alors : aller à la racine, cela voulait dire aller à l'homme même. C'est sans doute pourquoi, en dessous des formes ultrapolitisées de la contestation dont la dynamique sectaire et anti-intellectuelle aurait pu mettre en danger cette radicalité de pensée, ce moment a ouvert, ou plutôt rouvert une brèche que l'on pourrait dire « anthropologique » : c'était bien les mutations de la condition humaine qui étaient en jeu, qui constituaient le véritable horizon de la pensée. En ce sens, le prestige de la psychanalyse, du marxisme, de la généalogie nietzschéenne, de la déconstruction n'était pas seulement un effet de mode, mais l'irruption soudaine et variée d'une question fondamentale que certains intellectuels, lorsqu'ils en ont la possibilité, se posent sur ce qui arrive à l'homme dans les sociétés d'Occident.

Impasse d'une recherche en économie

Le contexte avait ses inconvénients aussi, il avait un prix. La précipitation d'abord : je commençais par la fin. L'éloignement des travaux universitaires ensuite me fit même rater mon entrée dans la recherche par ignorance des formes et des priorités.

Je devais choisir l'une des filières de DEA proposées par la faculté d'économie de Nanterre. À vrai dire, ce choix était restreint : choisirais-je la filière « économie internationale », voie toute tracée pour les « internationalistes » que nous étions, en me dirigeant vers une thèse de plus sur un aspect du sous-développement et de la dépendance ? Ou bien choisirais-je la filière « économie et société », afin de poursuivre ce questionnement sur le marxisme et ses limites, sur l'économie elle-même et ses rapports aux formes sociales et culturelles ? Je pris cette seconde voie. Je suivis donc, entre autres, le séminaire de DEA d'Eugène Enriquez, au département de sciences économiques, lieu de lumières nouvelles, de questions plus que de réponses, de débats plus que de cours. J'y appréciai la chaleureuse et bienveillante distance d'un enseignant qui veillait à ne jamais refermer les questions sur des assurances dogmatiques. J'y fis un exposé sur « le nouvel ordre dogmatique », d'après les travaux de Pierre Legendre (*L'Amour du censeur*, *Jouir du pouvoir*), qui visait à interroger la place des sciences économiques dans les justifications politiques depuis la Seconde Guerre mondiale.

Eugène Enriquez avait des sympathies pour Castoriadis, Morin, Lefort. Psychosociologue, il était proche des psychanalystes dissidents du lacanisme regroupés dans le « quatrième groupe » autour de la revue *Topique*. Il m'ouvrit les portes d'un univers théorique et engagé. La question n'était plus d'articuler le marxisme à un autre discours, il s'agissait de *sortir du marxisme*. Je lus ces auteurs contemporains que citait E. Enriquez, et je remontai à leurs diverses sources.

C'était un abri loin des fureurs dogmatiques. Y présenter les travaux de Pierre Legendre, les comparer aux thèses de Foucault sur le pouvoir, convoquer Bourdieu et Castoriadis, c'était croiser des auteurs qui ne se parlaient guère mais nous apprenaient à penser le pouvoir. Époque baroque, temps à la fois nerveux et heureux. Je pouvais en même temps animer le « comité rouge » dont j'avais la responsabilité à la « fac de droit » voisine du département d'économie de Nanterre, et dans cette même faculté prendre deux heures de plaisir au cours de Legendre, merveilleux conseilleur en ouvrages décisifs : Tocqueville, Orwell, Kafka.

Ces questionnements n'étaient pas étrangers aux mises en question dont nos vies quotidiennes et nos relations étaient agitées. La vie étudiante permettait, favorisait même pour beaucoup des apprentissages combinés : les idées devaient être vécues. L'articulation du militantisme et de la « transformation subjective » était une question pratique et quotidienne. J'avais commencé avec un lacanien une analyse qui devait s'étirer longtemps, séance courte oblige. Ce qui m'éloigna pour toujours des errances politiques d'une jouissance confondue avec le désir. Je devais par la suite m'étonner d'avoir eu cette proximité avec des groupes comme Anti-norme et Sexpol, d'un « reichisme » radical.

Il fallait définir un sujet de DEA ou plutôt de deux mémoires d'importance inégale. La planification de la politique culturelle me parut un bon sujet pour la recherche principale. Il correspondait à l'esprit de la filière que j'avais choisie, il posait le problème de l'extension des formes de la rationalisation économique à des domaines intellectuels et esthétiques, il rejoignait les interrogations que j'avais sur les rapports entre politique et culture. J'accumulai, en passant des journées studieuses à la bibliothèque de Sciences-Po, un matériau important extrait des rapports d'experts et des travaux des commissions du Plan sur la question de la culture.

J'essayais d'y montrer comment, dans les années 1960, on était passé d'une problématique patrimoniale de l'art à une problématique gestionnaire du lien social, profitant de la polysémie du mot « culture ». La problématique économique (mobilisation et qualification de la main-d'œuvre) y était complétée par une problématique sociale (réparer le lien social dans les villes). La démarche généalogique que j'avais adoptée ne s'embarrassait pas des intentions des praticiens et des théoriciens de l'action culturelle. Les « réparateurs » du lien social et leurs penseurs planificateurs me paraissaient surtout aveugles quant à la logique rationalisatrice à laquelle ils participaient. Comme ils étaient généralement de gauche, et d'une gauche moderne et éclairée, anti-totalitaire et civilisée, s'en prendre à eux paraissait douteux moralement et politiquement. Le jury m'opposa que l'un des promoteurs de cette planification avait été « porteur de valises ». Au total, mon travail « critique » sur la politique culturelle fut jugé passable. [...]

Je sortis quelque peu déçu de cette première expérience de la recherche sans me rendre bien compte que j'avais été rattrapé par un ordre institutionnel dont je n'avais pas pu ou su m'approprier les codes et les contraintes. Il était temps de passer pour moi aux occupations professionnelles sans rompre complètement avec un certain habitus étudiant et militant : la joie de lire, le plaisir des débats, la pensée et l'action mêlées.

Une conversion professionnelle

Cette même année 1978, je préparai sérieusement le CAPES de sciences économiques et sociales en compagnie de quelques amis, dans une belle euphorie collective. Il va sans dire que cette préparation à Sciences-Po m'apporta beaucoup. En économie, j'appris peut-être moins que dans d'autres domaines. Ma lecture assidue de *Critique de l'économie politique*, mon goût un peu érudit, peut-être tiré de mes études littéraires, pour la lecture des classiques de l'économie politique, furent complétés par l'intérêt que je portais à certains courants novateurs (les « régulationnistes » du Cepremap qui faisaient alors leur percée théorique).

Les retrouvailles avec l'histoire me ravirent. Mais je découvris surtout la sociologie comme discipline académique avec Henri Peretz, qui nous fit comprendre assez vite, et avec une fermeté que justifiait l'objectif du concours, comment l'institution disciplinaire et scolaire définissait ce qu'était un « champ scientifique », son « dedans » et son « dehors ». En d'autres termes, il y avait des auteurs et des œuvres qu'il valait mieux ne pas citer. Baudrillard, Lefèvre, Lefort étaient de ceux-là. Jusqu'alors, je n'avais rien appris en sociologie que par raccroc, et sans avoir même l'impression de « faire de la sociologie » si je fais exception de ce qui touchait de près ou de loin au marxisme, aux travaux d'inspiration foucaldienne, à Bourdieu et à quelques auteurs que j'appréciais comme Robert Castel. J'avais plus fréquenté l'anthropologie revue par Lévi-Strauss (celui de *Tristes tropiques* plus que celui des *Structures élémentaires de la parenté*). Je fus assez tôt attiré par les travaux de Marshall Sahlins, de Pierre Clastres, de Jacques Lizot. J'avais lu, mais sans en percevoir l'importance, le recueil des textes de Marcel Mauss, *Sociologie et anthropologie*. J'avais beaucoup pratiqué dès mon hypokhâgne Tocqueville, mais c'était à mes yeux un historien des sociétés. Legendre ne m'avait pas corrigé sur ce point.

Le Métier de sociologue fut mon *companion book* de cette année-là, j'y lus quelques belles pages des classiques, je dévorai les contemporains légitimes (Boudon, Bourdieu, Touraine), je lus quelques histoires de la sociologie, un certain nombre de *Que sais-je ?* et beaucoup d'articles donnés pour fondamentaux : Chamboredon, Passeron, Pialoux, Testanière. Je me plongeai dans la somme déjà imposante des *Actes de la recherche en sciences sociales*. De son côté, H. Peretz, qui répétait à longueur de cours sa détestation pour le verbiage et les poses savantes, nous avait fait suffisamment l'éloge des travaux de l'INSEE pour nous pousser à consulter et à résumer en série des articles d'*Économie et statistique*. Mais l'une des grandes qualités de cette préparation consista surtout dans les liaisons qu'elle rendait possible – qu'elle encourageait même – entre les différents départements des sciences sociales et historiques. Braudel n'était pas un étranger en économie, Ariès ne l'était pas plus en sociologie. Je pris un grand plaisir à l'acquisition des connaissances de base en psychologie sociale, choisie comme option du concours. En dépit des sévères interdits qui délimitaient le légitime de l'illégitime dans le concours que nous voulions réussir, tout ce que j'appris au cours de cette préparation à Sciences-Po renforça cette joie d'apprendre qui tenait plus aux rapports que l'on pouvait établir entre domaines et disciplines qu'à la maîtrise obsessionnelle d'une langue unique. Il y avait là une forme de « gai savoir » permettant de libres traversées, auquel je désirais me vouer.

Ce bagage suffit à l'épreuve. Il fut aussi un bon viatique pour l'enseignement de SES. Je devins donc un professeur de l'enseignement secondaire ayant à connaître toutes les étapes des débuts de carrière en province puis en banlieue lointaine. Je passerai plus tard l'agrégation de sciences sociales, « trahissant » les engagements antihiérarchiques avec lesquels, comme beaucoup d'autres, nous avions débuté dans cette discipline.

Le métier de professeur me plut, j'y voyais une suite logique de mes intérêts intellectuels précédents, je me donnais toutes les raisons d'y voir le moyen de continuer à apprendre ce que j'ignorais. La conversion du « capital militant » en « capital professionnel » fut heureuse, rendue presque insensible par cet enseignement. J'y poursuivis donc mes engagements collectifs dans l'action syndicale de base, dans l'innovation pédagogique locale, d'abord au lycée des Manufactures de Liévin, puis au lycée des Mureaux. À défaut d'avoir réussi à changer la société, ne convenait-il pas d'essayer de changer un peu l'école ? Je commençais dès le début des années 1980 à m'informer en détail de la « littérature grise » des pédagogues et des experts qui visaient la « démocratisation » de l'école. La sociologie critique paraissait alors changer de statut pour devenir source de légitimation des réformes. Quant aux mouvements pédagogiques, ils nourrissaient, à leurs dépens, la vérité officielle. Penser la nouvelle époque à partir des transformations de l'école n'était peut-être pas une si mauvaise piste. Dans l'établissement où j'avais été nommé en 1982, non loin des cités vouées à l'habitat des OS de Flins, la massification du milieu des années 1980 fut brutale. Rien n'avait préparé les enseignants à cette mutation. Nous fûmes quelques-uns à nous lancer dans l'une de ces aventures pédagogiques et institutionnelles qui visaient à donner aux « nouveaux lycéens », comme les a appelés François Dubet, un encadrement culturel dont ils ne disposaient pas dans leur famille. L'expérience, menée par un noyau d'anciens militants devenus enseignants, partait du principe que l'école se devait d'apporter un « équivalent en culture » à ceux qui ne bénéficiaient pas des avantages reçus au berceau par les « héritiers ».

Au sein de l'association que nous créâmes, et qui était gérée en partie par des élèves, j'animais un « atelier de sociologie » destiné à conduire des travaux d'enquête sur les lycéens, leur environnement, leurs pratiques. L'expérience, qui donna lieu à quelques publications sous la forme de brochures, eut un certain écho au-delà de l'établissement. Des sociologues vinrent enquêter au lycée : Marco Oberti, Robert Ballion. Pierre Bourdieu adhéra à notre association et établit un contact avec des lycéens du lycée, tandis que François Dubet témoigna de son intérêt pour nos petites publications et promit de venir nous visiter. J'obtins mon premier contrat officiel de recherche en sociologie avec le CADIS pour une enquête sur les « lycéens et leurs petits boulots ». Le compte rendu prit la forme d'un chapitre du livre de R. Ballion portant le titre de l'enquête.

Études de psychanalyse

En même temps que l'entrée sérieuse dans le métier d'enseignant, des passions intellectuelles nées plus tôt continuaient de m'animer. Il y avait deux côtés, deux rivages : celui du « collectif » et celui du « singulier », la « société » et le « sujet ». C'était dans cet entre-deux, dans le passage de l'un à l'autre, que je me situais, inconfortablement mais obstinément. Cette dualité formait si l'on veut l'espace de mon questionnement, là où s'arrêtent les prétentions du savoir à la maîtrise, là où je ne savais pas si je pouvais même savoir, si j'avais le droit de savoir. Autant dire que j'éprouvais assez directement l'impression que cette recherche avait des rapports insistants avec le désir inconscient, qu'une analyse devait m'amener à clarifier un peu.

Dès que je fus installé dans un poste à peu près « définitif », après mes années d'apprentissage professoral, je décidai de suivre un cursus de psychanalyse à Paris VIII. Je pensai même longtemps que mon analyse personnelle me mènerait de l'autre côté du divan. J'entrepris des études que je voulais solides et complètes. Je me mis à l'allemand pour lire Freud dans le texte, je suivis des présentations de malades à l'hôpital psychiatrique, je participai à des séminaires et à des groupes de travail (les « cartels »). J'eus une idée assez vive du disparate de cet enseignement qui faisait voisiner le n'importe quoi avec l'exercice rigoureux de la pensée. Certains enseignants avaient été de la grande école des Canguilhem et des Vuillemin. Je les suivis. Mais je venais trop tard, après la période créatrice des années 1960 et 1970. Les années 1980, à la suite de la mort de Lacan, furent emplies de disputes personnelles, du jeu de petits appareils de pouvoir, du psittacisme généralisé.

Je continuai pourtant mon apprentissage dans une optique professionnelle. Je ne perdis pas de vue une question « carrefour », la « relation du sujet à l'objet », laquelle n'était pas sans lien avec l'économie. La question des relations entre psychique et économique me semblait devoir être reprise. Lacan avait largement contribué, de son côté, à la liquidation des raccourcis théoriques. J'étais désormais loin de tout « marxo-freudisme » comme de tout « freudo-marxisme ». Je fis un mémoire de DESU (diplôme d'études supérieures d'université) en 1988 sur « La relation d'objet chez Freud » à partir d'une lecture serrée des textes freudiens. Je voulais tester le travail qu'avait opéré Lacan sur la trajectoire de Freud à partir de cette question.

Il me plut en contrepoint de l'enseignement de la doctrine par les « officiels » de suivre les dissidents, ceux en tout cas qui cherchaient le lien entre les dimensions psychique, économique et politique. Je continuai à lire les « Castoriadis » au fur et à mesure de leur parution, je ne ratai aucune des *Leçons* de Pierre Legendre. J'assistais de temps à autre aux cours de ce dernier à la section des Hautes Études en sciences religieuses à La Sorbonne, retrouvant sa verve pugnace que j'avais connue dans ses cours à la faculté de droit de Nanterre. Je lus et relus souvent son *Histoire de l'Administration* pour lequel j'avais une affection particulière pour des raisons curieuses.

C'est à ce croisement de plusieurs problématiques que j'avais parcourues déjà plusieurs fois que je trouvai enfin une voie de recherche. Nous étions en 1989, j'avais trente-six ans. Entre-temps, j'avais réussi l'agrégation externe de sciences sociales, je disposais désormais de plus de temps.

L'idée qui animait ce travail et qui était le fruit de lectures nombreuses et d'influences les plus diverses est au fond assez simple : si l'on veut comprendre où nous en sommes, ce que nous sommes, comment nous pensons et vivons, il convient de faire retour à l'un des tournants décisifs de la représentation de l'homme et de la société, moment auquel on peut et doit donner son nom véritable : l'*utilitarisme*.

Élaboration du projet de recherche

L'utilitarisme était une « vieille connaissance », si je puis dire, ou plus exactement un domaine qui m'intriguait. Je crois avoir eu assez tôt l'intuition qu'il y avait là un « objet » important, un terrain fondamental, qui permettait de saisir un certain moment de l'homme. Toutes mes lectures au fond semblaient m'y conduire, mais aussi mes engagements dans le mouvement étudiant et le type de contestation radicale à l'encontre du mode d'organisation des sociétés occidentales dont il était porteur. Peut-être est-ce simplement du fait de m'être trouvé à un certain carrefour de disciplines et d'avoir pu faire des liens entre elles.

Les études de sciences économiques m'avaient familiarisé avec certaines croyances fondamentales dans l'agent rationnel maximisateur. Nous avions passé des séances entières de TD consacrées à des discussions passionnées sur la légitimité des postulats néoclassiques. Nous ne savions opposer aux partisans de l'école néoclassique, publiquement discrets mais très présents dans le cursus de l'enseignement économique, qu'un économisme alternatif, qui avait pour seul mérite de mettre en perspective historique certaines catégories, dont celles de l'individu maximisateur. Marx suffisait à l'affaire, un peu rafraîchi il est vrai, mais à peine. Maurice Godelier, avec *Rationalité et irrationalité en économie*, mais aussi le vieux Nicolas Boukharine et son *Économie politique du rentier* fournissaient l'essentiel de l'argumentaire. Autant dire que ces controverses étaient limitées par une connaissance assez superficielle de l'histoire de la pensée philosophique et économique. À côté du bagage de la critique marxiste, je disposais certes de quelques repères. La lecture de Marshall Sahlins, complétant celle de Marcel Mauss, avait relativisé les prétentions à l'universalité de *l'Homo œconomicus*. Georges Bataille, que j'avais lu très tôt, mais, bien au-delà de lui, toutes les remises en question de l'homme occidental maître et possesseur de lui-même comme de la nature auxquelles j'avais adhéré dans ce grand moment de contestation du sujet traditionnel des années 1970 m'avaient depuis longtemps orienté vers cet objet de réflexion. D'autres travaux avaient joué un rôle : André Gorz, Jean Baudrillard, par exemple. *Surveiller et punir* en 1975, et l'importance attribuée par Foucault à la prison panoptique dans l'histoire des disciplines, avait également contribué à aiguiser ma curiosité, encore que, depuis, ce ne soit pas là ce qui m'ait le plus vivement intéressé au-delà de la fascination momentanée pour le brio de la démonstration. Karl Polanyi et Louis Dumont furent de grands bonheurs de lecture, sans oublier deux ouvrages qui furent des compagnons fidèles de la petite aventure : celui de C. B. Macpherson (*La Théorie de l'individualisme possessif*) et celui d'Albert O. Hirschman (*Les Passions et les intérêts*). Je connaissais aussi la *Revue du MAUSS* depuis l'époque artisanale du *Bulletin*. J'éprouvais une vive sympathie pour cette entreprise, au point d'envoyer à son directeur, Alain Caillé, une lettre où je disais mon désir de participer aux activités du groupe. J'appris longtemps après que ma lettre s'était égarée par malchance à l'occasion d'un déménagement du destinataire. Je ne devais renouer le contact que dix ans plus tard avec la revue et son directeur.

C'est par une autre voie que j'entrepris l'étude de l'utilitarisme. Parvenu à la fin du cycle de mes études en psychanalyse, il me prit, vers 1988-1989, d'entamer une lecture systématique de l'œuvre de Jeremy Bentham sous l'angle particulier de sa théorie du langage. Comme je l'ai mentionné plus haut, je m'étais intéressé assez tôt aux questions du langage, et plus largement à la dimension symbolique des faits humains. Mes études de lettres modernes au début des années 1970 et, plus encore, mon engagement théorique précoce dans un ultramarxisme « derridien » m'avaient conduit vers la linguistique et la sémiologie. La psychanalyse lacanienne n'avait fait que renforcer cet intérêt.

Il faut dire que cette interrogation anthropologique qui aura été la grande affaire des années 1960 et 1970 plaçait la question « symbolique » au cœur de ses problématiques. Il était entendu que l'homme devait être repensé en rapport à sa dépendance aux structures, qu'il devait être « décentré » comme sujet du langage. Cette contestation de l'illusion du moi maître de lui-même, propriétaire de sa conscience comme de son corps, rationnel dans ses choix et dominateur de la nature, pouvait être interprétée par beaucoup comme une extension sur le plan philosophique du domaine d'une lutte essentiellement politique. Elle était peut-être à l'inverse la raison fondamentale, mais par beaucoup ignorée, d'un « malaise dans la culture » occidentale. Car tout le mouvement des sciences humaines tendait à montrer que le « moi » occidental, la façon dont l'homme se représentait en cette civilisation, n'était précisément qu'une fiction. L'Occident, sur le plan culturel, avait pour contradiction cette manifestation triomphale du moi hors des structures et hors du temps qui l'expliquent, laquelle manifestation venait s'exempter de ses propres critères scientifiques.

L'air du temps en philosophie témoignait de cette crise majeure. L'engouement pour Heidegger, bientôt relayé par une passion collective assez soudaine pour Wittgenstein, ne démentait pas la place nouvelle prise par le langage dans la philosophie française. Littérature et poésie, peinture et musique même, toute l'esthétique semblait se refonder autour d'un nouveau discours sur la combinatoire et l'intertextualité. Quant au marxisme, il semblait devoir troquer le « paradigme de la production » pour celui de la « communication ». Habermas d'un côté, Foucault de l'autre semblaient incarner les deux pôles du destin linguistique et symbolique de la pensée sociale. La psychanalyse avec Lacan, la sociologie avec Bourdieu ou Baudrillard avaient évidemment leur part dans ce succès du langage et du symbolique. Cette situation avait quelque chose de paradoxal : ce qui s'était développé dans les marges, ce qui prétendait subvertir toute la conception de l'homme et de la société, cette sourde inquiétude quant aux pouvoirs indisponibles des mots, tendait à devenir la nouvelle *doxa* des sciences sociales et de la philosophie.

Bentham, haut lieu de tension

La question de la subjectivité était inséparable du *linguistic turn* de la pensée moderne. Ce tournant, que l'on datait généralement de la fin du XIXe siècle, avait à la fois bousculé les fondements de la métaphysique et la conception du sujet humain. J'avais des doutes sur la datation de ce tournant linguistique. Sur ce point, je pensais que Nietzsche était en avance sur un certain nombre d'analyses du

XXe siècle. Je m'étonnais du mépris que certains lacaniens cultivaient à son encontre, s'interdisant de reconnaître l'antériorité de ses analyses. Ce n'était tout de même pas Freud mais bien Nietzsche qui avait affirmé dans son *Crépuscule des idoles* que l'on ne se débarrasserait pas de Dieu tant que l'on croirait à la grammaire…

Je fus d'autant plus frappé par la répétition des références de Lacan à l'utilitarisme en général et à Bentham en particulier, et cela dès mes premières lectures et discussions des *Écrits* dans les années 1970. Deux aspects de ces commentaires me touchèrent plus spécialement. Lacan se montrait d'une part un fidèle héritier de la filiation durkheimienne qui, *via* Mauss et Bataille, n'ignorait pas que nous vivions dans des sociétés utilitaristes ; que c'était donc bien dans ces paramètres historiques qu'il fallait comprendre les changements institutionnels et subjectifs. J'aimais particulièrement un texte précoce de 1938 qui contenait déjà beaucoup des lignes développées plus tard dans les *Séminaires*, *Les Complexes familiaux*. Lacan introduisait la possibilité d'une *historicité du symbolique*, ce qui tranchait avec une certaine tendance structuraliste à considérer les choses *sub specie aeterni*. Mais il y avait un autre aspect que Lacan mettait surtout en valeur dans ses *Séminaires*, qui était la « théorie des fictions » et dont il disait plus que du bien. À ses yeux, Bentham était celui qui avait purement et simplement « anticipé Freud » quant aux effets du langage sur l'esprit et la conduite. Il y avait là de quoi aiguiser les appétits intellectuels. En un mot, il m'apparut que Lacan avait repéré, à l'instigation de son ami Roman Jakobson, bien plus et bien autre chose qu'un auteur intéressant. Il avait désigné un moment rare où saillait cette contradiction entre le moi occidental dans sa version « économique », au fondement de l'utilitarisme des sociétés modernes, et la découverte de sa dépendance au langage comme matériau de toute l'organisation des sociétés. C'est ce « moment Bentham », cette œuvre à haute tension, qui allait être pour longtemps l'objet de mes travaux.

Je restais étonné de l'absence de tout travail approfondi de la part des disciples de Lacan sur ce sujet, d'autant que les références en question avaient le côté lapidaire et énigmatique des interprétations typiquement lacaniennes souvent bien faites pour attirer les disciples. Jacques-Alain Miller avait fait exception, mais dans une optique curieusement plus foucaldienne que psychanalytique. On comprendra que je pris le sujet en quelque sorte comme un « objet » tout fait pour moi, illusion sans doute nécessaire du désir. Ce qui m'intéressa d'emblée était le rapport entre utilitarisme, langage et subjectivité. La catégorie benthamienne de « fiction » fut dès lors mise au centre de mon enquête. [...]

Je n'ignorais pas que la doctrine benthamienne n'était qu'une étape significative d'un parcours beaucoup plus ancien de l'institution occidentale, ce dont témoignait tout ce qui la rattachait à la tradition nominaliste. Mais si Bentham n'était qu'un moment d'une longue histoire, il était particulièrement expressif de cette poussée vers l'humanité économique occidentale.

J'étais encouragé par les travaux de la sociologie « maussienne » qui avaient mis en relief l'importance de la représentation utilitariste, fidèle en cela à la tradition sociologique. Mais je fus vite frappé dans mes recherches par l'absence de travaux récents en France consacrés à une œuvre et à une pensée qui avaient connu pourtant une remarquable notoriété en France à la fin du XVIIIe siècle et au XIXe siècle à travers la publication des traductions d'Étienne Dumont. Tout se passait, à une ou deux exceptions près (dont celle de Foucault bien sûr), comme si Bentham n'avait plus été lu depuis la parution du formidable livre d'Élie Halévy, *La Formation du radicalisme philosophique*, au tout début du XXe siècle. Ce livre, notons-le, était lui-même introuvable dans les librairies françaises jusqu'à sa réédition en 1995, sauf dans quelques bibliothèques, preuve du désintérêt dont étaient victimes l'utilitarisme et l'un de ses principaux théoriciens. Cette absence était en même temps très significative des transformations de la philosophie et de la sociologie françaises. La disproportion avec ce qui s'était fait sur le sujet dans les pays anglo-saxons était particulièrement marquante. L'utilitarisme et Bentham y constituaient toujours des sujets de première importance. Bentham était, à côté des plus grands, considéré comme un « maître du passé », pour reprendre le titre d'une collection de poche outre-Manche.

Cette lacune méritait d'être comblée, elle passait logiquement avant l'usage interprétatif que je comptais faire de l'entreprise benthamienne. Presque tout était à faire. Je me mis donc au travail à partir de 1988 et essayai de lire les textes principaux de Bentham ainsi que les commentaires et études disponibles en France. Je complétai cette « accumulation primitive » qui dura deux ans par des séjours à Londres où je pris contact avec les responsables du

Bentham Project et durant lesquels je pus lire à la British Library un certain nombre d'ouvrages inaccessibles à Paris. […]

Le sens de la sociologie classique

Le rapport entre ces travaux et la sociologie n'avait plus rien d'évident dans les années 1990. La grande question sur les transformations anthropologiques liées à la modernité n'était plus tout à fait au cœur des problématiques d'une sociologie dont la spécialisation était beaucoup plus poussée et qui se détournait même parfois du type de questionnement qui avait été celui des classiques, quand elle ne s'interdisait pas de prendre le contre-pied des illusions individualistes pour épouser le cours du monde tel qu'il va. La philosophie, quant à elle, ne se nourrissait plus autant des avancées des sciences de l'homme, et commençait même de plus en plus souvent à verser dans un autoritarisme « républicain », rétrograde sur le plan intellectuel et réactionnaire sur le plan politique. Le tournant néolibéral des années 1980 n'épargnait plus la France et imposait des visions de l'individu et du lien social que l'on aurait pu croire à jamais disparues avec la faillite du libéralisme classique.

Il importait d'aller à contre-courant. La sociologie devait renouer avec ce qui l'avait constituée originellement, c'est-à-dire l'examen de ce que Tocqueville a si bien nommé la « grande révolution sociale » de la modernité occidentale.

Je me décidai donc à faire en matière de thèse une sorte d'archéologie du savoir sociologique. Il me semblait important de montrer ce qu'avaient été le projet et l'objet de la sociologie classique, et peut-être plus encore d'exposer les types d'objection que ces auteurs avaient opposés aux représentations illusoires que les sociétés d'Occident donnaient d'elles-mêmes. Un troisième mobile consistait à faire apparaître, comme en creux, l'apport épistémologique déterminant de la sociologie au XXe siècle, l'interprétation du rapport social comme relation symbolique.

J'entrepris donc vers 1995 de travailler sur cette histoire problématisée de la sociologie classique, suivant en cela les recommandations d'Alain Caillé qui me conseillait de ne pas m'en tenir aux études benthamiennes et d'élargir mon champ de recherche à une sociologie classique qui demeurait encore un corpus à explorer sous l'angle de son rapport à l'utilitarisme. Il restait à faire la démonstration précise que la « tradition sociologique », pour reprendre l'expression de Robert Nisbet, était liée à l'utilitarisme, qu'elle s'était posée et constituée dans un rapport complexe de filiation, d'objectivation et d'opposition à l'utilitarisme. Cette dimension de l'histoire sociologique, déjà en partie mise en évidence par Nisbet, mais aussi par Talcott Parsons ou Alvin Gouldner, était minorée en France. Raymond Aron, dans le contexte de la guerre froide, n'en avait pas fait le foyer de son entreprise de pédagogie éclairée malgré les qualités de son histoire de la sociologie.

Principes de l'archéologie sociologique

Je me mis donc au travail à partir du milieu des années 1990, entreprenant de lire de la façon la plus systématique et la plus exhaustive les grandes figures de la sociologie que l'on a appelée après-coup « classique ».

J'essayai de montrer dans cette thèse dont le titre indiquait le « programme » et le corpus (« Les sociologies classiques et l'utilitarisme ») que la tâche majeure de cette sociologie, au-delà des oppositions « paradigmatiques » et idéologiques, consistait à maîtriser intellectuellement la grande transition qui était en train de modifier non seulement les structures sociales et les cadres institutionnels, mais aussi le lien social en tant que tel. Il en allait du sens de l'effort sociologique non seulement passé, mais à venir.

Le premier pas était de se déprendre de tout ce qui, dans l'interprétation des grandes sociologies classiques, tenait à une certaine scolastique, d'ailleurs diverse. Je me donnai pour maxime de me défier des schèmes de lecture acquis, et surtout de ne pas employer les principes scolaires et idéologiques de distribution en usage : individualisme/holisme ; libéralisme/socialisme. Je voulais que ma lecture fût pleinement « engagée », mais pas à la manière des lectures surpolitisées qui choisissaient Marx contre Tocqueville (ou l'inverse), Weber contre Marx (ou l'inverse), et ainsi de suite. Cette manière d'aborder l'histoire de la sociologie était d'ailleurs datée, ayant pleinement participé de l'âge révolu de la guerre froide. Il y avait une grande chance à saisir. Le terrain était dégagé pour opérer un déplacement des questions.

Il était une autre manière, parfois combinée avec la précédente, qui avait tendance à scander le développement de la pensée sociologique d'une étrange manière, en oubliant par exemple Saint-Simon ou Comte, ces auteurs que l'on évoque souvent mais que l'on ne lit guère. En un mot, je voulais dépasser les clivages institués et retisser des liens de filiation entre les différentes sociologies. J'essayai surtout d'articuler deux démarches. L'une visait à rendre la cohérence de chacune des pensées sociologiques et à mettre en évidence toute l'intelligence que chacune avait produite du nouvel état social ; l'autre à comprendre le type de rapport plus normatif et plus politique qu'elle établissait avec ce même état. C'était aussi un moyen de redistribuer entre les sociologies les accords et les désaccords, d'opérer des synthèses partielles, là où l'on avait tendance à ne plus voir que de lourdes oppositions doctrinales et épistémologiques.

Il s'agissait aussi d'éviter ce que j'appelais d'un terme barbare *l'étapisme* et qui renvoyait à la manière dont Raymond Aron avait eu tendance à inscrire les différentes sociologies dans une série temporelle linéaire, ce qui d'ailleurs « fonctionnait » mal, y compris dans son propre ouvrage, *Les Étapes de la pensée sociologique*. Tocqueville par exemple ou Weber ne pouvaient qu'échapper à cette représentation évolutionniste. D'autres lectures n'avaient pas eu ces précautions. La démarche la plus féconde me semblait devoir subordonner les filiations entre sociologies aux types de rapport qu'elles entretiennent avec leur objet principal : la « grande transition » vers la société utilitariste.

L'ambition de la sociologie

Ce fut l'occasion de m'interroger sur le rapport de la sociologie à son histoire, sur son rapport à elle-même. Il me semblait y avoir une vraie déperdition dans le rapport instrumental qu'elle avait à son propre passé. Que les sociologies contemporaines essaient de retrouver dans le corpus classique une méthode individualiste partout présente ou qu'elles y prélèvent des « outils » pour l'analyse de l'opposition dominants/dominés, l'orientation instrumentale fait perdre le sens principal de l'effort des classiques qui était de penser la grande transition vers une nouvelle forme de société. Le rapport en quelque sorte coextensif de la sociologie et de la société utilitariste n'est plus une donnée évidente pour la conscience savante.

Ce rapport instrumental est renforcé par le rôle d'outil de régulation sociale qu'est invitée à jouer la sociologie. Et lors même que la sociologie n'obéit pas directement aux logiques réparatrices et orthopédiques, elle reste souvent bien proche des idéaux et des représentations de la société moderne, lorsqu'elle ne se fie pas assez au « regard lointain » de l'historien ou de l'anthropologue.

Il est ainsi une position qui dépasse de très loin tel courant ou tel paradigme, qui est celle de la fidélité à l'*ambition de la sociologie*. Cette ambition ne sépare pas des écoles, elle se retrouve chez tous les sociologues, quelle que soit leur inspiration, lorsqu'ils renouent à un moment avec cet effort de conceptualisation des sociétés d'Occident. Mais on la retrouve plus authentiquement qu'ailleurs chez les sociologues qui n'isolent pas leurs travaux empiriques de cette interrogation fondamentale. Et qui, parlant du travail, de la famille, de l'école, n'oublient pas que l'un des principes explicatifs des faits qu'ils étudient se trouve dans la forme même du lien social, dans la formation d'une certaine subjectivité et dans les transformations institutionnelles et symboliques qui les accompagnent. La question est en somme de savoir comment la sociologie vivante continue la tâche d'élucidation de cette longue marche de l'humanité économique telle que l'Occident la conduit.

Cette lecture des « classiques » a laissé de côté des auteurs fondamentaux, dont Simmel et Mauss, mais aussi Tönnies et Pareto. Mon travail ne visait pas l'exhaustivité du corpus, mais l'exemplarité du cas. Il s'agissait, à travers six auteurs, de montrer à la fois une préoccupation commune, d'ordre analytique et critique, pour le grand basculement des sociétés vers une forme inédite et une diversité de problématisations possibles, souvent d'ailleurs combinées. Le propos n'était pas seulement de dire, comme l'avaient fait Parsons, Nisbet ou Gouldner, que la sociologie classique s'était constituée comme un anti-individualisme ou un anti-utilitarisme au sein d'une société bourgeoise, capitaliste, industrielle, mais de porter au jour également les façons différentes d'approcher la question de la « modernité ». De sorte qu'à partir de ces différences mêmes, il devenait possible de faire apparaître la nature exacte des liens entre des auteurs que l'on a pris l'habitude scolaire d'opposer de façon souvent très rituelle. [...]

Cette thèse a été soutenue en janvier 2000. Je pris quelque temps encore pour en remanier la forme et le contenu, pour la réduire et en réécrire certaines parties afin de pouvoir en tirer un ouvrage d'un accès plus facile et plus direct. Ce livre, intitulé *L'Ambition sociologique*, fut finalement publié en septembre 2002 aux éditions La Découverte, dans la « Bibliothèque du MAUSS ».

La naissance de l'homme économique

Ce travail d'histoire me permit de revenir dans la voie principale de mes travaux par une heureuse coïncidence. Éric Vigne, éditeur chez Gallimard, eut, à la lecture de ma thèse, l'idée d'un « Folio » à destination des étudiants et du public cultivé qui présenterait une sorte d'histoire de l'utilitarisme et de l'anti-utilitarisme. J'acceptai volontiers le défi, qui sans qu'il le devinât correspondait à une intention déjà ancienne de faire une sorte de fresque de ce genre pour comprendre le « moment Bentham » et la nature de l'entreprise sociologique. Je m'engageai au printemps 2000 à rendre un manuscrit deux ans plus tard. L'affaire me prit quatre années de plus.

Je ne pus avancer aussi vite que je l'aurais voulu, ayant d'autres travaux à mener parallèlement, et d'abord la publication de *L'Ambition sociologique*. Je compris tardivement que l'entreprise était tout simplement infaisable ou ne produirait qu'un « monstre » indigeste. Je pris à la fin de l'année 2005 la décision de rendre un autre ouvrage, moins didactique, plus problématisé, abandonnant toute la partie touchant aux formes de l'anti-utilitarisme sur lesquelles j'avais beaucoup travaillé durant les dernières années. C'est avec un retard considérable qu'en juillet 2006 je rendis le manuscrit promis. Éric Vigne, après m'avoir demandé de retravailler certaines parties, décida finalement de publier cet ouvrage dans la collection des Essais NRF sous le titre de *L'Homme économique*. [...]

Extensions de la question principale

Le récit que je tente ici ne peut être chronologique. J'ai dit ce qui avait orienté ma recherche. Autour de cet axe, j'ai mené un certain nombre de travaux qui sont des prolongements empiriques du questionnement général sur le devenir utilitariste des sociétés occidentales. Le domaine de l'éducation et de l'enseignement m'a paru, sous cet angle, particulièrement intéressant à analyser, sorte de loupe grossissante des mutations du lien social et des modes de formation des sujets.

La sociologie a, depuis Auguste Comte au moins, toujours eu pour l'un de ses objets privilégiés la question de l'éducation et de la socialisation. Cela tient évidemment au rapport que le domaine de l'éducation entretient avec les catégories culturelles d'une époque, comme avec la fonction de l'école dans la reproduction des groupes sociaux, deux questions d'ailleurs très liées et dont la sociologie de Pierre Bourdieu a réalisé, pour la France, une synthèse originale. J'ai pensé qu'un autre type de questionnement pouvait être mené à partir de l'hypothèse de la transformation des sociétés occidentales en « sociétés de marché » et des sujets en « hommes économiques ». Cette tendance lourde devait se retrouver dans le domaine éducatif, qu'il s'agisse de pédagogie, de dispositifs scolaires, de finalités. En un mot, la question était de savoir comment la scolarisation participe *à* et *de* cette mutation anthropologique d'ensemble. Mais il convenait aussi, selon une démarche plus politique, de se demander quelle contribution pouvait apporter la science sociale à la réflexion des jeunes gens et des futurs citoyens sur la « grande révolution sociale » dont parlait Tocqueville.

Deux grandes questions m'ont donc particulièrement intéressé : 1° comment l'école se transforme-t-elle aujourd'hui, sous l'effet de quelles forces, et selon quelle orientation ? 2° Quelle place pourrait occuper un enseignement de science sociale qui donnerait aux élèves et aux étudiants le recul nécessaire pour comprendre le fonctionnement de leur société mais aussi la marche de la civilisation ? […]

Pour un enseignement de science sociale

Dès la fin des années 1980, je me suis également intéressé aux questions pédagogiques que posait la grande vague de « massification » de l'enseignement secondaire français, laquelle a été perçue par beaucoup sur le « terrain » comme un choc brutal, très peu préparé et mal pensé par ceux qui en ont décidé. Cette transformation posait le problème des méthodes et des contenus d'enseignement. Elle invitait à réfléchir plus particulièrement à la place d'un enseignement de science sociale dans un « curriculum » renové.

Je me suis d'abord intéressé à la question de la place des sciences sociales dans l'enseignement sur un plan historique. Comment se faisait-il qu'elles aient dû attendre si longtemps pour se voir reconnaître une légitimité scolaire ? Dans quelle mesure cet enseignement était-il si étranger à la tradition républicaine ? Et, plus largement, n'y avait-il pas une perspective à dégager pour un « enseignement républicain » renouvelé ?

J'ai voulu montrer que l'enseignement des sciences sociales avait été conçu dès le XVIIIe siècle comme l'un des éléments les plus importants de la régénération de l'éducation lorsque celle-ci s'est voulue avant tout une formation d'hommes libres dans une cité libre. C'est surtout chez Condorcet, dans sa position très nettement antagonique à celle des physiocrates, partisans d'une éducation différenciée selon les classes, que l'on peut trouver cette dimension politique centrale attribuée à la science sociale, laquelle devient chez lui la science républicaine par excellence. C'était, sous les formes convenues de la lecture savante, contester l'interprétation dominante que certains chercheurs en philosophie donnaient à la fin des années 1980 de la pensée de Condorcet, lesquels auteurs ne voulaient y voir que ce qui allait dans le sens d'une restauration d'une école mythique de Jules Ferry censée avoir réalisé les projets de Condorcet. Mais avant comme après ce dernier, l'idée selon laquelle il n'est de formation intellectuelle complète et véritable que celle qui fournit aux adolescents les instruments de réflexion et de jugement concernant la société dans laquelle ils vivent et sur laquelle ils doivent disposer de moyens d'action, était bien présente. C'est par un refoulement de nature essentiellement politique, mais dans lequel l'instauration de la philosophie comme discipline reine n'a pas été pour rien, que cette science républicaine a été durablement écartée du plan d'études du secondaire. La détestation de la science sociale par le corps de la philosophie académique a des racines anciennes. Les articles et le chapitre d'un livre que j'ai rédigés au début des années 1990, la contribution que je donnai au colloque tenu à Paris en 1994 sur les « nouvelles recherches sur Condorcet », sont comme des pierres d'attente d'un travail plus vaste pour lequel j'ai amassé de nombreux matériaux et qui porterait sur ce que l'on a attendu d'un tel enseignement nouveau du côté des républicains les plus ouverts et les plus progressistes. [...]

La « question Marx » et la sortie du capitalisme

La seconde extension de ces recherches rejoint une préoccupation lointaine quant à la façon de penser la sortie du capitalisme. Il n'est guère possible de s'interroger sur la mutation des sociétés occidentales sans, du même pas, se demander comment penser un changement de voie. Ce qui ramène au marxisme, dans un contexte qui n'est plus celui des années 1970. S'interroger sur le marxisme aujourd'hui en se demandant ce qu'il peut encore apporter à la pratique politique passe par l'adoption d'un point de vue décidément athée, débarrassé de toute idée de nécessité historique.

En septembre 2004, avec un petit groupe d'amis, je participai à la constitution d'un groupe interdisciplinaire d'études et de recherches dénommé « Question Marx ». Son objet déclaré était d'entamer un questionnement collectif sur l'état de la pensée critique, d'assumer l'échec du socialisme et d'interroger, à partir de cet échec, la nature du progressisme. Nous constations dès ce moment-là que le cycle de la contestation dite « antilibérale » depuis l'« événement fondateur » de 1995 n'avait pas permis de dégager des alternatives, des théories neuves, des concepts adéquats pour penser la situation. Les divers engagements des membres du groupe montraient que ce qu'on appelle le « mouvement social » et ses composantes altermondialistes ou syndicales avaient du mal à trouver leur second souffle, en un mot, que la « gauche critique » ou la « gauche de gauche » piétinaient. Ce que la suite a confirmé, en dépit des illusions entraînées par le résultat du référendum sur le Traité constitutionnel européen.

Si la critique du nouveau cours du capitalisme et de l'idéologie néolibérale qui l'accompagnait nous semblait nécessaire, encore fallait-il vérifier que les « armes de la critique » ne soient pas rouillées. Il convenait de regarder en face l'échec d'une lutte d'un siècle et demi. Que le socialisme se soit révélé si facilement soluble dans le capitalisme ne s'expliquait pas seulement par les grilles habituelles de lecture : trahison de la social-démocratie, dégénérescence bureaucratique du communisme soviétique. Elle ne s'expliquait pas uniquement par l'inertie des masses ouvrières. L'univers théorique du progressisme socialiste a les plus étroits rapports avec la croyance dans le développement illimité des forces productives, condition du règne de l'abondance communiste. L'heure était venue non pas d'interroger « le passé d'une illusion », mais d'inquiéter « l'illusion de l'avenir » du capitalisme, d'inquiéter l'*épistémè* qui en a constitué la condition historique de développement. Comment, sans élaborations nouvelles, concevoir de nouveaux possibles historiques ?

Nous sommes partis du constat que les archives du progressisme n'avaient pas encore été complètement ouvertes, du moins sur le plan théorique. Prendre une nouvelle voie passait, entre autres choses, par un travail doctrinal de fond, par un réexamen des schèmes les plus fondamentaux du socialisme. Il ne s'agissait pas pour nous de faire un travail d'érudition ou d'exégèse. Notre problème n'était pas de dire quel est le vrai Marx, ni non plus de dire si Marx a dit vrai sur son temps. Il était plutôt le suivant : quel usage peut-on faire de Marx aujourd'hui, à quoi peut-il nous servir et, si l'on s'en sert, quel en est l'effet sur la connaissance que nous avons du capitalisme et sur les voies de sortie possibles de ce capitalisme ? Il fallait « mettre en question Marx ».

Notre problème n'était pas non plus de savoir si les théoriciens qui se réclament aujourd'hui de Marx en font un bon ou un mauvais usage, s'ils le respectent ou le trahissent. Il a consisté à examiner la pertinence des schèmes fondamentaux du marxisme quand on les applique à la situation et les conséquences pratiques, politiques, organisationnelles que l'on doit en tirer. Nous avons choisi de commencer par étudier quelques aspects des ouvrages de Michael Hardt et d'Antonio Negri, *Empire* et *Multitude*, parce que c'était la tentative la plus sérieuse visant à réviser les propositions majeures du marxisme pour repenser l'actualité du communisme. Ces travaux ont été réunis dans un ouvrage publié en mars 2007 aux éditions La Découverte (*Sauver Marx ? Empire, multitude, travail immatériel*). [...]

Pour une science sociale radicale

Ce « trajet » intellectuel que j'ai essayé de reconstituer de manière forcément hypothétique a été guidé, je crois, par l'idéal d'une science sociale « sans frontières », une science radicale qui permettrait de mieux comprendre d'où nous venons, ce qui nous a constitués, ce que l'on peut changer. Sous cet angle, la sociologie, l'économie, la psychanalyse, l'histoire, loin d'être les sciences tristes d'une nouvelle orthodoxie occidentale, voire d'une orthopédie sociale, furent plutôt l'occasion et le moyen de cet éloignement de nous-mêmes qui permet de reposer la question de la formation du monde occidental.

Cet idéal a été porté par une génération politiquement passionnée et intellectuellement critique. Que ce mode de questionnement touchant aux racines de notre monde et du sujet qui l'habite ait été marginalisé culturellement, cela fait peu de doute. Depuis les années 1980, l'époque est à l'efficacité accélérée et aux savoirs utiles. Cela ne durera pas toujours.

Le travail accompli par les « maîtres » qui ont formé cette génération n'est peut-être plus aussi visible qu'avant, surtout en France. Leurs successeurs n'ont pas eu la partie facile pour faire fructifier l'héritage dans un environnement si peu accueillant aux remises en question et si peu propice aux fécondes « indisciplines disciplinaires ». Pourtant, constatons que le lien a été assuré entre « ceux d'avant » et « ceux d'après » malgré le « mauvais temps » idéologique. C'est grâce à un tel effort critique collectif et divers, assurant l'indispensable filiation avec les classiques, que j'ai pu mener les travaux décrits dans ce prologue.

Il importe que la conduite soit *justifiée*, dit-on en sociologie, puisque nous sommes des êtres de sens autant que de chair. Je résumerai donc la justification exposée dans ce prologue. Ce parcours est, je crois, ordonné à un idéal, partagé par plus d'un, de la science sociale à laquelle j'ai voulu contribuer dans ses différentes dimensions, selon mes moyens et les occasions. Ces idéaux partagés et à faire partager, quels sont-ils ? D'abord, et surtout que l'ambition de cette grande science sociale reste vivace, qu'elle s'appuie sur les acquis classiques, qu'elle fasse travailler les savoirs ensemble, que ses fondements épistémologiques soient revisités, que ses résultats soient transmis à l'école, qu'elle serve à éclairer l'action.

De quoi le libéralisme est-il le nom* ?

Jean-Claude Michéa

Une stratégie politique radicale est vouée à demeurer inefficace tant que ses cibles essentielles n'ont pas été correctement identifiées. Or il s'agit là d'une tâche que le développement de la société libérale a considérablement compliquée. Le capitalisme contemporain, en effet, fonctionne désormais infiniment plus à la *séduction* qu'à la *répression*[1] (réalité que Guy Debord s'était efforcé de saisir, en son temps, sous le concept de « société du spectacle »). Ce n'est assurément pas par hasard si l'industrie publicitaire (à laquelle il conviendrait d'ajouter celle du divertissement et des médias) représente de nos jours le *deuxième* poste de dépense mondiale, juste après celui de l'armement. Et le contrôle *quotidien* que cette industrie envahissante exerce sur l'imaginaire des individus modernes se révèle à l'évidence autrement plus puissant que celui des anciennes religions ou des vieilles propagandes totalitaires[2]. On

---

* Ce texte reprend une conférence donnée au Centre Ascaso-Durruti en novembre 2007 (voir la note 19 de la « Présentation » de ce numéro de *La Revue du MAUSS* semestrielle).

1. « L'acceptation de l'ordre social par les populations occidentales est désormais assurée moins par la répression que par la séduction. Les données macroéconomiques dépendent largement de la microéconomie affective de chaque citoyen – le fameux « moral des ménages » –, de la manipulation de ses rêves et de ses aspirations » [Chollet, 2007].

2. « Shanghai est aujourd'hui plus criblé de slogans publicitaires et de logos d'entreprises qu'il ne l'était, il y a une génération, de slogans de propagande communiste et de banderoles à la gloire du parti unique » [Barber, 2007 p. 299]. Notons qu'il y a sans doute là une base d'explication possible pour la fameuse « ostalgia », c'est-à-dire pour cette étrange nostalgie dont l'ancien régime est parfois l'objet de la

ne saurait dire, néanmoins, que les organisations qui prétendent aujourd'hui encore « lutter contre le capitalisme » aient pris, dans leur ensemble, la véritable mesure de ces nouvelles données. Il est malheureusement trop clair que la résistance aux effets *psychologiques et culturels* humainement dévastateurs de la logique libérale ne constitue pas, à leurs yeux, une tâche politique fondamentale (à supposer même que cette tâche puisse avoir le moindre sens à l'intérieur de leur dispositif idéologique).

Il ne suffit cependant pas de reconnaître que la « société du spectacle » est devenue la vérité effective du capitalisme avancé. Encore faut-il en tirer la conclusion logique et reconnaître que ce dernier ne peut plus reproduire les conditions présentes de son « développement durable » sans s'assurer en permanence la complicité plus ou moins active de chacun d'entre nous ; ou, en d'autres termes, sans chercher à transformer chaque sujet (en commençant, de préférence, par les plus jeunes[3]) en *bourreau de lui-même*, capable de collaborer sans état d'âme (et parfois même avec enthousiasme) au démontage de sa propre humanité. Ce point est d'une importance politique cruciale. Il est impossible, en effet, de continuer à réduire le système capitaliste développé à une simple forme d'organisation de l'économie, dont il suffirait en somme, pour la rendre humainement tolérable, de « changer les modes de distribution et les gestionnaires à l'intérieur d'un mode de vie accepté par tous ses participants[4] ». Il constitue en réalité une forme de « civilisation » à part entière, aux ramifications multiples, et qui s'incarne dans des *manières quotidiennes de vivre*, à défaut desquelles la croissance (autrement dit l'accumulation du capital) s'effondrerait aussitôt. On soulignera, au passage, qu'il semble très difficile de prendre en compte cet aspect essentiel du capitalisme contemporain sans

---

part des populations de l'ex-Empire soviétique (et particulièrement dans l'ancienne DDR). Le sentiment de manque que ces populations peuvent ainsi ressentir (et que tout voyageur qui a connu l'état antérieur de ces pays peut éprouver à son tour) ne renvoie pas d'abord à une présence disparue. *Il apparaît bien plutôt comme le manque d'une absence* : celle des formes les plus envahissantes et les plus agressives de la société de consommation.

3. Il est symptomatique qu'en France la plus importante manifestation politique de la jeunesse de ces *trente dernières années* demeure celle de décembre 1984 (un million de participants), organisée avec l'aide d'une agence de publicité et de stars du show-biz, en soutien à la radio NRJ.

4. Anselm Jappe, *La Princesse de Clèves* (texte inédit).

réintroduire, sous une forme ou une autre, le concept philosophique d'*aliénation*, concept dont chacun peut remarquer qu'il a opportunément disparu, depuis plusieurs décennies, de toutes les grilles de lecture de la *nouvelle* gauche (et donc également, *par voie de conséquence*, de celles de la nouvelle extrême gauche[5]).

---

5. J'entends par « nouvelle extrême gauche » (il serait beaucoup plus exact de dire l'« extrême nouvelle gauche ») celle qui a progressivement remplacé dans son discours et ses modes d'action la figure autrefois centrale du *prolétaire* (c'est-à-dire du travailleur exploité par les puissances du capital) au profit de celle de *l'exclu* (dont le *sans-abri* et le *sans-papiers* sont devenus l'incarnation médiatique privilégiée), quand ce n'est pas celle du *Lumpen* (selon le terme forgé par Marx et mystérieusement disparu du vocabulaire politique contemporain). Cette nouvelle « extrême gauche » (qui a surtout conservé de l'ancienne *la posture et la rhétorique extrémistes*) trouve assurément ses conditions de possibilité philosophiques dans certains aspects de la culture dite de « Mai 68 » (même si elle n'a pu rencontrer les conditions de son déploiement effectif, y compris médiatique et financier, que dans le cadre très particulier de la stratégie mitterrandienne – et de son idéologue alors officiel, Jacques Attali). Cependant, une fois rappelée cette évidence, on n'a guère progressé du point de vue théorique car il reste encore à répondre à la seule véritable question : *de quoi Mai 68 est-il le nom* ? L'idée qu'il pourrait s'agir là d'une réalité homogène et bien définie (qu'il serait du coup possible de célébrer ou de maudire *en bloc*, conformément aux exigences du positionnement journalistique) constitue en réalité l'exemple même de l'illusion rétrospective. Il est en effet impossible d'ignorer, notamment après les travaux de Kristin Ross, que les « événements de Mai 68 » ont d'abord été le point de télescopage politique entre deux mouvements sociaux *d'origine distincte* et dont l'unification rétrospective sous une catégorie *médiatique* commune apparaît extrêmement problématique : d'un côté un puissant mouvement ouvrier et populaire (« la plus grande grève de l'histoire de France »), de l'autre une révolte des élites étudiantes dont la logique et les motivations *réelles* (au-delà de la fausse conscience qui caractérisait la plupart de ses protagonistes) étaient d'une nature très différente, comme en atteste abondamment l'évolution personnelle ultérieure de la plupart de ses cadres dirigeants. Que pouvait-il y avoir de commun, par exemple, entre la volonté des paysans du Larzac de conserver leur droit de *vivre au pays* et celle d'un Daniel Cohn-Bendit, le futur député européen, invitant les étudiants parisiens à abolir toutes les frontières et à célébrer le pouvoir émancipateur de toutes les formes de « déterritorialisation » ? Ces remarques seraient toutefois bien sommaires si l'on n'ajoutait aussitôt que chacun de ces *deux Mai 68* s'est trouvé traversé à son tour par toute une série de divisions secondaires opposant chaque fois, et sous des formes spécifiques, un pôle *radical*, que l'idéologie dominante allait s'empresser de marginaliser par tous les moyens (qu'on songe, par exemple, aux critiques de l'ordre technoscientifique et aux différentes expériences de vie communautaire ou de retour au monde rural) et un pôle *libéral* qui allait rapidement devenir, dans la *construction médiatique officielle*, la vérité unique de ces événements en réalité multiples et disparates. C'est cette série de contradictions secondaires qui explique par exemple, pour nous en tenir ici au seul champ idéologique, que la séquence *Lukacs-école de Francfort-Socialisme et barbarie-Henri Lefebvre-Internationale situationniste* (qui

L'un des objectifs de *l'Empire du moindre mal* était donc de contribuer à cette redéfinition indispensable des stratégies radicales en invitant le lecteur à rouvrir le dossier des origines mêmes de la pensée libérale. Mon hypothèse de départ, en effet, c'est que cette dernière, dont l'ombre s'étend à présent sur tous les aspects de notre vie, constitue l'unique développement *cohérent* des axiomes fondateurs de la modernité, autrement dit de l'*imaginaire* (selon le mot de Castoriadis) qui soutient depuis le XVIIe et le XVIIIe siècle le processus de transformation continue des sociétés européennes. Et la genèse de cet imaginaire n'est, à son tour, pleinement intelligible que si on la rapporte au contexte dramatique des guerres de religion, c'est-à-dire de ces *guerres civiles idéologiques* qui ont dévasté les sociétés du temps avec une durée et une ampleur inconnues des siècles précédents[6]. Ce n'est qu'à la lumière du profond traumatisme historique provoqué par ces guerres, à tous les sens du terme *démoralisantes*[7], qu'il me paraît possible de comprendre la double

---

était porteuse d'une critique difficilement récupérable du mode de vie capitaliste) ait été très vite expulsée de la vie intellectuelle officielle (et donc également *du souvenir des individus*) au profit de la séquence *Althusser-Bourdieu-Deleuze-Foucault-Derrida*, dont les conceptualisations élégantes et byzantines allaient bientôt s'avérer infiniment plus solubles dans *le nouvel esprit du capitalisme* (procurant de ce fait à toute une nouvelle génération d'universitaires un fonds de commerce intellectuel d'une rentabilité sans égale). Il n'est, du reste, que de relire le texte incroyablement prophétique de Mustapha Khayati [1966] pour comprendre aussitôt quels ont pu être, dans l'immédiat après-Mai, les enjeux effectifs de cette véritable *contre-révolution dans la révolution*. Ces brèves précisions devraient permettre d'éclairer à la fois la généalogie politique *réelle* de cette nouvelle extrême gauche « citoyenniste » (selon le mot de René Riesel), aujourd'hui surmédiatisée, et les raisons pour lesquelles, sous le nom de « postmodernisme » ou de *french theory*, elle en est venue à exercer, moyennant les simplifications philosophiques d'usage, un pouvoir déterminant dans le champ académique (comme dans ses différents reflets médiatiques). Sur ce dernier point (et à travers l'exemple particulièrement révélateur de « l'imposture Foucault »), on trouvera des remarques particulièrement pertinentes dans le dernier ouvrage de Jean-Marc Mandosio [2008].

6. L'un des meilleurs livres sur la question est sans doute celui d'Olivier Christin [1997]. L'auteur y décrit de façon extrêmement convaincante le mouvement historique au terme duquel « politiques » et juristes ont progressivement supplanté « humanistes » et théologiens dans la tâche de définir les conditions effectives du processus de pacification idéologique de l'Europe.

7. On pourrait mettre en parallèle les étapes décisives du développement de la pensée libérale et la façon dont ce *traumatisme originel* a pu être philosophiquement réactivé chaque fois que l'expérience historique livrait un matériau comparable à celui des guerres de religion : massacres de Septembre et Terreur jacobine, pour Benjamin

conviction qui a fini par structurer l'imaginaire politique moderne et, par conséquent, celui du libéralisme lui-même.

D'abord, l'idée que la raison d'être d'une organisation sociale et politique ne peut plus être de réaliser un idéal philosophique ou religieux particulier (d'imposer, par exemple, une certaine conception du salut de l'âme ou de la « vie bonne ») mais, avant tout, de rendre définitivement impossible le retour des guerres civiles idéologiques, en assurant à chacun de ses membres une protection permanente contre toutes les tentatives de faire son bonheur malgré lui (que ces tentatives procèdent de l'État, d'une association privée – secte, parti ou Église – ou *des autres individus*, puisque dans le paradigme moderne, fondé sur les idées de défiance généralisée et de doute méthodique, *les voisins et les proches* constituent, comme on le voit bien chez Hobbes, une menace potentielle au moins aussi grande que celle représentée par le pouvoir politique[8]).

Constant, Tocqueville et le deuxième libéralisme ; totalitarismes modernes et guerre froide pour les libéraux du XXe siècle. Il serait également intéressant d'étudier dans cette perspective le rôle historique joué en France, à la fin des années 1970, par les *nouveaux philosophes* et par leur critique (fort peu orwellienne) du totalitarisme : c'est en effet ce mouvement idéologique qui, en rendant conceptuellement possible le passage du « moment 1968 » au « moment 1981 », a le plus efficacement préparé les esprits actuels à cette approche purement « humanitaire » et « citoyenne » des questions politiques, approche aujourd'hui dominante et dans laquelle il n'est guère difficile de retrouver des pans entiers de l'idéal libéral de « neutralité axiologique » (les grotesques activistes de l'Arche de Zoé représentant sans doute la forme provisoirement la plus aberrante de cette dérive inséparablement idéologique et psychologique).

8. Il est symptomatique qu'un représentant de l'extrême gauche « postmoderne » ait pu considérer la *famille* et le *quartier* (autrement dit ces formes de socialité en *face à face* – auxquelles les premiers socialistes accordaient une importance si décisive dans la formation de la conscience politique) comme « les formes de socialité les plus réactionnaires » qui soient, leur opposant ainsi la nécessité de progresser « vers des formes d'appartenance de plus en plus abstraites dans lesquelles l'égoïsme n'est pas nié, mais se reconnaît en dehors de lui-même » [Zaoui, 2007, p. 169]. Cette étrange phobie *de tout ce qui est proche* (qui trouve sans doute certaines de ses clés psychologiques dans l'histoire *personnelle* de ses représentants, les premiers « proches » étant naturellement les parents) n'explique pas seulement la difficulté récurrente que cette nouvelle extrême gauche éprouve à comprendre la théorie maussienne du don ou l'analyse orwellienne de la *common decency* (et donc l'idée que l'universel doit toujours prendre racine dans un sol particulier). Elle éclaire également sa fascination caractéristique pour la « cyberculture » et d'une manière générale pour toutes les technologies modernes qui encouragent la mise entre parenthèses du corps et la neutralisation des *intimidantes* relations en face à face.

Ensuite, l'idée que l'unique façon rationnelle d'atteindre cet objectif *minimal* est d'instituer un pouvoir « axiologiquement neutre » (ne reposant, par conséquent, sur aucune religion, morale ou philosophie déterminée) dont le seul souci serait de garantir la *liberté individuelle*, c'est-à-dire le droit pour chacun de *vivre en paix*, selon sa définition *privée* de la vie bonne, sous la seule et unique réserve que l'exercice de cette liberté ne nuise pas à celle d'autrui[9]. Si le libéralisme doit être compris comme la forme la plus radicale du projet politique moderne, c'est donc d'abord parce qu'il ne propose rien moins que de *privatiser intégralement* ces sources perpétuelles de discorde que représenteraient nécessairement la morale, la religion et la philosophie. C'est du reste cette ambition démesurée qui explique que la doctrine libérale (qui se veut par définition étrangère à toute « idéologie ») ait été systématiquement conduite à chercher ses appuis métaphysiques privilégiés d'une part, dans le *relativisme moral et culturel* (« à chacun sa vérité » ; « des goûts et des couleurs, on ne discute pas ») et, de l'autre, dans un culte *positiviste* de la science et de la « raison », seules instances supposées fournir des « discours sans sujet » et donc officiellement libres de toute implication philosophique. On reconnaît ici les deux axes fondamentaux du paradigme « structuraliste » et de ses distrayants développements postmodernes ou « déconstructionnistes ».

Il est donc tout à fait approprié de comparer la fonction du droit libéral à celle d'un code de la route : son souci principal est d'éviter les chocs et les collisions entre les libertés désormais

9. D'un point de vue libéral, la « liberté » désigne donc d'abord le pouvoir de vivre en paix (« la jouissance paisible de son indépendance privée », comme l'écrit Constant). On trouve ici la racine principale du conflit philosophique qui a longtemps opposé libéraux et républicains. Pour ces derniers, dont la pensée s'inscrit dans la tradition de l'humanisme civique florentin (de ce que Pocock appelle le « moment machiavellien »), il n'y a, en effet, de liberté politique possible que dans la participation active de tous aux affaires de la Cité (ce qui inclut, entre autres, un éloge du dévouement à la patrie et de l'obligation militaire). La tradition républicaine *originelle* était donc inséparable de toute une théorie de la « vertu » et de la souveraineté populaire radicalement opposée aux apologies libérales de la tranquillité égoïste et difficilement compatible avec le pacifisme constitutif des modernes. Au siècle des Lumières, la lutte entre ces deux courants politiques rivaux a pris la forme célèbre du débat sur les capacités socialisatrices respectives de la « vertu politique » et du « doux commerce ».

concurrentes dont chacune s'organise, selon le mot d'Engels, autour d'un « principe de vie particulier ». C'est naturellement ce souci purement pratique (ou « procédural ») qui explique que la politique moderne ne se présente plus (sauf, bien sûr, à l'occasion des comédies électorales, c'est-à-dire lorsque les différentes fractions rivales de la classe dominante sont contraintes de négocier des compromis rhétoriques entre la logique libérale et la *common decency* des classes populaires) comme une manière de gouverner les hommes reposant sur des choix philosophiques fondamentaux et dont il serait nécessaire de débattre sérieusement. Elle entend se définir, au contraire, comme une simple « administration des choses » relevant d'abord de la compétence d'*experts*, de *gestionnaires* et de *techniciens*, à l'image de ceux qui opèrent, avec la brillante intelligence que l'on sait, au sein des diverses institutions du capitalisme international (BCE, OMC, FMI, OCDE, etc.). De ce point de vue (et si nous utilisons le langage introduit en 1975 par le rapport de la Commission trilatérale sur la « crise de la démocratie »), il est parfaitement légitime d'appeler libéral tout pouvoir qui prétend substituer aux vieilles interrogations « idéologiques » sur la nature de la société bonne ou décente le seul problème « technique » de la *gouvernabilité* des sociétés modernes. Problème qui constitue, aux yeux des libéraux, une simple affaire de calcul et de gestion rationnelle des rapports de force matériels et idéologiques, étrangère par définition à toute préoccupation philosophique ou morale.

Sous la forme où je viens de l'exposer, la théorie libérale originelle peut néanmoins conserver quelque chose de séduisant pour un esprit anarchiste. Après tout, l'idée d'une société où chacun serait libre de vivre « comme il l'entend » possède à l'évidence des aspects réellement émancipateurs. Et de fait, je ne songe pas un seul instant à nier le rôle fondamental que les premiers libéraux politiques (comme Benjamin Constant ou John Stuart Mill) ont joué dans la promotion d'un certain nombre de libertés incontestablement *essentielles* et qui, du reste, figuraient généralement en bonne place dans les programmes du mouvement ouvrier originel (qu'on songe, par exemple, aux revendications des chartistes anglais). N'importe quel anarchiste trouvera toujours un État libéral humainement plus acceptable que la Corée de Kim Jong Il ou le Cambodge de Pol Pot (on aimerait malheureusement pouvoir en dire autant de toutes les icônes actuelles de l'« anticapitalisme » universitaire[10]).

Tout le problème vient naturellement du fait que la mise en œuvre concrète de ce programme séduisant est entièrement suspendue à un critère philosophique dont le maniement concret s'avère très difficile dès lors que l'on doit impérativement se maintenir dans le cadre contraignant de la « neutralité axiologique » libérale. Comment établir, en effet, que l'exercice d'une liberté particulière *ne nuit pas à celle d'autrui* si je dois m'interdire, pour prononcer le moindre arbitrage, de recourir à un quelconque jugement de valeur ?

Considérons, pour ne prendre qu'un seul exemple, à la fois familier et d'actualité, la question de la coexistence pacifique entre fumeurs et non-fumeurs dans les lieux publics. Notons d'abord qu'il s'agit là d'un de ces nombreux « problèmes » qui se réglaient, il n'y a pas si longtemps encore, selon les règles habituelles de la *civilité* ou de la simple *convivialité*, c'est-à-dire, dans les deux cas, *sans que l'État ait à intervenir*. Dès lors, toutefois, que l'« opinion » (cette créature ambiguë des instituts de sondage) est conduite à estimer que c'est au droit et à ses tribunaux qu'il revient à présent de régler ce type de question (et l'apparition – liée à l'érosion régulière de la civilité commune sous l'effet de la généralisation du mode de vie capitaliste – de nouveaux types de comportements individuels, provocateurs d'un côté, procéduriers de l'autre, rend cette dérive à terme inévitable), on doit logiquement s'attendre à une multiplication de ces microconflits et donc au développement de formes inédites de *la guerre de tous contre tous*[11]. Or à partir du moment où il lui faut résoudre ce genre de conflits *sans sortir du cadre défini par ses axiomes positivistes*, le droit libéral n'a pas d'autre solution (puisqu'il est évidemment impossible de satisfaire

10. On sait par exemple qu'Alain Badiou, que beaucoup tiennent désormais pour le représentant le plus intransigeant de la pensée radicale, n'a jamais été très clair sur ce sujet. C'est d'ailleurs l'une des raisons pour lesquelles Guy Debord considérait que parmi tous « les déchets critiques » de l'époque présente, il était assurément « le pire de tous » [Debord, 1998, p. 50].

11. Si on voulait avoir une idée plus précise des formes concrètes que peut prendre cette nouvelle guerre de tous contre tous (dans laquelle Engels voyait, en 1845, l'essence même de la société libérale), il suffirait d'observer les effets anthropologiques quotidiens induits par la transformation capitaliste de l'être humain en *automobiliste*.

simultanément deux revendications contradictoires) que de fonder sa décision finale sur les rapports de force qui travaillent la société *à un moment donné* ; c'est-à-dire, concrètement, sur les rapports de force existant entre les différents groupes d'intérêts qui parlent au nom de cette société, et dont le poids est habituellement fonction de la surface médiatique qu'ils sont parvenus à occuper (ou du moins que le système a jugé bon de leur concéder). Les variations perpétuelles de ces rapports de force suffisent alors à expliquer le paradoxe devenu constitutif de la société libérale moderne. Comme chacun peut le constater, elle est en effet inexorablement conduite, *au nom même du droit de chacun à s'accomplir librement*, à étendre indéfiniment l'empire de la loi et du règlement, et donc à multiplier les interdits et les censures (y compris, comme on le voit désormais, à l'endroit *des écrits et des paroles*) ; et cela, bien sûr, au gré des nouvelles revendications que chaque « communauté » est invitée en permanence à déposer aux pieds des tribunaux, au nom de ce qu'on lui a appris à considérer comme la définition non négociable de sa propre liberté[12].

Il est cependant clair qu'une telle *atomisation de la société par le droit libéral* (et la réapparition de la vieille guerre de tous contre tous qu'elle implique) ne peut aboutir à terme qu'à rendre toute vie commune impossible. Une société humaine n'existe, en effet, que dans la mesure où elle parvient à reproduire en permanence du *lien*, ce qui suppose qu'elle puisse prendre appui sur un minimum de *langage commun* entre tous ceux qui la composent. Or si ce langage commun doit, conformément aux exigences du dogme libéral, être axiologiquement neutre (toute référence « idéologique » réintroduirait les conditions de la guerre civile), il ne reste qu'une seule façon cohérente de résoudre ce problème. Elle consiste à fonder la cohésion anthropologique de la société sur l'unique attribut que les libéraux ont toujours tenu pour commun à l'ensemble les hommes : *leur disposition « naturelle » à agir selon leur intérêt bien compris*. C'est donc très logiquement sur l'échange intéressé (le fameux « donnant-donnant » qui fonde la rationalité de toute relation marchande) que devra reposer, en dernière instance, la charge philosophique d'organiser la coexistence pacifique

---

12. Certaines associations « antitabac » vont ainsi jusqu'à exiger un contrôle *étatique* des pratiques familiales au nom des « droits de l'enfant ».

d'individus que tout est censé opposer par ailleurs (ou qui, du moins, devraient être considérés, selon l'hypothèse de John Rawls, comme « mutuellement indifférents »). Telle est, en définitive, la raison majeure pour laquelle l'économie est devenue la *religion* des sociétés modernes[13]. Si nous sommes *a priori* convaincus qu'il ne peut exister aucune valeur morale *universalisable*, c'est-à-dire susceptible d'être comprise et acceptée par l'ensemble des membres d'une *société libre*, la seule manière concevable de relier (*religare*) les individus ainsi atomisés est effectivement de s'en remettre aux mécanismes « neutres » et impersonnels du marché, c'est-à-dire de compter, en croisant les doigts, sur les bienfaits anthropologiques d'une croissance illimitée. C'est bien, en un mot, parce que le droit purement procédural des libéraux ne peut accomplir toutes ses virtualités sans diviser et séparer les hommes (quelles que soient ses intentions pacificatrices initiales) que le marché doit inévitablement apparaître, *à un moment ou à un autre*, comme l'unique instance « axiologiquement neutre » capable de les réunir à nouveau *sans porter atteinte à leur liberté.*

L'appel à développer *sans limites philosophiques assignables* les « libertés individuelles » (qui, *dans leur compréhension libérale* – et par conséquent médiatique –, formalisent moins les droits du sujet *autonome* que ceux de l'individu *atomisé*) ne se trouve donc pas corrélé par hasard à la présente expansion mondiale des rapports marchands (on sait que, dans la stratégie des États occidentaux, l'artillerie lourde du libre-échange et des « ajustements structurels » est toujours précédée ou accompagnée par les chevau-légers de l'aventure « humanitaire »). Ces deux processus, que les libéraux considèrent comme également inéluctables, ne constituent, en réalité, que les deux faces complémentaires du même problème. Si chaque individu est désormais invité à se replier sur son « principe de vie particulier », tout en exigeant simultanément de la collectivité non pas la simple *reconnaissance* de ce principe (ce qui serait éventuellement légitime) mais son *approbation* officielle, au nom de son *estime de soi* et de sa *fierté* particulières, on ne pourra, en effet, conjurer le retour dès lors inévitable de la guerre de tous

13. On connaît la formule, d'un libéralisme limpide, que Voltaire emploie dans sa lettre à Mme d'Épinal : « Quand il s'agit d'argent, tout le monde est de la même religion. »

contre tous qu'à une seule condition : que tous acceptent enfin de se glisser dans l'unique forme d'humanité qu'un libéral tient pour réellement *universalisable* : celle du consommateur « cool », « hype » et « nomade », dressé à désirer tout et son contraire, au gré des exigences toujours changeantes du marché mondial[14].

---

14. Il est nécessaire d'ajouter ici que, si la *forme* philosophiquement vide du droit libéral ne peut se développer logiquement sans prendre appui, à un moment ou un autre, sur le *contenu* anthropologique fourni par l'économie de marché (on sait qu'en France, le quotidien *Libération* représente depuis longtemps la forme la plus accomplie de cette synthèse inéluctable), l'inverse n'est pas tout à fait exact. C'est ainsi que Ludwig von Mises, en 1927, puis Friedrich Hayek (dans une interview accordée en 1981 au *Mercurio* – le quotidien de la junte chilienne) ont pu tranquillement défendre l'idée que *dans certaines circonstances* le développement du libre-échange pourrait très bien s'accommoder d'institutions dictatoriales (von Mises se référait ainsi à l'expérience du fascisme italien, tandis qu'Hayek – ce farouche défenseur des libertés individuelles – affichait son admiration philosophique pour le Chili de Pinochet). D'un point de vue libéral, il ne peut cependant s'agir là que de « solutions d'urgence » (selon l'expression d'Hayek lui-même). Contrairement aux idées développées par Wendy Brown (qui croit encore, en bonne disciple américaine de Foucault, que les valeurs « néoconservatrices » sont le complément spirituel idéal d'une société capitaliste moderne), il apparaît en effet évident que l'accumulation du capital (ou « croissance ») ne pourrait se poursuivre très longtemps si elle ne devait s'appuyer que sur l'austérité religieuse, le culte des valeurs familiales et l'idéal patriotique. Chacun voit bien, au contraire, qu'elle doit trouver ses bases idéologiques permanentes dans *une culture de la consommation généralisée*, c'est-à-dire dans cet imaginaire « permissif » et « rebelle » dont l'élaboration et la célébration sont devenues la grande affaire de l'« extrême gauche » *contemporaine* et qui constitue *simultanément* le cœur même de l'industrie du divertissement, de la publicité et du mensonge médiatique. Comme le souligne ainsi Thomas Frank [2008, p. 184], « c'est le monde des affaires qui, depuis les plateaux télé et toujours sur le ton hystérique de l'insurrection culturelle, s'adresse à nous, choquant les gens simples, humiliant les croyants, corrompant les traditions et fracassant le patriarcat. C'est à cause de la nouvelle économie et de son culte pour la nouveauté et la créativité que nos banquiers se gargarisent d'être des "révolutionnaires" et que nos courtiers en Bourse prétendent que la détention d'actions est une arme anticonformiste qui nous fait entrer dans le millénaire rock'n'roll ». C'est donc essentiellement pour cette raison que les *dictatures libérales* ne sauraient jamais avoir qu'une fonction historique *provisoire* : celle de « remettre l'économie sur ses rails » en noyant éventuellement dans le sang (sur le modèle indonésien ou chilien) les différents obstacles politiques et syndicaux au développement de la logique capitaliste. *À terme*, c'est bien le régime représentatif (dont l'ingénieux système électoral, fondé sur le principe de l'*alternance unique*, constitue la protection la plus efficace contre toute velléité des classes populaires d'intervenir de façon autonome dans le jeu politique) qui apparaît comme le cadre juridique et politique le plus approprié au développement intégral d'une société *spectaculaire* et *marchande* ; autrement dit, d'une société en mouvement perpétuel dans laquelle, comme l'écrivait Marx, « tout ce qui avait solidité et permanence s'en va en fumée et tout ce qui était sacré est profané ».

J'aimerais, pour terminer, préciser encore deux points. En premier lieu, lorsque je critique l'utopie libérale d'un pouvoir « axiologiquement neutre » (ou qui pourrait être exercé de façon purement « technique »), je n'invite évidemment pas à restaurer un quelconque « ordre moral » ou à défendre ce que j'ai appelé une « idéologie du bien » (ou « idéologie morale ») afin, précisément, de la distinguer de ce qu'Orwell nommait la *common decency*. Une idéologie du bien, en effet, se définit d'abord comme une *construction savante* (généralement élaborée en liaison avec les dogmes d'une Église ou la ligne d'un parti) censée énoncer un certain nombre de « vérités » métaphysiques au sujet de la volonté divine, du sens de l'histoire ou des finalités ultimes de la nature, dans le but essentiel d'en *déduire* une série de comportements concrets, considérés comme « pieux », « naturels » ou « politiquement corrects », qu'il s'agira dès lors d'imposer *d'en haut* aux gens ordinaires (et le plus souvent contre leurs convictions les mieux enracinées). Une idéologie du bien affirmera, par exemple, que l'homosexualité constitue un « péché » contre la volonté divine (variante islamo-chrétienne), un symptôme de « décadence » et d'« épuisement vital » (variante fasciste) ou encore une « déviation petite-bourgeoise » (variante stalinienne). De telles constructions idéologiques (prioritairement destinées à légitimer des pratiques d'exclusion et de persécution, autrement dit *des pratiques de pouvoir*) ne sauraient évidemment être confondues avec la *common decency*. En utilisant cette dernière notion, Orwell entendait seulement désigner un ensemble de vertus pratiques *traditionnelles*, telles que l'honnêteté, la générosité, la loyauté, la bienveillance ou l'esprit d'entraide (vertus, ajoutait-il, auxquelles les *gens ordinaires* attachent manifestement beaucoup plus d'importance que les intellectuels des classes possédantes) et que l'on peut ramener sans trop en forcer le sens à ces capacités psychologiques et culturelles de *donner, recevoir et rendre* dont Marcel Mauss a établi dans l'*Essai sur le don* qu'elles étaient au fondement des rapports humains. Or il va de soi que ces dispositions pratiques à la générosité et à la réciprocité (qu'elles se fondent sur le sens de l'autre, sur celui de l'honneur ou sur la simple coutume) sont indépendantes de l'orientation sexuelle d'un sujet. On peut, bien sûr, être un hétérosexuel égoïste et narcissique, prêt à tout pour s'enrichir, devenir célèbre ou acquérir du pouvoir sur autrui ; ou, à l'inverse, un homosexuel attentif aux besoins de ses semblables et parfaitement capable de se comporter avec eux de manière simple et humaine[15]. C'est pourquoi une société *décente* (selon le mot qu'utilisait Orwell pour désigner le socialisme ouvrier) n'a, par définition, *aucune* position morale ou politique particulière à faire valoir sur ce genre de questions, tout en veillant naturellement à ce que tous ceux qui désireraient en débattre philosophiquement puissent le faire en totale liberté (c'est-à-dire sans avoir à redouter un quelconque procès). Il suffit, du reste, de se reporter à *La vie des autres*, le film admirable de Florian Van Donnersmarck, pour comprendre une fois pour toutes la différence radicale qui sépare la *common decency* de ces idéologies du bien que les intellectuels avides de pouvoir (de Torquemada à Mao) ont toujours excellé à construire et à imposer par la force aux classes populaires. C'est justement parce que, dans la situation singulière où ses fonctions l'ont placé, il ne peut s'empêcher de faire la seule chose que la *décence commune* exige (à savoir : se comporter en être humain et non plus comme le simple rouage d'un système) que l'agent Wiesler trouve peu à peu la force de remettre en question ses certitudes *idéologiques* et le courage *moral* d'affronter (quelles qu'en soient les conséquences pour sa propre carrière) le pouvoir politique pervers dont il avait eu jusqu'ici la *faiblesse* d'exécuter tous les commandements. *La vie des autres* apparaît ainsi comme une mise en scène particulièrement efficace de l'éternel conflit entre la décence des hommes ordinaires (leur souci quotidien, écrivait Spinoza, de pratiquer « la justice et la charité ») et les exigences potentiellement meurtrières de toute idéologie du bien. De ce point de vue, il s'agit d'un film profondément orwellien.

Ma seconde précision, quant à elle, porte sur l'essence même de la philosophie anarchiste. Je souligne, en effet, dans la dernière partie de mon essai, que *le point aveugle* de toutes les entreprises révolutionnaires a toujours été le problème posé par l'existence, probablement inévitable quel que soit le type de *société*, d'un certain nombre d'individus possédés par un besoin pathologique d'exercer une emprise sur les autres (que cette emprise soit intellectuelle,

15. Et inversement, bien sûr. Lorsque Chomsky écrivait à propos de Foucault, « ce qui m'a frappé chez lui, c'est son amoralisme total. Je n'avais jamais rencontré quelqu'un qui manquât à ce point de moralité » (entretien avec James Miller du 16 janvier 1990), sa critique ne portait évidemment pas sur la sexualité de Foucault.

psychologique, physique ou politique). Le souci de neutraliser la *volonté de puissance* de ce genre d'individus est évidemment au cœur de la sensibilité anarchiste. Mais ce souci ne devrait pas seulement conduire à développer une critique des limites du « régime représentatif » et à lutter pour la mise en place d'institutions *réellement* démocratiques. Comme Stendhal en faisait l'objection à Fourier (qu'il admirait par ailleurs beaucoup), il nous faut également comprendre que, *si l'on n'y prend garde*, les meilleures institutions politiques du monde (tout comme les idées généreuses qui en sont le fondement) seront toujours perverties et détournées de leur sens originel *du seul fait de cette volonté de puissance de quelques-uns*. Même, *et surtout*, lorsque ces « quelques-uns » s'arrangent pour ne rien voir de ce désir de pouvoir ni de ses manifestations les plus évidentes – par exemple, leur besoin *infantile* d'être admirés (et leur difficulté corrélative à accepter la contradiction), leur aptitude remarquable à obtenir tout ce qu'ils demandent en *culpabilisant* leurs semblables[16], ou encore leur goût prononcé pour la mauvaise foi polémique, les excommunications et les scissions répétées. C'est là un phénomène que la plupart des militants connaissent malheureusement très bien, du moins tant qu'ils ne songent pas eux-mêmes à se hisser par tous les moyens au sommet de l'Organisation révolutionnaire (par dévouement pour la Cause et esprit de sacrifice, cela va de soi), ni à s'y maintenir ensuite par tous les moyens concevables. Et ce n'est certes pas par hasard si c'est justement ce problème qui obsédait Orwell et dont il a donné dans *Animal Farm* une description littéraire et politique magistrale. C'est à coup sûr de cet endroit précis qu'il faudrait repartir si l'on voulait réellement comprendre pourquoi, tout au long de l'histoire, tant d'idées politiques généreuses ont été perverties, et

16. En définissant la pratique du courtisan par la triple habitude de *demander, recevoir et prendre* (*Le mariage de Figaro*), Beaumarchais a remarquablement mis en lumière le lien qui unit la fascination pour le pouvoir et le mépris de la décence commune (et de sa triple obligation, en tout point contraire, de *donner, recevoir et rendre*). L'un des premiers symptômes du désir de pouvoir, c'est-à-dire du besoin obsessionnel de vérifier son degré d'emprise sur les autres, est en effet *la tendance à toujours leur demander quelque chose* et, bien vite, celle à leur demander *toujours plus* (ce n'est pas par hasard si la sagesse populaire, là encore très maussienne, enseigne « que ça ne se fait pas de demander » et que la morale commande d'abord de donner ou d'aider). La figure du *tapeur* (qui se répand au rythme exponentiel du développement capitaliste) n'est ainsi que le maillon initial d'une longue chaîne qui conduit inexorablement à celle de l'*exploiteur*.

tant de révolutions trahies. Être capable de saisir intellectuellement l'essence du capitalisme constitue donc bien, comme je le soulignais en commençant cette conférence, la condition première d'une politique radicale efficace. Mais savoir reconnaître la *volonté de puissance* des uns et des autres partout où elle se manifeste et sous toutes les formes où elle se manifeste (*y compris, naturellement, en chacun de nous*), voilà sans doute une chose au moins aussi décisive. Cela implique, il est vrai, un travail sur soi psychologiquement complexe et *moralement exigeant* que bien des militants, officiellement « dévoués à la cause », ont d'excellentes raisons *personnelles* de ne pas vouloir entreprendre (au motif, par exemple, qu'il « détournerait de l'action » ou témoignerait d'un « psychologisme » politiquement suspect). Je suis cependant convaincu que si ce travail préalable, qui concerne chacun de nous *en tant que sujet singulier*, était sans cesse différé, aucune société décente ne pourrait voir durablement le jour. Et l'échec répétitif (que Sartre avait si bien décrit dans *L'Engrenage*) resterait alors la loi éternelle des entreprises révolutionnaires. Ce n'est certainement pas à mes amis anarchistes que je vais l'apprendre. Du moins je l'espère[17].

Bibliographie

Barber Benjamin, 2007, *Comment le capitalisme nous infantilise*, Fayard.
Breaugh Martin, 2007, *L'Expérience plébéienne*, Payot, Paris.
Chollet Mona, 2007, « Le moral des ménages », *Manières de voir*, n° 96, « La fabrique du conformisme », décembre.
Christin Olivier, 1997, *La Paix de religion. L'autonomisation de la raison politique au xvie siècle*, Le Seuil, Paris.
Debord Guy, 1998, « Lettre à Jean-François Martos du 16 mai 82 », *in* Martos Jean-François, *Correspondance avec Guy Debord*, Paris.
Frank Thomas, 2008, *Pourquoi les pauvres votent à droite*, Agone, Marseille.
Khayati Mustapha, [1966] 1999, *De la misère en milieu étudiant*, Gallimard, Paris.
Mandosio Jean-Marc, 2008, *D'or et de sable*, Éditions de l'Encyclopédie des nuisances, Paris.
Zaoui Pierre, 2007, *Le libéralisme est-il une sauvagerie ?* Bayard, Paris.

17. Sur tous ces problèmes, on trouvera des analyses passionnantes dans l'ouvrage de Martin Breaugh [2007].

André, mon maître
Hommage à André Gorz*

Françoise Gollain

« La philo, ça rend fou, et puis c'est de la politique ! » me lança ma mère. C'est donc contre mon milieu familial que je décidai à 17 ans de m'inscrire en licence de philosophie, m'éloignant définitivement d'un monde sans livres où la fascination pour l'objet livre ne suffisait pas à contrebalancer la dérision à l'égard des intellectuels aux mains non calleuses. Je m'éloignai de ce milieu que je ressentais comme essentiellement brutal pour le monde captivant des idées. Mon attraction pour la philosophie exprimait tout à la fois et contradictoirement un désir d'abstraction et de désincarnation, et une tentative maladroite de trouver une place, *ma* place, dans le monde que je ne savais comment habiter. Ce désir d'exister concrètement *on my own terms* me porta naturellement à 19 ans vers plus de concret : l'engagement dans le mouvement féministe et la sociologie, *via* l'enseignement d'Alain Caillé à l'université de Caen, une sociologie cultivant ses liens avec la philosophie morale et politique. Je lus alors *Critique de la division du travail*, puis *Écologie et politique*, puis les autres livres d'André Gorz, dès le début littéralement *aimantée*. Nous nous sommes rencontrés vingt ans plus tard.

Il est sans conteste l'auteur dont les thèses ont exercé l'influence la plus décisive sur mes options intellectuelles et mes choix existentiels, mais j'ai encore une autre dette, plus personnelle, à son égard.

* Cet hommage est paru dans le n° 4 de la revue *Entropia*, « Décroissance et utopie », Parangon, Lyon, printemps 2008, que nous remercions de son aimable autorisation d'en publier une version un peu abrégée.

Je formai à 12 ans le plan secret de surpasser par mes résultats scolaires ces élèves du lycée « bourgeois » (comme on disait à l'époque) que je fréquentais et qui recevaient argent de poche et cours de piano. C'est ainsi que je poursuivis ma trajectoire de bonne élève et suis devenue une intellectuelle, mais au terme d'un très long détour tant m'a fait défaut le sentiment de légitimité. Le soutien que m'a manifesté André m'a par conséquent été précieux ; un soutien bienveillant et affectueux dans ma tentative d'écrire, même lorsqu'elle échouait. Ses remarques contre mon attitude hypercritique, fondées sur son expérience personnelle, exprimaient souvent le mélange de satisfaction et de frustration généré par cette activité : « Miracles et mystères de l'écriture : on ne dit jamais ce que l'on pense et finalement, ce qu'on a dit peut se révéler meilleur que ce qu'on pensait et voulait dire. *This is to say that an author may never catch up with his publications*[1]. »

Certains de nos échanges ainsi que ma lecture de son auto-analyse en forme d'essai philosophique, *Le Traître* [1964/2005a], et de *Lettre à D.* [2006], son dernier livre écrit cinquante ans plus tard, m'ont également aidée à mieux cerner certains aspects et ressorts du travail intellectuel. Y sont, me semble-t-il, évidentes ses pulsions opposées d'inscription dans le monde et de refus du monde – dialectique à l'œuvre tout au long de sa vie – ainsi que son effort pour se construire une place, fût-elle dans la marginalité. Donnant à voir sans fard une certaine inadaptation de l'intellectuel(le), ou de certains au moins d'entre eux, André m'a fait accepter l'idée que je pourrais en être une, si j'apprenais à prolonger de manière créative les monologues intérieurs au cours desquels je m'efforçais indéfiniment de « débrouiller » le monde et dont j'avais pris l'habitude à la fin de l'adolescence dans une époque politisée.

On sait que la préoccupation sociologique et économique d'André prolonge sa philosophie morale et existentielle ; on mesure moins combien cette philosophie prolonge elle-même la

1. Phrase en anglais dans le texte qui signifie quelque chose comme « cela veut dire qu'il se peut bien qu'un auteur ait toujours une longueur de retard par rapport à ses publications » (extrait d'une lettre que m'a adressée André et qui fait partie d'une correspondance assez régulière que nous avons entretenue de décembre 1997 jusqu'à quelques jours avant son décès).

réflexion sur soi. Je me propose donc, en guise d'hommage à mon maître et ami, de rappeler à quel point les thèmes de la liberté et de l'aliénation, centraux dans son œuvre, avaient une résonance toute personnelle pour lui. Sa défense de la possibilité d'agir en tant que sujet et notamment son projet d'une écologie politique fondée sur les aspirations à l'autonomie et à l'autodétermination sont en effet inséparables d'un effort exigeant au niveau personnel pour exister en tant que sujet. Plus précisément, je tenterai de restituer l'enracinement personnel de sa vision humaniste de l'émancipation et d'indiquer combien l'honnêteté intellectuelle d'André, ses analyses prophétiques du capitalisme et sa construction utopique pour changer le monde sont absolument inséparables de la rigueur de sa tentative pour se comprendre soi-même, pour travailler avec et sur son angoisse d'homme et construire le sens de son existence.

Sartre, Marx et Merleau-Ponty

L'interminable écriture de son premier manuscrit, rédigé pendant dix années à partir de 1946[2], avait représenté une fuite stérile qui manifestait son choix fondamental de ne pas exister, s'avoua André au début du *Traître*, et le détermina à entreprendre de « se tirer au clair soi-même plutôt que l'homme en général », de « cesser de croire qu'un problème puisse jamais être résolu [et de] retrouver cette certitude : qu'une philosophie ne peut dispenser de vivre » [2005a, p. 60]. Comme le précise Jean-Paul Sartre dans sa préface, il s'agit non d'une ruse d'exposition, mais d'une véritable entreprise de dévoilement de soi [*ibid.*, p. 16] et à soi-même ; car *Le Traître* a été conçu comme l'expérimentation pratique sur soi d'une méthode d'auto-analyse et de conversion morale à travers le travail de l'écriture. Son projet étant de remonter au sens originaire d'un vécu, André y dissèque sans concessions ce qu'il nomme son « complexe infantile de nullité » et son masochisme, ainsi que son expérience de la non-appartenance et

2. Publié chez Galilée en 1977 seulement, *Fondements pour une morale* expose sa philosophie qu'on peut résumer succinctement en ces termes : dans l'idéal, chaque individu devrait pouvoir s'épanouir aux trois niveaux des valeurs vitales, esthétiques et pratico-morales.

de l'exil liée à une situation historique précise et qui confirma encore ce choix originel de nullité[3]. Cette combinaison – complexe infantile et exil – produisit, au sortir de la guerre, un jeune homme dominé pour longtemps par le goût de l'anéantissement et de l'abstraction et qui ne s'identifiait à aucune nation, communauté, ou culture humaine, questionnant toutes les normes.

Cette expérience a développé chez André un fort sentiment de la contingence de l'existence, un recul réflexif par rapport à sa culture et à sa langue, et finalement une prise de distance par rapport à tout ce qu'il faisait. On comprend alors qu'il ait été immédiatement réceptif à la philosophie sartrienne selon laquelle, en l'absence d'un sens préalable, nous sommes condamnés à nous inventer en tant que sujet, à donner sens à notre existence. Son point de départ absolu était que les individus sont libres dans tout ce qu'ils font et que ceux qui dénient cette liberté ne font qu'en souffrir[4]. Cette philosophie lui fournit la clé d'une compréhension de lui-même et de son rapport au monde et enracina en lui la certitude que l'homme est capable d'auto-émancipation et d'autodétermination [*ibid.*, p. 17].

En affirmant l'autonomie d'un sujet qui s'autoproduit, il entendait également rester fidèle à l'anthropologie philosophique de Marx, à son intuition selon laquelle le travail est l'activité par laquelle les hommes se produisent eux-mêmes et leur monde[5]. Dans *Le Traître*, il rapproche l'idée marxienne de travail de celle de choix s'effectuant et s'incarnant et reprend à son compte l'exigence exposée par Marx : s'accomplir en se prenant pour fin. « La personne se réalise totalement et accède à l'universel en produisant avec tous un monde humain » [2005a, p. 79]. Or – et cela restera le fondement de la critique gorzienne du salariat –, ce travail-là n'est plus possible dans un cadre professionnel en raison de l'aliénation qu'implique la méga-machine et de l'abstraction du travail-emploi. La raison fondamen-

3. Très brièvement : né en 1923 à Vienne dans un milieu petit-bourgeois et conformiste d'un père juif et d'une mère catholique dominatrice et exigeante, Gérard Horst (le vrai nom d'André) a vécu la montée du nazisme et l'annexion de l'Autriche par le IIIe Reich, puis la guerre, seul, en Suisse. Il a ensuite émigré à Paris et connu la précarité des permis de résidence temporaires jusqu'à l'obtention de sa naturalisation en 1954.

4. En anglais : « you suffer your freedom » [Lodziak et Tatman, 1997, p. 119].

5. *Cf. L'Idéologie allemande* ainsi que les dernières œuvres – les *Grundrisse* et le chapitre IV posthume du *Capital* – où Marx expose sa théorisation de l'aliénation.

tale de notre aliénation est l'ordre économique qui rend impossible de vouloir ce que nous faisons. « L'homme est impossible dans ce monde-ci, *donc* c'est ce monde qu'il faut changer, impérativement » [*ibid.*, p. 80]. Après Marx, le message d'André sera alors que le seul sens possible du développement historique est le libre développement de l'individualité et que celui-ci exige la relégation des valeurs économiques, faute de quoi le monde sombre dans la barbarie ; d'où son projet utopique, tissé sur une quarantaine d'années : celui d'une société où la séparation entre les travailleurs et leur travail réifié, et entre ce dernier et son produit – en d'autres termes, la détermination hétéronome des besoins dans l'économie de marché – serait virtuellement abolie, les moyens de production devenant virtuellement appropriables et susceptibles d'être mis en commun[6].

André a produit non seulement une synthèse de l'existentialisme et de la théorie marxiste de l'aliénation, mais également une critique sociale fondée sur une conception du sujet comme individu autonome *et incarné.* Comme l'a établi son ami et biographe Finn Bowring, cette synthèse doit énormément à l'influence de la thèse phénoménologique de l'enracinement dans le monde vécu (le *Lebenswelt*), et tout particulièrement de Merleau-Ponty. Posant le primat de la perception et de l'intersubjectivité, ainsi que la corporéité de la conscience, ce dernier raisonnait sur l'incarnation de l'individu dans le monde de manière à surmonter l'alternative entre une pure liberté et un pur déterminisme. Dans cette perspective, l'individu n'est pas le sujet de l'histoire puisqu'il existe dans un univers socioculturel et langagier déjà structuré, mais il n'en est pas non plus le produit, puisqu'il y prend part et influe sur les institutions par l'usage qu'il en fait.

À partir de ce même postulat selon lequel les conditions concrètes de notre existence ne s'opposent pas à notre liberté, qu'elles en sont la substance même, c'est bien un apprentissage *personnel* qu'André s'est assigné au terme du *Traître* : dans quelle mesure puis-je utiliser ce que je suis devenu comme résultat de l'éducation et de la culture qui m'ont influencé pour devenir l'origine de mes propres actions ? s'est-il demandé. Tout en prenant en compte le sujet comme liberté et transcendance, il reconnaissait comme Merleau-Ponty l'irréductibilité de l'existence corporelle. Il était d'ailleurs convaincu que l'existence corporelle-sensorielle

---

6. Voir ma brève présentation [Gollain, 2007, p. 63-79].

constitue un lieu de résistance à l'ordre aliénant de la culture. Cette conception phénoménologique du monde vécu lui permettait de « prendre le parti du sujet contre la société », pour reprendre les termes d'Alain Touraine[7]. Certaines situations nous permettent de faire correspondre notre expérience sensorielle à nos besoins corporels et à nos aspirations esthétiques ou éthiques tandis que d'autres, au contraire, nous l'interdisent.

En résumé, existentialisme, marxisme – théories de l'aliénation centrées sur la critique de la forme marchandise et la recherche d'une authenticité de l'existence – et phénoménologie font tous trois valoir que l'expérience de l'autoproduction de soi est essentielle pour remettre en question les normes sociales. Autrement dit, le fondement de tout anticapitalisme doit être l'intentionnalité d'un sujet sensible et producteur de sens, et la libération des capacités émotionnelles et imaginatives des individus constitue une condition essentielle du changement social ; concrètement, réappropriation de la production et de la consommation et tentative réflexive de se libérer de nos aliénations subjectives sont toutes deux impliquées dans un projet politique radical. La désaliénation y résulte à la fois d'une action politique et sociale et d'un travail de transformation personnelle.

De fait sont intrinsèquement liées dans son œuvre sa critique sociale radicale inspirée du marxisme, sa perspective existentialiste et la réflexion phénoménologique sur sa propre expérience personnelle. Il m'avait semblé indéniable, à la lecture du *Traître*, que le projet fondé sur la difficulté d'André à exister en tant qu'individu constituait le « carburant émotionnel » de sa production de théorie ou plus exactement d'une philosophie *concrète*. Spontanément porté à la contestation et à la réflexion et excellent pédagogue, ses exigences philosophiques étaient en effet inséparables de son légendaire professionnalisme journalistique et de la clarté de son écriture : « Je me conçois comme un philosophe raté tentant de faire passer en contrebande ses réflexions philosophiques initiales en traitant des thèmes ostensiblement politiques et sociologiques[8] », avoue-t-il lors

7. André m'avait expliqué que cette parenté qui pourra surprendre était due au fait que Touraine était l'un des rares auteurs contemporains à se reconnaître une dette envers Sartre. Sur cet aspect de sa pensée, voir Gorz [1997, p. 199-226].

8. Jander et Maischein [1989, p. 273]. Cet entretien intitulé « A discussion with André Gorz on alienation, freedom, utopia and himself » avait été mené en allemand en 1983. J'ai traduit à partir de l'anglais.

de l'un de ses bilans, expliquant que par « philosophie » il entend le traitement de la question posée par la philosophie grecque, à savoir « quand suis-je réellement moi-même, c'est-à-dire pas un simple produit déterminé de l'extérieur par des forces et des influences extérieures, mais responsable de mes propres actions, pensées, sentiments, valeurs et ainsi de suite[9] ? »

André ajoutait alors que l'ambition présentée au terme du *Traître* demeurait clairement de nature littéraire ou philosophique puisqu'il s'agissait de tenter de manifester la part du silence, de l'ineffable, de la solitude présente en tout individu. Il a, de ce point de vue, avoué n'avoir depuis avancé qu'en termes journalistiques, dans la mesure où l'autre pan de son engagement était fondé sur la reconnaissance de ce que « la résolution de tous les problèmes de l'existence est au-dehors », dans la réalité du monde. Cela motivait son effort pour toucher les syndicats, les étudiants, les mal adaptés du travail et de la consommation de manière générale, au moyen du journalisme par lequel il apprit à exprimer des questions complexes de manière simple. Le progrès effectué réside donc au-delà de l'intention littéraire initiale, concluait-il [*ibid.*, p. 306]. On ne soulignera jamais assez à cet égard que cet « indispensable passeur entre la philosophie et l'écologie politique », « d'une trop grande discrétion » certes, était animé par un souci pratique, « le souci de proposer des alternatives concrètes, d'une pensée humble se coltinant le réel[10] ». Or, comme nous allons maintenant le voir, cette orientation vers le concret résultait d'un combat personnel.

Dorine – le singulier contre l'universel

André considérait qu'en poursuivant jusqu'au bout son sentiment de nullité, d'exil et de désespoir, il avait pu accéder à la vérité métaphysique de la condition humaine. Qu'on accorde ou non crédit au fait qu'il ait pu saisir, dans sa situation singulière, certains aspects de la condition de tous, on ne saurait douter que

9. *Ibid.*, p. 274.

10. Ces trois courts extraits sont tirés de l'hommage de Jean Zin [2007] qui, parmi ceux publiés à cette date, saisit à mon sens avec le plus de justesse la personne et l'écrivain, notamment sa double volonté d'authenticité et d'engagement dans l'histoire de son temps.

Le Traître, puis sa *Lettre à D.* nous donnent une idée du travail de la dialectique universel-singulier présent chez tout auteur. Comme le note Bowring, « le fait que l'œuvre de Gorz ait une signification personnelle remarquable, enracinée dans les conditions particulières de son enfance, ne devrait pas pour autant nous conduire à sous-estimer sa valeur intellectuelle. Tout écrivain a été un jour un enfant, et chaque livre est le produit d'une histoire individuelle. Ce qui rend la contribution de Gorz unique, cependant, est le fait que cet écrivain ait fourni lui-même le difficile effort de compréhension de la source de sa compulsion à écrire, qu'il ait partagé les résultats de ce travail avec des milliers d'étrangers, et qu'il ait ce faisant allégé la détermination historique que représentait ce choix originel, qu'il ait *personnalisé* son projet, se le soit ainsi approprié » [Bowring, 2000, p. 85 – c'est moi qui traduis].

Porté à l'universel pour les meilleures mais également les pires raisons, il semble que sa vie ait en effet été un long chemin vers l'acceptation de sa singularité. Dénoncer dans *Le Traître* sa propension à vivre dans l'intériorité ne l'empêchait pas d'y persévérer, a-t-il reconnu depuis. Sa réinscription dans le réel grâce à la découverte qu'écrire pourrait représenter un chemin vers les autres fut alors conditionnée par trois facteurs : son travail de journaliste bien sûr ; sa rencontre avec Sartre en 1946 qui, écrit-il, entendait la vie comme « cette recherche comme quoi un homme tente d'inventer un chemin » [2005a, p. 301] et qui accusa le jeune homme de mépriser le concret et d'être essentialiste ; enfin et surtout sa rencontre avec Dorine, sa future femme, en 1947, qui a marqué « le tournant majeur » de sa vie en ce que cette rencontre de l'amour lui donna envie d'exister.

Or, sa volonté de s'élever au-dessus de sa situation singulière, et notamment de la banalité d'une histoire d'amour, l'avait conduit dans *Le Traître* à en tronquer le récit ; au point que son engagement envers Dorine[11] y apparaît comme un serment formel justifié au nom de principes universels abstraits. Sa *Lettre à D.*, écrite cinquante ans plus tard, était un correctif au *Traître* et, comme lui, se voulait une autocritique féroce tout en étant une célébration de celle qui fut tellement absente de ses publications. « Cette fuite devant l'existence qui m'avait amené à la pensée théorique […]

11. Désignée sous le pseudonyme de Kay.

m'y enfermait comme dans une bulle. *Le Traître* était un travail de libération, mais je n'y donnais aucune place à l'amour, et même je le trahissais[12] », put-il admettre ensuite.

Et quelle trahison ! Tous deux ayant rompu avec leur famille et leur pays, ils ressentirent dans leur longue union, jusqu'à leur départ de la vie ensemble le 22 septembre 2007, « le besoin de créer ensemble, l'un par l'autre, une place dans le monde qui [leur avait] été originellement déniée » [2006, p. 19]. Pourtant, tandis qu'André était clairement introverti, Dorine était sociable et « de plain-pied dans la vie » [*ibid.*, p. 72] et n'avait besoin de personne pour se faire sa place dans le monde [*ibid.*, p. 26], admit-il. Elle lui avait, expliquait-il, fait aimer la nature et, globalement, fait découvrir qu'on peut accepter le monde dans le détail tout en le condamnant dans son ensemble, et ainsi œuvrer dans le sens de sa transformation, faute de quoi on se maintient dans une révolte sans compromis mais inefficace. Il y a plus. Dorine l'a accompagné dans la presque totalité de ses reportages au cours desquels il interrogeait sur le terrain non seulement l'expression de l'exploitation et de l'aliénation, mais également de multiples expérimentations sociales. Les dossiers très complets qu'elle compilait ont d'ailleurs rendu possible son travail de journaliste. Elle fut également sa première lectrice avant tout envoi à l'éditeur.

Lettre à D. a réitéré pour moi le choc ressenti lors de ma lecture du *Traître*. Un choc fait de sentiments contradictoires. Déception d'une part : derrière mon auteur favori – André Gorz, le théoricien influent de la libération *alias* Michel Bosquet, le grand reporter brillant – s'était tout ce temps tenue une femme intelligente et forte, illustrant un schéma masculin-féminin traditionnel : un personnage public soutenu par une présence féminine qui incarnait pour lui le corps, le concret, l'émotionnel, la sociabilité, le réel ; en un mot : le particulier[13]. Émotion forte d'autre part face à cette incroyable

12. Tiré du beau texte de son ami Michel Contat [2006], écrit après son entretien avec André à l'occasion de la parution de *Lettre à D.*

13. Il s'agit, qui plus est, d'un schéma d'exclusion des femmes dont les milieux intellectuels français me prouvent constamment l'actualité, redoublant ainsi mon sentiment d'exclusion de classe de celui d'une exclusion de genre. Les femmes sont par exemple trop souvent présentes comme épouses ou partenaires des intervenants lors des colloques et autres rencontres, et demeurent en nombre largement minoritaire comme intervenantes.

et peu commune honnêteté sur la posture existentielle initiale qui motivait l'impersonnalité d'un discours théorique, face à cet effort pour venir à l'existence, et à cet aveu du rôle déterminant d'un autre sujet dans sa capacité à surmonter le refus d'exister.

« Il était quelqu'un d'insupportable durant les années qui précédèrent *Le Traître* mais, après l'avoir écrit, il est devenu plus humain », a confirmé Dorine[14]. André lui-même fut consterné de se relire de nombreuses années plus tard et s'avoua « le besoin obsessionnel de m'élever au-dessus de ce que je vis, sens et pense, pour le théoriser, l'intellectualiser, être un pur esprit transparent » [2006, p. 53]. « Aussi loin que je me souvienne, j'avais toujours cherché à ne pas exister. Tu as dû travailler des années durant pour me faire assumer mon existence. Et ce travail, je crois bien, n'a jamais été bien achevé » [*ibid.*, p. 25]. Il exprima en effet durant ses dernières années le sentiment d'avoir observé sa vie à distance, en dépit de moments pendant lesquels il prit avec un sentiment d'urgence la résolution de vivre vraiment dans le présent. *Lettre à D.*, dont l'écriture supposait « la libération de l'émotion », lui a finalement appris, confiait-il, à se « laisser aller davantage ». « C'est l'un des rares moments où je m'assume en tant qu'être sensible, sujet. » « Dans mes textes philosophiques, j'ai mis une certaine passion à défendre le sujet, mais est-ce que je m'assumais comme sujet ? Dans l'abstrait, oui, mais pratiquement, peu[15]. »

Quand j'ai connu André, presque dix ans avant sa mort, il avait fait d'indéniables progrès en humanité et m'apparut tout de suite dans son épaisseur, en tant que personne, avec une attention à la matérialité de l'existence quotidienne qui n'est pas étrangère à la simplicité avec laquelle le couple recevait ses visiteurs. Il était évident également qu'il avait fini par poser quelques racines et qu'il était, selon ses propres termes, maintenant « plus français qu'autre chose[16] ».

André a donc fait – même si c'est incomplètement – le chemin du refus de la détermination à son assomption. « Le résultat est à ce

14. « Autour de *Lettre à D.* avec André Gorz et D. », entretien avec Béatrice Leca [2006].

15. Ces fragments sont extraits de « Philosophie en situations : André Gorz, philosophe d'avenir », entretien avec François Noudelmann, première diffusion sur *France Culture* le 14 octobre 2005, rediffusion le 28 septembre 2007.

16. *Ibid.*

prix. *Il faut accepter d'être fini* : d'être ici et nulle part ailleurs, de faire ça et pas autre chose, maintenant et pas jamais ou toujours ; ici seulement, ça seulement, maintenant seulement, d'avoir cette vie seulement » : telle est la conviction qui conclut *Le Vieillissement*[17], fragment publié dans *Les Temps modernes* de décembre 1961 et janvier 1962, et reproduit en épilogue à la réédition du *Traître* en 2005 avec un court paragraphe introductif qui se termine par cette question : « Quarante plus tard, la question qui y est explorée avec intransigeance demeure : "Comment entrer dans cette société sans renoncer aux possibilités et aux désirs qu'on porte en soi ?" » [2005b, p. 375]. Il a apporté une réponse, ne serait-ce que partielle, à cette question par son engagement dans et par l'écriture. Alors que, très jeune homme, il avait choisi d'écrire par terreur de l'identification[18], toute détermination par les autres, par l'histoire, l'intellectuel engagé qu'il est devenu passera également par l'écriture. C'est sur ce point que j'aimerais insister pour conclure.

Ambivalence de l'écriture et place de l'intellectuel

[…]

« On écrit pour mettre de l'ordre et du sens dans le monde – pour recréer ou (ce qui revient au même) anéantir ce qui est dans l'imaginaire et supporter ce faisant ce qui n'est pas supportable, votre propre existence y compris […] pour recréer par le verbe le monde et vous-même. Le militantisme n'est pas premier. Les intellectuels militants ne sont pas des intellectuels militants », m'écrivait-il. Son expérience personnelle l'avait en effet convaincu de la désadaptation de l'écrivain et de l'intellectuel en général « pour qui le monde commun reste critiquable et à réinventer continuellement ». Ce déphasage de l'intellectuel, m'expliquait-il, est quelque chose qu'il a en commun avec les minorités agissantes et les germes d'un autre monde sont là[19]. Les intellectuels ne peuvent cependant que nourrir

17. Cette citation en est la phrase finale [Gorz, 1961-1962, p. 405].

18. Comme il en était fort conscient, la nécessité d'utiliser des pseudonymes pour des raisons d'abord professionnelles lui a en même temps permis de multiplier les identités pour mieux rejeter la sienne.

19. Déjà dans *Le Traître*, il ne doute pas que l'intellectuel est objectivement du côté « de la négativité », « des forces révolutionnaires » [2005a, p. 363].

la discussion qui mènera à une action politique par la pression des événements s'il existe des gens résolus et politiquement actifs[20].

Depuis son expérience de la nullité et de l'exil, André avait naturellement choisi le camp des « petits[21] », des opprimés et des exclus. « C'est par ceux qui ont perdu toute place qu'une place nous sera donnée », m'écrivait-il encore, paraphrasant Walter Benjamin que cite son ami Herbert Marcuse à la fin de *L'Homme unidimensionnel*. Mon origine modeste m'a spontanément portée à choisir le même camp. Ma rencontre en tant qu'étudiante avec la problématique élargie de l'aliénation développée par l'école de Francfort ainsi que l'évaluation du travail salarié à l'aune de la norme de l'autonomie proposée par André m'ont d'emblée ouvert une voix alternative à l'idéologie travailliste et au mythe de la classe ouvrière.

Fier d'être épargné par certains travers liés au statut universitaire, la question concrète de sa place – à part – sur la scène intellectuelle restait néanmoins pour André source d'inconfort, comme je l'ai découvert non sans surprise. Ainsi, cet autodidacte de génie, ayant fécondé l'imagination politique et utopique de nombreux penseurs et militants en France et à l'étranger, semblait, par moments au moins, envier la mince légitimité que confère un doctorat ! « Sans légitimité, il est difficile de se faire prendre au sérieux. » Il le savait pourtant par ailleurs : « Les véritables usurpateurs ne seraient-ils pas ceux qui ont l'autorisation de dire n'importe quelle bêtise en vertu de leur titre et de leur notoriété ? » Et surtout : « La vérité est que je suis un bricoleur, un *maverick*[22] [...]. L'appartenance à, l'intégration dans un mouvement sont le dernier de mes soucis. J'en suis incapable. »

Peu soucieux de fonder une école, André fut pourtant déçu de l'accueil réservé à son *Immatériel* [2003] en France, et me disait ces deux dernières années son sentiment d'avoir été oublié. En vérité, il laisse derrière lui une poignée d'ex-collaborateurs, d'amis et de lecteurs éparpillés, certes, mais qui savent que ses écrits sont de ceux, trop rares, dont nous avons tellement besoin parce qu'ils permettent véritablement de rester sur les rails de la radicalité, qu'ils

---

20. Les citations contenues dans ce paragraphe ainsi que dans les deux suivants sont toutes tirées de lettres qu'André m'a adressées.

21. Dans le langage de mon arrière-grand-mère, et par opposition aux « gros ».

22. En anglais dans le texte. Terme signifiant individu non conformiste.

aident à penser hors des présupposés et cadres majoritairement acceptés. Je veux espérer que ces individus continueront à puiser dans son œuvre comme dans un compost essentiel et inciteront de nouveaux lecteurs à la découvrir.

Bibliographie

Leca Béatrice, 2006, « Autour de *Lettre à D.* avec André Gorz et D. », entretien diffusé le 20 décembre 2006 sur France Culture (rediffusé le 26 septembre 2007).

Bowring Finn, 2000, *André Gorz and the Sartrean Legacy*, Basingstoke, Macmillan.

Contat Michel, 2006, « André Gorz, le philosophe et sa femme », *Le Monde des livres*, 27 octobre.

Gollain Françoise, 2007, « André Gorz ou le refus de la domination du travail-emploi », *Entropia*, n° 2, printemps, p. 63-79.

Gorz André, 1977, *Fondements pour une morale*, Galilée, Paris.

– 1997, *Misères du présent, richesse du possible*, Galilée, Paris.

– [1964], 2005a, *Le Traître*, suivi de *Le Vieillissement*, Gallimard, « Folio Essais », Paris.

– [1961-1962] 2005b, *Le Vieillissement*, précédé de la réédition de *Le Traître*, Gallimard, « Folio Essais, Paris.

– 2003, *L'Immatériel. Connaissance, valeur et capital,* Galilée, Paris.

– 2006, *Lettre à D. Histoire d'un amour*, Galilée, Paris.

Jander Martin et Maischein Rainer, 1989, « A Discussion with André Gorz on alienation, freedom, utopia and himself », postface à *The Traitor*, Verso, Londres.

Lodziak Conrad et Tatman Jeremy, 1997, « A dialogue with André Gorz », postface à *André Gorz. A Critical Introduction*, Pluto Press, Londres et Chicago.

Zin Jean, 2007, « André Gorz, la richesse du possible », *Multitudes*, n° 31, hiver (consultable à l'adresse http://jeanzin.fr/).

Les auteurs de ce numéro

MARC ANSPACH anthropologue, est chercheur au CREA (école polytechnique).

RALPH ANSPACH est professeur émérite de la San Francisco State University en économie.

DOMINIQUE BOURGEON est sociologue, coordinateur du Département des instituts de formation des CHU de Nantes.

SAMUEL BOWLES est professeur émérite de l'université du Massachusetts en économie et chercheur au Santa Fe Institute (Nouveau-Mexique).

ALAIN CAILLÉ est professeur de sociologie à l'université Paris X et codirecteur du Sophiapol (Laboratoire de sociologie et philosophie politiques).

PHILIPPE CHANIAL est maître de conférences en sociologie à l'université Paris-Dauphine.

SANDRINE CHASTANG est secrétaire d'édition.

JACQUES DEWITTE est philosophe.

JEAN-PIERRE DUPUY membre de l'Académie des technologies, est professeur de philosophie sociale et politique à l'École polytechnique et à l'université Stanford.

FRANÇOIS FLAHAULT est directeur de recherches au CNRS et anime le séminaire « Anthropologie générale et philosophie » à l'EHESS.

EUGÈNE FOURNIÈRE (1851-1914) était un militant et théoricien socialiste, directeur notamment de la *Revue socialiste*.

HERBERT GINTIS est professeur émérite de l'université du Massachusetts en économie et chercheur au Santa Fe Institute (Nouveau-Mexique).

JACQUES T. GODBOUT est professeur émérite de l'Institut national de la recherche scientifique (Université du Québec).

FRANÇOISE GOLLAIN est sociologue indépendante.

JEAN-MARIE GUYAU (1854-1888) était philosophe.

BRUNO KESTEMONT ingénieur agronome, est collaborateur scientifique et doctorant du Centre d'études économiques et sociales de l'environnement et du Centre d'étude du développement durable (Université libre de Bruxelles).

CHRISTIAN LAVAL est professeur agrégé de sciences économiques et sociales au lycée Buffon (Paris) et chercheur associé au Sophiapol (Paris-X).

CHRISTIAN LAZZERI est professeur de philosophie à l'université Paris X.

MARIE-LAURE LEROY docteur en philosophie, est professeur agrégé en classes préparatoires littéraires au lycée Jeanne d'Albret (Saint-Germain-en Laye).

ELIANA MAGNANI historienne, est chargée de recherches au CNRS (Auxerre-Dijon, ARTeHis, UMR 5594).

JEAN-CLAUDE MICHEA est professeur agrégé de philosophie au lycée Joffre de Montpellier.

VANESSA NUROCK philosophe, est ATER à l'université Lille III.

ELENA PULCINI est professeur de philosophie sociale, département de philosophie de l'université de Florence.

HENRI RAYNAL est poète et philosophe.

ALAIN TONNET est doctorant en philosophie ancienne à l'université libre de Bruxelles.

FORMULAIRE D'ABONNEMENT

à retourner **accompagné de votre règlement à l'ordre de MAUSS**
à *La Revue du MAUSS*, 3, avenue du Maine — 75015 Paris
Tél. : 01 42 84 17 03 / 15 50 – Fax : 01 42 84 24 17
courriel : Mauss1981@aol.com

Nom et prénom .... (ou cachet de l'institution)

Adresse ....
....
....

Adresse e-mail ....
Téléphone ....

S'abonne pour 2 livraisons annuelles (à partir du numéro.......)
Au tarif suivant (TTC et frais d'expédition compris)
(***entourer le tarif retenu***)

	France	**Europe, Afrique**	**Amérique, Asie, Océanie**
Particuliers 1 an	50 €	54 €	65 €
Particuliers 2 ans	90 €	98 €	112 €
Institutions 1 an	59 €	63 €	71 €
Institutions 2 ans	100 €	108 €	127 €

L'abonnement annuel comprend :
– l'accès à la revue numérique intégrale pour chaque numéro ;
– l'expédition de la version papier à l'adresse indiquée ci-dessus ;
– ***pour les abonnés individuels uniquement***, un accès aux trois dernières années de parution de la revue à travers le portail de revues de sciences humaines CAIRN (www.cairn.info).

** Rappel : les lecteurs de ce volume souhaitant s'abonner et donc recevoir en cadeau la version numérique (PDF) complète du présent numéro doivent utiliser « l'original » de ce formulaire.*

Fait à le

(signature)

« LA BIBLIOTHÈQUE DU M.A.U.S.S. »

BEVORT Antoine et LALLEMENT Michel (sous la dir. de), 2006, *Le Capital social.*

BOILLEAU Jean-Luc, 1995, *Conflit et lien social. La rivalité contre la domination.*

CAILLÉ Alain, [1994] 2005, *Don, intérêt et désintéressement. Bourdieu, Mauss, Platon et quelques autres* (nouvelle édition).

— 2005, *(Dé)penser l'économique.*

— (sous la dir. de) 2007, *La Quête de reconnaissance, nouveau phénomène social total.*

CEFAI Daniel (textes réunis, présentés et commentés par), 2003, *L'Enquête de terrain.*

— 2007, *Pourquoi se mobilise-t-on ? Les théories de l'action collective.*

CHANIAL Philippe, 2001, *Justice, don et association.*

— (sous la dir. de) 2008, *La Société vue du don. Manuel de sociologie anti-utilitariste appliquée.*

DOUGLAS Mary, 1999, *Comment pensent les institutions,* suivi de *Il n'y a pas de don gratuit,* et de *La Connaissance de soi.*

DUCLOS Denis, 2002, *Société-monde. Le temps des ruptures.*

DZIMIRA Sylvain, 2007, *Marcel Mauss, savant et politique.*

FEENBERG Andrew, 2004, *(Re-)penser la technique.*

FREITAG Michel, 1996, *Le Naufrage de l'Université et autres essais d'épistémologie politique.*

GEFFROY Laurent, 2002, *Garantir le revenu.*

GODBOUT J.T., 2000, *Le Don, la Dette et l'Identité.*

GUÉRIN Isabelle, 2003, *Femmes et économie solidaire.*

HOCART Arthur Maurice, 2005, *Au commencement était le rite. De l'origine des sociétés humaines.*

JORION Paul, 2007, *Vers la crise du capitalisme américain.*

KALBERG Stephen, 2002, *La Sociologie historique comparative de Max Weber.*

LACLAU Ernesto, 2000, *La Guerre des identités. Grammaire de l'émancipation.*

LATOUCHE Serge, [1996] 2004, *La Mégamachine. Raison technoscientifique, raison économique et mythe du progrès* (nouvelle édition).

LATOUCHE S., LAURENT P.-J., SERVAIS O., SINGLETON M., 2004, *Les Raisons de la ruse.*

LAVAL Christian, 2002, *L'Ambition sociologique. Saint-Simon, Comte, Tocqueville, Marx, Durkheim, Weber.*

LAVILLE Jean-Louis, CAILLÉ Alain, CHANIAL Philippe, DACHEUX Éric, EME Bernard, LATOUCHE Serge, 2001, *Association, démocratie et société civile.*

LAVILLE J.-L., NYSSENS M. (sous la dir. de), 2001, *Les Services sociaux entre associations, État et marché.*

MOUFFE Chantal, 1994, *Le Politique et ses enjeux. Pour une démocratie plurielle.*

NICOLAS Guy, 1995, *Du don rituel au sacrifice suprême.*

NODIER Luc Marie, 1995, *L'Anatomie du Bien. Explication et commentaire des principales idées de Platon concernant le plaisir et la souffrance, la bonne façon de vivre et la vie en général.*

ROSPABÉ Philippe, 1995, *La Dette de vie. Aux origines de la monnaie.*

TAROT Camille, 1999, *De Durkheim à Mauss, l'invention du symbolique. Sociologie et sciences des religions.*

– 2007, *Le Symbolique et le sacré. Théories de la religion.*

TERESTCHENKO Michel, 2005, *Un si fragile vernis d'humanité. Banalité du mal, banalité du bien.*

VANDENBERGHE Frédéric, *Une Histoire critique de la sociologie allemande. Aliénation et réification.*

— t.-I, 1997, *Marx, Simmel, Weber, Lukacs.*

— t.-II, 1998, *Horkheimer, Adorno, Marcuse, Habermas.*

VATIN François, 2005, *Trois essais sur la genèse de la pensée sociologique. Politique, épistémologie et cosmologie.*

Composition :

L'Ingénierie éditoriale

INGED

2, allée de la Planquette • 76840 Hénouville

Achevé d'imprimer sur les presses de l'imprimerie France-Quercy à Mercuès en juin 2008. Dépôt légal juin 2008.

Imprimé en France